# 関西圏 鉄道事情大研究 将来篇

川島令三



草思社

# はじめに

２０２５年に夢洲《ゆめしま》で大阪万国博覧会が開催されることになった。そのアクセスの主体になるのが大阪メトロの中央線である。中央線のコスモスクエア駅から海底トンネルで夢洲まで延伸計画があり、すでに一部の路盤は出来上がっている。２０２５年を待たずにコスモスクエア―夢洲間は開通することになる。

大阪都心部から万博会場へは行きやすくなるが、全国各地から万博会場へ行くには中央線では物足りない。新幹線新大阪駅からは大阪メトロの御堂筋《みどうすじ》線で本町《ほんまち》駅に行き、ここで中央線に乗り換えることになるが、本町駅での乗り換えは面倒な連絡通路を歩くことになる。

やはり乗り換えなしの直通電車が欲しいところである。御堂筋線と中央線の間に連絡線を設置して直通運転をする方法もあるが、元来中央線は夢洲から舞洲《まいしま》を経て新設の新桜島《しんさくらじま》までの建設計画があり、その新桜島駅には京阪中之島《なかのしま》線も乗り入れてくる。これによって京都から万博会場へのアクセスがよくなる。しかし、新大阪駅からのアクセスルートにはならない。

ところが、ＪＲ桜島線も乗り入れるとすればどうだろう。桜島線は環状線とつながっているだけでなく、東海道貨物支線を経て新大阪から直通電車を走らせることができる。桜島線が中央線の夢洲に乗り入れれば全国から万博会場に行きやすくなる。

１９７０年の大阪千里《せんり》万博では北大阪急行が主たる観客輸送を担った。北大阪急行は御堂筋線と相互直通しているので、新大阪から万博会場へは乗り換えなしで行けた。

この結果、千里万博会場の入場者は６４００万人と、今度の夢洲万博会場への入場予測の２８００万人の倍以上となった。北大阪急行の建設費も万博会期中に償還してしまった。

中央線と京阪は１４３５㎜の標準軌、ＪＲは１０６７㎜の狭軌でレールの幅が異なる。また、電車に電気を取り入れる集電方式はＪＲと京阪は架線集電方式、中央線は線路の横に3番目のレールを敷き、そこから取る第3軌条方式である。規格が違いすぎるものの、レールの幅の違いは標準軌と狭軌併用の3線軌条方式などで解決できる。集電方式も両方を設置してもなんら問題はない。

新大阪駅だけではなく、関西空港からも天王寺《てんのうじ》と西九条《にしくじょう》を経て直通電車を走らせることもできるから海外からも来やすくなる。２８００万人が来訪予定としているのは主要アクセスが中央線だけだからである。関西空港からも直通電車が走るとなると、千里万博以上の入場者数になるはずである。

新線建設は中央線の夢洲への延伸線だけではない。新今宮《しんいまみや》・ＪＲ難波《なんば》―うめきた・新大阪間のなにわ筋線などが始動している。さらに各種の計画線がある。

しかし、過去に開通した京阪中之島線と阪神なんば線では明暗が分かれた。阪神なんば線は近鉄奈良線と相互直通して大阪ミナミを貫通しているので乗客が増えている。それなのに中之島線は中途半端な中之島駅で止まっている。このため閑古鳥が鳴いている。だからこそＵＳＪの最寄駅となる新桜島駅まで延伸し、さらに万博会場である夢洲に乗り入れるべきなのである。

さらに、国が断念した標準軌と狭軌とを行き来できるフリーゲージトレインを近鉄が実現しようとしている。これによって京都―橿原《かしはら》神宮前―吉野《よしの》間を走る直通電車の運転が実現する。

フリーゲージトレインが実用化すれば、阪急各線から関西空港への直通電車も走らせることができる。関西の鉄道の乗客の流れが一変する。

ところで関西の鉄道はすでに少子高齢化の波にさらされている。鉄道でいう少子高齢化とは、団塊の世代がリタイアして通勤しなくなった。少子化では通学生が減った。つまり、定期客が大幅に減るということである。

しかし、少子高齢化は鉄道にとっては一つのチャンスでもある。定期客が減るということは、混雑緩和に力をいれなくてすむ。切符やＩＣＯＣＡなどのカード利用のいわゆる定期外客が増える。定期券は割引率が高いが普通乗車券などはあまり割り引かないので収益が上がる。

千里万博客輸送で一気に黒字にした北大阪急行は、万博開催時の定期比率は20％とかなり低かった。定期外客でもうけたのである。２０２５年の大阪万博で、莫大な費用をかけて新桜島からのアクセス線を整備しても、一気に黒字化できる。定期比率はおそらく10％台になると思えるからだ。

本書では京都、大阪、神戸の地下鉄や私鉄、ＪＲの現状と将来、そして過去と現状を比較した通勤電車の事情も紹介する。

本書で取り扱っている各種統計は国土交通省発表のものと、運輸経済研究機構が毎年刊行している「都市交通年報」をもとにしている。現状の混雑率等は平成28年度が最新だが、「都市交通年報」をもとにした集中率などは平成24年度が最新である。

平成30年12月

目次



## パート1 テーマ別総点検

## パート2 「新線計画」分析



## パート3 各線徹底分析

## 姉妹本『関西圏鉄道事情大研究　ライバル鉄道篇』目次

パート
1
# テーマ別総点検

## 混雑が緩和されてきた関西の鉄道

### 定員の算出基準は統一が必要である

混雑率とは、最混雑区間の最混雑時間帯1時間当たりの輸送人員を、輸送力で割ったパーセンテージである。輸送人員は毎年の交通量調査で把握し、輸送力は1時間当たりに最混雑区間を走る列車の個々の定員を累積した人数である。

しかし、この定員について各社まちまちで計算されている。ただし国土交通省鉄道局は、定員についてロングシート車は有効床面積を0・35㎡で割ったものと定めている。人が立った場合も、座った場合も、ほぼ0・35㎡が専有面積になるからである。とはいえ、1㎡に3人弱がいるのだから、結構混んでいる状態である。また時間帯もきっちり1時間にしていない路線も多い。

車両には、オールクロスシートやセミクロスシートがある。オールクロスシート車は座席数イコール定員とする。セミクロスシート車では、クロスシートの座席数が全座席数の2割未満の場合はロングシートと同じ0・35㎡で割った人数、8割以上はオールクロスシートと同じ座席数イコール定員とし、座席の比率が2割以上8割未満は0・4㎡にすると定められている。そして算出した値は小数点以下を切り捨てる。

ところが、それを遵守していない鉄道会社も結構ある。車種によって有効床面積が異なったりするために平均値で算出したり、なぜか水増ししたり、逆に減らしたりしている。これは関西地区だけで

関空快速に使用する223系の座席は横1&2列なので通路が広い。通常のオールクロスシート車として定員を算出するのでは実情に合わない。

なく、首都圏を含めた日本全国の鉄道で行われている。

また、ＪＲ西日本の新快速用２２３系や２２５系はオールクロスシートだが、扉部分の踊り場は広い。阪和《はんわ》線用は横２＆１列なので通路も広い。このためＪＲ西日本は独自の基準で定員を算出している。一番いいのは、座席が専有している部分は座席数イコール定員とし、それ以外の部分は０・35㎡で割って、この二つを足した人数を定員にするのが理にかなっている。

## 国鉄時代の混雑は水増ししていた?

表は最混雑時間帯の右端に混雑率、輸送人員、そして輸送力を並べている。輸送力の内訳として、電車ごとの編成両数と運転本数、総運転本数、１両当たりの平均定員を掲載した。

上段が平成29年度、下段の斜体の文字は昭和59年度の数値である。

| 平均定員 | 輸送人員 | 混雑率 |
|---|---|---|
| 137.4 | 22890 | 107 |
| *104.7* | *19350* | *205* |
| 139.1 | 23720 | 112 |
| *100.8* | *20600* | *197* |
| 155.6 | 14580 | 103 |
| *140* | *26590* | *209* |
| 155.6 | 14480 | 111 |
| *140* | *26500* | *180* |
| 141.6 | 21555 | 112 |
| *140* | *50470* | *225* |
| 142.1 | 21210 | 110 |
| *140* | *52430* | *234* |
| 140.8 | 13000 | 77 |
| *140* | *37390* | *167* |
| 155.6 | 26980 | 130 |
| *140* | *32450* | *258* |
| 138.1 | 12845 | 95 |
| 140 | 5480 | 109 |
| 137 | 14930 | 105 |
| 139.3 | 6855 | 103 |
| 137.7 | 21785 | 104 |
| *140* | *18943* | *188* |
| 155.6 | 26980 | 130 |
| *140* | *32450* | *258* |
| 155.6 | 17620 | 85 |
| 142 | 13800 | 116 |
| 155.6 | 8010 | 82 |
| 148.4 | 4235 | 73 |

少子高齢化と沿線人口減、都心回帰とその逆の人口の広域分散、新線の開業による乗客の転移、さらには就業時間帯の分散化によって、ほとんどの路線の最混雑時間帯の輸送人員が減っている。

にもかかわらず、東海道線の快速電車と阪和線は増加している。東海道線快速電車とは、複々線のうちの、いわゆる外側線を走る新快速・快速電車のことである。外側線には朝ラッシュ時でも高速の新快速が走る。そのため京都以遠や神戸以遠から大阪駅に向かって乗客が集中している。快速も高槻《たかつき》—西明石《にしあかし》間で外側線を走る。両方向とも昭和59年度に比べ、33年後の平成29年度は３０００人以上の乗客が増えている。

それなのに、輸送力は2倍以上に増えたため混雑率は２００％前後から１１０％前後に緩和している。

昭和59年度は１１３系と１１７系による快速電車が走っていた。１１３系はセミクロスシート車なので、定員はいずれもトイレなしで先頭車が１２１人、中間車が１３１人である。１１７系は2扉オールクロスシートで新快速用である。座席定員は先頭車が68人、中間車が72人である。つまり、これらを合計して1両当たりの平均定員を算出すると１００人強となる。

## 混雑率（JR）

| 路線名 | 区間 | 時間帯 | 編成×本数 | 運転本数 | 通過両数 | 輸送力 |
|---|---|---|---|---|---|---|
| 東海道線下り快速 | 茨木→新大阪 | 7:30〜8:30 | 12×13 | 13 | 156 | 21430 |
| | | *8:00〜9:00* | *12×5・10×3* | *8* | *90* | *19350* |
| 東海道線上り快速 | 尼崎→大阪 | 7:30〜8:30 | 12×12・8×1 | 13 | 152 | 21148 |
| | 芦屋→大阪 | *8:00〜9:00* | *12×7・10×2* | *9* | *104* | *10480* |
| 東海道線下り緩行 | 東淀川→新大阪 | 7:30〜8:30 | 7×13 | 13 | 91 | 14157 |
| | 新大阪→大阪 | *8:00〜9:00* | *7×13* | *13* | *91* | *12740* |
| 東海道線上り緩行 | 塚本→大阪 | 7:30〜8:30 | 7×12 | 13 | 84 | 13068 |
| | | *8:00〜9:00* | *7×15* | *15* | *105* | *14700* |
| 大阪環状線内回り | 鶴橋→玉造 | 7:30〜8:30 | 8×17 | 17 | 136 | 19264 |
| | | | *8×20* | *20* | *160* | *22400* |
| 大阪環状線内回り | 京橋→桜ノ宮 | 7:30〜8:30 | 8×17 | 17 | 136 | 19323 |
| | | | *8×20* | *20* | *160* | *22400* |
| 大阪環状線外回り | 玉造→鶴橋 | 7:20〜8:19 | 8×15 | 15 | 120 | 16899 |
| | | *7:30〜8:30* | *8×20* | *20* | *160* | *22400* |
| 片町線 | 鴫野→京橋 | 7:30〜8:29 | 7×19 | 19 | 133 | 20691 |
| | | *7:30〜8:30* | *6×15* | *15* | *90* | *12600* |
| 関西線快速 | 久宝寺→天王寺 | 7:30〜8:29 | 8×10・6×3 | 13 | 98 | 13540 |
| 関西線緩行 | 東部市場前→天王寺 | 7:30〜8:29 | 6×6 | 6 | 36 | 5040 |
| 阪和線快速 | 堺市→天王寺 | 7:30〜8:29 | 8×13 | 13 | 104 | 14248 |
| 阪和線緩行 | 美章園→天王寺 | 7:30〜8:29 | 6×8 | 8 | 48 | 6684 |
| 阪和線合計 | 美章園→天王寺 | 7:30〜8:29 | | 21 | 152 | 20932 |
| | | *7:30〜8:30* | *6×12* | *12* | *72* | *10080* |
| 片町線 | 鴫野→京橋 | 7:30〜8:29 | 7×19 | 19 | 133 | 20691 |
| | | *7:30〜8:30* | *6×15* | *15* | *90* | *12600* |
| JR東西線 | 大阪天満宮→北新地 | 7:30〜8:29 | 7×19 | 19 | 133 | 20691 |
| 福知山線快速 | 伊丹→尼崎 | 7:30〜8:29 | 8×7・7×4 | 11 | 84 | 11930 |
| 福知山線緩行 | 塚口→尼崎 | 7:30〜8:29 | 7×9 | 9 | 63 | 9801 |
| おおさか東線 | 久宝寺→放出 | 7:30〜8:29 | 6×3・7×3 | 9 | 39 | 5787 |

## 15 混雑が緩和されてきた関西の鉄道

しかし、117系の踊り場は広い。事実、当時の国鉄は車両諸元表では先頭車に60人、中間車に64人の立席定員を計上している。これだと113系よりも定員が多くなってしまう。実際には座席定員＋立席面積から割り出した立席定員がいい。これで計算すると先頭車が108人、中間車116人になり、これが妥当な定員、すなわち輸送力である。だから、混雑率はもう少し下がっているといえる。

一方、平成29年度は、平均定員が下り137・4人、上りが139・1人になっている。下りがすべて12両編成、上りは1本だけが8両編成で他は12両編成だから、乗務員室が占める割合が下りのほうが多くなり平均定員が少なくなる。12両編成は8両と4両の固定編成を連結しているからである。

117系と同様に、立席面積部分を0・35㎡で割った方式で計算すると、先頭車は124人（トイレ付は118人）、中間車は140人である。下りの輸送力は2万1268人となり、混雑は108％と1ポイント上がる。上りでは113％になる。

ところで、上り快速線電車の座席の総定員は9100人、立席の総定員は1万2048人である。輸送人員は2万3720人だから、立席部分にいる人数は1万4620人、立席部分だけ見ると混雑率は121％になる。新快速・快速電車は座れば天国、立てば地獄である。しかもラッシュ時に補助椅子は使えないし、混めば混むほど地獄である。

阪和線も3000人ほど増加している。現在は快速と緩行《かんこう》（各駅停車）に分けているが、昭和59年度はトータルのものである。そこで平成29年度も快速と緩行をトータルにしたものも掲げた。昭和59年度はオールロングシートの103系6両編成が12本走っていた。

平成29年度は横2&1列の223系・225系が走るようになった。平均定員は137・7人で快速が8両編成13本、緩行が6両編成8本である。

座席が少ないぶん立席面積が多く、座席と立席を分けた算出方法で計算すると、定員は先頭車が130人（トイレ付は125人）、中間車145人になる。定員は4+4の8両編成が1090人、6両編成が835人で輸送力は2万850人となる。JRが提出した2万932人とほとんど変わらない。

大阪環状線は、鶴橋《つるはし》駅と京橋《きょうばし》駅から大阪方面への混雑が激しいので、内回りは鶴橋↓玉造《たまつくり》間と京橋↓桜《さくら》ノ宮《みや》間の2区間を取り上げ、外回りは玉造↓鶴橋間としている。昭和59年度に比べると平成29年度は半分以下に減っている。

関西地区の各線の多くは、前述のような理由で輸送人員が減っているのは確かだが、大阪環状線のような落ち込みは非常におかしい。統計をみると、分割民営化前の昭和62年度までは緩く減少しているが、平成元年度に急激に減少している。

これはJRになってJR線を嫌って利用しなくなったというのではなく、国鉄時代に天王寺鉄道管理局と大阪鉄道管理局が数値を操作したと思われる。というより、実際に担当者から操作したという話を聞いている。

環状線に乗り換えず、JR東西線にそのまま乗り続けるようになって環状線の混雑率が緩和したのは確かだが、JR東西線の開通は平成9年（1997）である。

その理由は、国鉄本社に対し混雑緩和のための予算をもっと回してもらうために、最混雑1時間の輸送人員を水増ししたのである。そして分割民営化後はその必要がないため、現実に沿った数値を提出するようになった。事実、環状線の京橋→桜ノ宮間の乗車人員は昭和59年度が5万2430人、61年度は4万6579人と微減、JRになった63年には2万2210人と半減している（62年度は非公開）。

JR線で一番混んでいるのは片町《かたまち》線である。といっても130％である。昭和59年度は水増しがあるとはいえ258％にもなっていた。JRになってからはJR東西線に直通するようになって沿線人口が増え、京阪からの転移客もあり年々増加している。このため減少率は小さい。水増しがなかったらずっと増加しているといえる。そして輸送力も増強した。

ただし、平均定員が155・6人は多すぎる。使用している321系と207系は広幅車で、103系などよりも有効床面積は広い。厳密に計算してみると先頭車139人、中間車151人、7両編成で1009人、平均定員144・1人となるから、輸送力は1万9171人で混雑率は141％というのが実態である。

平成29年度には、従来公表されていなかった関西線と福知山《ふくちやま》線、そしてその後開通したJR東西線とおおさか東線も取り上げている。JR東西線と福知山線緩行（各駅停車）は、収容力がある321系と207系を使用しているため混雑率は下がる。

関西線緩行と一部の快速とおおさか東線の6両編成は、従来の通常幅車の201系と103系を使用しているから平均定員は140人だが、おおさか東線の7両編成は321系か207系なので定員を多く見積もっている。関西線快速の多くは221系なので、計算方法を変えても大差はない。いずれにしろ、もう少し正確な定員計算をする必要がある。そうでないと正確な混雑率にならないし、どこが混んでいるか把握できない。

## 大手私鉄はラクラク通勤を実現しつつある

大手私鉄の阪神本線は111％と空いており、一番混んでいるのは阪急神戸線の147％である。しかし、昭和59年度の阪急神戸線は177％もあった。当時で一番混んでいるのは近鉄奈良線の186％である。

輸送人員をみると、JRの東海道線京阪神間と並行する阪急、京阪、阪神の落ち込みが激しい。ただし、阪神電鉄は阪神なんば線の開通で、最混雑区間が姫島《ひめじま》→淀川《よどがわ》間（昭和61年度からは淀川→野田間）から出屋敷《でやしき》→尼崎間に移り、その阪神なんば線の最混雑区間の千鳥橋《ちどりばし》→西九条《にしくじょう》間では59年度にくらべ5000人ほど増えている。平成29年度は昭和59年のレベルに近い輸送人員の回復である。阪神はなんば線の開通で、神戸方面から行きづらかった、難波や奈良に乗り換えなしで行けるようになったのが理由である。

深刻なのは京阪本線である。輸送人員が2万5000人も減っている。このため運転本数も44本あったのが35本に減らしてバランスをとっている。

近鉄奈良線も2万5000人ほど減っている。近鉄奈良線は、並行する自社のけいはんな線開通で減らした。混雑緩和策に一番効果がある別線線増が効いたのである。

各線ともJR利用に移ったこともあるが、少子高齢化や他地域への転移で沿線人口が減少し、混雑が緩和されたのが南海高野《こうや》線である。とくに泉北《せんぼく》ニュータウンの人口減少によるところが多い。

さほど減っていないのは南海本線である。堺《さかい》駅近くの臨海工業地帯の工場再編成で、通勤客が増えたためである。運転本数は昭和59年度と同じだが、連結両数を４、６両編成から６、８両編成にしたため、混雑率は１８１％から１２３％に緩和している。

大手私鉄各社は、阪神を除いて乗客減に悩まされている。しかし、混雑緩和は利用者にとってはいいことである。さらに乗客減で運転本数も減らしているが、これによってラッシュ時のノロノロ運転が解消し所要時間が短縮され、電車の遅れも減らすことができるというメリットがある。さらに、座

| 運転本数 | 通過両数 | 輸送力 | 平均定員 | 輸送人員 | 混雑率 |
|---|---|---|---|---|---|
| 20 | 164 | 22700 | 138.4 | 30920 | 136 |
| *25* | *206* | *29580* | *143.6* | *56050* | *186* |
| 20 | 144 | 22700 | 136 | 25910 | 132 |
| *22* | *150* | *21600* | *144* | *39910* | *185* |
| 20 | 140 | 19180 | 137 | 24620 | 128 |
| *25* | *159* | *22896* | *144* | *39040* | *171* |
| 17 | 106 | 14734 | 139 | 18530 | 128 |
| *20* | *94* | *13536* | *144* | *23220* | *172* |
| 16 | 96 | 12576 | 131 | 10690 | 85 |
| 22 | 142 | 18294 | 129 | 27862 | 123 |
| *22* | *120* | *16320* | *136* | *29458* | *181* |
| 24 | 172 | 22590 | 131.3 | 27862 | 123 |
| *25* | *200* | *28670* | *143.4* | *51069* | *191* |
| 35 | 257 | 31463 | 122 | 38116 | 121 |
| *44* | *301* | *36734* | *122* | *63434* | *174* |
| 24 | 206 | 26574 | 129 | 38975 | 147 |
| *26* | *208* | *26416* | *127* | *46759* | *177* |
| 23 | 192 | 24768 | 129 | 35675 | 144 |
| *27* | *220* | *27940* | *127* | *48197* | *173* |
| 23 | 186 | 23964 | 128.8 | 31550 | 132 |
| *25* | *180* | *22888* | *127.1* | *40067* | *175* |
| 11 | 86 | 11352 | 132 | 14875 | 131 |
| *12* | *76* | *9880* | *130* | *15742* | *159* |
| 25 | 140 | 17358 | 124 | 19280 | 111 |
| *26* | *139* | *17097* | *123* | *26946* | *158* |
| 11 | 70 | 8994 | 128 | 7977 | 89 |

## 混雑率（大手私鉄）

| 事業者名 | 路線名 | 区間 | 時間帯 | 編成×本数 |
|---|---|---|---|---|
| 近畿日本鉄道 | 奈良線 | 河内永和→布施 | 7:35〜8:35 | 近鉄車8×10・10×<br>阪神車10×1・8×<br>6×4 |
| | | | *7:50〜8:50* | *6×6・8×10・10×* |
| | 大阪線 | 俊徳道→布施 | 7:33〜8:33 | 6×13・8×2・10× |
| | | | *7:35〜8:35* | *6×8・8×9・10×* |
| | 南大阪線 | 北田辺→河堀口 | 7:31〜8:31 | 7×20 |
| | | | *7:39〜8:39* | *6×16・7×9* |
| | 京都線 | 向島→桃山御陵前 | 7:36〜8:36 | 4×1・6×17 |
| | | | *7:34〜8:34* | *4×13・6×7* |
| | けいはんな線 | 荒本→長田 | 7:26〜8:26 | 6×16 |
| 南海電気鉄道 | 南海本線 | 湊→堺 | 7:22〜8:22 | 6×17・8×5 |
| | | | *7:29〜8:29* | *4×6・6×16* |
| | 高野線 | 百舌鳥八幡→三国ケ丘 | 7:20〜8:20 | 6×10・8×14 |
| | | | *7:32〜8:32* | *8×25* |
| 京阪電気鉄道 | 京阪本線 | 野江→京橋 | 7:50〜8:50 | 7×23・8×12 |
| | | | *7:50〜8:50* | *5×6・6×15・7×* |
| 阪急電鉄 | 神戸線 | 神崎川→十三 | 7:34〜8:34 | 8×17・10×7 |
| | | | *8:00〜9:00* | *8×16* |
| | 宝塚線 | 三国→十三 | 7:32〜8:32 | 8×19・10×4 |
| | | | *8:00〜9:00* | *8×25・10×2* |
| | 京都線 | 上新城→淡路 | 7:35〜8:35 | 8×22・10×1 |
| | | | *8:00〜9:00* | *6×10・8×15* |
| | 千里線 | 下新庄→淡路 | 7:30〜8:30 | 6×1・8×10 |
| | | | *8:00〜9:00* | *6×10・8×2* |
| 阪神電鉄 | 本線 | 出屋敷→尼崎 | 7:32〜8:32 | 4×5・6×20 |
| | | 姫島→淀川 | *7:48〜8:48* | *4×5・5×7・6×1* |
| | 阪神なんば線 | 千鳥橋→西九条 | 7:32〜8:32 | 6×9・8×2 |

席指定の特急やライナーを走らせることも可能になる。

それまで、超満員の通勤電車が走っていたこと自体が異常だった。そして首都圏の多くの路線に比べて、関西の大手私鉄は先にラクラク通勤が実現しつつある。

## 中小私鉄も乗客減に悩まされている

中小私鉄や第三セクター鉄道で一番混雑しているのは泉北高速鉄道の127%である。昭和59年度は199%と混雑していた。少子高齢化と人口流出で輸送人員が減り、輸送力が増えて緩和された。

| 運転本数 | 通過両数 | 輸送力 | 平均定員 | 輸送人員 | 混雑率 |
|---|---|---|---|---|---|
| 12 | 18 | 1612 | 89.6 | 749 | 48 |
| *8* | *12* | *1001* | *83.4* | *708* | *71* |
| 12 | 18 | 1672 | 92.9 | 1305 | 78 |
| 6 | 6 | 557 | 92.8 | 334 | 60 |
| 13 | 130 | 17933 | 137.9 | 16631 | 93 |
| *14* | *112* | *15400* | *137.5* | *15849* | *103* |
| 13 | 100 | 13302 | 133 | 16873 | 127 |
| *11* | *96* | *13130* | *136.8* | *26201* | *199* |
| 3 | 6 | 750 | 125 | 602 | 80 |
| *3* | *9* | *1197* | *133* | *1287* | *108* |
| 16 | 84 | 10526 | 125.3 | 8638 | 82 |
| *14* | *61* | *6363* | *104* | *11192* | *176* |
| 10 | 60 | 7520 | 125.3 | 2333 | 31 |
| *4* | *18* | *1754* | *97.4* | *390* | *22* |
| 19 | 72 | 81726 | 113.6 | 8389 | 103 |
| *21* | *92* | *10304* | *112* | *19708* | *191* |
| 14 | 64 | 7686 | 120.1 | 7005 | 91 |
| *14* | *56* | *7064* | *126.1* | *8490* | *120* |
| 7 | 42 | 5880 | 140 | 4450 | 76 |
| 5 | 5 | 315 | 63 | 162 | 51 |
| *15* | *15* | *1080* | *72* | *1269* | *118* |
| 19 | 21 | 1323 | 63 | 1090 | 82 |
| *23* | *23* | *1656* | *72* | *1780* | *107* |
| 8 | 32 | 3317 | 103.7 | 3651 | 110 |
| 24 | 96 | 4032 | 42 | 4109 | 102 |
| 24 | 96 | 4032 | 42 | 3215 | 80 |
| *18* | *72* | *2962* | *41.1* | *2679* | *91* |
| 27 | 162 | 8100 | 50 | 9878 | 122 |
| *13* | *78* | *3328* | *42.7* | *4407* | *131* |
| 21 | 84 | 3696 | 51.3 | 3860 | 104 |

## 混雑率(中小民鉄等)

| 事業者名 | 路線名 | 区間 | 時間帯 | 編成×本数 |
|---|---|---|---|---|
| 叡山電鉄 | 叡山本線 | 元田中→出町柳 | 7:00〜8:00 | 1×6・2×6 |
| | | 修学院→一条寺 | *8:00〜9:00* | *1×4・2×4* |
| 京福電気鉄道 | 嵐山本線 | 蚕ノ社→嵐電天神川 | 7:30〜8:29 | 1×6・2×6 |
| | 北野線 | 撮影所前→常盤 | 7:30〜8:29 | 1×6 |
| 北大阪急行電鉄 | 南北線 | 緑地公園→江坂 | 8:00〜9:00 | 10×13 |
| | | | *8:00〜9:00* | *8×14* |
| 泉北高速鉄道<br>*大阪府都市開発* | 泉北高速線 | 深井→中百舌鳥 | 6:54〜7:53 | 6×2・8×11 |
| | | | *7:00〜8:13* | *6×1・8×5・10×5* |
| 水間鉄道 | 水間線 | 近義の里→貝塚市役所前 | 7:00〜8:00 | 2×3 |
| | | | *7:00〜8:00* | *3×3* |
| 能勢電鉄 | 妙見線 | 絹延橋→川西能勢口 | 7:10〜8:10 | 4×10・6×2・8×4 |
| | | | *7:00〜8:00* | *4×9・5×5* |
| | 日生線 | 日生中央→山下 | 6:55〜7:55 | 6×10 |
| | | | *7:00〜8:00* | *4×2・5×2* |
| 神戸電鉄 | 有馬線 | 丸山→長田 | 7:30〜8:30 | 3×4・4×15 |
| | | | *7:30〜8:30* | *3×3・4×7・5×11* |
| 山陽電気鉄道 | 本線 | 西新町→明石 | 7:15〜8:15 | 4×10・6×4 |
| | | 滝の茶屋→塩屋 | *7:30〜8:30* | *4×14* |
| 北神急行電鉄 | 北神線 | 谷上→新神戸 | 7:27〜8:27 | 6×7 |
| 阪堺電気軌道 | 阪堺線 | 今船→今池 | 7:30〜8:30 | 1×5 |
| | | | *7:45〜8:45* | *1×15* |
| | 上町線 | 松虫→阿倍野 | 7:30〜8:30 | 1×17・2×2 |
| | | | *7:45〜8:45* | *1×23* |
| 大阪高速鉄道 | 大阪モノレール線 | 沢良宜→摂津 | 7:30〜8:30 | 4×8 |
| 大阪高速電気軌道 | 南港ポートタウン線南行 | コスモスクエア→トレードセンター | 8:00〜9:00 | 4×24 |
| | 南港ポートタウン北行 | 住之江公園→平林 | 7:40〜8:40 | 4×24 |
| | | | 時間帯の記載なし | *4×18* |
| 神戸新交通 | ポートアイランド線(ポートライナー) | 貿易センター→ポートターミナル | 8:00〜9:00 | 6×27 |
| | | 三宮→貿易センター | *8:00〜9:00* | *6×13* |
| | 六甲アイランド線(六甲ライナー) | 魚崎→南魚崎 | 8:00〜9:00 | 4×21 |

| 運転本数 | 通過両数 | 輸送力 | 平均定員 | 輸送人員 | 混雑率 |
|---|---|---|---|---|---|
| 15 | 90 | 12540 | 139.3 | 14655 | 117 |
| *11* | *44* | *6028* | *137* | *12234* | *203* |
| 11 | 66 | 6600 | 100 | 8283 | 126 |
| 27 | 270 | 36990 | 137 | 53866 | 146 |
| *28* | *224* | *28672* | *128* | *63025* | *220* |
| 25 | 250 | 34250 | 137 | 45923 | 134 |
| *27* | *216* | *27648* | *128* | *65867* | *238* |
| 22 | 132 | 18084 | 137 | 19531 | 108 |
| *20* | *120* | *14280* | *119* | *21922* | *154* |
| 22 | 132 | 18084 | 137 | 17521 | 97 |
| *20* | *120* | *14280* | *119* | *21922* | *154* |
| 22 | 132 | 18084 | 137 | 17521 | 97 |
| *22* | *110* | *14080* | *128* | *16704* | *119* |
| 22 | 132 | 18084 | 137 | 19279 | 107 |
| *23* | *115* | *14720* | *128* | *26194* | *178* |
| 15 | 90 | 12150 | 135 | 9714 | 80 |
| *12* | *48* | *5472* | *114* | *8250* | *154* |
| 16 | 96 | 12960 | 135 | 18661 | 144 |
| *12* | *48* | *5472* | *114* | *8766* | *160* |
| 13 | 52 | 7020 | 135 | 4697 | 67 |
| *15* | *60* | *6840* | *114* | *7256* | *106* |
| 14 | 56 | 7560 | 135 | 8529 | 113 |
| *15* | *60* | *6840* | *114* | *9748* | *143* |
| 19 | 152 | 21128 | 139 | 22987 | 109 |
| *20* | *124* | *15748* | *127* | *29863* | *190* |
| 20 | 160 | 22240 | 139 | 21235 | 95 |
| *20* | *124* | *15748* | *127* | *22575* | *143* |
| 17 | 68 | 6460 | 95 | 9230 | 135 |
| 18 | 72 | 6840 | 95 | 9230 | 135 |
| 14 | 56 | 5264 | 94 | 4849 | 86 |
| 12 | 48 | 4512 | 94 | 3168 | 70 |
| 19 | 114 | 14478 | 127 | 18435 | 127 |
| *10* | *50* | *6300* | *126* | *10913* | *173* |
| 10 | 40 | 3620 | 90.5 | 3875 | 107 |

乗客減は深刻である。その増収対策として、南海高野線直通の座席指定特急「泉北ライナー」を朝ラッシュ時上りを含む終日に走らせ、快適通勤を提供しつつ増収対策にしている。

同様にニュータウン輸送をしている北大阪急行電鉄では輸送人員は減少せずに増加している。千里ニュータウンの人口は泉北ニュータウンと同様に減少傾向にあるが、その周囲で宅地開発が進み、さらに、大阪モノレール彩都《さいと》線の沿線開発で、千里中央駅から北大阪急行に乗り換えての通勤者が加わって増加した。阪急千里線の減少度合いが小さいのもそうである。今後、北大阪急行線が箕面《みのお》萱野《かやの》まで延長すればもっと乗客は増えるだろう。

## 混雑率(地下鉄)

| 事業者名 | 路線名 | 区間 | 時間帯 | 編成×本数 |
|---|---|---|---|---|
| 京都市 | 烏丸線 | 京都→五条 | 7:30〜8:30 | 6×15 |
| | | | *8:00〜9:00* | *4×11* |
| | 東西線 | 山科→御陵 | 7:30〜8:30 | 6×11 |
| 大阪市高速電軌 | 御堂筋線南行 | 梅田→淀屋橋 | 7:50〜8:50 | 10×27 |
| | | | *8:00〜9:00* | *8×28* |
| | 御堂筋線北行 | 難波→心斎橋 | 7:50〜8:50 | 10×25 |
| | | | *8:00〜9:00* | *8×27* |
| | 谷町線南行 | 東梅田→南森町 | 7:50〜8:50 | 6×22 |
| | | | *8:00〜9:00* | *6×20* |
| | 谷町線北行 | 谷町九丁目→谷町六丁目 | 7:50〜8:50 | 6×22 |
| | | | *8:00〜9:00* | *6×20* |
| | 四つ橋線南行 | 西梅田→肥後橋 | 7:50〜8:50 | 6×22 |
| | | | *8:00〜9:00* | *5×22* |
| | 四つ橋線北行 | 難波→四ツ橋 | 7:50〜8:50 | 6×22 |
| | | | *8:00〜9:00* | *5×23* |
| | 中央線東行 | 本町→堺筋本町 | 7:50〜8:50 | 6×15 |
| | | | *8:00〜9:00* | *4×12* |
| | 中央線西行 | 森ノ宮→谷町四丁目 | 7:50〜8:50 | 6×16 |
| | | 本町→阿波座 | *8:00〜9:00* | *4×12* |
| | 千日前線東行 | 鶴橋→今里 | 7:40〜8:40 | 4×13 |
| | | 難波→日本橋 | *8:00〜9:00* | *4×15* |
| | 千日前線西行 | 鶴橋→谷町九丁目 | 7:50〜8:50 | 4×14 |
| | | 難波→桜川 | *8:00〜9:00* | *4×15* |
| | 堺筋線北行 | 日本橋→長堀橋 | 7:50〜8:50 | 8×19 |
| | | | *8:00〜9:00* | *6×18・8×2* |
| | 堺筋線南行 | 南森町→北浜 | 7:50〜8:50 | 8×20 |
| | | | *8:00〜9:00* | *6×18・8×2* |
| | 長堀鶴見緑地線東行 | 谷町六丁目→玉造 | 7:40〜8:40 | 4×17 |
| | 長堀鶴見緑地線西行 | 蒲生四丁目→京橋 | 7:40〜8:40 | 4×18 |
| | 今里筋線南行 | 鴫野→緑橋 | 7:40〜8:40 | 4×14 |
| | 今里筋線北行 | 鴫野→蒲生四丁目 | 7:40〜8:40 | 4×12 |
| 神戸市 | 西神・山手線 | 妙法寺→板宿 | 7:15〜8:12 | 6×19 |
| | | | *7:35〜8:35* | *5×10* |
| | 海岸線 | ハーバーランド→中央市場前 | 7:32〜8:26 | 4×10 |

神戸電鉄や能勢《のせ》電鉄、水間《みずま》鉄道も乗客減に悩まされている。叡山《えいざん》電鉄や京福嵐山《けいふくあらしやま》線はさほど朝ラッシュ時に混まない。混むのは海外も含む行楽客が利用する閑散時である。とくに休日には超満員になることもある。

山陽電鉄はJRの新快速により、最混雑区間が滝の茶屋→塩屋間から西新町→明石間に移った。明石駅でJRに乗り換えるためである。また、特急は4両編成だったが阪神と相互直通を開始して6両編成になり輸送力がアップし、そして輸送人員が減ったために、混雑率は100%を割っている。

阪堺《はんかい》線は輸送人員の落ち込みが激しい。というよりも朝ラッシュ時に12分毎の運転では敬遠される。それなら南海本線を利用しようというものである。せめて10分毎、理想的には6分毎である。

大阪モノレール線は環状線なので大きく混雑している区間はない。沢良宜《さわらぎ》→摂津《せっつ》間が最混雑区間になっているのは摂津駅近くに高校が2校あるためである。

南港ポートタウン線は、大阪市の行政機能の一部がポートタウンに移転して、それなりに乗客を増やしている。運賃の値下げも功を奏している。

神戸のポートライナーは、神戸空港が開港し神戸空港まで延伸したため倍以上の乗客が増えた。また、三宮→貿易センター間が最混雑区間だったが、近くの工場跡地にHAT神戸という再開発地区ができたために、貿易センター→ポートターミナル間が最混雑区間になった。

## 御堂筋線の混雑は緩和された

大阪地下鉄は民営化されたが、株式の100%を大阪市が保有しており、まだ完全民営化ではな

北大阪急行桃山台駅に進入する大阪メトロ新20系中百舌鳥行。中央の白い塗色の車両は女性専用車

い。それはともかく、大阪地下鉄といえば御堂筋線だけが混んでいて、他の路線は空いているというイメージが強い。

しかし、御堂筋線の混雑率は南行で146%、北行で134%と大幅に減った。阪神なんば線の開通で、神戸方面から難波方面への乗客は、梅田経由の御堂筋線を利用することがなくなったのが大きい。次に連絡各線の人口減少である。

京都地下鉄の烏丸《からすま》線は、昭和59年度は混雑率が200%を超えており、平成28年度は輸送人員も増加したが、増結と増発で混雑率が117%に緩和した。神戸地下鉄西神・山手線もそうである。

## 明暗を分けた京阪と阪神の新路線

平成20年（2008）10月、京阪電鉄（以下京阪）は中之島《なかのしま》線中之島―天満橋《てんまばし》間3・0キロを開通させた。その5か月後の2009年3月、阪神電鉄（以下阪神）は阪神なんば線延長線西九条―大阪難波間（以下難波）3・8キロを開通させた。計画は1950年代からあったので、実に約半世紀かかってようやく開通したのである。

阪神なんば線は、もともと西大阪線と呼ばれていて尼崎―西九条間の路線だった。西九条駅から難波駅まで延長して、尼崎―難波間を阪神なんば線と路線名を改称した。そして大阪難波（以下難波）駅で近鉄奈良線と相互直通をするようになった。さらに尼崎駅では、本線の神戸三宮（以下三宮）駅まで直通して、三宮―近鉄奈良（以下奈良）間で快速急行の運転を開始した。

一方、京阪の中之島線は、本線の萱島《かやしま》―天満橋間が複々線となっていたが、複線だけになっている天満橋―淀屋橋《よどやばし》間を多くの列車が走る。このため同区間の列車密度が高く、これ以上増発ができなくなっていた。

さらに京阪本線に10両編成を走らせるようにしようにも、起点の淀屋橋駅は手狭で、4線ある発着線のうち1線しか10両編成が発着できない。しかも10両編成が入線すると2線の発着線を占有してしまい、他の列車は残った2線だけで発着することになる。

そこで10両編成化と淀屋橋駅までの複々線化が考えられたが、どうせ天満橋―淀屋橋間を複々線化をするのなら、本線より北側を走って、鉄道空白地帯を埋める別ルートで建設すると、京阪の駅勢力圏が広がる。しかも中之島付近は再開発計画がある。さらに計画されている、なにわ筋線の中之島駅まで伸ばせば京阪本線から関西空港へのアクセスがよくなるとして建設された。

京阪中之島線は、本線とは別線で建設されたといっても、本線の淀屋橋駅から中之島線の大江橋《おおえばし》までは道のりで400mしか離れていない。それでいて、元市営地下鉄の大阪メトロ（正式名は大阪市高速電気軌道）淀屋橋への乗り換えは不便である。手前のなにわ橋での堺筋《さかいすじ》線との乗り換えもしかりである。中之島では阪神福島《ふくしま》駅とJR東西線新福島に近いとはいえ、乗り換えとなると敬遠してしまう。

結局、中途半端なルートと駅なので、利用者は思ったよりも少なかった。中之島線の需要予測では7万2000人としていたが、3万人前後と低迷している。そしてJR東西線へ逃げた客を取り戻すこともできなかった。

一方、阪神なんば線は九条駅で大阪メトロ中央線、ドーム前駅で同長堀鶴見緑地線《ながほりつるみりょくち》、桜川《さくらがわ》駅で同千日前《せんにちまえ》線と南海汐見橋《しおみばし》線、難波駅で近鉄阪神なんば線と接続して直通運転し、大阪メトロ地下鉄御堂筋線、四つ橋線、千日前線、南海本線・高野線と連絡する。需要予測は6万5000人としていたが、開通初年度は5万7000人、次年度で需要予測と同じ6万5000人となった。定期客の利用は思ったよりも少ないが、本線神戸方向から近鉄線直通の定期外客が非常に多くなった。神戸以西の本線乗降客も増えており、関西私鉄の中で乗客の伸び率は毎年一番となっている。

## 両線の乗客の増減を見る

既存開通区間の増減として、京阪は京橋→天満橋間、阪神は出屋敷《でやしき》→尼崎を見てみる。京阪の京橋→天満橋間は昭和59年度には14万5065人で、そのうち定期客が67・1％だった。平成5年度には15万8519人に増えたが、定期客よりも定期外客の増加が多く、定期比率は63・9％に下がっている。

ところが、平成9年にJR東西線が開通して片町《かたまち》線と直通運転を開始すると、片町線寄りのエリアからバスで京阪本線に乗り継ぐ利用客が減ってしまった。新線が開通して、その乗客数が安定するのに3年程度かかる。他線への影響も3年後に現れてくる。

JR東西線が開通して3年後の平成12年度の、京橋→天満橋間の乗客数は11万8819人に減ってしまった、定期比率も59・1％に下がった。これには長堀鶴見緑地線の開通にも影響されている。同線は平成2年3月に京橋―鶴見緑地間、8年12月に心斎橋―京橋間、9年8月に大正―心斎橋間と鶴見緑地―門真南《かどまみなみ》間が開通している。

中之島線の開通により、JR利用からの再切り替えを目論んだが、開通4年後の平成24年度では10万520人とV字回復にはならなかった。ただし、定期外客は11年度では4万6048人だったのが、24年度には5万6937人と1万人ほど増えている。

関西の鉄道は年々定期比率が下がっていく傾向にあるが、それを考慮しても定期外客の増え方は多い。定期比率は平成11年度の61・7％から24年には43・3％にも下がっている。それにしてもJRへ転換した乗客を取り戻すには、よりJR東西線に近いルートにすべきだった。極端に近くというわけにはいかないが、せめて堂島《どうじま》川の北岸を通せばよかったといえる。

阪神の出屋敷↓尼崎間を見てみると、昭和59年度は8万9712人で定期比率は61・6％だった。ピークは昭和62年度で9万1314人、定期比率58・2％だったが、JRの攻勢で平成12年度には7万6557人、定期比率51・9％に落ち込み、その後も減少していった。

阪神なんば線となった3年後の平成24年度は、7万9715人に増加した。しかも定期比率は51・8％と増加している。難波方面に乗り換えなしで通勤できることから、阪神に回帰する定期客が少しではあるが出てきたといえる。

それでは京阪の淀屋橋到着の降車客数を見ると、昭和59年度は8万2785人、平成5年度は9万

京橋→天満橋（下段は指数）

| | 定期客 | 定期外客 | 合計 | 定期比率 |
|---|---|---|---|---|
| S59 | 97308 | 47757 | 145065 | 67.1 |
| H1 | 101837 | 50924 | 152761 | 66.7 |
| | 105 | 107 | 105 | |
| H5 | 101283 | 57256 | 158519 | 63.9 |
| | 104 | 120 | 109 | |
| H10 | 77349 | 46982 | 124331 | 62.2 |
| | 80 | 98 | 86 | |
| H12 | 70179 | 48640 | 118819 | 59.1 |
| | 72 | 103 | 84 | |
| H14 | 63902 | 48995 | 112897 | 56.6 |
| | 68 | 103 | 78 | |
| H21 | 48200 | 55740 | 103940 | 46.4 |
| | 50 | 117 | 72 | |
| H24 | 43583 | 56937 | 100520 | 43.3 |
| | 45 | 119 | 69 | |

出屋敷→尼崎（下段は指数）

| | 定期客 | 定期外客 | 合計 | 定期比率 |
|---|---|---|---|---|
| S59 | 55284 | 34428 | 89712 | 61.6 |
| H1 | 53426 | 36953 | 90379 | 59.1 |
| | 97 | 107 | 101 | |
| H5 | 52692 | 35859 | 88551 | 59.5 |
| | 95 | 104 | 99 | |
| H10 | 37363 | 39192 | 76555 | 48.8 |
| | 68 | 114 | 85 | |
| H12 | 39738 | 36819 | 76557 | 51.9 |
| | 72 | 107 | 85 | |
| H14 | 37774 | 35801 | 73575 | 51.3 |
| | 68 | 104 | 82 | |
| H21 | 39541 | 39662 | 75203 | 52.6 |
| | 72 | 115 | 84 | |
| H24 | 41261 | 38455 | 79715 | 51.8 |
| | 75 | 112 | 89 | |

淀屋橋降車（下段は指数）

| | 定期客 | 定期外客 | 合計 | 定期比率 |
|---|---|---|---|---|
| S59 | 52299 | 30486 | 82785 | 63.2 |
| H1 | 55853 | 33052 | 88905 | 62.8 |
| | 107 | 108 | 107 | |
| H5 | 55536 | 36149 | 92002 | 60.4 |
| | 106 | 119 | 111 | |
| H10 | 41364 | 28196 | 69560 | 59.5 |
| | 79 | 92 | 84 | |
| H12 | 38265 | 29361 | 67626 | 56.6 |
| | 137 | 96 | 82 | |
| H14 | 34836 | 29537 | 64373 | 54.1 |
| | 67 | 97 | 78 | |
| H21 | 22371 | 27849 | 50220 | 44.6 |
| | 43 | 91 | 61 | |
| H24 | 20131 | 28716 | 48847 | 41.2 |
| | 38 | 94 | 59 | |

２００２人になったが、12年度は６万７６２６人、24年度は４万８８４７人と大幅に減っている。

減少した要因は、並行するＪＲ片町線がＪＲ東西線の開通で都心に行くのが便利になり、乗客がＪＲ東西線に移行した。また、地下鉄谷町《たにまち》線の大日《だいにち》延伸、長堀鶴見緑地線の開通で移行し、さらに今里筋《いまざとすじ》線と大阪モノレールの開通により、京橋でＪＲ大阪環状線に乗ってから阪急京都線や宝塚線に行くという、まどろっこしいルートをとらずに短絡していけるようになったことも要因である。それに、中之島線への移行が加わる。

では、中之島線天満橋→なにわ橋間の乗客数の変化をみてみる。開通１年後の平成21年度には、１万２０００人余りが乗車していた。そのうち定期客の本線からの直通客が５０００人ほど、定期外客が６０００人ほどだった。また、天満橋駅からの乗客は、定期客はわずかだが定期外客は１０００人ほど乗車している。

開通から３年後の23年度は全体で２割弱増加した。しかし、24年度は減ってしまっている。結局、なにわ筋線が開通していないために中之島駅へ行く人は少なく、途中駅へもあまり利用するメリットがない。しかも定期比率は40％前後で推移している。通勤で乗る人は少ないのである。

なにわ筋線が開通すれば、京阪沿線から関西空港方面へのアクセスが良くなる。それに、なにわ筋

天満橋→なにわ橋（下段は指数）

| | 定期 | | | 定期外 | | | 合計 | 定期比率 |
|---|---|---|---|---|---|---|---|---|
| | 本線から | 乗車 | 合計 | 本線から | 乗車 | 合計 | | |
| H21 | 4945 | 246 | 5191 | 6072 | 1127 | 7119 | 12390 | 41.9 |
| H23 | 5302 | 297 | 5599 | 7456 | 1586 | 9042 | 14641 | 38.2 |
| | 107 | 121 | 108 | 123 | 141 | 127 | 118 | |
| H24 | 5174 | 281 | 5455 | 6513 | 1508 | 8021 | 13476 | 40.5 |
| | 105 | 114 | 105 | 107 | 134 | 113 | 109 | |

西九条→九条（下段は指数）

| | 定期 | | | 定期外 | | | 合計 | 定期比率 |
|---|---|---|---|---|---|---|---|---|
| | 本線から | 乗車 | 合計 | 本線から | 乗車 | 合計 | | |
| H21 | 8578 | 771 | 9349 | 10319 | 1315 | 11634 | 20953 | 44.6 |
| H23 | 10473 | 945 | 11418 | 10876 | 1242 | 12118 | 23536 | 40.5 |
| | 122 | 123 | 122 | 105 | 94 | 104 | 112 | |
| H24 | 11073 | 1002 | 12075 | 10879 | 1543 | 12422 | 24497 | 49.3 |
| | 129 | 130 | 129 | 105 | 117 | 107 | 117 | |

近鉄直通客（下段は指数）

| | 定期客 | 定期外客 | 合計 | 定期比率 |
|---|---|---|---|---|
| H21 | 5446 | 5194 | 10660 | 51.1 |
| H23 | 6497 | 5043 | 11540 | 56.3 |
| | 119 | 97 | 108 | |
| H24 | 6856 | 4828 | 11684 | 58.7 |
| | 125 | 93 | 110 | |

難波降車客（下段は指数）

| | 定期客 | 定期外客 | 合計 | 定期比率 |
|---|---|---|---|---|
| H21 | 8798 | 10588 | 19386 | 45.3 |
| H23 | 10921 | 10705 | 21626 | 50.5 |
| | 124 | 101 | 112 | |
| H24 | 11202 | 11061 | 22263 | 50.3 |
| | 127 | 104 | 115 | |

線はＪＲ東西線の新福島駅と連絡するための駅は設置されないことになった。このため片町線沿線からも京阪を使うようになる。

一方、阪神の西九条↓九条間では開通1年後には２万９５３人だったのが、24年度には17％増の２万４４９７人に増えている。近鉄直通客の推移をみるとさほど増えてはいない。しかも24年度は21年度にくらべて、定期客は25％増えているのに定期外客は10％増にとどまっている。直通になると、阪神と近鉄の両方の初乗り運賃が加算される。

通勤の定期代は企業が出すことが多いし、通学定期客は割引率が高いこともあってやむをえず出すが、定期外客はそうはいかないし、近鉄沿線と阪神沿線とを行き来する人も少ない。多くは阪神沿線から奈良への行楽客、近鉄沿線から三宮方面へのショッピング客、あるいは近鉄沿線からの甲子園球場への観覧客などである。これが難波降車になると初乗り加算がないため、定期外客も多くなる。

京阪は、中之島駅から阪神の野田《のだ》駅あるいは西九条駅まで同時に開通すべきだった。今後、西九条を経て新桜島まで延伸してＵＳＪへ向かう客を取り込もうとしている。それだけでは効果が少ないとみて、ＩＲ（統合型リゾート）の設置と大阪万博会場となる夢洲《ゆめしま》に大阪メトロ中央線が延伸するので、西九条駅の前に九条駅に延伸することも考えられている。九条駅延伸は遠回りになる。

そうであれば、新桜島駅からさらに夢洲への延伸のほうが理にかなっている。

阪神は難波駅で近鉄と相互直通してエリアが広がった。ＪＲ東西線も福知山線や東海道線と片町線を結んでエリアが広がった。中之島線に必要なのは、中之島駅の先で接続する路線をチョイスすることである。

一方、阪神なんば線開通前の最混雑区間だった淀川→野田間の上り通過客数は、昭和59年度が10万６４５７人、62年度が10万９９２１人に増えた。しかし、ＪＲの攻勢で平成12年度は８万９５４６人に減った。そして阪神なんば線開通後の24年度は７万８２７人となった。１万人ほどが阪神なんば線にシフトしたということになる。このため阪神本線の最混雑区間は出屋敷→尼崎間となった。

大阪の南に行くには阪神なんば線を利用するほうが便利なため、神戸方面のＪＲや阪急沿線から阪神なんば線利用への転移も進んでいる。

さらに出来島《できじま》駅や福《ふく》駅など旧西大阪線の各駅からの利用が増えている。通常、定期客が減少して定期外客が増加するが、それ以上に出来島駅では定期外客の利用が阪神なんば線開通前にくらべて1・5倍にもなっている。さらに桜川駅などに高層マンションができて乗客を増やしている。

また、通学生の利用も出てきた。鳴尾《なるお》駅を最寄りすると武庫川女子大学のほか、神戸方面に各大学があり、近鉄沿線にも大学が多数あるために、阪神沿線に住めば選択肢が広がることで沿線人口も増えている。

淀川→野田（下段は指数）

| | 定期客 | 定期外客 | 合計 | 定期比率 |
|---|---|---|---|---|
| S59 | 65817 | 40640 | 106457 | 61.8 |
| H1 | 65728 | 43210 | 108938 | 60.3 |
| | 100 | 106 | 102 | |
| H5 | 63127 | 42501 | 105628 | 59.8 |
| | 96 | 105 | 99 | |
| H10 | 45477 | 44041 | 89518 | 50.8 |
| | 69 | 108 | 84 | |
| H12 | 47320 | 41726 | 89546 | 52.8 |
| | 72 | 103 | 84 | |
| H14 | 44934 | 40800 | 85734 | 52.4 |
| | 68 | 100 | 81 | |
| H21 | 38087 | 34714 | 72801 | 52.3 |
| | 58 | 95 | 68 | |
| H24 | 37326 | 33501 | 70827 | 52.7 |
| | 57 | 82 | 67 | |

さらに定期外客の増加もある。ＵＳＪに行くには、神戸方面と難波以遠からは阪神が便利である。甲子園でのタイガース応援も従来は梅田駅からだったが、近鉄沿線からは阪神なんば線を利用する。しかも、近鉄沿線の信貴山《しぎさん》の寅《とら》詣でをしてから甲子園に向かうファンも多い。夏の高校野球では早朝から甲子園駅に向けての臨時電車を出すほどになっている。ドーム前駅には京セラドームがあり、野球以外にコンサートや各種イベントを開催している。やはりこれによって阪神利用客が増えている。

## 少子高齢化に悩まされる関西の鉄道

### 泉北ニュータウンと千里ニュータウン

前述の各線の乗客数の推移の表をみると、多かれ少なかれ定期比率が年々下がっていく。定期比率が下がっていくのは、沿線の開発が一段落して、定期券で乗る通勤客が減り、乗車券や回数券を利用してショッピングや所用で鉄道を利用する人が増えていく。若夫婦の家庭の占める割合が減り、熟年夫婦の家庭が多くなるためである。つまり閑静で落ち着いた街づくりになったためである。

さらにそれが進むと、少子化で高校生や大学生の人数が減る。つまり、通学定期客が減る。また、高齢化により、会社をリタイアして通勤客も減っていくことになる。鉄道に関する少子高齢化というのは定期比率が小さくなることである。それに比例して集中率も下る。集中率とは、終日の乗客数のうち朝ラッシュ時ピーク1時間にどれくらい乗っているかの比率である。

とはいえ、割引率が高い定期客が減って通常運賃で乗る定期外客が増えるということは、鉄道会社にとって歓迎すべきことではある。しかし、そうは簡単に言い切れない。定期外客も割安運賃で利用していることも多い。回数券利用や関西私鉄が行っているＰｉＴａＰａによる割引や区間を定めて自由に乗り降りできるフリーきっぷも利用される。

これらの利用は収益が減りはするが、大きな損失にはならない。閑散時には輸送過剰気味なので空いている。そこで割引率が高くても多くの利用があれば売り上げは増える。そしてラッシュ時のような輸送力増強をするほどのことはない。かえって収益につながるというものである。

深刻なのは人口減である。少子高齢化が進むと、最終的には高齢者がいなくなるということで、人口減による鉄道利用そのものが減ってしまう。街そのものから人がいなくなっている現象が一番困るのである。少子高齢化が進んだ先にある人口の自然減はやむを得ないとしても、代替わりした人々が住む気になれる街であればさほど大きく人口は減らない。しかし、バブル期や、それ以前から開発されたニュータウンでは深刻になっている。

表は、大阪北部の千里ニュータウンと南部の泉北ニュータウンの関連する鉄道の乗客数などの推移である。千里ニュータウンでは、北大阪急行の千里中央駅の乗車客数、緑地公園↓江《え》坂《さか》間の下りの乗車客数、泉北ニュータウンでは、当初の終点駅だった光明池《こうみょういけ》駅の中百舌鳥《なかもず》方面への乗車客数と深井↓中百舌鳥間の上りの乗車客数である。

千里中央駅と緑地公園↓江坂間の乗車客数をみる

千里中央乗車（下段は指数）

| | 定期客 | 定期外客 | 合計 | 定期比率 |
|---|---|---|---|---|
| S59 | 26538 | 19334 | 45872 | 57.9 |
| H1 | 30355 | 20583 | 50938 | 59.5 |
| | 114 | 106 | 111 | |
| H5 | 31890 | 25205 | 57095 | 55.9 |
| | 120 | 130 | 124 | |
| H10 | 28925 | 24666 | 53591 | 54 |
| | 109 | 128 | 117 | |
| H14 | 25710 | 23481 | 49191 | 52.3 |
| | 97 | 121 | 107 | |
| H21 | 23271 | 22857 | 46128 | 50.4 |
| | 88 | 118 | 101 | |
| H24 | 23427 | 23269 | 46696 | 50.2 |
| | 88 | 120 | 102 | |

緑地公園→江坂（下段は指数）

| | 定期客 | 定期外客 | 合計 | 定期比率 |
|---|---|---|---|---|
| S59 | 43501 | 27696 | 71197 | 61.1 |
| H1 | 49720 | 29979 | 79699 | 62.4 |
| | 114 | 108 | 112 | |
| H5 | 50822 | 34547 | 85369 | 59.5 |
| | 117 | 125 | 120 | |
| H10 | 46931 | 33881 | 80812 | 58.1 |
| | 108 | 122 | 114 | |
| H14 | 42320 | 32624 | 74944 | 56.5 |
| | 97 | 118 | 105 | |
| H21 | 38323 | 31139 | 69462 | 55.2 |
| | 88 | 112 | 98 | |
| H24 | 37950 | 31672 | 69622 | 54.5 |
| | 87 | 114 | 98 | |

と、バブル期に乗車人数は増加しているだけでなく、バブル崩壊後の平成5年度でも昭和59年度にくらべて2割以上増えている。10年度になると、定期客は大きく減少、定期外客はやや減少している。少子高齢化もあるが、大阪モノレールの大阪空港―門真市《かどまし》間が全通したのが平成9年で、それが影響している。

モノレールができる前は、千里中央駅から阪急京都線と宝塚線、それに京阪本線沿線に行くには一度直通している御堂筋線の西中島南方《にしなかじまみなみがた》駅や梅田駅、淀屋橋駅を経由する方法が手っ取り早かった。それが、モノレールの開通で短絡ルートが出来上がって減った。モノレール利用への移行による減少度合いが少なくなった平成14年度、続いて平成24年度になると定期外客が増えても、定期客が大幅に減少し、トータルの乗客数は昭和59年度と変わらなくなってしまった。

千里ニュータウンができて40年、初期の集合住宅は多数残っているが、３ＤＫが多く、今の時代には合わない。そのため新たな入居者は減り、空き家が増えた。つまり人口減少である。

それが問題であるということで、初期の集合住宅をリニューアルして若者が住めるような対策をとっている。これにより平成24年度は歯止めがかかった。

一方、泉北ニュータウンは千里ニュータウンよりも後で開発されたものの、同様な経緯をたどる。やはり平成10年度に減少している。これは光明池駅の先に和泉中央《いずみちゅうおう》駅ができて、それまでバスで光明池駅に向かっていた利用者が、和泉中央駅に切り替えたためである。

14年度から減少を続けている。24年度は59年度にくらべて83％まで減ってしまった。千里ニュータウンが１０２％と逆に増えているのとくらべて対照的である。

千里中央駅から梅田駅までは20分で行け、梅田以南の都心部へは乗り換えなしで行ける。しかし、光明池駅から難波駅までは35分程度であり、中百舌鳥駅止まりもある。そして難波以北の都心部へは大阪メトロに乗り換えなくてはならない。

千里ニュータウンは便利だが、泉北ニュータウンはやや不便である。そして泉北ニュータウンの人口は減少し、泉北高速鉄道の利用客が減っている。そこで指定席特急の「泉北ライナー」を走らせ快適通勤ができることを売りにして、乗客減に歯止めをかけるようにした。というより運賃収入が減ったことを補うために、特急料金による収益の向上を図った。

光明池上り乗車（下段は指数）

| | 定期客 | 定期外客 | 合計 | 定期比率 |
|---|---|---|---|---|
| S59 | 12755 | 5403 | 18158 | 70.2 |
| H1 | 16288 | 6924 | 23212 | 70.2 |
| | 128 | 128 | 128 | |
| H5 | 17574 | 7590 | 25164 | 69.8 |
| | 138 | 140 | 139 | |
| H10 | 13016 | 6043 | 19059 | 68.3 |
| | 102 | 112 | 105 | |
| H14 | 11297 | 6150 | 17447 | 64.8 |
| | 89 | 114 | 96 | |
| H24 | 9282 | 5773 | 15055 | 61.7 |
| | 73 | 107 | 83 | |

深井→中百舌鳥（下段は指数）

| | 定期客 | 定期外客 | 合計 | 定期比率 |
|---|---|---|---|---|
| S59 | 42207 | 14480 | 56687 | 74.5 |
| H1 | 49194 | 17415 | 66609 | 73.9 |
| | 117 | 120 | 118 | |
| H5 | 52406 | 19119 | 71525 | 73.3 |
| | 124 | 132 | 126 | |
| H10 | 49259 | 19756 | 69015 | 71.3 |
| | 117 | 136 | 122 | |
| H14 | 42676 | 18193 | 60869 | 70.1 |
| | 101 | 126 | 107 | |
| H24 | 38771 | 19553 | 58324 | 66.5 |
| | 92 | 135 | 103 | |

両ニュータウンだけではない。大阪府の全体で人口が減少傾向にある。一極集中で首都圏に移り住んだ人もいるが、大阪府内にあった工場の多くは滋賀県に移転している。このため滋賀県は人口増になっている。そして本社機能は大阪にあるため、滋賀県と大阪府を結ぶ路線、すなわち東海道線の新快速の混雑が深刻になっている。

## 首都圏より先に少子高齢化がやってきた関西の鉄道

東京一極集中によって首都圏の多くの鉄道は、いまだに混雑が激しい。といっても東京都心部へ直通している路線についてであり、横浜中心部やさいたま市、千葉市への通勤通学客は、少子高齢化だけが原因ではないが減っている。つまり、東京都心部への一極集中がいまだに激しく、それにともなって通勤通学の混雑も激しくなっている。

もともと関西では、大阪都心部への一極集中はあるものの、京都や神戸という大都市、奈良と和歌山という中核都市への流れもあるために、東京ほど混雑は激しくなかった。

さらに、大阪から放射状の郊外路線の沿線は、開発の余地がなくなったといえるほど新たな住宅団地の建設は減ってきた。

郊外路線の沿線の多くは、長年住み続けたお年寄りばかりになり、その子供たちは巣離れして、都心のタワーマンションか、関西を出て首都圏に移住してしまっている。なかには、神戸や京都を通り過ぎた姫路方面や滋賀県に移り住んで、大阪都心に通ったりしている。

その子供たちの子供、孫にあたる世代が、既存郊外路線に親とともに住んでいれば、通学に電車を使うことになるが、それが少数派になってしまった。そして、お年寄りは定年退職をして通勤に電車を使うこともなくなったが、ショッピングや遊びで電車に乗る。

そのために、通勤・通学定期客が減り切符を買う、あるいはＩＣＯＣＡやＰｉＴａＰａなどのカードで乗る定期外客が増えてきている。まさに少子高齢化による定期外客の増加である。

京阪本線の昭和59年度の通学定期客は、15万3501人だったのが平成28年度は10万4742人と3分の2に減っている。落ち込みが激しいのは定期客なのである。昭和59年度は43万7896人だったのが平成28年度では24万8885人と19万人も減っている。定期外客は35万6630人から38万8814人へ増えている。

並行するJR東西線と片町線や大阪市営地下鉄長堀鶴見緑地線や谷町線に乗客が移ったことで、定期客は減ってしまったことがあるものの、少子化で通学生が大幅に減り、高齢化のために定期利用から定期外利用に転じたために定期外客は増加したということである。

京阪は並行している競争路線があることで定期客を減らしたが、競争路線があまりない南海高野線はもっと深刻である。

南海高野線の昭和59年度の1日平均の輸送人員で、通学定期客は5万9932人だった。平成28年度は4万6121人と1万4000人、率にして23%も減っている。そして通勤定期客は22万9545人から13万7803人と9万人以上も減った。さらに定期外客は14万6208人から13万1551人も減らしている。

競争路線としては中百舌鳥駅から都心に直通している御堂筋線がある。しかし、急行運転をしておらず、難波—中百舌鳥間は朝ラッシュ時であっても南海の準急のほうが速い。もっとも、大阪都心部の他の地域へ行くには御堂筋線のほうが便利なところがあり、高野線の混雑緩和のために同線の乗客を減らした面はある。

とはいえ一番大きな要因は沿線の人口減である。とくに泉北ニュータウンの空洞化が大きい。泉北高速鉄道の昭和59年度の1日平均の輸送人員は通学定期が2万3756人、通勤定期が6万8000人、定期外が3万6797人だった。平成28年度は通学定期が2万5841人、通勤定期が5万7285人、定期外が5万1447人と、通学定期は微増、通勤定期が減少、定期外が大幅増加している。トータルでは12万8553人から13万4572人と6019人増えている。

しかし、乗客数がピークに達していた平成10年度は、トータルで15万5551人だったので、18年間で2万人も減っている。少子高齢化が大幅に進んだほかに、他地域に移転した家庭が多いためである。

事実、泉北地域だけでなく泉南や河内地域の近年の人口は減少し続けている。しかも少子高齢化による自然減よりも社会減が大きい。つまり人口流出がずっと続いている。逆に、大阪市北部の豊能《とよの》地域つまり千里《せんり》・箕面《みのお》方面は自然減はあるが社会増がずっと続いているので、トータルではずっと人口増である。

これは大阪モノレールの彩都線の開通による住宅開発が要因であり、北大阪急行電鉄が千里中央駅から箕面萱野《かやの》まで延伸するのも、人口増があるからである。

反面、泉北高速鉄道は快適通勤ができるように特急泉北ライナーの運転を開始している。さらに利便性を増すためには泉北高速鉄道の関空方面の延伸である。具体的には水間《みずま》鉄道の石才《いしざい》あたりまで延伸して水間鉄道に乗り入れて貝塚《かいづか》に行くことであろう。

## 少子高齢化だからこそ新線建設が必要

まもなく、おおさか東線の放出《はなてん》―新大阪間が開通する。さらに、新大阪―西九条間の梅田貨物線の途中に梅田北駅、通称「うめきた」駅を設置する工事が始まっている。これによっておおさか東線の電車がうめきた駅、あるいは西九条駅、さらには桜島線の桜島駅まで乗り入れる可能性がある。

そうなれば、大阪市東部地区からだけでなく新幹線沿線からUSJに行くのに便利になる。

懸案のなにわ筋線はまもなく着工される。これに伴って阪急新大阪連絡線の建設も動き出す。北大阪急行も千里中央駅から箕面萱野まで延伸する。大阪モノレールも門真市から瓜生堂《うりゅうどう》までの延伸が具体化してきた。大阪モノレールは、さらに瓜生堂から堺市方面、大阪空港から伊丹方面の延伸も考えられている。

首都圏でも多数の新線建設の構想はあるが、着工しているのは相鉄・JR連絡線の西谷《にしや》―横浜羽沢《よこはまはざわ》間くらいであり、その開通も先延ばしの連続である。

それにくらべて関西のほうが新線建設の計画は多い。過去にはJR東西線、大阪モノレール彩都線、京阪中之島線、阪神なんば線が建設され開通して便利になった。

ところが、少子高齢化の時代にそんなに新線を造る必要があるのかという疑問がよく出される。しかし、少子高齢化だからこそ新線建設は必要だと筆者は思う。

まず、高齢化でなぜ必要かというと、歳を取るとクルマの運転が危うい。鉄道だけではなく公共交通機関を整備し、いつでもどこへでも誰でも障壁なく利用できる交通機関がなければならない。そうでないと交通難民が続出する。

その核になるのが鉄道であり、他にくらべて整備されているとされている関西地区でも、まだまだ必要な地域がある。

少子化によって、学校、とくに高校が統合されて減少しつつある。そうすると通学に電車・バスを利用する度合いが増える。しかしバスは輸送力が小さく、大量通学の交通手段としては不足する。最低でも中量輸送機関のモノレールや路面電車、案内軌条式などの新交通システムにしなければならない。

実際、JR東西線や阪神なんば線の開通によって大阪都心部を貫通するルートが形成され、神戸方面から奈良などの大学、あるいはその逆の長距離通学をしている大学生が増えている。

なにわ筋線は関空アクセスとして考えられているが、大阪都心を南北に縦断している路線でもある。まだなにも決まっていないが、阪急新大阪連絡線が開通して神戸線や京都線、宝塚線と直通運転すれば大阪南部―大阪北部間の通学ルートができる。ただし軌間が異なるのでフリーゲージトレインでの直通電車となる。

もっともJRだけみても、なにわ筋線を経て大阪南部―京都方面間の通学ルートができる。少子高齢化だからこそ鉄道整備が必要なのである。

# 今後は自動運転が必須

クルマの無人運転が完成すれば、高齢者などの交通弱者に関しては、公共交通機関の整備は不要ということが考えられる。過疎地域であればこの理論は成立する。

しかし、都市部においては無人運転のクルマが爆発的に増えれば、渋滞はおろか道路がクルマで埋め尽くされて輸送機関として機能しなくなってしまう。

だからこそ輸送力が大きい鉄道が必要なのである。そして鉄道こそ無人運転技術が必要なのである。クルマはハンドル操作の自動化という難しい技術開発が必要だが、鉄道はハンドル操作というものはない。無人運転は鉄道のほうがやりやすいのである。

実は鉄道の無人運転技術は、すでに昭和56年（1981）に開通した神戸ポートライナーで実用化されている。新幹線も停車寸前までは自動的に速度を落としている。すでに無人運転は確立している。

それなのに無人運転を完全にしているのは神戸ポートライナーと六甲ライナー、それに東京のゆりかもめと日暮里《にっぽり》舎人《とねり》ライナーだけである。

大阪の南港ポートタウン線も完全自動運転をしているが、運転席に乗務員が乗っている。運転士ではなく乗務員である。乗務員の業務は列車内の治安や案内を担当するだけで運転業務はしない。かつて自動運転装置の電気回路の不具合で終端の車止めに突っ込んだ事故があったが、このときも乗務員はなにもできなかった。

この事故があったことが要因ではないが、自動運転、無人運転は鉄道側にとってリスクが大きい。神戸ポートライナーのような各駅停車だけで踏切がない路線では、単純なダイヤなので無人運転はしやすいが、複雑なダイヤになっている路線では微妙な運転操作が必要である。ホームの停止位置が異なるところもそうである。そして車両個々に癖があったり、天候によって加減速度が異なる場合も、運転には微妙な匙《さじ》加減が必要である。これは機械にできるものではない。

また、ポートライナーなどはホームドアがあってホームから人の転落はないが、大半の路線ではまだホームドアが普及していない。そもそも、異常時に機械は対応できないという前提で普及していない。

しかし、現在はAI技術が急速に発達している。AI技術によって微妙な匙加減をする自動運転は確立できる。かえってヒューマンエラーが避けられない手動運転よりも、正確な運転操作をAI技術によって確立できる。一番問題なのは、異常時に無人運転は対応できないということだが、緊急停止ボタンだけ使える乗務員を乗せればいい。

業務としては前方監視の他に扉閉めと案内、治安維持といったことである。これらもAI技術で機械が行うことができる。しかし、踏切事故や線路内への人の立ち入りなどの突発的な運転阻害についてまで、AI技術によって対応することは難しいとされる。

完全無人運転は踏切がすべて廃止され、ホームドアもすべての駅に設置した路線で可能となる。これらを満たす路線は、モノレールや案内軌条式の新交通システム以外はいまのところない。

三宮駅を出る神戸ポートライナー

それでも無人運転が可能になれば乗務員の手配をしなくても増発が可能になる。つまり、急に乗客が増えたとしても、直ちに増発が可能になる。

また、踏切障害や線路への人の立ち入りなどの対応も、ＡＩ技術によってクリアできなくはない。そうなれば人件費を気にしなくて頻繁運転ができるので、ローカル線では、フリークェンシー運転によって待たずに乗れるという、役立つ路線に仕立てることもできるだろう。

## ＬＲＴの普及を促したい

ＬＲＴはLight Rail Transitの略で、日本語では軽量鉄道輸送機関、あるいは軽快電車などと訳される。国土交通省はＬＲＴのことを次世代型路面電車としているが、ＬＲＴという略語には路面電車あるいは次世代という文字は入っていない。

路面電車を高度化した鉄道路線のことだということで、次世代型路面電車としているのである。日本でＬＲＴといえるのは、京阪京津《けいしん》線や富山ライトレールと広島電鉄の広島駅前—宮島《みやじま》間の直通電車、それに福井鉄道とえちぜん鉄道との直通運転くらいしかない。路面区間と専用軌道区間を使い分けて敷設し、それまでの路面電車よりも快適に高速に走るものである。最近普及している低床路面電車のことをＬＲＴとしている向きもあるが、別に中床や高床の路面電車でもＬＲＴである。

一番の特徴として、通常の鉄道はもちろん、モノレールや案内軌条式新交通よりも軽量にできているので建設費や維持費が安いことである。

日本では軌道法によっていろいろと制約があるが、欧米では長大編成のＬＲＴが走っている。また、短区間ながら架線がない架線レス電車を走らせているところもある。

今のところ、道路空間の景観上、無架線区間を設けているだけだが、バッテリー技術の発達で長距離にわたって架線レス区間を走ることができる電車が日本で試作されている。これを使えば経費がかかる変電所そのものが不要になる。通常の路面電車よりも敷設費が安くなる。

輸送力はバスよりも大きく、専用軌道区間ではバスよりも速い。また、場合によっては地下を通す路下電車や高架線にしてもいい。軽くて小さい車両なので、地下トンネルの断面積はミニ地下鉄よりも小さいし、高架線となっても場所を取らない。

変幻自在にルートを選定できることから、架線レスＬＲＴの普及を願いたいところである。

関西では堺市がＬＲＴを構想したことがあるが、車線をふさぐ区間があるためにクルマ利用者から反発されたり、景観が悪くなるとかで今のところ実現していない。

走行車線をふさぐ区間ではまさしく路下電車にすればいい。

ＬＲＴを構想している区間は、前述の堺市が構想している南海本線堺駅から高野線堺東《さかいひがし》駅、阪和線堺市駅を経由して近鉄南大阪線河内《かわち》松原《まつばら》駅までの東西貫通線のほかに、京都市が京福嵐山線とからめて市内に環状線を敷設する構想などがあり、神戸市も北野《きたの》を経由する新神戸——元町《もとまち》間で敷設することを構想している。この場合、北野の異人館通りで、一般車両を通行禁止にしたトランジットモールにすることが考えられている。

さらに、大阪市がぜひとも造りたいとしている松屋町筋《まつやまちすじ》線を、ＬＲＴで造ればいい

松屋町筋線・堺市LRT

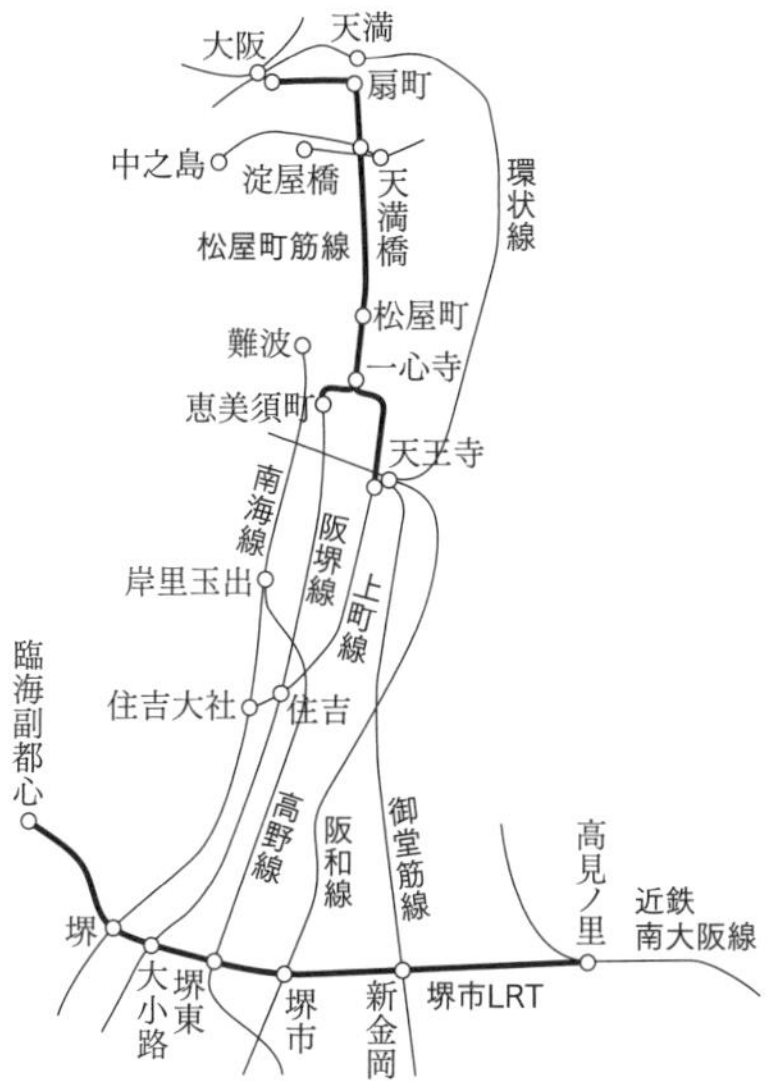

という意見がある。具体的には阪堺線恵美須町《えびすちょう》駅から西進して松屋町筋に出て北上、天神橋六丁目に至るものである。余談だが松屋町筋線が開通する前提で地下鉄長堀鶴見緑地線に松屋町《まつやまち》駅を造っており、すでに松屋町筋線との乗り換え通路などができあがっているという。

フランス・ニースの架線レスLRT

ドイツ・マンハイムの路下電車

# 快適通勤を実現する特別車両

平成29年（２０１７）、京阪電鉄の特急にプレミアムカーを連結するようになった。横１&２列でリクライニングシートの座席指定車である。従来の特急は、オール転換クロスシートでそれなりに快適であり、２階車両も１両連結している。

朝のラッシュ時は、下り淀屋橋方面を除き、特急は途中駅からでも座ることができるようになった。とはいえ、始発駅の淀屋橋《よどやばし》駅も出町柳《でまちやなぎ》駅を除いて途中駅から乗れば、自由席だと２人以上のグループでは離れ離れになることが多い。指定席があれば途中から乗ってもグループごとに座席を確保できる。増加している海外からの乗客へのサービス向上になる。

しかし、指定席であっても料金を取る以上快適にしなくてはならない。そこで横１&２列にして、座席の幅を４３０㎜から４６０㎜に広げ、シートピッチも９２０㎜から１０２０㎜に広げた。そしてプレミアム料金として、30㌔未満４００円、30㌔以上５００円とした。無札《むさつ》の乗客に対応するためにアテンダントが１人乗務する。

首都圏の京王や西武、東武は、一般車の座席をロングシートとクロスシートの両方に使用できる近鉄のＬ／Ｃカーと同様の座席にして、指定席料金４００円前後を徴収しラッシュ時に走らせている。首都圏では許されても、関西圏ではこんな座席で料金を取るなという批判が出よう。

プレミアムカーは既存の８０００系のうちの８５５０形を改造した。８０００系は８両編成10本がある。しかし、特急の運用は12本である。8000系は予備を2本は確保する必要があるから8本しか回せない。

残りの4本は、プレミアムカーなしで3扉転換クロスシートの3000系を使用する。ようは10分ごとに走る特急のうち、30分に1本はプレミアムカーの連結がない。

今後、すべての特急にプレミアムカーを連結するとしている。このとき9000系の後継車両であるのか、3000系の1両を改造するのかは公表されていない。

京阪はこのほか、朝ラッシュ時下りに出町柳駅と枚方市駅《ひらかたし》、樟葉駅《くずは》を始発駅にする淀屋橋行のオール座席指定のライナーを各1本、計3本と夜間上りに出町柳行2本を走らせている。使用車両は8000系で座席指定料金は300円、ただしプレミアムカーは500円である。なお、朝ラッシュ時の特急は混雑しており、主として横1&2列にして、座席間通路を広げた3000系や一部ロングシート車を使う。そのため座席が少ない。確実に着席できるライナーは重宝される。

かつて混雑が激しかったころは、朝ラッシュ時にこのようなゆったり通勤できる電車を走らせれば、「こんな電車を走らせるよりも、少しでも混雑緩和ができる通勤電車を走らせろ、金持ち優遇をするな」という批判が出るとして、走らせるのがはばかられた。ずっと以前、阪急が京都線に指定席特急を走らせようとしたが、運輸省から「待った」をかけられたこともあった。

しかし、混雑緩和が実現した現在は選択の幅が広がる。近鉄は以前から、朝ラッシュ時に指定席特急を走らせている。南海も指定席車とロングシートの一般席車を連結した「サザン」を走らせている。また高野線を走る観光特急の「こうや」のほかに、橋本—難波間運転の「りんかん」を走らせている。「ラピート」も関空アクセスに使う以外に中間駅からの利用も多い。そのために、ほとんどが新今宮《しんいまみや》、天下茶屋《てんがちゃや》、堺、岸和田《きしわだ》停車の「ラピートβ」として走っている。泉北高速鉄道も快適通勤と増収策として「泉北ライナー」を走らせている。

座席指定電車が走っていないのは阪急と阪神だけである。阪神は、阪神なんば線を経て三宮まで、近鉄特急の直通運転を定期運転化したいところである。しかし、三宮の折返線は1線しかない。下り本線の3番線も折り返しができるが、他の列車を邪魔をする。やるとすれば山陽明石、あるいは姫路までの直通運転である。その前に、尼崎—西宮間で過密ダイヤになることから、阪神なんば線だけを走る尼崎発着をとりあえず行うことになろう。

阪急については、京都線で「京トレイン」を座席指定で使いたいところである。

かつてのJR西日本は、特急車を使ったライナーを走らせていたが、現在はすべて廃止されている。その代わりに特急を走らせているが、B特急料金は50キロまでの自由席でさえ650円と高い。JR東日本ではこれが510円だし、JR北海道とJR四国、JR九州では25キロまで300〜320円の料金にしている。そこでJR西日本の特急は割安な自由席特急回数券を発売している。

それよりも、混んでいる新快速に特別車がほしいところである。休日には、米原《まいばら》—京都間といった長距離区間でさえ満員になることが多いからである。

そこで、新快速の9号車（米原・敦賀寄り4両目）に有料座席車両のAシート車を連結する。既存のクモハ225形の座席をテーブル付回転リクライニングシートに取り換え、車体側面にブルーのラインを入れる。AC100Vコンセントと無料Wi-Fiサービスが受けられる。Aシート料金は500

円、座席定員は46人、車内で係員に現金かＩＣＯＣＡで支払う。ただし自由席なので満席になれば利用できない。２０１９年の春から運転開始するが、当初は午前と夜間に各1往復しか走らない。

京阪プレミアムカーの車内

混雑している新快速

## 関西ではホームドアの設置が難しい

線路への転落事故を防止するのに有効なのは、ホームドアの設置である。しかし、ホームドアの設置はなかなか進んでいない。関西では京都市営地下鉄東西線とニュートラム、ポートライナー、六甲ライナーくらいしかない。既存路線ではJRと大阪メトロの一部の駅や、阪急も宝塚線十三《じゅうそう》駅へ試験的に設置されているくらいである。

ホームドアを設置する条件としては、車両の扉の位置が統一されていることが最初にあげられる。次にTASC（タスク＝Train Automatic Stopposition Control＝列車自動駅停止位置制御装置）を装備して、停止位置のずれが起こらないようにする。さらにホームドアは重量があるため、ホームの端部に設置するとホームが傾く恐れがある。このためこの重さに耐えうるようにホームを強化しなければならない。

関西の既存路線で扉の位置が統一されているのは、JR東西線と片町線くらいしかない。他のJR線では3扉の中距離電車と4扉の通勤形、さらに1扉か2扉の特急車が入り乱れて走っている。阪和線では、快速と各停はすべて3扉車に統一されたものの、特急は「はるか」用と「くろしお」用の4種、計5種の車両が走る。

JR西日本は、これらの車両に対応できタスクも不要のロープ昇降式を開発し、まずは桜島駅に設置した。それまで各社でいろいろなロープ昇降式ホームドアが試作されたが、そのなかで実用化でき

ロープ昇降式はドアの位置が異なっても対応ができるが、混雑しているホームではコートの端やカバンがロープの外に少しでもはみ出るとセンサーによって作動しなくなる欠点がある

高槻駅に設置準備中の3・4扉対応のホームドア

JR西日本の駅のベンチをクロスシートにして酔い客のホーム転落を防止している

たのはこのＪＲ西日本が開発したものである。六甲道《ろっこうみち》、京都駅でも試験運用して不具合な個所を改良した。

そして、高槻《たかつき》駅の上下の外側線に片面ホームを新設して、ロープ昇降式の本格運用をした。この外側線ホームには、新快速と特急「サンダーバード」それに「はるか」の一部が停まる。さらに既設のホームでは新開発の3、4扉対応の広幅式ホームドアを試験運用しようとしている。この広幅式ホームドアの可動柵はかなり広く、逆に固定柵はかなり狭く軽量である。しかし、これはまだ実用化していない。

ロープ昇降式は、少々停止位置がずれても構わない。しかも軽量である。しかし、ホーム側にいる人のコートなどの衣服やカバンがロープに触れるとセンサーが作動してロープの昇降を止める。このため電車の進入と進出時に黄色い線より外側に歩かないように注意喚起をしている。

環状線は、通常のホームドアの可動柵を広げたものを導入することにした。このため、従来の4扉通勤形は、すべて新しい3扉通勤形の323系に取り換える。かつてのように殺人的混雑はなくなったので3扉で充分対応できる。さらに、関空・紀州路快速と大和路快速は3扉転換クロスシートである。これによって特急が停まる西九条駅の中線に面した2、3番ホームを除いてホームドアの設置が可能になる。2、3番ホームはロープ昇降式になると思われる。そして各可動柵は、高槻駅の既設ホームに設置したホームドアよりも狭いが、首都圏にあるものよりも広くして、少々停車位置がずれても、電車の扉が開けられるようにした。これによって、タスクを不要にした。

大半の私鉄各線は、扉位置が異なる車両が入り乱れて走っている。阪急京都線は「京トレイン」と嵐山線用に転用された6300系を除いて3扉だから、簡単にホームドアが設置できるように思えるが、クロスシートの9300系の連結側の扉は他の車両の扉よりも20㎜ほど連結面にずれている。このため、十三駅のホームドアも環状線と同様に幅広の可動柵を導入している。

京阪は8000系特急車が2扉、南海は各種特急が1、2扉、近鉄もそうである。一番問題なのは、近鉄奈良線と阪神電車が相互直通する奈良—三宮間である。近鉄は21m車4扉、阪神は19m車3扉なので、扉の位置はばらばらで絶望的である。通常のホームドアは設置できない。JRのロープ昇降式しか対応できないが、上本町《うえほんまち》や難波、尼崎、三宮のホームは混雑しており、採用には慎重である。

快速急行が停まらない阪神本線の各駅では、19m3扉対応の通常のホームドアの設置ができるが、相互直通している山陽車とは微妙に扉位置が異なるため、やはり広めの可動柵を導入する必要がある。また、事故などで近鉄車が臨時停車した場合には、扉の位置が合わないから問題だとする意見もある。これに対しては、可動柵と位置が合っている車両の扉だけ開けるしかない。

しかし、新幹線のホームドアが行っているように、ホームドアそのものをホームの内側1・5mほど後退させて設置する方法もある。これなら、扉と可動柵の位置が合わなくても対応できる。

問題は、幅が狭いホームでは待っている側のホームが非常に狭くなってしまうことと、ホームドアと扉の間のホームに取り残される恐れがあることである。そもそも狭いホームになっている駅の多くは、乗降客が少ない。最近開通した北陸新幹線の上越妙高《じょうえつみょうこう》駅などでは、ホームの外側のほうが広く、内側のほうが狭い。それでいて、狭くて不便だというクレームはないし違和感もない。取り残される問題にしても、電車の扉が閉まって5秒ほど後に、可動柵が閉まるようにすれば取り残されることもない。それでも問題だとするなら、外側からは手動で可動柵を開けられるようにすればいい。そして、自殺防止やいたずら防止のために、ホームの内側から絶対に手動で開けられないようにすることは当然である。

また、広幅可動柵の間隔を工夫して対応することもできなくはないと思われる。

いずれにしろ、いろいろと工夫をして、早急に全駅へのホームドア設置をしてほしいものである。

パート2

# 「新線計画」分析

# こんなにある関西の新設鉄道線構想

関西には、関空アクセス線であるなにわ筋線と阪急北梅田・十三《じゅうそう》線を除いても46路線の新線建設構想がある。これをもとに国は建設すべき路線を多数認定している。

さらに候補に挙がらなかったものの、各自治体などが構想している路線もある。このうち琵琶湖若狭湾横断鉄道は、北陸新幹線の建設が具体化したことで建設運動は下火になった。

8号線（今里筋線《いまざとすじ》）の北部延伸は、大阪市が建設することが決定済みの区間である。そのため、現在の起点である井高野駅の建設キロを0キロにせずに、延伸を前提にわざわざ起点から3キロ余りにしている。起点駅はJR千里《せんり》が丘《おか》である。

表のように多数の新路線構想があるが、そこからさらに事業化が開始されているのは、北大阪急行電鉄の箕面《みのお》萱野《かやの》延伸、大阪モノレールの瓜生堂《うりゅうどう》延伸の2路線だけで、事業化準備中が阪急梅田北—十三—新大阪間となにわ筋線だけである。これにまもなく開通するJRおおさか東線放出《はなてん》—新大阪間がある。また、一部が完成しているのが大阪メトロ中央線（表では北港テクノポート線）の夢洲《ゆめしま》延伸である。

事業化したものの、採算面で問題があるとして中止になったのが、大阪モノレールの彩都《さいと》西《にし》—国際文化公園都市間である。すでに特許も取得し、彩都西駅には延伸準備設備も建設されている。

そして、これに加えて、リニア中央新幹線の名古屋—新大阪間、さらにこれともリンクしてルートがほぼ決定した北陸新幹線敦賀《つるが》—新大阪間がある。

## 提案路線一覧（表は各団体が個々に発表したものをまとめたものであるため、一部空欄がある。ご容赦いただきたい）

| 番号 | 線名（通称も含む） | 区間 | 延長km | 国の認定 | 採算性 | 整備路線 | 提案者 | 想定規格 | 備考 |
|---|---|---|---|---|---|---|---|---|---|
| 1 | びわこ京阪奈線 | 近江鉄道米原―JR京田辺 | 91.8 | | B | | 滋賀県・信楽高原鐵道・近江鉄道 | 狭軌架線式 | 旧構想名は湖東大阪線　米原―信楽間は複線化 |
| 2 | 滋賀県南部地域LRT | 石山―びわこ文化都市―南草津 | | | | | 滋賀県 | LRT | 2〜6をまとめて提案 |
| 3 | | 石山―びわこ文化都市―びわこ栗東（新幹線新駅）―栗東 | | | | | | | |
| 4 | | 青山―若草―南草津 | | | | | | | |
| 5 | | 石山寺―田上―青山―若草―南草津 | | | | | | | |
| 6 | | 守山―琵琶湖大橋―堅田 | | | | | | | |
| 7 | 京都市東西線延伸 | 天神川―洛西 | 7.7 | ○ | A | ○ | 京都市 | 小形地下鉄 | |
| 8 | 京都市烏丸線延伸 | 竹田―横大路（三栖） | 4.4 | ○ | A | ○ | 京都市 | 標準軌架線式 | |
| 9 | 京都市東西線延伸 | 洛西―長岡 | 5.0 | ○ | B | | 京都市 | 小形地下鉄 | |
| 10 | 京都市内全域を対象としてLRT | 1号線　京都駅前―三条河原町―三条京阪<br>2号線　京都駅前―東大路通―銀閣寺・元田中<br>3号線　北野白梅町―今出川通―銀閣寺<br>4号線　五条通―河原町通―御池通<br>5号線　四条大宮―四条通―河原町通―御池通―烏丸通―四条大宮<br>6号線　堀川今出川―堀川通―京都駅前<br>7号線　東大路通―北大路通―西大路通―九条通 | | | | | 京都市 | LRT | 区間は筆者想定<br>路線番号も同 |
| 11 | 片奈連絡線 | 京田辺―長池 | 5.2 | ○ | B | | 京都府 | 狭軌架線式 | |
| 12 | 京阪奈線延伸 | 登美ヶ丘―高の原 | 3.8 | ○ | A | ○ | 京都府 | 標準軌第3軌条式 | |
| | | 登美ヶ丘―新祝園 | 6.2 | ○ | A | ○ | 京都府 | 標準軌第3軌条式 | |
| | | 新祝園―木津方面 | 4.8 | ○ | B | | 奈良県 | 標準軌第3軌条式 | |

| 番号 | 線名（通称も含む） | 区間 | 延長km | 国の認定 | 採算性 | 整備路線 | 提案者 | 想定規格 | 備考 |
|---|---|---|---|---|---|---|---|---|---|
| 13 | 新大阪連絡線 | 十三—新大阪 | 2.4 | ○ | A | ○ | 阪急 | 標準軌架線式 | |
| 14 | 大阪市8号線延伸 | 今里—杭全—湯里六丁目 | 6.7 | ○ | A | ○ | 大阪市 | 標準軌リニア駆動式 | |
| 15 | 北大阪急行延伸 | 千里中央—箕面船場—新箕面方面 | 2.5 | ○ | A | ○ | 大阪府・北急 | 標準軌第3軌条式 | |
| 16 | 大阪市7号線延伸 | 大正—鶴町 | 5.5 | ○ | A | ○ | 大阪市 | 標準軌リニア駆動式 | 長堀鶴見緑地線延伸 |
| 17 | 大阪市敷津長吉線 | 住之江公園—喜連瓜破 | 6.9 | ○ | B | | 大阪市 | 標準軌リニア駆動式 | |
| 18 | 大阪市5号線延伸 | 南巽—弥刀方面 | 4.2 | ○ | B | | 大阪府・大阪市 | 標準軌第3軌条式 | 千日前線延伸 |
| 19 | 淀川北岸線 | 大正・此花・港区方面—福—塚本—十三—新大阪—東淀川区方面 | 20.9 | | B | | 大阪市 | 標準軌第3軌条式またはリニア式 | |
| 20 | 中之島線延伸 | 中之島—中央卸売市場付近—西九条—新桜島 | 6.7 | ○ | A | ○ | 大阪市・京阪 | 標準軌架線式 | |
| 21 | 北港テクノポート線延伸 | 新桜島—梅田 | 8.1 | ○ | B | | 大阪市 | 標準軌第3軌条式 | |
| 22 | 松屋町筋線 | 天王寺—都島区—東淀川区方面 | 12.1 | | A | | 大阪市 | 標準軌リニア駆動式？ | |
| 23 | 大阪市3号線延伸 | 住之江公園—三宝—堺 | 3.0 | ○ | B | | 大阪府 | 標準軌第3軌条式 | |
| 24 | 堺市東西鉄軌道 | 堺第2区—堺—堺東—堺市 | 8.3 | ○ | A | ○ | 大阪府・堺市 | LRT | |
| 25 | 大阪モノレール延伸 | 門真市—門真南—瓜生堂 | 8.7 | ○ | A | ○ | 大阪府・大阪高速鉄道 | 跨座式モノレール | |
| 26 | 大阪モノレール延伸 | 瓜生堂—久宝寺—堺方面 | 16.6 | ○ | A | ○ | 大阪府 | 跨座式モノレール | |
| 27 | 大阪市2号線延伸 | 大日—鳥飼付近—高槻方面 | 14.0 | ○ | B | | 大阪府 | 標準軌第3軌条式 | 谷町線延伸 |
| 28 | 大阪市2号線延伸 | 八尾南—藤井寺付近—富田林方面 | 12.5 | ○ | B | | 大阪府 | 標準軌第3軌条式 | 谷町線延伸 |
| 29 | 大阪市7号線延伸 | 門真南—交野方面 | 10.9 | ○ | B | | 大阪府 | 標準軌リニア駆動式 | 長堀鶴見緑地線延伸 |
| 30 | 大阪市8号線延伸 | 湯里六丁目—美原町方面 | 7.8 | ○ | B | | 大阪府 | 標準軌リニア駆動式 | |
| 31 | 泉北高速鉄道南伸 | 和泉中央—貝塚方面 | 7.8 | | B | | 大阪府 | 狭軌架線式 | |
| 32 | 大阪外環状線南伸 | 加美—阪和線熊取方面 | 37.4 | | B | | 大阪府 | 狭軌架線式 | |
| 33 | 大阪地下鉄3号線延伸 | 西梅田—十三—大阪国際空港方面 | 13.2 | | B | | 大阪府 | 標準軌第3軌条式 | 四つ橋線延伸 |
| | | 西梅田—十三 | 2.9 | | A | | 大阪府・阪急 | 標準軌第3軌条式？ | 四つ橋線延伸 |
| 34 | 水間鉄道新線 | 清児—土丸—犬鳴方面 | 10.8 | ○ | B | | 大阪府 | 狭軌架線式 | |
| 35 | 大阪国際空港広域レールアクセス | JR伊丹—大阪国際空港 | 3.7 | ○ | A | | 兵庫県 | 狭軌架線式 | |
| 36 | 神戸電鉄公園都市線 | ウッディタウン中央—カルチャータウン | 2.5 | ○ | B | | 兵庫県 | 狭軌架線式 | |
| 37 | ポートアイランド線延伸 | 三宮—新神戸 | 1.5 | | B | | 神戸市 | AGT | |

| | | | | | | | | | |
|---|---|---|---|---|---|---|---|---|---|
| 38 | ポートアイランド線 | 神戸空港—空港島内西延伸 | 1.3 | | B | | 神戸市 | AGT | |
| 39 | 舞子・学園都市線 | 舞子—学園都市 | 6.8 | ○ | B | | 神戸市 | 標準軌架線式 | |
| 40 | 西明石・西神線 | 西明石—西神中央 | 9.1 | ○ | B | | 兵庫県・神戸市 | 標準軌架線式 | |
| 41 | 西神・東播磨線 | 西神中央—東播磨方面 | 19.4 | ○ | B | | 兵庫県・神戸市 | 標準軌架線式 | |
| 42 | 西神・押部谷線 | 西神中央—押部谷方面 | 5.1 | ○ | B | | 神戸市 | 標準軌架線式 | |
| 43 | 大阪湾横断鉄道 | 神戸空港—関西国際空港 | 27.0 | | B | | 兵庫県 | 標準軌リニア駆動式 | |
| 44 | 阪神LRT | 阪急塚口—JR尼崎—阪神尼崎—21世紀の森 | 8.1 | | | | 兵庫県 | LRT | |
| 45 | 海岸線延伸 | 三宮・花時計前—灘臨海部 | 1.9 | | | | 神戸市 | 標準軌リニア駆動式 | |
| 46 | 神戸市域LRT | 神戸市内 | | | | | 神戸市 | LRT | |

## その他の新線構想

| 線名 | 区間 | 延長km | 構想者 | 想定規格 |
|---|---|---|---|---|
| 琵琶湖若狭湾横断鉄道 | 近江今津—上中 | 約20 | 福井県若狭地区・滋賀県・湖西地区各自治体 | 狭軌架線式 |
| 奈良市LRT | 奈良市内 | | 奈良市 | 未定 |
| 大阪市8号線延伸 | 千里丘—井高野 | 3.3 | 大阪市 | 標準軌LRT |
| 千日前線延伸 | 南巽—JR平野 | 1.4 | 大阪府 | 標準軌第3軌条式 |
| 浪速貨物線の旅客化 | 大正—浪速 | 2.3 | 大阪市 | 狭軌架線式 |
| 阪急・京阪間LRT | 枚方市—高槻市 | 6.6 | 関西圏都市交通研究会 | LRT |
| 紀淡海峡線 | 和歌山市—鳴門 | | 和歌山県 | 狭軌架線式 |
| 堺市LRT延伸 | 堺市—高見ノ里 | | 堺市 | LRT |
| 阪神LRT | 塚口—宝塚・大阪国際空港 | | 兵庫県 | LRT |
| 姫路LRT | 大手門—飾磨港 | 約40 | 姫路市 | LRT |
| 加古川・高砂LRT | 加古川—高砂、野口—別府—土山 | | 関西圏都市交通研究会 | LRT |
| 公園都市LRT | 新三田—カルチャータウン—三田関大前 | | 関西圏都市交通研究会 | LRT |
| 神戸市中央線 | 新神戸—生田川—神戸空港 | 8.5 | 神戸市 | 標準軌リニア式 |
| 播磨内陸鉄道 | カルチャータウン—粟生 | 約30 | 兵庫県 | 狭軌架線式 |
| 子午線鉄道 | 谷上—谷川 | 約40 | 兵庫県 | 標準軌架線式 |
| 大阪湾環状鉄道 | 舞子—淡路島—和歌山・鳴門 | | 兵庫県 | 標準機架線式 |

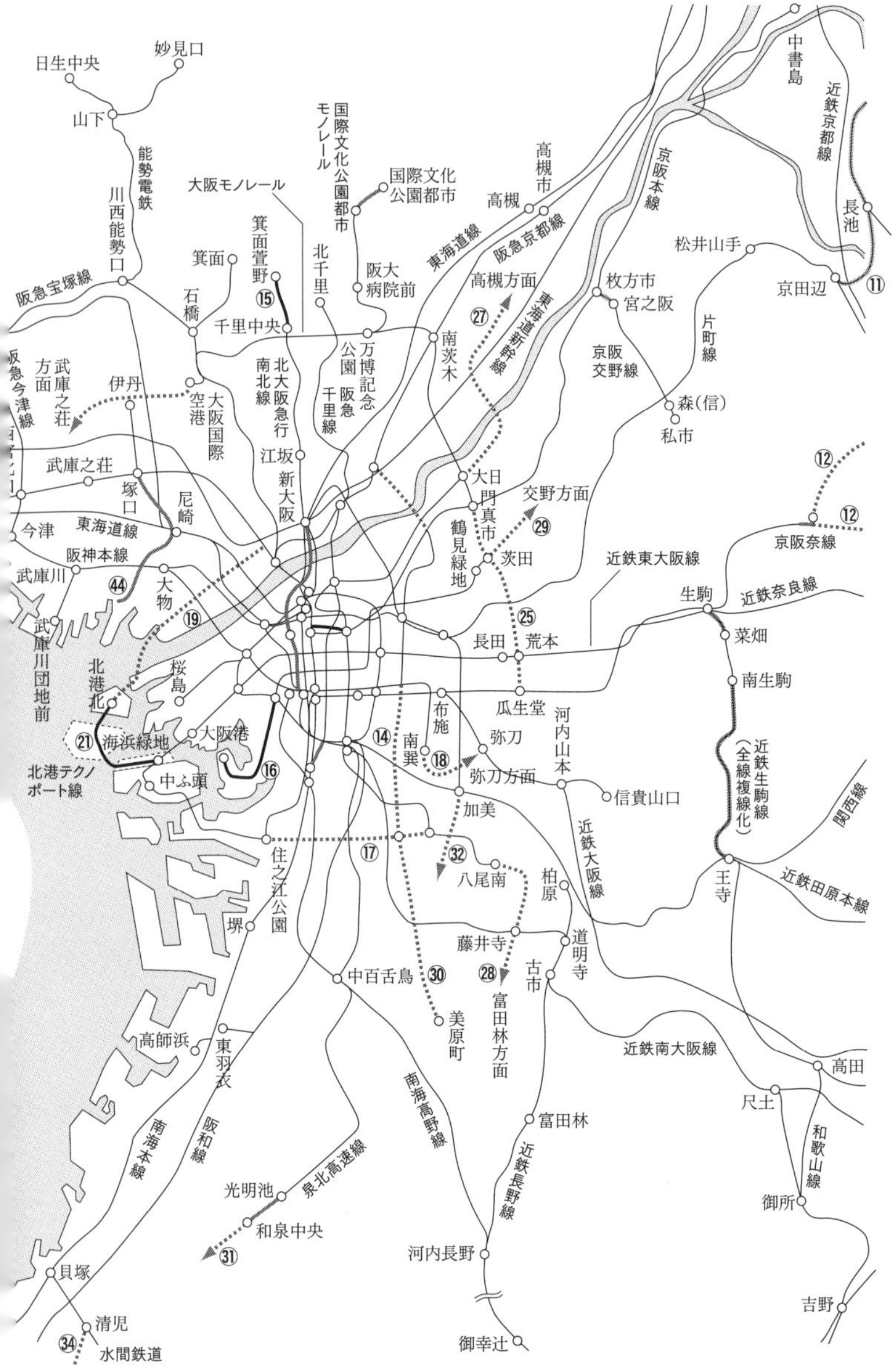
日生中央
妙見口
山下
能勢電鉄
川西能勢口
阪急宝塚線
大阪モノレール
箕面萱野
箕面
石橋
⑮
千里中央
国際文化公園都市モノレール
国際文化公園都市
阪大病院前
北千里
万博記念公園
阪急千里線
北大阪急行南北線
大阪国際空港
伊丹
武庫之荘方面
阪急今津線
武庫之荘
塚口
尼崎
江坂
新大阪
南茨木
東海道線
阪急京都線
高槻
高槻市
高槻方面
㉗
東海道新幹線
京阪本線
中書島
近鉄京都線
長池
京田辺
⑪
松井山手
枚方市
宮之阪
京阪交野線
片町線
森(信)
私市
今津
東海道線
阪神本線
武庫川
㊹
大物
⑲
武庫川団地前
北港北
桜島
㉑
海浜緑地
大阪港
北港テクノポート線
中ふ頭
⑯
大日
門真市
鶴見緑地
交野方面
㉙
茨田
㉕
長田
荒本
瓜生堂
近鉄東大阪線
⑫
⑫
京阪奈線
生駒
近鉄奈良線
菜畑
南生駒
近鉄生駒線(全線複線化)
王寺
関西線
近鉄田原本線
⑭
布施
南巽
⑱
弥刀
弥刀方面
河内山本
信貴山口
加美
⑰
㉜
八尾南
住之江公園
堺
柏原
近鉄大阪線
藤井寺
道明寺
古市
中百舌鳥
㉚
㉘
美原町
富田林方面
近鉄南大阪線
高田
尺土
和歌山線
高師浜
東羽衣
南海本線
阪和線
南海高野線
富田林
近鉄長野線
光明池
泉北高速線
和泉中央
㉛
御所
河内長野
貝塚
清児
㉞
水間鉄道
吉野
御幸辻

# 計画構想線（全体）

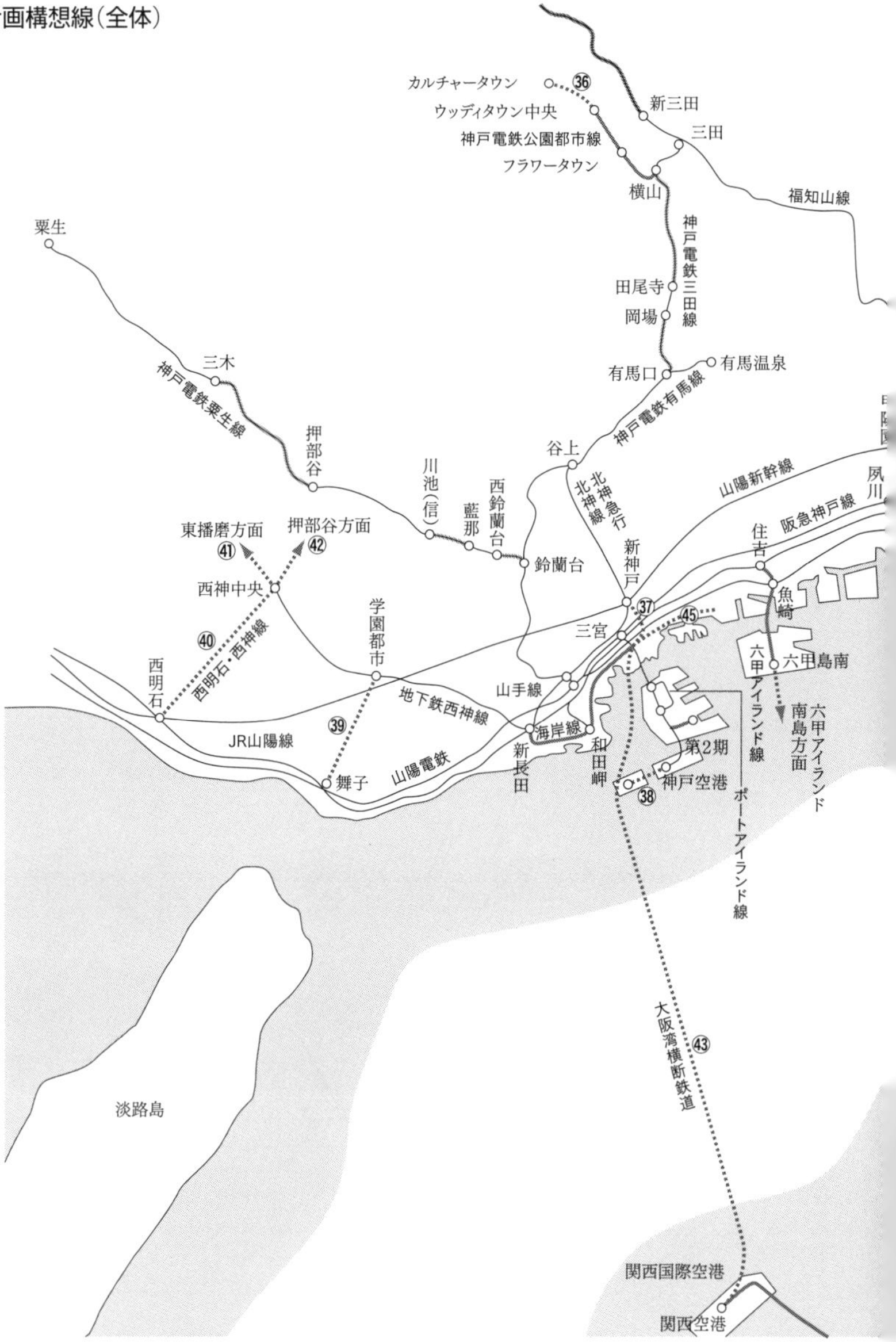

カルチャータウン
㊱
新三田
ウッディタウン中央
三田
神戸電鉄公園都市線
フラワータウン
横山
福知山線
神戸電鉄三田線
粟生
田尾寺
岡場
有馬口
有馬温泉
三木
神戸電鉄粟生線
神戸電鉄有馬線
谷上
押部谷
川池（信）
藍那
西鈴蘭台
鈴蘭台
北神急行
北神線
山陽新幹線
夙川
阪急神戸線
東播磨方面
㊶
押部谷方面
㊷
西神中央
新神戸
住吉
魚崎
㊲
㊺
三宮
学園都市
㊵
西明石・西神線
西明石
六甲アイランド線
六甲島南
六甲アイランド南島方面
山手線
地下鉄西神線
海岸線
㊴
JR山陽線
和田岬
新長田
第2期
舞子
山陽電鉄
神戸空港
㊳
ポートアイランド線
大阪湾横断鉄道
㊸
淡路島
関西国際空港
関西空港

## 計画構想線(滋賀県)

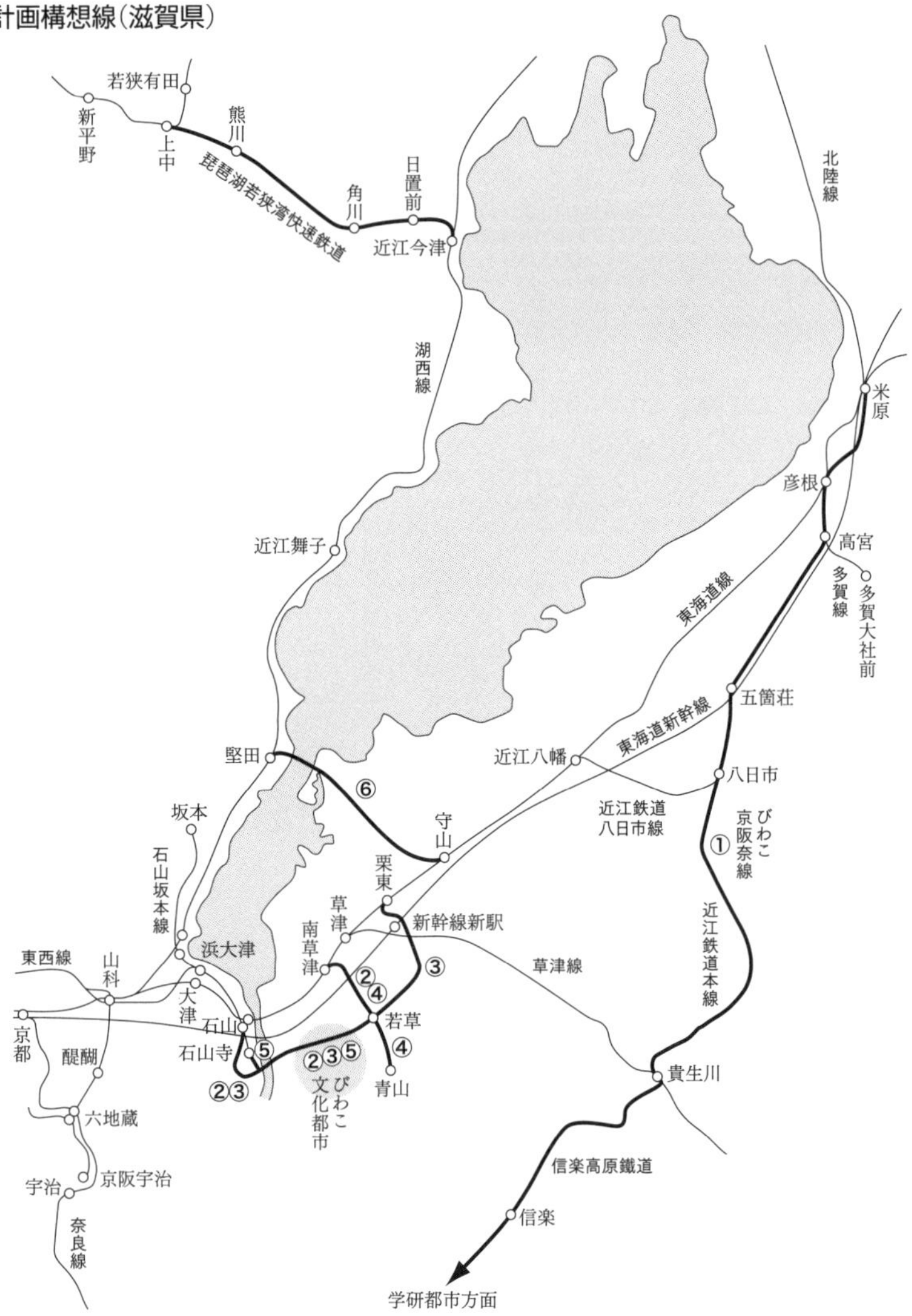
若狭有田
新平野
上中
熊川
琵琶湖若狭湾快速鉄道
角川
日置前
近江今津
北陸線
湖西線
米原
彦根
高宮
多賀線
多賀大社前
東海道線
近江舞子
五箇荘
東海道新幹線
近江八幡
八日市
堅田
⑥
近江鉄道八日市線
坂本
守山
① びわこ京阪奈線
石山坂本線
栗東
草津
新幹線新駅
南草津
近江鉄道本線
東西線
山科
浜大津
③
草津線
②④
大津
若草
京都
石山
石山寺
⑤
②③⑤
④
醍醐
②③
びわこ文化都市
青山
貴生川
六地蔵
京阪宇治
宇治
奈良線
信楽高原鐵道
信楽
学研都市方面

## 計画構想線（京都）

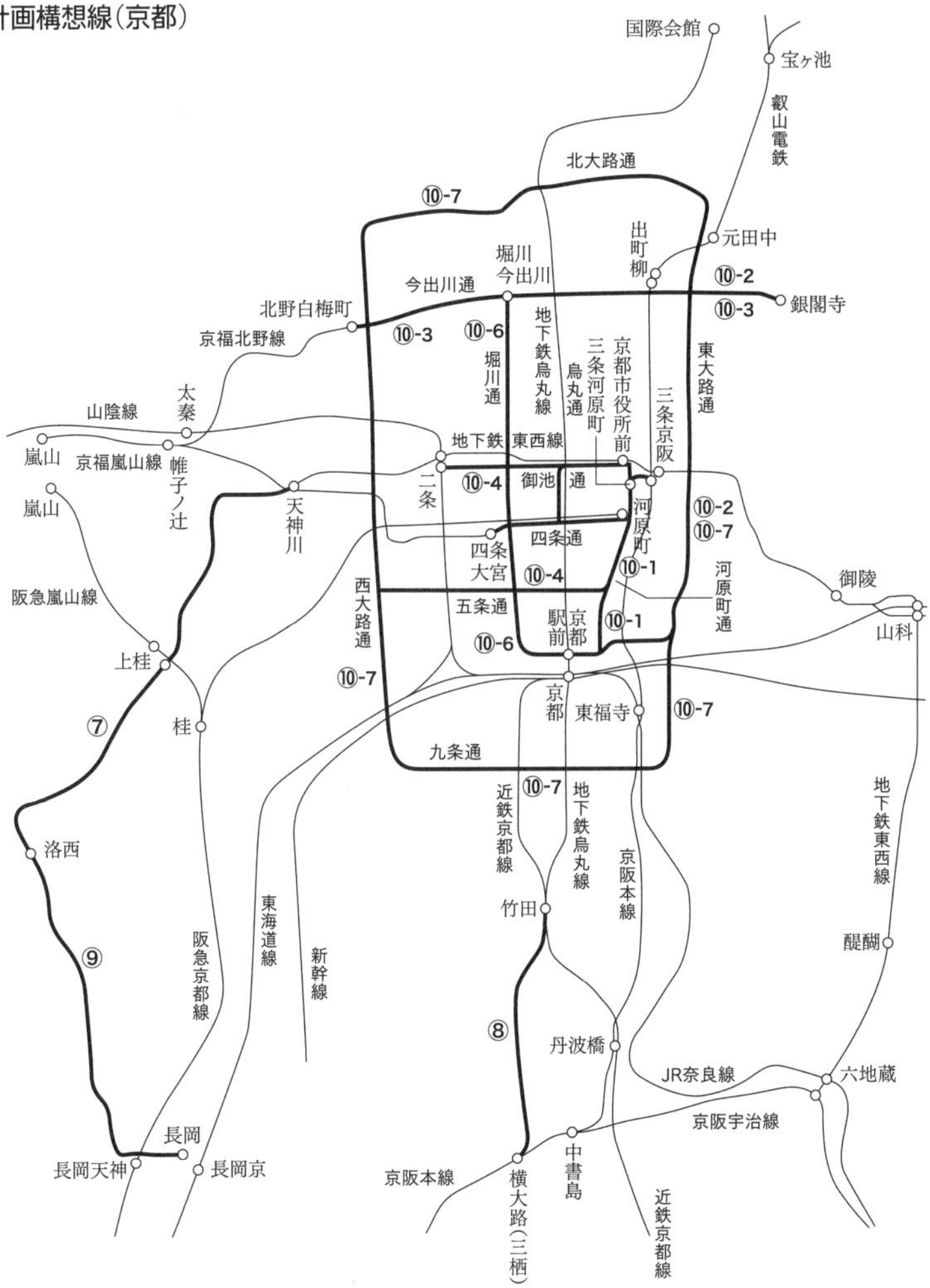

国際会館
宝ヶ池
叡山電鉄
北大路通
⑩-7
元田中
出町柳
堀川今出川
今出川通
⑩-2
銀閣寺
⑩-3
北野白梅町
京福北野線
⑩-3
⑩-6
地下鉄烏丸線
堀川通
烏丸通
三条河原町
京都市役所前
三条京阪
東大路通
山陰線
太秦
嵐山
京福嵐山線
帷子ノ辻
地下鉄 東西線
二条
⑩-4
御池通
嵐山
天神川
⑩-2
⑩-7
河原町
四条大宮
四条通
⑩-4
⑩-1
河原町通
御陵
西大路通
五条通
京都駅前
⑩-1
阪急嵐山線
山科
上桂
⑩-6
⑩-7
京都
東福寺
⑩-7
⑦
桂
九条通
⑩-7
近鉄京都線
地下鉄烏丸線
地下鉄東西線
洛西
京阪本線
竹田
東海道線
新幹線
阪急京都線
醍醐
⑨
⑧
丹波橋
JR奈良線
六地蔵
京阪宇治線
長岡
長岡天神
長岡京
京阪本線
中書島
横大路（三栖）
近鉄京都線

## 計画構想線（大阪）

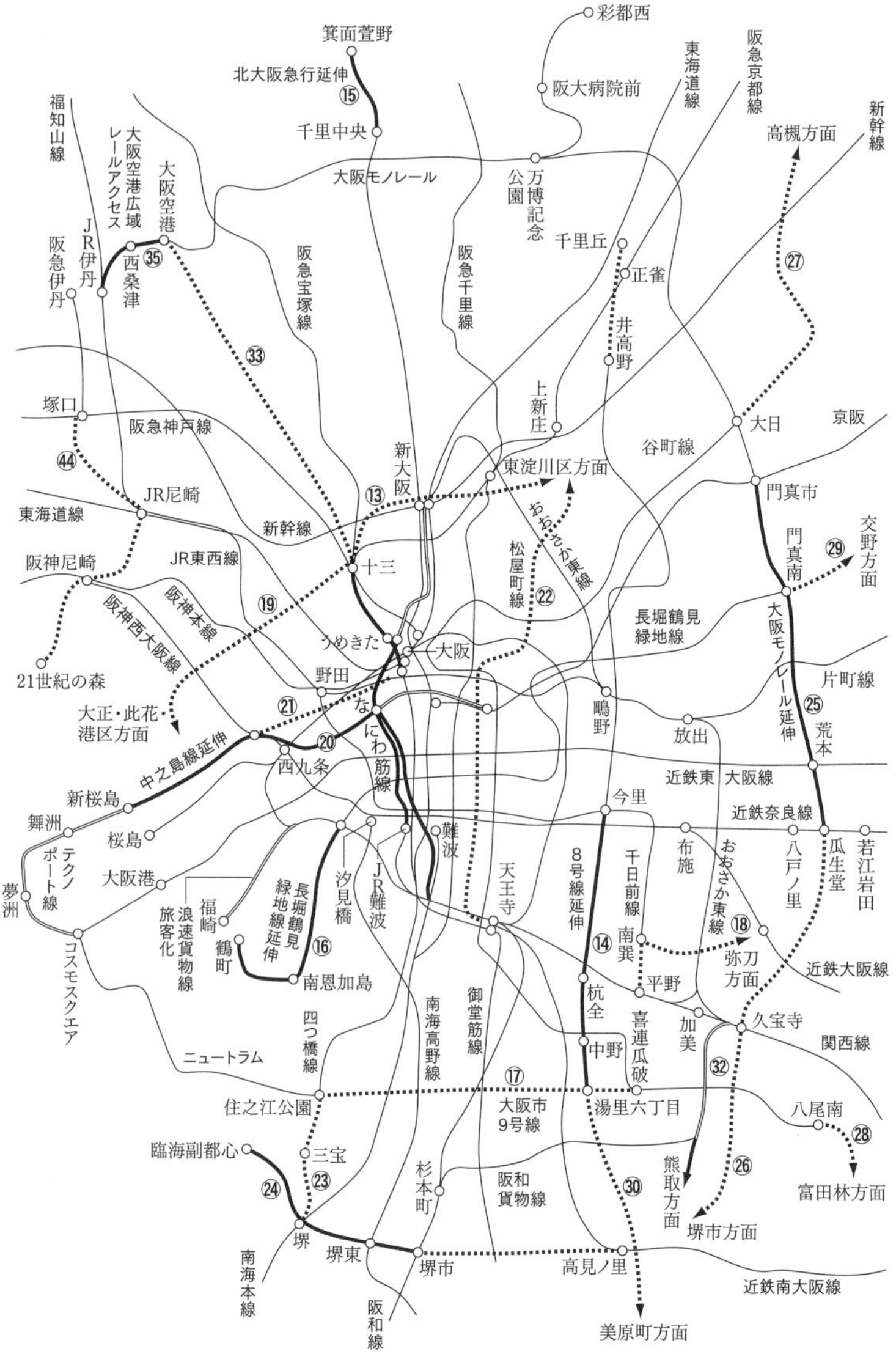

箕面萱野
北大阪急行延伸
⑮
千里中央
彩都西
阪大病院前
大阪モノレール
万博記念公園
東海道線
阪急京都線
新幹線
高槻方面
㉗
福知山線
大阪空港広域レールアクセス
大阪空港
西桑津
㉟
JR伊丹
阪急伊丹
阪急宝塚線
阪急千里線
千里丘
正雀
井高野
㉝
上新庄
大日
京阪
塚口
阪急神戸線
谷町線
門真市
㊹
JR尼崎
東海道線
新幹線
新大阪
⑬
東淀川区方面
おおさか東線
松屋町線
㉒
門真南
㉙
交野方面
阪神尼崎
JR東西線
十三
阪神本線
阪神西大阪線
⑲
長堀鶴見緑地線
大阪モノレール延伸
うめきた
大阪
21世紀の森
野田
片町線
㉑
なにわ筋線
鴫野
放出
㉕
荒本
大正・此花・港区方面
⑳
中之島線延伸
西九条
近鉄東大阪線
新桜島
今里
近鉄奈良線
舞洲
桜島
難波
布施
八戸ノ里
瓜生堂
若江岩田
テクノポート線
夢洲
大阪港
汐見橋
JR難波
天王寺
8号線延伸
千日前線
おおさか東線
⑱
浪速貨物線旅客化
福崎
長堀鶴見緑地線延伸
⑯
南巽
弥刀方面
近鉄大阪線
鶴町
南恩加島
⑭
平野
コスモスクエア
杭全
喜連瓜破
加美
久宝寺
四つ橋線
南海高野線
御堂筋線
中野
関西線
ニュートラム
⑰
㉜
住之江公園
大阪市9号線
湯里六丁目
八尾南
㉘
臨海副都心
三宝
杉本町
阪和貨物線
熊取方面
㉖
富田林方面
㉔
㉓
㉚
堺市方面
堺
堺東
堺市
高見ノ里
近鉄南大阪線
南海本線
阪和線
美原町方面

## なにわ筋線の開通で環状線電車に邪魔されずに思いっきり走れる

なにわ筋線は、北梅田―JR難波・新今宮《しんいまみや》間に計画されている路線である。北梅田駅でJR梅田貨物線、JR難波駅で関西線、新今宮駅で南海本線と接続する。

北梅田―西本町南分岐点間の2・8キロが、JRと南海の共用区間、西本町南分岐点―JR接続部間1・2キロがJR区間、西本町南分岐点―新今宮間3・4キロが南海区間である。途中に中之島、西本町、新難波駅を設置する。北梅田駅の駅名は「うめきた」となろう。

うめきた駅は、東海道支線地下化事業によって梅田貨物線が地下化されたときに、大阪駅の北側に設置される。駅の開設は2023年度春を予定している。なにわ筋線の接続を考慮して、島式ホーム2面4線としているが、2023年時にはとりあえず1面2線で開業する。

なにわ筋線は、そのうめきた駅から梅田貨物線分岐部まで開削トンネルで進み、なにわ筋の地下に達すると複線シールドトンネルで進んで中之島駅となる。京阪中之島駅の南側の地下3階にホームがある。駅部は開削トンネルで掘られ相対式ホーム2面2線である。

再び複線シールドトンネルで進んで西本町駅となる。やはり地下3階に相対式ホーム2面2線の地下駅になる。

西本町駅の南側でJR線と南海線は分岐する。地下駅のJR難波駅の北側には千日前《せんにちまえ》線や阪神なんば線をくぐった先までは、なにわ筋線と接続する地下線がすでに完成している。一部はJR関西線の

なにわ筋線

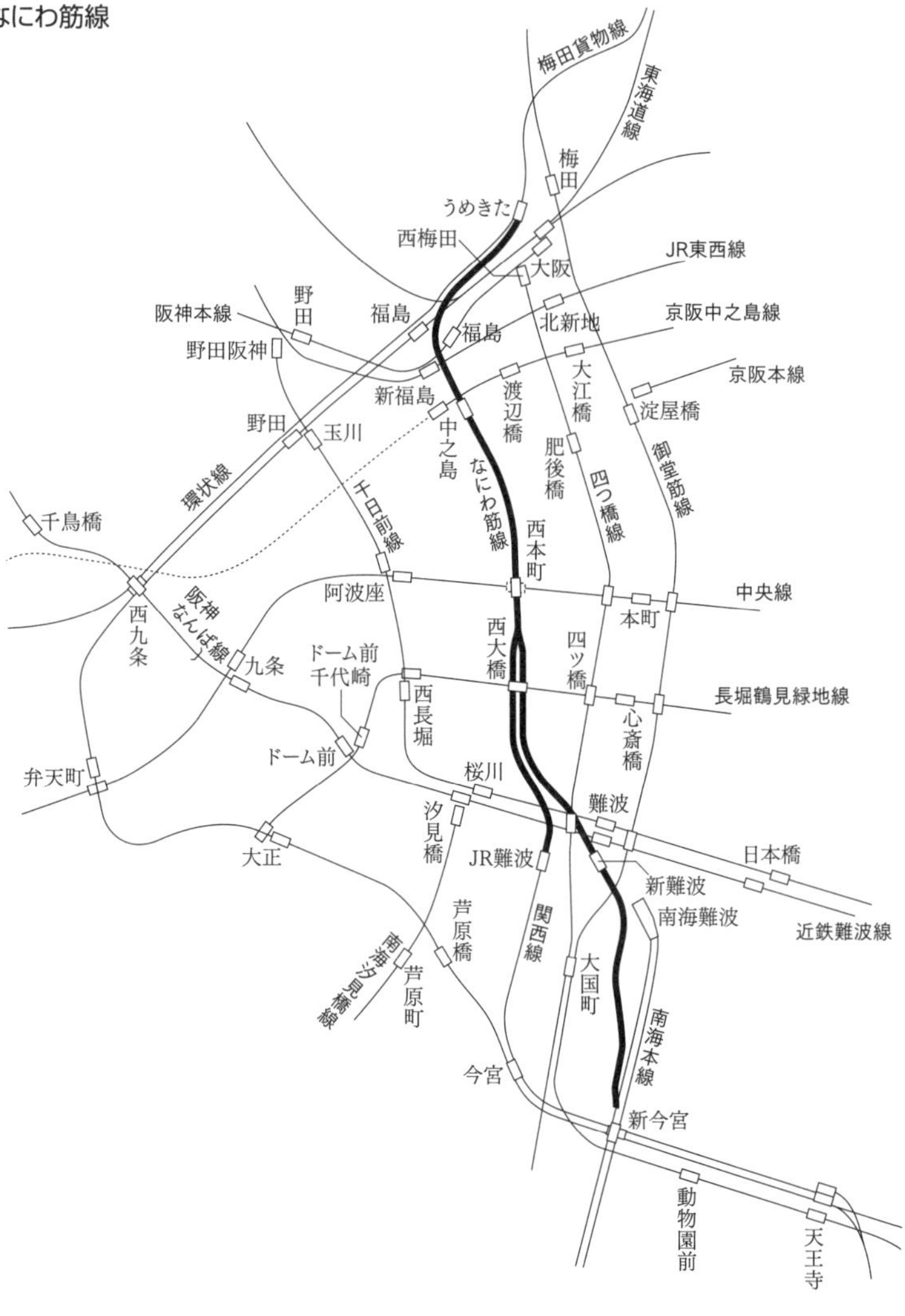
梅田貨物線
東海道線
梅田
うめきた
西梅田
大阪
JR東西線
野田
阪神本線
福島
福島
北新地
京阪中之島線
野田阪神
新福島
渡辺橋
大江橋
京阪本線
淀屋橋
野田
玉川
中之島
なにわ筋線
肥後橋
四つ橋線
御堂筋線
環状線
千日前線
千鳥橋
西本町
中央線
阿波座
本町
阪神なんば線
西九条
西大橋
四ツ橋
九条
ドーム前千代崎
西長堀
長堀鶴見緑地線
心斎橋
ドーム前
弁天町
桜川
難波
汐見橋
日本橋
JR難波
新難波
大正
南海難波
近鉄難波線
芦原橋
関西線
南海汐見橋線
芦原町
大国町
南海本線
今宮
新今宮
動物園前
天王寺

JR難波駅の頭端寄りは、なにわ筋線用の地下トンネルがすでに用意されている

引上留置線として使われている。この引上線まで複線シールドトンネルで進んで接続する。

一方、南海線のほうは、阪神高速1号環状線の地下にある橋脚を避けたりするために、単線並列複線シールドトンネルで進む。

南海新難波駅は、近鉄と千日前線の難波駅の南に阪神高速1号環状線の東側に並行した地下に設置される。単線並列シールド工法で掘って、上下トンネルの間に島式ホームを設置する、いわゆる「かんざし工法」で駅を造る。手前で四つ橋線、続いて千日前線、近鉄奈良線の下を通り、駅の先では御堂筋《みどうすじ》線をくぐる。

そしてパークス通りを南下しながら、掘割を経て、地上に出て南海本線と平面交差して新今宮駅に達する。

地下化された梅田貨物線はＪＲの路線なので、南海電車は乗り入れをしない。当初は新設のうめきた駅で発着して、ＪＲの新大阪行の関空快速と連絡するが、南海は別に計画されている阪急のうめきた—十三《じゅうそう》—新大阪間の新線に乗り入れる予定である。そのときからは、阪急と共用のうめきた駅を別に造って十三経由新大阪行として走る。

ＪＲうめきた駅は、ＪＲ大阪駅と同一駅扱いにすることになっている。ＪＲ東西線と同様に、大阪駅からうめきた駅までの改札内通路（ラッチ内通路）は設置せず、いったん改札を出るものの、運賃は通し計算できるようにする。

梅田貨物線の地下化時点では島式ホーム1面2線だが、なにわ筋線が開通したときには島式ホーム2面4線になる。

西本町駅では、地下鉄中央線と交差するが中央線に駅はない。このため中央線に駅を設置することは確かである。

新難波では間違いなく南海難波駅とラッチ内通路が設置され、新難波の駅名ではなく、難波とした南海難波駅と同一駅とすると思われる。ただし区別するため「関空難波」あるいは「なにわ筋難波」などの副駅名がつけられるだろう。仮称新難波駅は、地下鉄や阪神、近鉄の難波駅と近いために奈良や神戸から関空へ行きやすくなる。

新今宮駅は南海本線との分岐駅になる。現在、高野《こうや》線（正確には南海緩行線）とで、片面ホーム2面と島式ホーム1面の3面4線になっている。その南海本線側に乗り入れるだけで新たにホームは造らない。

以前は、ＪＲ福島駅と阪神福島・ＪＲ新福島の間に福島駅、長堀鶴見《ながほりつるみ》緑地《りょくち》線と交差するところに西大橋駅を設置するとしていた。しかし、駅の設置は費用がかかり、建設期間も長くなる。そのため、この両駅の設置は見送った。

現在、大阪―関空間は関空快速利用で64分、御堂筋線と南海「ラピート」利用で54分となっている。なにわ筋線が開通すると、うめきた駅から「はるか」が利用できて所要時間は40分程度、「ラピート」利用は38分になる。

なにわ筋線の最高速度は110キロを予定している。うめきた―新難波間の所要時間はノンストップで4分弱、中之島駅と西本町駅の2駅停車で6分になる。御堂筋線の難波―梅田間の所要時間は8分だから、2分ほど早くなる。

今まで、難波方面から御堂筋線を使っていた新梅田シティなどの再開発地区へは、なにわ筋線が便利になり、御堂筋線の混雑緩和がなされる。

閑散時の運転本数は、1時間にJRは特急が3本（「はるか」2本と「くろしお」1本）と関空・紀州路快速が4本、南海が特急「ラピート」2本と空港急行4本となる。また「サザン」や「こうや」なども走るかもしれない。うめきた―西本町間の運転本数は13本で、中之島駅と西本町駅停車は8本、平均運転間隔は7分30秒となる。朝ラッシュ時は快速と急行が1本ずつ増えて、平均運転間隔は5分ということになろう。

## おおさか東線の電車がユニバーサルシティ駅まで走る?!

おおさか東線は、久宝寺《きゅうほうじ》—新大阪間20・3キロの路線で、久宝寺—放出《はなてん》間9・2キロが平成20年（2008）3月に開通、放出—新大阪間11・2キロは建設中で平成31年春に全通する。

未開業区間も含めて大阪外環状鉄道㈱が第3種鉄道事業者で、JR西日本が第2種鉄道事業者となっている。また、新大阪—正覚寺《しょうがくじ》信号場間はJR貨物も第2種鉄道事業者として貨物列車を走らせている。ただし新大阪開業前では、正覚寺信号場—神崎川《かんざきがわ》信号場間で貨物列車が走っている。

もともとは城東貨物線という貨物線だった。これを複線化と一部立体化し、旅客列車を走らせるようにしたものである。

そして、百済《くだら》貨物ターミナル—正覚寺信号場間と、神崎川信号場—吹田《すいた》貨物ターミナル間が城東貨物線として残る。

### 開通区間

久宝寺駅では、関西線と接続して奈良駅からの直通快速電車が走り、放出駅で快速電車はJR東西線に乗り入れて尼崎駅まで走る。全通後は奈良—新大阪間の運転になる。

途中、JR俊徳道《しゅんとくみち》駅で近鉄大阪線、JR河内《かわち》永和《えいわ》駅で近鉄奈良線、高井《たかい》田中央《だちゅうおう》駅で大阪メトロ中央線（駅は高井田）と連絡する。新加《しんか》美《み》駅は関西線の加美駅とさほど離れていないが、連絡駅とはなって

おおさか東線

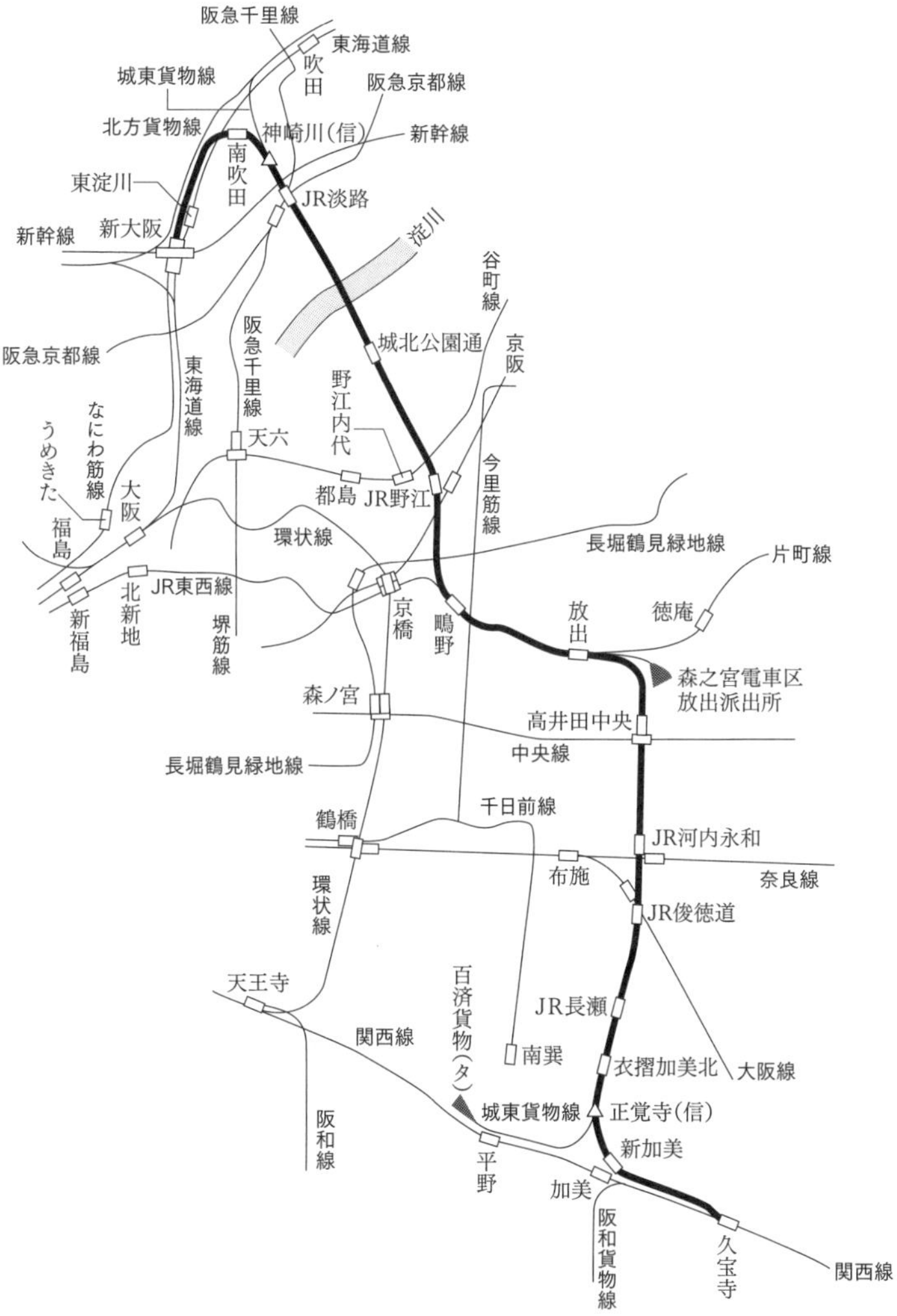
阪急千里線
東海道線
吹田
城東貨物線
阪急京都線
北方貨物線
神崎川(信)
新幹線
南吹田
東淀川
JR淡路
新大阪
新幹線
淀川
谷町線
阪急京都線
城北公園通
京阪
東海道線
阪急千里線
野江内代
なにわ筋線
うめきた
天六
今里筋線
都島
JR野江
大阪
福島
環状線
長堀鶴見緑地線
片町線
JR東西線
北新地
新福島
京橋
鴫野
放出
徳庵
堺筋線
森之宮電車区放出派出所
森ノ宮
高井田中央
中央線
長堀鶴見緑地線
千日前線
鶴橋
JR河内永和
布施
奈良線
環状線
JR俊徳道
天王寺
百済貨物(タ)
JR長瀬
関西線
南巽
衣摺加美北
大阪線
城東貨物線
正覚寺(信)
阪和線
新加美
平野
加美
阪和貨物線
久宝寺
関西線

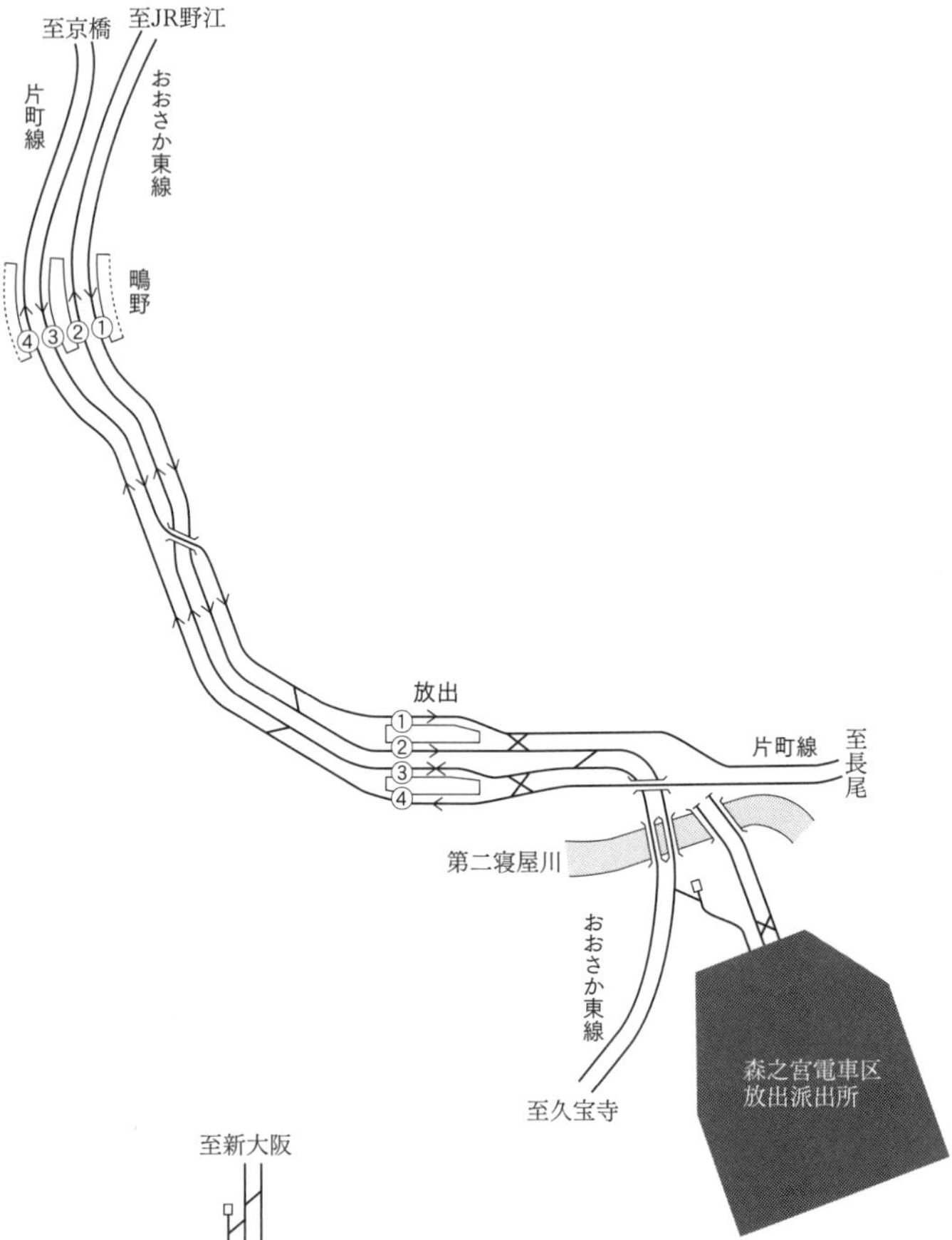

至京橋
至JR野江
片町線
おおさか東線
鴫野
放出
片町線
至長尾
第二寝屋川
おおさか東線
至久宝寺
森之宮電車区
放出派出所


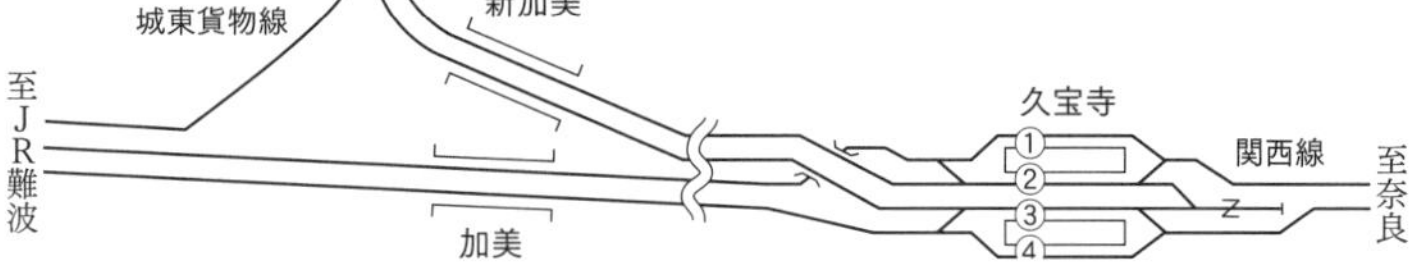

至新大阪
城東貨物線
新加美
至JR難波
久宝寺
関西線
至奈良
加美

いないので、乗り換えはできない。平成30年3月に新加美―JR長瀬《ながせ》間に衣摺加美北《きずりかみきた》駅が開設された。

新加美駅と衣摺加美北駅は相対式ホーム、その他の中間駅は島式ホームであり、JR俊徳道駅とJR河内永和駅は近鉄線の下を通り抜けている。一度地上にある改札を出て乗り換える。

久宝寺駅は島式ホーム2面4線で、その内側の2、3番線がおおさか東線の発着線である。奈良寄りに引上線があって、関西線直通電車以外は2番線に到着し、ここで折り返して3番線に転線する。

放出駅も、島式ホーム2面4線でおおさか東線は内側の2、3番線から発着する。現在引上線として使っている線路は全通後にはおおさか東線の本線になる。

久宝寺寄りで、片町線との間にシーサスポイントがあり、互いに転線が可能である。尼崎寄りは片渡りポイントになっているため、おおさか東線から尼崎方向あるいは尼崎方向からおおさか東線への転線ができるだけである。

朝ラッシュ時13～21分毎、閑散時と夕ラッシュ時は15分毎になっている。

奈良―尼崎（全通後は奈良―新大阪）間を走る快速の停車駅は奈良―王寺《おうじ》間各駅、久宝寺、高井田中央（全通後）、JR河内永和（全通後）、放出、京橋―尼崎間各駅（全通後は放出―新大阪間ノンストップ）である。朝ラッシュ時に奈良→尼崎間を20分前後の間隔で4本、夕ラッシュ時に尼崎→奈良間を30分毎の間隔で4本走る。

**未開業区間**

放出―鴫野《しぎの》間は片町《かたまち》線と並行する。ただし片町線の下り線は、おおさか東線を斜めに乗り越して方

河内永和駅で近鉄奈良線と交差する

放出駅で片町線とおおさか東線は連絡する。右の電車は片町線区間快速

向別複々線から線路別複々線になる。

鴫野駅は、片町線の上り線とおおさか東線の下り久宝寺方面の線路が片面ホームに面し、中央にある島式ホームは、片町線の下り線とおおさか東線の上り新大阪方面の線路に挟まれている。

このため、京橋方面から新大阪方面に行くときは、島式ホームを介した同一平面での乗り換えができて楽だが、新大阪方面から京橋方面に行くときは乗り換え通路を歩くことになる。

おおさか東線の久宝寺方面から四条畷《しじょうなわて》方面へも、鴫野で乗り換えると階段を使わなくて楽だが、こちらは重複乗車なので放出―鴫野間の往復切符を買わなくてはならない。しかし、車椅子利用者やお年寄りの方などは、往復切符を買わなくてもできるよう特認してもらえればいいと思う。

鴫野駅では地下鉄今里筋《いまざとすじ》線とも連絡している。

次のJR野江《のえ》駅は相対式ホームで、京阪本線と連絡している。といっても150mほど離れており、すぐに乗り換えることはできない。京阪本線沿線から新大阪に行くには最短コースにはなるが、野江駅は普通しか停まらないので、その点からすると不便である。

野江駅に優等列車が停まらない限り、淀屋橋《よどやばし》駅から御堂筋線に乗り換えるほうが便利である。そして野江駅は緩行線に面したホームしかないので、緩行線を走る区間急行の停車が考えられるが、そこまですることもないだろう。

城北公園通駅は相対式ホームで、駅名の通り城北公園通と交差している。同駅は他線と連絡していない。

この先で淀川を渡る。複線トラス橋だが、城東貨物線として単線だった時代は、片方の路盤は自転車歩行者道として開放していた。現在は複線化されたので自転車・歩行者道はなくなっている。

ＪＲ淡路《あわじ》駅は阪急京都線、千里線との連絡駅だが、ＪＲ野江駅と同様に離れている。阪急の両線は連続立体交差事業によって高架工事が行われている。上り線が下、下り線が上の上下2段式となり、それぞれ島式ホーム1面2線とする。盛土のおおさか東線の上を跨ぐので、下り線は相当高い位置に設置される。

さらに、阪急の淡路駅は、現在の地上駅の位置よりもやや東に移設されるから、野江駅よりも乗り換え距離は短くなる。

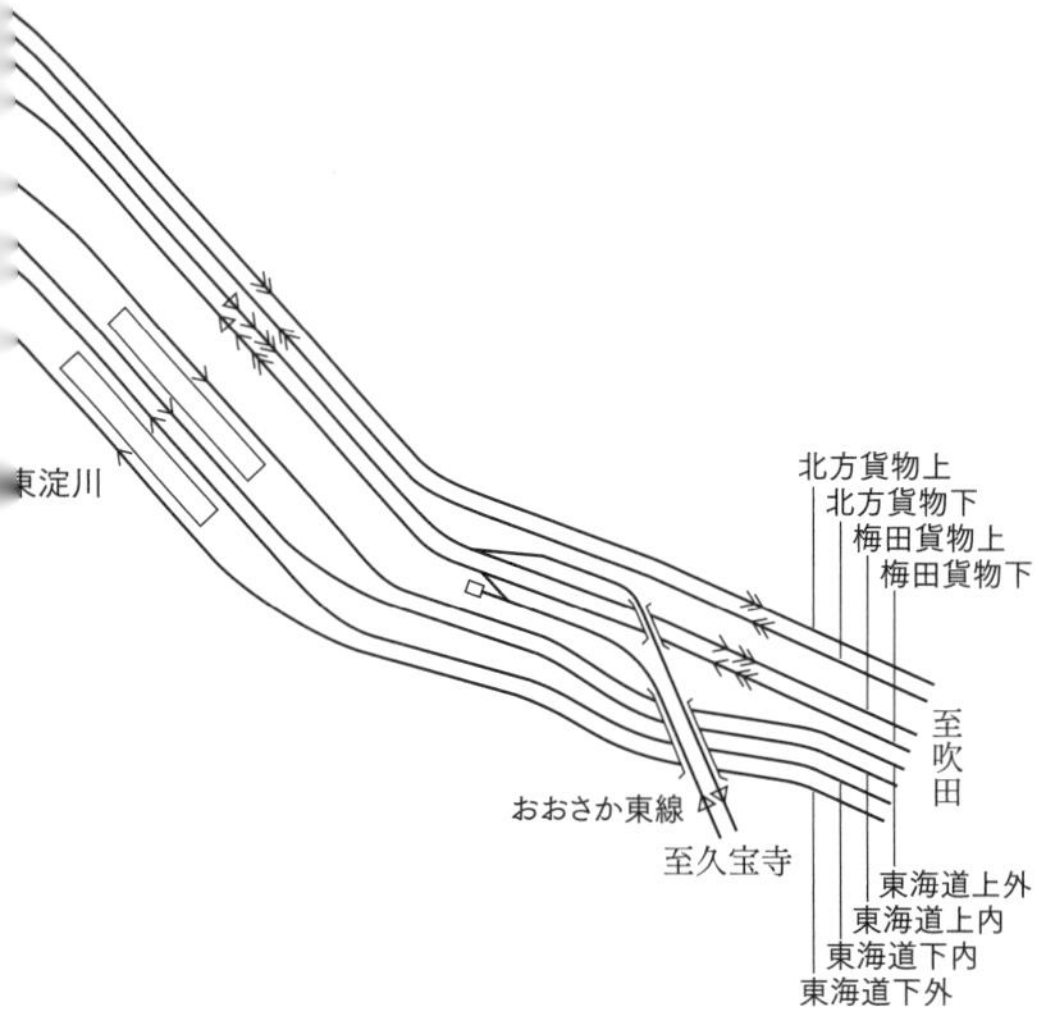

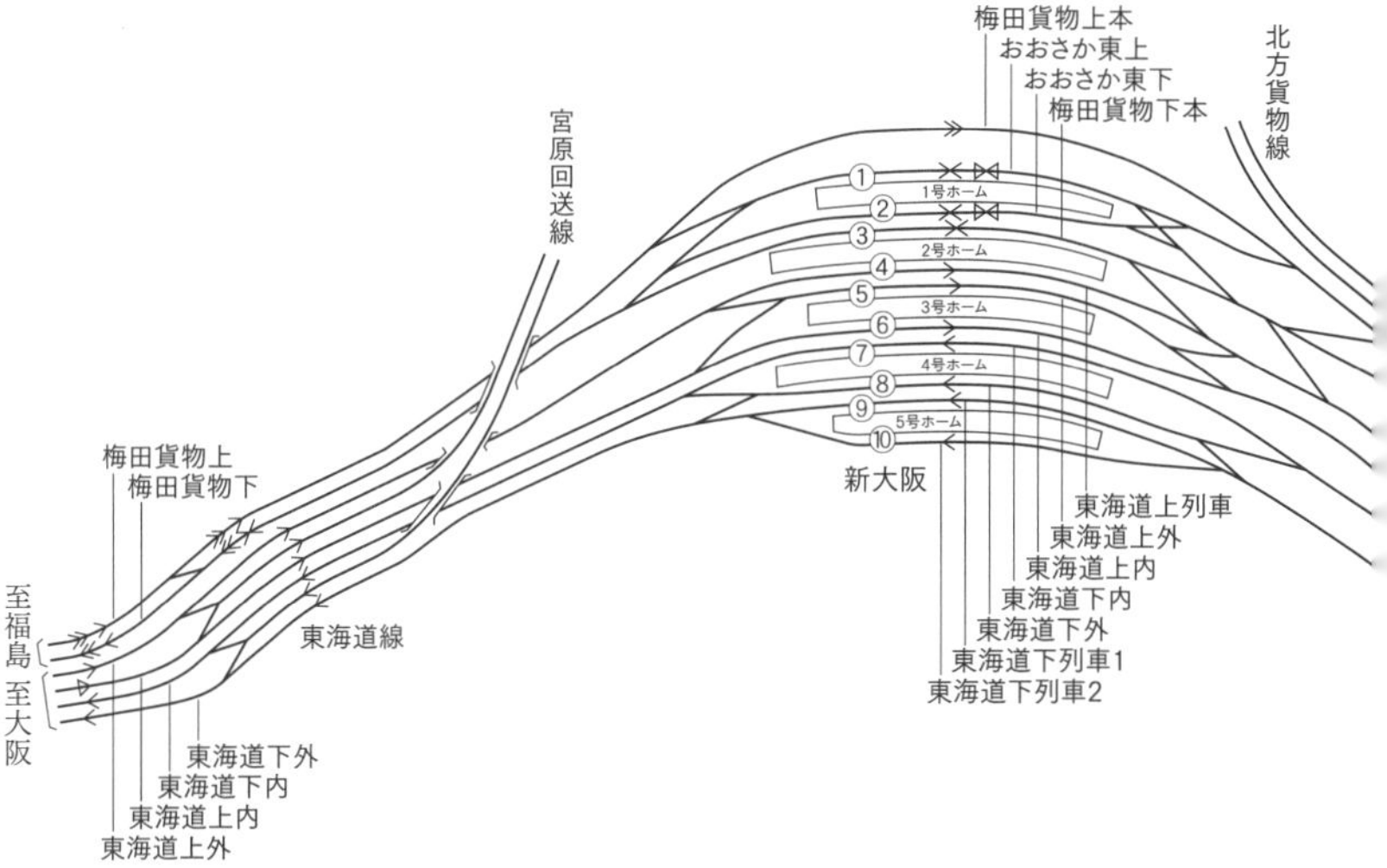

新大阪駅の1、2号ホームは梅田貨物線とおおさか東線を走る電車の発着ホームとして再編成された

東海道新幹線をくぐり、神崎川を渡る手前に神崎川信号場があって、ここで従来からの城東貨物線が分岐する。この先は全く新線となる。新大阪駅に向かって大きく左にカーブしたところに、相対式ホームの西吹田《にしすいた》駅がある。同駅も他線と連絡していない。この先も大きく曲がり続けていく。

当初の計画では、新大阪駅の東側に用意されていた島式ホーム1面2線の用地におおさか東線が乗り入れることになっていたが、地下化されてうめきた駅が設置される梅田貨物線に乗り入れることも視野に入れて、梅田貨物線に接続することになった。

このため、複々線の東海道本線を乗り越し、上下線が梅田貨物線を挟む形で地上に降りて梅田貨物線と接続する。

新大阪駅の1面2線の増設用地は、下り長距離列車用の5号ホームとし、それまでの下り長距離列車用は下り電車用4号ホームと順にずらした。3号ホームは上り電車用、2号ホームの東側4番線は山陽線や福知山《ふくちやま》線の長距離列車用とした。

そして2号ホームの3番線と1号ホームの1、2番線は、梅田貨物線を走る特急「はるか」と「くろしお」、それにおおさか東線の電車の発着用にする。また、梅田貨物線の上り本線はホームに面しておらず、1号ホームの1番線との間は1線分空けてある。

当面は2番線でおおさか東線の電車は発着するが、うめきた駅ができてからは、うめきた駅までおおさか東線の電車は延長運転され、快速と普通の一部はさらに環状線経由で桜島駅まで走らせる。新大阪駅からUSJへのアクセス電車にするためである。なにわ筋線が開通すると、特急はなにわ筋線経由になるので、ほぼすべてのおおさか東線の電車が桜島駅まで直通するという。

# 梅田貨物線の地下化

梅田貨物線は、吹田貨物ターミナル—福島間を結んでいる東海道本線の支線の一つである。吹田貨物ターミナルから新大阪駅を経て淀川を渡り、旧梅田貨物駅跡地の西側を通り、阪神高速道路の梅田ランプ西交差点を横切る西梅田一番踏切の手前までが複線、その先が単線になっている。単線になってなにわ筋を浄正橋《じょうしょうばし》踏切で渡り、その先で環状線と並行しながら高架になる。

高架になっていく区間に環状線福島駅があり、環状線と同じ高さになっても、野田《のだ》駅を経て西九条駅まで単線で環状線と並行する。

梅田貨物線といっても、貨物列車は平日で2往復しか走らない。しかし、関空特急「はるか」が1時間に2往復、紀勢《きせい》線特急「くろしお」が1往復と、結構な頻度で走っている。

西梅田一番踏切は大阪駅に近い。そこでもっと大阪駅に近いルートに変更して、そこにうめきた（北梅田）駅を設置する。

新御堂筋（国道423号）をくぐってから地下に潜りはじめ、阪急各線と交差したところから地下にもぐり、梅田貨物駅跡地の西側から東側にルートを変更する。大阪駅に近寄って右にカーブする地点に島式ホーム2面4線のうめきた駅を設置する。

うめきた駅の先は単線になり、筑前橋筋《ちくぜんばしすじ》線道路と交差する付近で地上に出て東海道線を斜めにくぐる。そして浄正橋踏切手前で現在線と同じ高さになって合流する。西梅田一番踏切は廃止されるが、人とクルマともに交通量が多いなにわ筋と交差する浄正橋踏切は残る。

これを廃止するには、既存の高架線へ登りはじめる地点をもっと西九条寄りにして、なにわ筋を地下で交差する方法があるが、費用がかかる。このため浄正橋踏切は今のままの姿で残る。

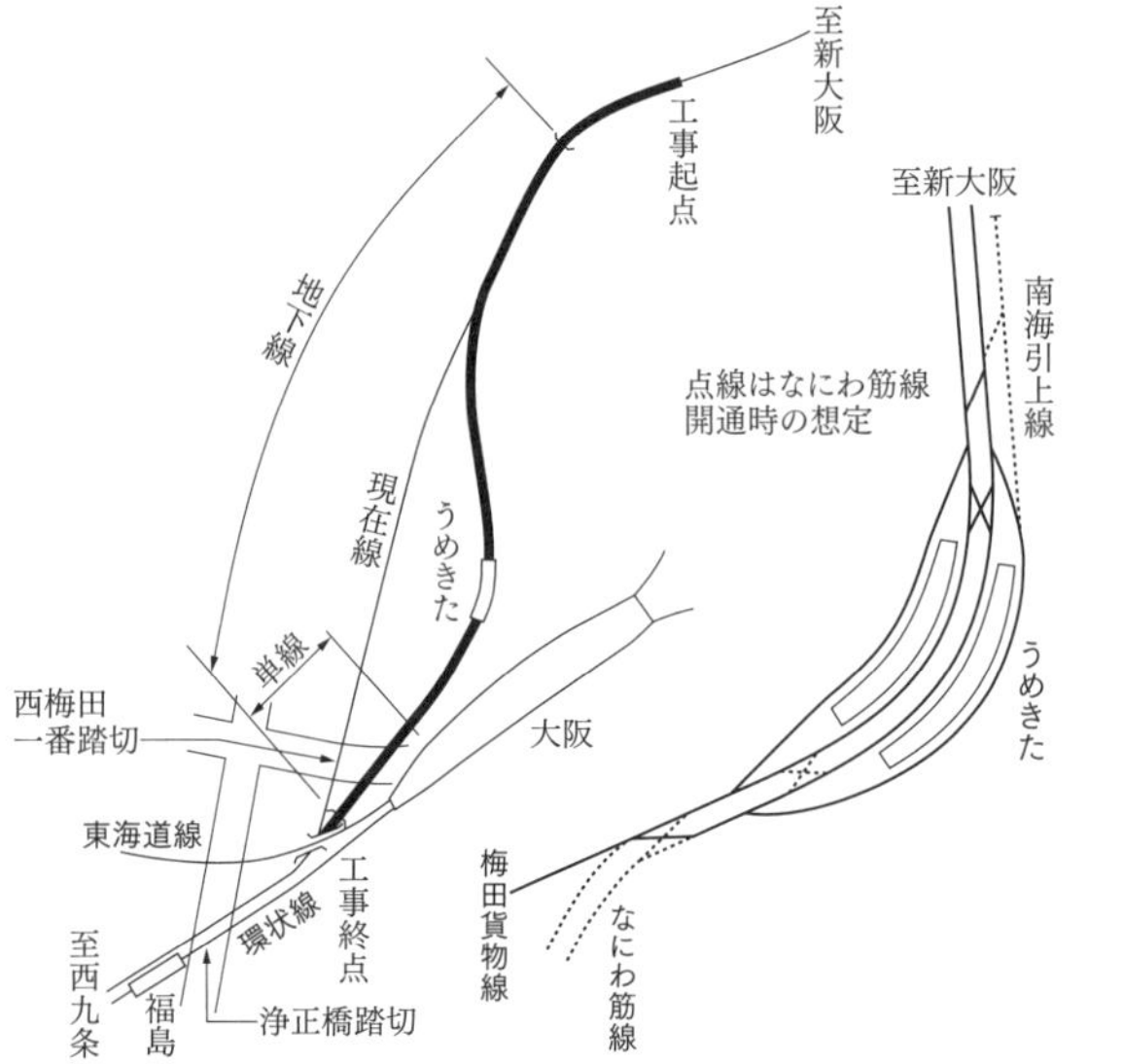


うめきた駅は島式ホーム2面4線を予定しているが、なにわ筋線ができるまでは1面2線にする。「はるか」と「くろしお」以外におおさか東線の電車も環状線を経て桜島まで直通させる。これによって新大阪駅からUSJに直接行けるようになる。なにわ筋線が開通しても、おおさか東線の電車は桜島まで行くという。単線では多数の列車を走らせられない。そこで、野田付近にある貨物線の市場線の用地跡を利用して、行き違い信号場を設置することもありうる。

うめきた駅が開設されると、旅客線としての名称が必要である。その路線名は「うめきた線」ということになろう。

なお、なにわ筋線が開通したとき、うめきた駅は南海と共同使用駅になるだろうが、島式ホーム2面4線では発着線不足になるだろうし、

梅田貨物線を走る特急「はるか」。浄正橋踏切を横断している道路は、
なにわ筋で、この踏切は今後もずっと残る

運賃収受面でも問題になろう。ＪＲは梅田貨物線桜島方面と関空方面、そして新大阪方面とで行き来するが、南海はうめきた駅止まりになる。将来は阪急新大阪連絡線が乗り入れて、十《じゅう》三《そう》経由で新大阪に向かう。

島式ホーム3面6線にすればいいが、阪急新大阪連絡線の開通は、なにわ筋線のあとになろう。それまでは、新大阪止まりの南海電車から新大阪行の関空快速などに簡単に乗り換えられるよう、同じホームでの発着が必要である。

阪急新大阪連絡線が開通すると、同じ新大阪に向かうとしても新大阪駅の位置も異なるし、運賃も異なる。開通後は別の改札になる。ということで、なにわ筋線の開通当初のうめきた駅は、新大阪寄りに南海電車の折返用引上線を設置した島式ホーム2面4線とし、阪急新大阪連絡線が開通したときには、南海・阪急うめきた駅を別に造ることになろう。

## 阪急北梅田・十三・新大阪連絡線

阪急は、以前から新大阪駅への乗り入れを計画していた。このため新大阪経由の淡路・十三《じゅうそう》線と新大阪・神崎川線の免特許を昭和36年（1961）に取得していた。阪急の新大阪駅は、新幹線の北側に設置する予定で用地を確保、阪急の線路が通り抜けて淡路駅まで行けるよう、新幹線新大阪駅の東京寄りの高架下に斜めに抜ける空間が設置され、山陽新幹線ができたときも、十三に向かって斜めに新幹線の高架橋を抜ける空間が設置された。

しかし諸般の事情で、新大阪―十三間（十三・新大阪線）を除いて免許を失効させた。その後、地下鉄四つ橋線と相互直通できるよう、西梅田・十三線を建設して十三・新大阪線と組み合わせて西梅田・新大阪連絡線を構想した。ただし西梅田駅からの延伸は、阪神本線が立ちはだかっていて簡単にはできないことがわかっていた。

そこで、なにわ筋線の構想が具体化し始めると、北梅田（阪急うめきた）駅でなにわ筋線を走る南海電車と相互直通する北梅田・新大阪連絡線にすることとした。そして運輸政策審議会などで建設すべき路線として取り上げられている。

西梅田・新大阪連絡線の構想時は第3軌条の標準軌で、北梅田・新大阪連絡線は狭軌線としているために、当初から既存の神宝《しんぽう》・京都線との直通は考えられていなかった。これでは既存の沿線から新大阪に行くには、依然として乗り換えが必要になる。とはいえ神崎川・新大阪線の建設などはできな

阪急新大阪・十三・北梅田線

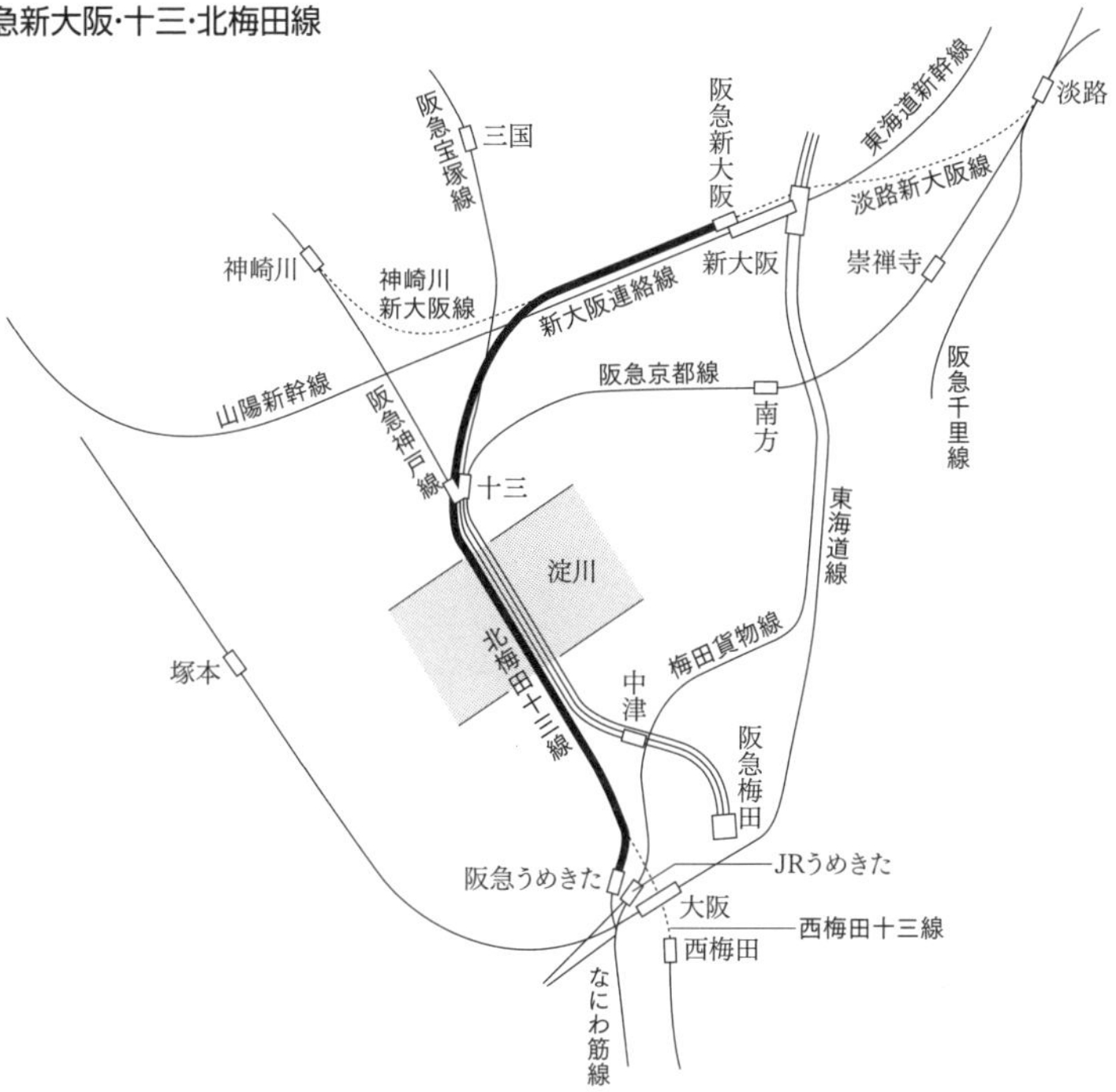


い。

それに阪急うめきた駅から十三駅までの間には淀川がある。高架で渡るには用地が確保しにくい。地下であればなんとか新大阪まで行ける。しかし、淀川の下を通るとなると、新大阪連絡線の十三駅は地下の深いところに設置することになる。

なお、宝塚線と新幹線が交差する手前の梅田寄りから新大阪駅北側に沿って、十三・新大阪線の用地が確保されている。東海道新幹線の新大阪駅で27番線の発着線を設置するとき、阪急は十三・新大阪線の用地を売ったが、もともと島式ホーム2面4線の用地を確保していたので1面2線分以上の用地はある。

だが、その用地にホテル併設の新

大阪阪急ビルが建ってしまっている。それでもその西側の新御堂筋からは用地がある。なお、新大阪阪急ビルの3階部分に、島式ホーム1面2線が入れるように用意されているといううわさがあるが定かではない。

北梅田・新大阪線ができたとしても、既存の阪急沿線から新大阪駅へとびきり便利に行けるようなことはない。関空へもさほど便利にならない。

しかし、十三の神戸・宝塚寄りに神宝両線への連絡線を設置すればどうだろう。もちろん、軌間が異なるからそのままでは直通できないが、軌間変換電車によって可能にすればいい。

軌間変換電車は在来線と新幹線との直通をするために開発されたが、車軸にひびが入るなどで断念した。しかし、在来線同士であれば、さほどスピードを出すわけではないので、車軸折れなどの心配はいらない。まさしく近鉄が、橿原《かしはら》線と南大阪線の間で軌間変換電車を走らせようとしている。これを阪急と南海でもやればいいのである。JRは京都と関空とを結ぶ「はるか」を走らせているが、神戸と宝塚からの直通電車はないから独占できる。

「ラピート」は4＋4の8両編成にして、4両は新大阪へ、残る4両は軌間変換電車で阪急神戸・宝塚線へ直通させればいい。

あるいは、1時間に3本の運転にして、新大阪・宝塚・神戸方面へ各1本を走らせるのもいい。京都線への直通も欲しいところである。それは堺筋線を介し、天下茶屋《てんがちゃや》の南側に軌間変換装置付きの南海本線への連絡線を設ければいい。なにわ筋線は大阪のやや西側を通る。堺筋線はやや東側を通っているので、大阪の東側からは堺筋線直通があれば、便利でいい。

## 大阪メトロ中央線夢洲延伸

中央線は、長田―コスモスクエア間が開通している。㈱大阪港トランスポートシステムは、そのコスモスクエアから新桜島駅までの免許を平成12年（2000）に取得している。

これに基づいて、コスモスクエア駅がある咲洲《さきしま》から夢洲《ゆめしま》まで、沈埋《ちんまい》工法による海底トンネルの夢洲トンネルに鉄道トンネルが併設できるように準備がなされ一部の路盤は完成している。

夢洲には、2025年に万博会場が設置され、総合リゾート施設、いわゆるＩＲが恒久設置される。その足として、早期にコスモスクエア―夢洲間が開通する。

夢洲からは、舞洲《まいしま》を通ってＵＳＪの北側に新桜島駅を設置する。運河部は沈埋工法による海底トンネルか、高高架橋で渡る。新桜島駅には京阪中之島線も乗り入れる予定である。

しかし、夢洲―新桜島間は莫大な建設費が必要で、大阪メトロのみの運行では採算がとれない。京阪中之島線だけでなくＪＲ桜島線も乗り入れれば採算はとれる。

京阪中之島線が乗り入れると、中之島地区や京阪沿線、そして京都都心部から夢洲の万博会場まで直結できる。桜島線が直通すれば、将来的に新大阪駅、うめきた駅を通るおおさか東線電車の乗り入れとなり、新大阪駅と大阪駅と万博会場を直結できる。そうなると新幹線を介して万博会場に行きやすくなり、結構な利用が望める。

この場合、軌間や電気方式が異なるが、軌間は標準軌と狭軌併用の4線式か3線式、架線集電と第

大阪メトロ中央線延伸

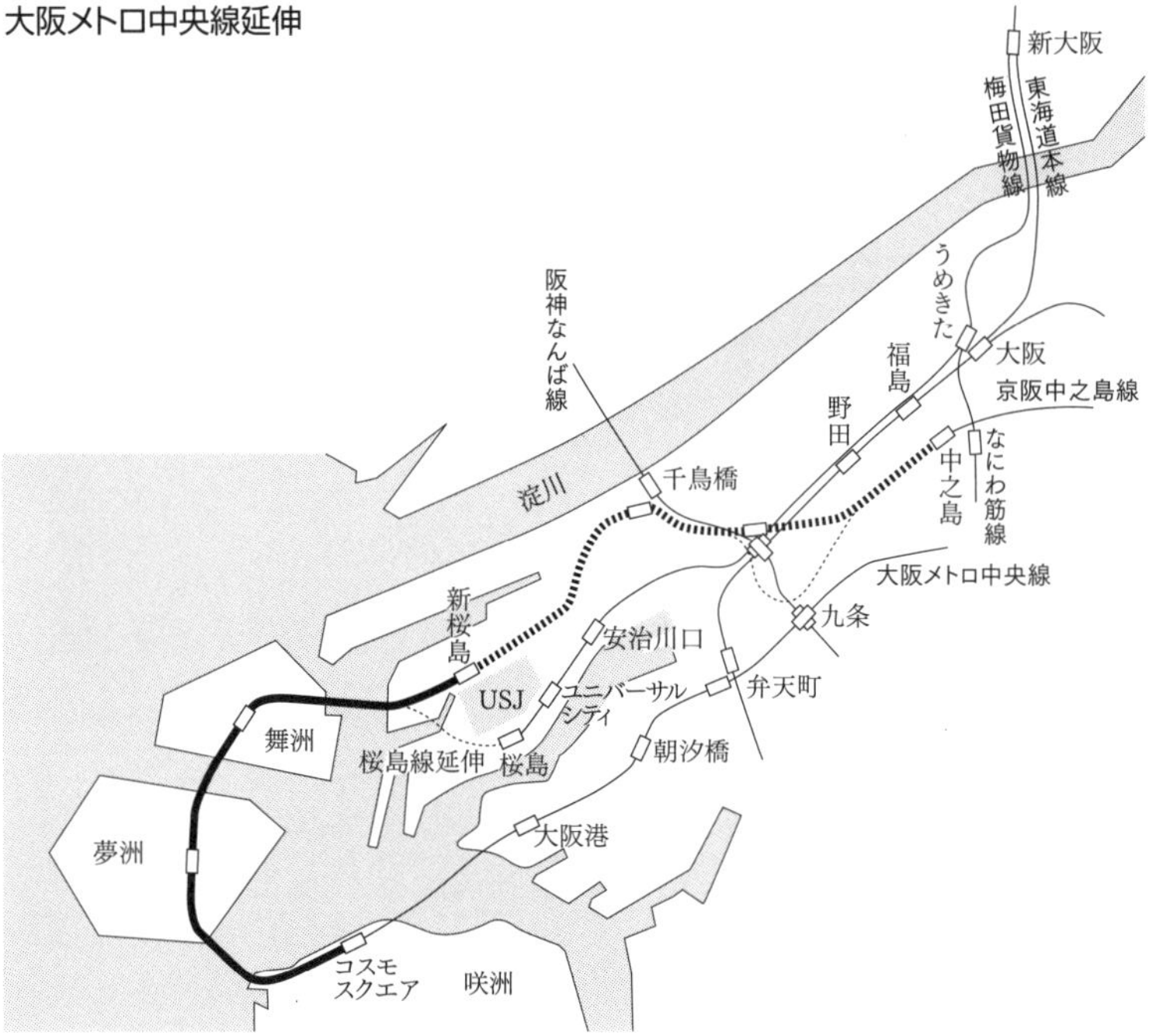


3軌条式とを併設してもなんら問題はない。

桜島線は桜島駅から右カーブして、中央線延伸線に接続すればいい。京阪中之島延長線は、夢洲のIRへの利便性をにらんで九条駅を経由してから西九条を経るルートに変更しようとしているが、新桜島駅から直通できれば、わざわざ二度手間になる九条経由は不要である。

ところで1970年に開催された大阪千里での万国博覧会では、御堂筋線と相互直通する北大阪急行電鉄が万国博中央口駅まで走らせていた。これによって大阪都心部や新大阪駅から乗り換えなしで会場まで行けた。このほかに阪急千里線に臨時駅の万博西口駅が開設されたが、大半の入場客は北大阪急行を利用した。

北大阪急行は南北線江坂《えさか》—仮設千里中央間と会場線仮設千里中央—万国博中央口間に分かれ、会場線は万博開催期間中だけの営業で、終了後の用地は中国縦貫自動車道の東行車線になった。

当時、山陽新幹線はまだ開通していなかったが、「ひかり」は16両編成化し、新大阪—熊本間と大阪—新潟間の在来線特急を増発して万博輸送に対応した。そして新大阪駅で御堂筋線と北大阪急行に連絡して全国から多数の乗客が万博に入場した。もっとも茨木《いばらき》駅から万博会場へのバスも走らせていた。総入場者数は６４００万人だった。

その輸送を担った北大阪急行の定期比率は20%で、８割が定期外客だった。定期券は大幅に割り引いているが、定期外客は割引がない。現在ではＰｉＴａＰａなどで定期外客にも割引サービスがあるが、当時の北大阪急行では普通切符の割引は回数券を除くとなかった。そのため大幅な収益となって一気に黒字化したのである。

万博終了後、北大阪急行が用意した１００両の車両のうち56両を大阪地下鉄に売却した。そして南北線と会場線の建設費は万博終了時にすでに償却してしまった。現在、北大阪急行の初乗り運賃は１００円と格安である。これも万博輸送での収益によって建設費の償却がないことから安くできている。

ひるがえって、２０２５年の大阪万博での大量輸送機関は中央線しかない。新大阪駅からは御堂筋線で本町に出て中央線に乗り換える。大阪駅からは環状線に乗り弁天町駅で乗り換えることになる。アクセスとしては非常に面倒である。

総入場者数は千里万博の半分以下の２８００万人と予測しているのは、大量輸送のアクセスが中央線だけだからである。

そこに京阪中之島線とJR桜島線が夢洲に乗り入れてくるとなると、非常に行きやすくなる。京阪中之島線は本線と直通して京都都心部と直結できる。JR桜島線が乗り入れてくるとおおさか東線の電車が新大阪駅から直通する。新幹線沿線から万博会場へのアクセスが非常に便利になる。

1970年と違って新幹線は函館から鹿児島まで伸びている。北陸新幹線も2022年に敦賀まで開通している。新大阪から一直線で万博会場まで行けるとすれば、全国から行こうとするだろう。さらに長距離在来線臨時列車が全国から夢洲駅まで乗り入れることもできる。

関西空港からも直通特急を走らせることになる。

桜島・新桜島—夢洲間は第3種鉄道事業の第3セクター会社が建設し、開業後は線路保守を行ってJRや京阪、大阪メトロは第2種鉄道事業として運営する。架線式と第3軌条式、狭軌・標準軌併用の3線軌または4線軌になるから線路保守費は通常の線路よりもかかる。このため、第3種鉄道事業者に対して線路使用料は通常よりも高く支払う必要がある。

夢洲の会場へは日本全国、いや世界中から訪れることになるから、もしかすれば千里万博の入場者数を上回るかもしれない。

アクセスをよくすることで入場者数は多くなると考えられる。そうすると北大阪急行が万博輸送で短期に黒字になったのと同様に、今度も黒字になってしまうことはありうる。そして万博終了後も恒久施設のIRがあり、さらに万博跡地も恒久娯楽設備を設置するだろう。そしてUSJもある。それらの輸送も大阪メトロと京阪、JRの新線が担うことになる。けっして無駄な投資にはならない。

## 北大阪急行電鉄延伸

北大阪急行電鉄は、千里中央駅から北進して、箕面《みのお》萱野《かやの》駅までの2・5キロの第1種鉄道事業と特許を平成27年（2015）12月に取得、直ちに着工して2020年度末に開業する予定である。なお、特許とは軌道事業による免許のことである。

軌道とは、道路上に線路を敷設する路線で、簡単にいえば路面電車がこれにあたる。大阪の地下鉄各線も軌道法に基づいて運行を行っており、北大阪急行電鉄も軌道法の下で運行をしている。軌道法で建設することで道路と一体に整備できる。大阪市が地下鉄を整備するとき、道路と一緒に造ったようにである。

その好例が、道路の新御堂筋と鉄道の御堂筋線である。軌道法は道路上に線路を敷かなければならないと定めており、それを高速鉄道、いや高速軌道にあてはめて整備したのである。同様にモノレールや新交通システムも軌道法で整備されたところが多い。

前述したように、昭和45年（1970）に北大阪急行が開通したときは、現在の中国自動車道、当時の中国縦貫自動車道の半分の車線に軌道を敷いて、これを会場線として仮設千里中央―万博中央駅間と江坂―仮設千里中央駅間の南北線を開通させ、主要アクセス線として万博輸送をした。

このとき千里中央本駅もほぼ完成し、万博終了後に会場線は廃止して千里中央本駅に乗り入れるようになった。会場線の路盤は中国縦貫道の東行車線になったが、仮設千里中央駅から会場線に移る間

## 北大阪急行延伸

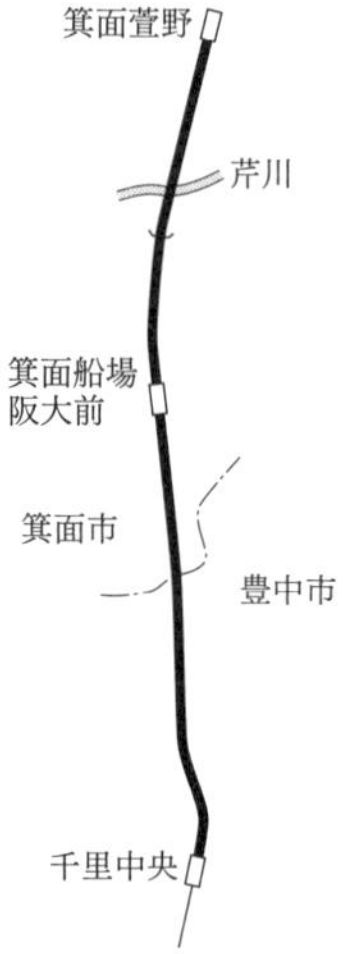


にあった地下線の路盤は現在でも残っている。そして千里中央本駅の北端は左カーブさせてある。将来には、箕面北部への延伸を想定していたためである。新御堂筋から西にずれた位置に千里中央駅があり、北進するときには、再び新御堂筋の地下を通る必要があるためカーブさせて止めたのである。

そのとおりに新御堂筋の地下を単線並列複線シールドトンネルで通って豊中《とよなか》市から箕面市に入る。そして千里中央駅から１・２キロ地点に、島式ホームの箕面《みのお》船場《せんば》阪大前《はんだいまえ》駅がある。豊中市内部分は、新御堂筋のほぼ中央を通るが、箕面市に入ると東側の側道の地下に移る。箕面船場阪大前駅も、盛土によって本線車道よりも一段高くなった側道の地下３階にホームがある。

それにしても、三つの要素を合わせた駅名で長すぎる。箕面は阪急に駅があり、船場はこのあたりの地名だが、大阪市中央区のビジネス街の船場からとった地名で、新船場と呼ぶほうが多い。大阪大学はまだ移転していない。略称をしようにも、すべて個性がない。計画時に仮駅名だった新船場が一番似合っていると思うがどうだろうか。

ともあれ、開削トンネルで進み、箕面船場阪大前駅を出ると、上り勾配とともに地面も下がっているので一気に高架になる。東側の側道を高架で進み、島式ホームの終点、箕面萱野駅となる。

総工費は６５０億円、軌道工事や駅の内装は北大阪急行電鉄が行い、インフラなど全体整備は箕面市が行う。

# 大阪モノレール線瓜生堂延伸

大阪高速鉄道大阪モノレール線は、大阪空港—門真市《かどまし》間21・2キロの跨座《こざ》式モノレールである。その門真市から、近鉄奈良線の八《や》戸《え》ノ里《さと》—若江《わかえ》岩田《いわた》間のほぼ中間にあたる、瓜生堂駅（仮称）までの9・0キロを延伸する。近鉄奈良線にも瓜生堂駅を設置して連絡する。

基本的に、府道中央環状線と近畿自動車道に沿って南下する。門真市の次が門真南駅である。長堀《ながほり》鶴見《つるみ》緑地《りょくち》線の門真南駅は、中央環状線の東側にあり、近畿自動車道と第2京阪道路のジャンクションがあるため橋脚を立てにくい。そこで中央環状線からやや離れて、より長堀鶴見緑地線に近いところにモノレールの駅を設置する。

再び中央環状線に戻り南下、片町線と交差したところに鴻池新田《こうのいけしんでん》駅を設置する。片町線の鴻池新田駅は少し離れた東側にあるが、そこへ寄るための道路はない。中央環状線に沿って城東工科高校があり、その横に駅を設置する。駅の隣に同高校があるた

大阪モノレール延伸

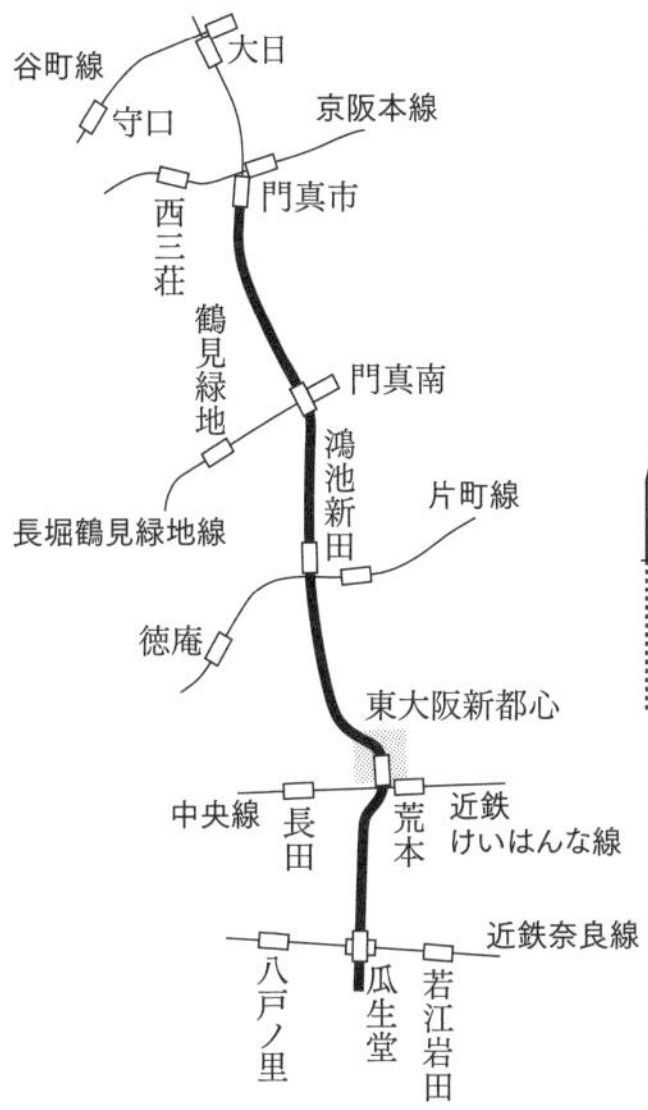


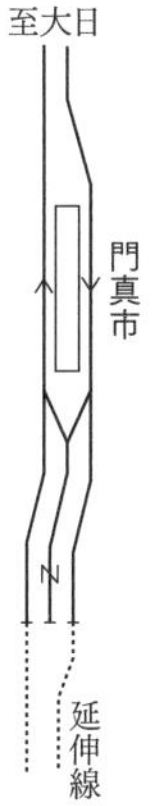

め、モノレール通学は便利である。

さらに南下すると荒本《あらもと》駅となる。近鉄けいはんな線の荒本駅は、手前の片町線鴻池新田駅よりも西側に離れている。駅付近は東大阪新都心として再開発され、あらかじめ中央環状線から荒本方面へのモノレール導入道路が設置されている。モノレールを通す道幅は、26m以上にすると定められている。

この幅は、路面電車を走らせるために軌道法で定められたものである。阪神国道に阪神電鉄国道線を敷設するとき、26mにしたことが根拠になっている。

門真市駅から南側をみる。同駅から南伸する

荒本駅を出ると再び中央環状線に戻って南下して瓜生堂駅となる。近鉄の瓜生堂新駅の真上に設置される。

インフラ部の建設費は７４０億円で、このうち国が55％、大阪府と東大阪市、大阪市が合わせて45％負担する。駅の設備や車両の増備費などの３１０億円は、大阪高速鉄道が全額負担する。近鉄奈良線の新駅設置費は、大阪府と東大阪市が50％ずつ負担する。２０２9年開業を目標にしている。

瓜生堂駅からはさらに中央環状線に沿って南下、西進して南海堺駅まで構想されている。このため延伸可能なように、駅の南に引上折返線が設置される。

# 北陸新幹線小浜―新大阪間

北陸新幹線は高崎―金沢間が開通し、金沢―敦賀《つるが》間が建設中である。敦賀から先は、まだ路線認可もされていない。元来は、敦賀から小浜《おばま》を経て、西京都に達してから新大阪に向かうことになっている。新幹線小浜駅は、従来の小浜線東小浜駅に併設する。このため、駅名は新小浜とすることが考えられている。西京都駅は山陰線亀岡《かめおか》駅に併設することになっていた。

しかし、西京都駅、つまり亀岡駅では京都に簡単に行けない。そこで京都駅を経由することをJR西日本や京都市などが希望した。そして新小浜から京都へ直結するルートと、舞鶴市などが希望する舞鶴ルート、それに短絡ルートとして敦賀―米原直結ルートが検討された。

北陸新幹線の敦賀―新大阪間は、舞鶴ルートの建設距離が190㌔で建設費が2兆5000億円、直結ルートが140㌔で2兆700億円、米原ルートが50㌔の5900億円である。

舞鶴ルートは建設費が高く、所要時間も300㌔運転で1時間0分となる。米原ルートの建設費は安いが、米原―京都間は東海道新幹線に乗り入れるために最高速度が285㌔に抑えられ、ダイヤの自由度もない。このため所要時間は1時間7分となる。また、違う新幹線同士だと、特急料金は別々に計算して合算するために高くなる。

小浜京都ルートは所要時間が43分となり、料金も安い。このため結局小浜京都ルートが一番有力である。

京都市内は大深度シールドトンネルで通り抜ける。京都駅では東海道新幹線や東海道本線とは直交する。東海道新幹線への連絡線を建設すれば、直通運転も可能になる。東海道新幹線京都駅に、東側から入る場合は新大阪・博多方面から、西側から入る場合は名古屋・東京方面と直通できる。とはいえ新大阪―京都間はＪＲ東海の路線なので、山陽新幹線からの直通運転はハードルが高い。

だが、連絡線を西側から入り込んで東海道新幹線の京都駅と並行に駅を造れば、東京―金沢間という直通「のぞみ」タイプの速達列車を走らせることができる。東京駅からは、現状の大宮経由よりも速く金沢に行ける。新横浜や名古屋からも金沢に行きやすくなる。西側から入る連絡線は京都貨物駅構内で地上に顔を出せば、用地買収費は不要になる。連絡線の設置は一考に値する。なお、東側ルートは東海道新幹線の東山トンネルで合流すれば用地買収費は格安ですむ。

京都―新大阪間は、東海道新幹線に並行するのではなく、高槻付近の北側の山を貫通するルートで、北側から新大阪駅に入る北回りルートにしようとしたが、京都市南部のけいはんな学研都市を経由して新大阪に向かうルートの要望が出た。ただし、北回りルートは山の中をトンネルで貫通するから、用地買収費は格安ですむ。また、千里中央あたりに駅を造るのもいい。

北回りルートならば、新大阪駅で東海道新幹線と直交する。そして、そのまま南下して大阪駅、さらに難波駅を経て関西空港まで延伸することが可能である。さらに四国新幹線を関空経由で、紀《き》淡《たん》海峡を海底トンネルで抜けるルートにして直通運転をする。さらに多《た》奈《な》川《がわ》あたりで分岐する紀勢新幹線を設置するのもいい。これは国鉄が描いていた構想そのものである。しかし、京都―新大阪間が北回りルートであっても、ただ並行するのでは芸がない。

北陸新幹線各ルート

（図中のルート・駅に必ずしも通らない）

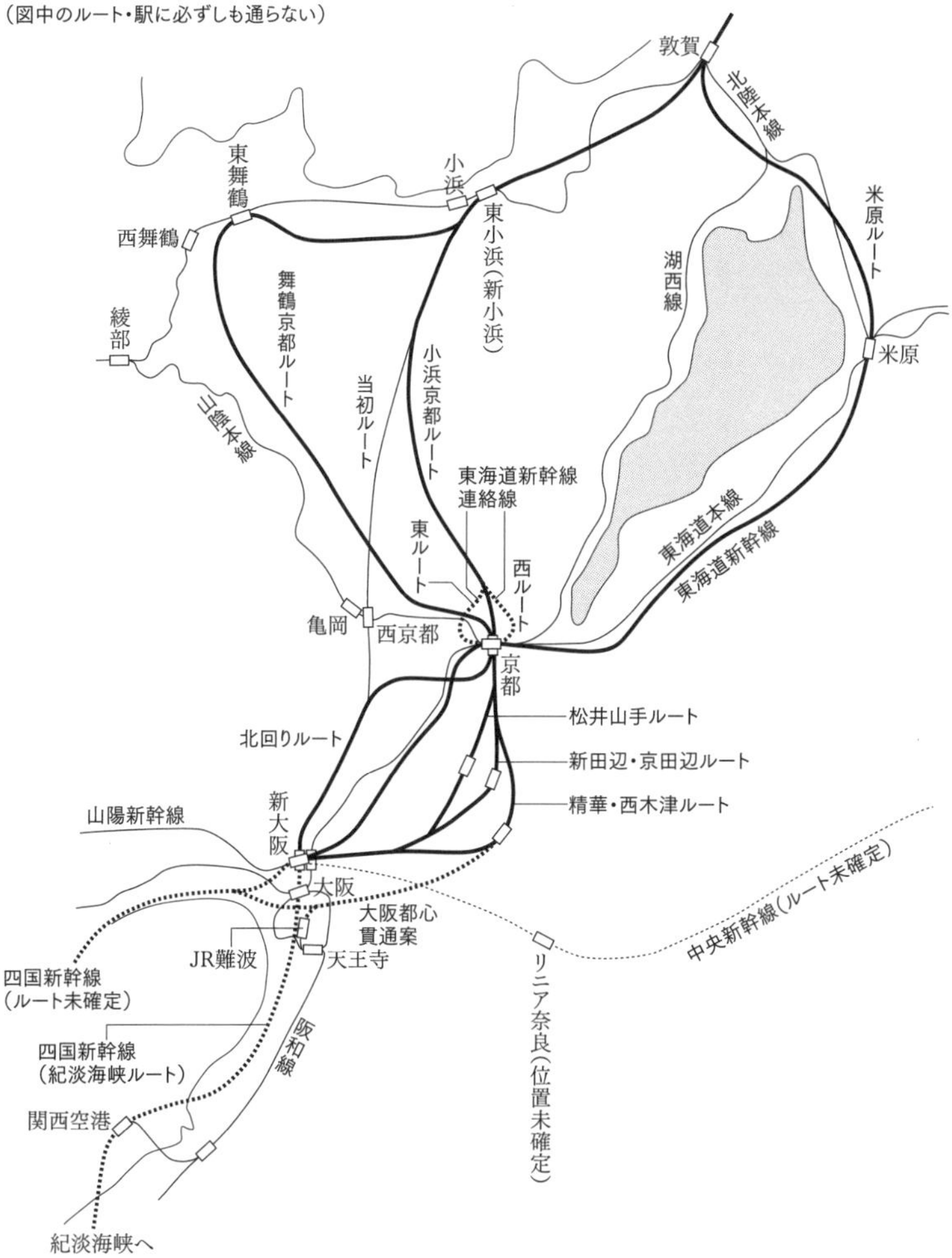

その点、けいはんな学研都市経由はこの地域の発展にもつながる。そして新大阪駅に東側から進入するので、山陽新幹線と直通運転が可能になる。しかし、関空方面への延伸はしにくい。

けいはんな学研都市経由といっても、松井山手《まついやまて》駅と新田辺《しんたなべ》・京田辺《きょうたなべ》駅、精華《せいか》・西木津《にしきづ》地区経由がある。一番距離が短いのが松井山手駅経由だが、学研都市から離れており、連絡するのは片町線だけである。新田辺・京田辺駅経由も学研都市と離れているが、それほど離れているわけではない。連絡する路線に近鉄京都線が加わる。精華・西木津地区は学研都市の中だが、片町線の西木津駅とやや離れている。建設距離も長くなる。

結局、有力なのは新田辺・京田辺駅経由で、片町線と近鉄京都線との間の地下に新幹線駅が造られよう。

しかし、そもそも新大阪駅に行く必要があるのか疑問である。京都駅で東海道新幹線に連絡するのだから、新大阪駅ではなく大阪駅、あるいは難波駅を終点にする都心貫通ルートにしたほうが、大阪の多くの人々にとって便利である。そして都心貫通ルートは、明石海峡ルートか紀淡海峡ルートのいずれに決まっても四国新幹線とつなぐことができる。紀淡海峡ルートは関空にも立ち寄れる。

新大阪駅に行くメリットは、リニア中央新幹線から北陸新幹線への乗り換えが便利になるのと山陽新幹線との直通運転のためだろうが、これを京都駅で直通運転をすれば、山陽新幹線と北陸新幹線の直通運転をする列車によって、リニア中央新幹線から北陸新幹線へのアクセスルートはできあがる。

米原ルートのデメリットも含めて、分割民営化によって、リニア中央新幹線も含めた新幹線の一体運営ができなくなっていることこそ問題なのである。分割民営化の最大のデメリットである。

パート
3
# 各線徹底分析

## ＪＲ琵琶湖線（東海道本線米原―京都間）

### 新快速も特急も停車駅が多すぎる

東海道本線の米原《まいばら》―京都間57・7㌔は、琵琶湖の東側、いわゆる湖東《ことう》地区を走ることから琵琶湖線の愛称がついている。

米原駅で新幹線と近江鉄道本線と連絡し、北陸本線と接続する。また米原以東の東海道本線はＪＲ東海の路線で、直通しているのは寝台特急「サンライズ出雲・瀬戸」だけで普通列車の直通はない。ＪＲ西日本の新快速、快速は北陸本線の敦賀《つるが》、近江塩津《おうみしおづ》、長浜《ながはま》に直通している。

彦根《ひこね》駅で近江鉄道本線、近江八幡《おうみはちまん》駅で同八日市線と連絡する。草津駅では草津線と接続して京都駅まで草津線電車の一部が直通している。草津―京都間は方向別複々線になっている。外側が列車線、内側が電車線だが、昼間時の新快速電車は内側線を走る。山科《やましな》駅では湖西《こせい》線が合流してくる。

ＪＲ時刻表やＪＴＢの時刻表では快速の表記がない。時刻表に載っている駅は快速の停車駅を記載し、快速はあくまで普通としている。そして複々線区間の電車線の京都―加古川間の各駅に停車する電車は、各駅停車（緩行《かんこう》）と表記している。

彦根駅は相対式ホームだが、上下線の間に副本線の中線《なかせん》が1線あり、上下の貨物列車が待避できるようにしている。河瀬《かわせ》駅では片面ホームに面した下り本線の1番線、その向かい合わせに島式ホームがあり、内側は中線、外側は上り本線になっている。

これは、明治時代から国鉄が好んで設置している配線で、国鉄時代は国鉄形配線といっていたが、現在はＪＲになっているので、本書ではＪＲ形配線と称する。副本線の中線で特急などを待避できるとともに折り返しも可能である。

中線は一部の普通列車が特急や新快速を待避するが、河瀬駅では上り本線の外側にも上り貨物待避線の上り1番副本線（略して上1）もある。

能登川《のとがわ》駅もＪＲ形配線だが、島式ホームの内側が上

# JR琵琶湖線(米原—京都間)・草津線

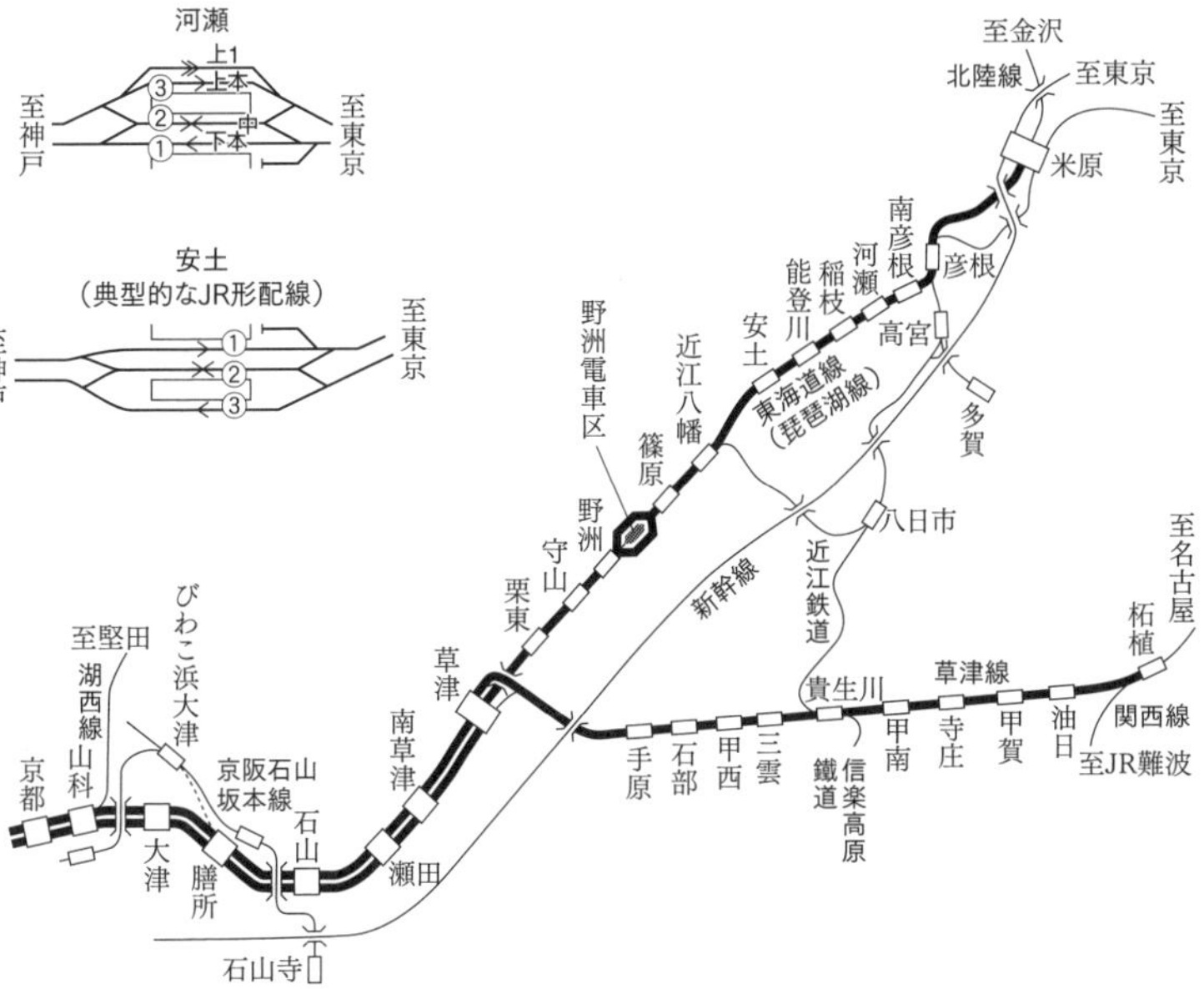


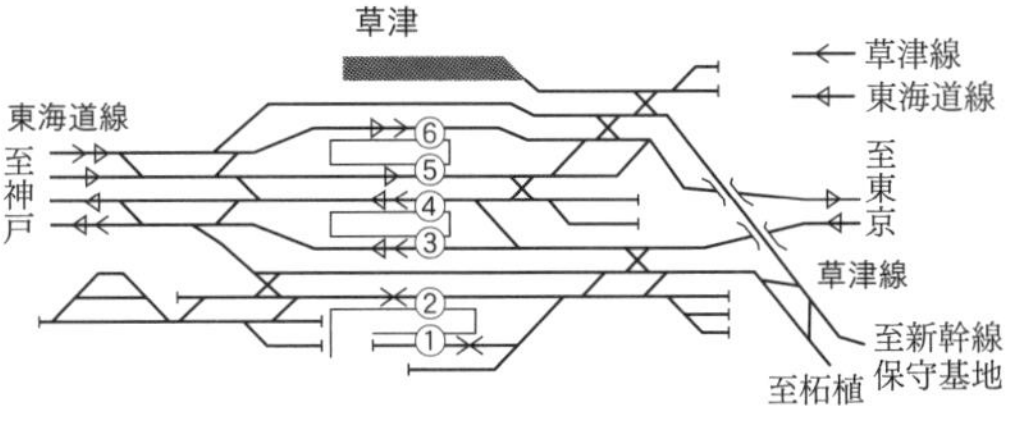


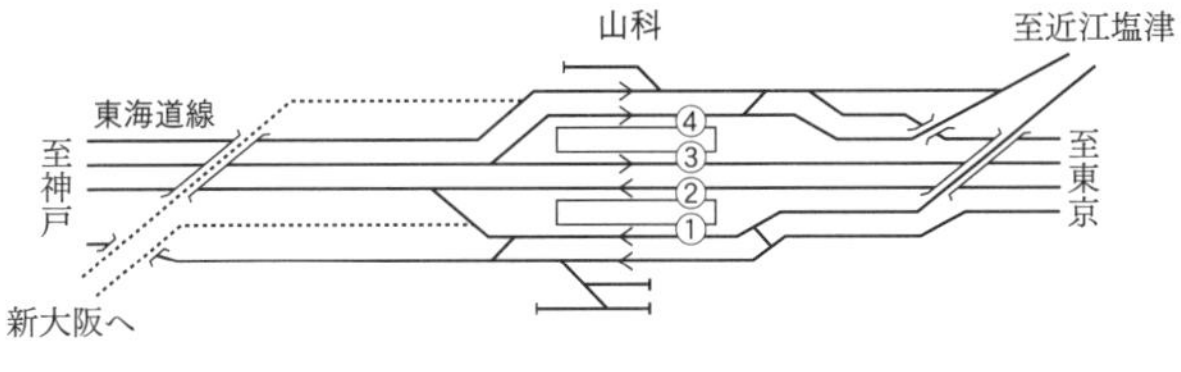

山科駅に進入する221系普通米原行

り本線で外側は上り1番副本線になっている。さらに、上下線の間に下り貨物列車の待避用の中線がある。安土《あづち》駅も同じ構造をしていたが、貨物待避用の中線は撤去され、ホームの内側に旅客も待避できる中線がある。上り本線が片面ホームに面している。

近江八幡駅は、上り本線が片面ホームに面したJR形配線に加えて上り貨物列車待避用の中線がある。島式ホームの内側が下り本線、外側が下り1番副本線である。

野洲《やす》駅の米原寄りに、野洲電車区（京都総合運転所野洲派出所）があるので、野洲駅を始発あるいは終着にする列車が結構ある。下り本線が片面ホームに面し、内側にJR形配線に加えて貨物待避用の上り1番副本線がある。

中線が副本線で上下列車が待避できるが、同じホームで乗り換えができる上りの新快速と普通が待避と追い越しをしている。追い越しをするときに相互に乗り換えができて便利である。これを緩急接続という。

下り本線の1番線と中線の2番線の間に、ホームに面していない貨物待避用の中線があったが、撤去されている。このスペースを利用して、島式ホームを設置して下り線側も緩急接続ができるようにすればいい。狭い島式ホームにはなるが、緩急接続で追い越されて中線に停車する下り普通に限って、両側の扉を開けて待てば、狭さは感じられないはずである。

草津駅から複々線になる。草津駅の東海道線の線路は、島式ホーム2面4線に加えてその外側に貨物列車待避用の副本線がある。さらに、草津線の京都直通列車用の連絡線がある。このほかに草津線用の島式ホーム1面がある。その発着線の1線は、東海道本線下り外側線につながっている。さらに外側線と内側線の間に渡り線がある。

複々線区間の駅は、島式ホーム2面4線が主だが、石山《いしやま》駅と膳所《ぜぜ》駅は、外側線の外側に貨物待避線用の副本線がある。

山科駅では湖西線が乗り入れてくるので島式ホーム2面4線に加えて、外側線の外側に特急通過用の本線がある。また、山科駅の京都寄りに新大阪駅への高規《こうき》格《かく》線、もしくは片町線への新路線が分岐できるような配線になっている。

草津線は、柘植《つげ》—草津間36・7キロの単線電化路線である。柘植駅で関西線、貴生川《きぶがわ》駅で信楽《しがらき》高原鐵道と接続し、近江鉄道本線と連絡する。草津駅で東海道線と接続して朝夕夜間に京都駅まで直通電車が走る。

甲西《こうせい》駅と寺庄《てらしょう》駅は片面ホームで行き違いができないが、他の駅はすべて行き違いができる。

草津駅を出て単線になるが、単線の貨物線が並行する。この貨物線は、東海道新幹線と草津線が交差する手前で分かれて、同新幹線の栗東保線所に入っていく。在来線経由のレール積載の貨物列車を栗東《りっとう》保線所に送る貨物線である。

柘植駅はJR形配線に加えて3線の電留線がある。草津線電車は島式ホームの外側の3番線で発着する。

## 普通は高槻《たかつき》以南で快速になる

特急と新快速、普通が走る。新快速は京都以南では高速運転をする。京都—新大阪間の閑散時の所要時間は23分、表定速度は101・7キロと、へたな特急よりずっと速い。それだけ速いために、琵琶湖線沿線は人口が増えている。とくに野洲以南は、工場や住宅がびっしり建ち並んでいる。大阪府内から滋賀県に工場を移転する企業が多く、それにつれてベットタウン化されて人口が増えたのである。逆に大阪府の人口が減っている。

夜行寝台特急の「サンライズ出雲・瀬戸」は、琵琶湖線では両端も含めて無停車である。関空特急「はるか」と以前は通勤ライナーだった「びわこエクスプレス」それに「(ワイドビュー)ひだ」が走る。普通の多くは京都・高槻から快速になるが、京都発着もあり、その多くは草津線と直通運転をする。

「びわこエクスプレス」は、朝下りに米原発大阪行の1号、夜間に大阪発草津行の2号と大阪発米原行の4号が運転されている。

使用車両は1号と4号が金沢総合車両所の「サンダーバード」用683系9両固定編成で、間合運用されている。米原寄り1号車がグリーン車、2、3号車が指定席普通車、他は自由席車になっている。3号は「はまかぜ」用特急気動車の189系を3両編成を間合運用し、草津寄り3号車が指定席車、2、3号車が自由席車である。

「はるか」は朝下り3本(3、9、13号)、夜間に上り2本(50、56号)が運転されている。下り3号が草津発、他は米原発着である。「はるか」用の289系を使用し、3号は9両編成、他は6両編成である。

「はるか」と「びわこエクスプレス」の琵琶湖線内の停車駅は彦根、近江八幡、野洲、守山《もりやま》、草津、石山、大津《おおつ》、山科である。

「(ワイドビュー)ひだ」は、高山《たかやま》―大阪間の運転でJR東海の特急気動車キハ85系10両編成を使用する。琵琶湖線内の停車駅は草津だけである。

これら特急はA特急料金が適用され、50キロまで自由席は750円、指定席は通常期で1270円、100キロまでは自由席で1180円、通常期の指定席で1700円と高い。

しかし、4枚つづりで自由席利用の、びわこ通勤回数特急券が設定され、米原―新大阪・大阪間が4560円で1枚当たり1140円、守山・草津―新大阪・大阪間が3080円で1枚当たり770円となっている。

守山―大阪間は69・4キロあるから、通常なら1180円となり、410円安い。また米原―大阪間は11

0・5キロあるので、通常なら1830円である。

新快速は225系と223系を使用する。オール転換クロスシートの3扉である。転換クロスシートは、背もたれを倒すことで座席の向きを変えることができる。関西圏では当たり前の座席で、米原駅や野洲駅で折り返すとき、乗ってきた乗客は当然のように向きを変えて座る。ただし、扉間に5組あるクロスシートのうち、扉寄りのシートの背もたれは固定されている。

米原駅に停車中の225系新快速姫路行

その背面には補助椅子（連結面寄りはない）がある。

中間車では、補助椅子の16人を含めると座席数72人と多いが、混雑時には立ち席面積が狭く、座れれば天国だが立てば地獄の状態になる。このため、混雑時には補助椅子は使用できないようロックされる。

琵琶湖線区間でも下りは混んでいる。とくに土休日の午前の下りは混んでおり、彦根駅ですでに座れないときも多い。しかも京都駅まで座席はほとんど空かない。つまり、ずっと立つしかない状態である。

そこで2019年春から有料座席車両のAシート車の導入が開始される。料金は500円で、車内で車掌に現金かICOCAで支払う。

新快速の停車駅は彦根、能登川、近江八幡、野洲、守山、草津、南草津、石山、大津、山科と多い。前述したように、沿線人口が増えて各駅とも乗降客が増加している。どこを通過するか迷うところなので、停車駅が多いのである。

普通の朝の下りは、京都―大阪間で長岡京《ながおかきょう》、高槻、茨木《いばらき》、新大阪に停車する快速になる。それ以外は高槻駅まで各駅、高槻以南は茨木と新大阪に停車する。ただし草津線直通や京都止まりの普通もある。

草津線直通は113系か117系の4、6両編成、京都・高槻以遠から快速になる普通は225系と223系の他に、JRになってから当初に新快速用に造った221系も使用する。

221系も、扉寄りを除いて転換クロスシートになっている。扉間のクロスシートは6組あるので、中間車の定員は64人である。223系と225系よりも8人多い。ただし、補助椅子はない。8人ぶん座席が多いが、立席定員は14人ぶんほど少なくなっている。223系や225系よりも混雑時には立てば地獄、座れば天国の状態になる。

221系の反省から、8人分の座席を減らして立席定員を14人増やした。その代わりに閑散時用に補助椅子を16人増やしたのが221系であり、225系にも引き継がれている。

**野洲駅の改良が必要**

朝ラッシュ時上りは、近江八幡駅で新快速と緩急接続をする。新快速の運転間隔は9～16分で普通の1本は河瀬駅で新快速の通過待ちをする。草津駅から複々線になり、新快速は外側線を走る。普通と新快速は京都駅に同時か1、2分新快速が後に到着するので並走することもある。

新快速の多くは北陸線の長浜、近江塩津、敦賀から直通している。近江塩津発は、敦賀発の湖西線経由の新快速と接続している。

米原―長浜間は12両編成が停車できるが、以北は8両編成しか停まれない。そこで米原駅で8両を切り離して4両が北陸線に直通する。その中で1本は長浜発の8両編成が米原に到着して、その後に近江塩津発の4両編成が連結されて12両編成になる。

昼間時は、1時間に新快速の長浜発着と近江塩津発着と野洲発着があり、長浜と近江塩津発着は30分毎の運転になる。複々線区間では内側線を走る。

近江塩津発着の新快速は敦賀発着で湖西線経由の新快速と接続しているが、接続時間は下り敦賀行とは26分、上り敦賀発は25分と長い。

新快速は京都以西で15分毎に運転しており、1時間に3本が琵琶湖線経由、残りの1本は湖西線経由とな

野洲駅の1、2番線のあいだにホームを設置すれば、下りでも新快速と普通とでの緩急接続ができる

っている。その湖西線経由は、琵琶湖線経由よりも速いために、どうしても25、6分の接続時間になってしまう。これを30分ずらすと接続はできない。ただし、湖西線で新快速の停車駅を山科、大津京、堅田《かたた》、近江舞子《おうみまいこ》の4駅停車に減らすと接続時間は20分以下になる。

新快速の野洲発着は、上りは普通と緩急接続をするが、下りは普通が発車して10分後に新快速がやってくる。普通は、米原折り返しと野洲折り返しが1時間に各2本が運転される。前述のように上りの米原行は野洲駅で同駅止まりの新快速と緩急接続をする。

下り線は片面ホームに面した1線しかなく、同じホームで乗り換えができないからである。しかし、上下とも野洲折り返しの普通と米原以遠発着の新快速とは緩急接続をしている。野洲駅折返普通は、車庫へ引き上げて折り返すので、新快速が1番線で発車したあとに1番線に入線するので同じホームで乗り換えができる。

とはいえ、野洲駅の下り発着線が1線しかないのが琵琶湖線での大きなネックである。なんとか発着線を2線にすることである。

# JR湖西線

## 高規格路線なので160キロ運転を開始せよ

湖西《こせい》線は、山科《やましな》―近江塩津《おうみしおつ》間74・1キロの路線で、北陸線特急「サンダーバード」が時速130キロで走り抜ける高規格路線である。高規格路線とは、160キロ運転を目指すために造られた路線である。

在来線の高規格路線としては、北陸新幹線金沢開通前に、在来線特急「はくたか」が160キロで走っていた北越急行ほくほく線、京成電鉄の成田空港特急「スカイライナー」が160キロで走る成田スカイアクセスの印旛日本医大《いんばにほんいだい》―空港第2ビル間、そして130キロ運転をしているつくばエクスプレスの3路線しかない。

湖西線が開通したのは昭和49年（1974）である。当時、国鉄は東海道線の京都―新大阪間が、湖西線を走る北陸特急によってパンクするとみていた。そこで湖西線の山科から京都府南部を経て、新大阪に至る高規格路線を建設して東海道線から分離しようとした。

そのために新大阪駅の在来線の東側に、1面2線のホームと線路が増設できるようにしていた。さらに梅田貨物線の上下線を広げて、ここにもホームを設置できるようにもしていた。

これらのスペースは、おおさか東線の乗り入れと梅田貨物線の旅客化などに役立っている。

それはそれとして、山科―新大阪間に高規格線が開通していれば、北陸新幹線の新大阪―敦賀《つるが》間は湖西線とともに、これを新幹線路線として流用できた。すなわち標準軌化して、最高速度260キロとする。

ただし、湖西線の最小曲線半径1400mでは、カント量を200mmにした場合でも185キロに減速しなくてはならない。

近江高島《おうみたかしま》駅の近江塩津《おうみしおつ》寄りに1000m（制限速度は160キロ）、近江今津《おうみいまづ》駅の山科寄りに800m（制限速度は140キロ）のカーブがある。だから、ずっと260キロで走ることはできないが、それなりに時間短縮の効果は大きい。

## JR湖西線

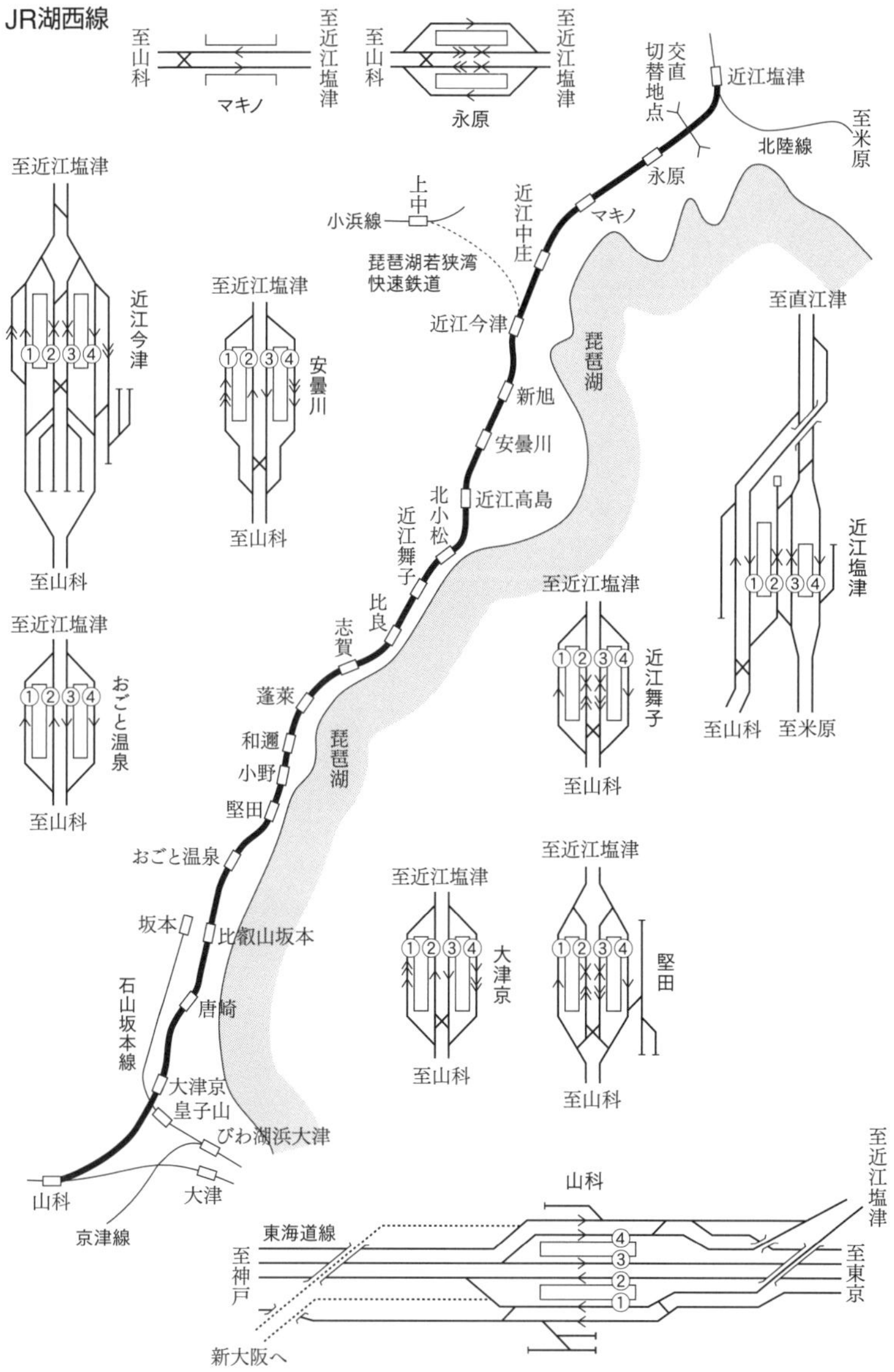
至山科
至近江塩津
マキノ
永原
交直切替地点
近江塩津
北陸線
至米原
小浜線
上中
琵琶湖若狭湾快速鉄道
近江中庄
近江今津
新旭
安曇川
近江高島
北小松
近江舞子
比良
志賀
蓬莱
和邇
小野
堅田
おごと温泉
坂本
比叡山坂本
石山坂本線
唐崎
大津京
皇子山
びわ湖浜大津
山科
大津
京津線
琵琶湖
今津
安曇川
おごと温泉
大津京
至直江津
東海道線
至神戸
新大阪へ
至東京

## 山科─新大阪間の高規格路線のルート

湖西線と東海道線と接続している山科駅の西側では、山科─新大阪間の高規格路線を建設するつもりだった。湖西線接続時に公表された配線図には、立体交差による分岐線が破線で描かれて「将来片町《かたまち》線へ接続」と記されている。また、昭和46年の都市交通審議会の大阪および京都地区の高速鉄道網整備計画（答申13号）では、検討路線として山科─京都府南部─大阪市北東部─新大阪間の高規格路線が取り上げられている。

高規格の新路線とするにしても、用地確保に難があるため、山科から分岐して稲荷山《いなりやま》をトンネルで南下、木幡《こはた》駅付近で奈良線と接続、城陽《じょうよう》駅付近で分かれて長尾《ながお》付近に達し、長尾駅から片町線に乗り入れて東寝屋川《ひがしねやがわ》駅付近で分岐し、一路新大阪駅までの新線を建設する構想だったとされる。

新大阪駅では、在来線の東側に島式ホームを増設できるようになっていて、そこに乗り入れるとされていた。このホームは現在の9、10番線に面した5号ホームである。

これができてこそ、北陸特急は東海道本線と完全に分離されることになるが、結局はできなかった。

そして、高規格路線では在来線普通も走ることになるが、これも標準軌車両にすればいい。新快速は走れないが、新大阪駅までは直通の普通や快速を走らせることができる。

## 新快速も130キロで走る

京阪神地区を結んでいる新快速が湖西線全線を走るだけでなく、近江今津駅を越えて敦賀駅まで行く。新快速も湖西線内では130キロで突っ走っている。

ほとんどの「サンダーバード」は湖西線内をノンストップで走り、湖西線はただの通過路線だが、京都─敦賀間の最速ノンストップ「サンダーバード」の表定速度は110・7キロ、堅田《かたた》駅と近江今津駅停車のサンダーバードの両駅間の表定速度は112・1キロにもなっている。

堅田駅を発車して130キロに達すると、近江今津駅停車のために減速するまで、速度制限なしでずっと130キロで走っているからである。

北小松—安曇川間を走る特急サンダーバード683系大阪行

湖西線沿線は、対岸の湖東地区よりも平野部が狭いので人口の集積は比較的少ないが、堅田以南は住宅やマンションが林立し、近年になって和邇《わに》駅周辺などが住宅開発され沿線人口が増えてきている。和邇駅から堅田駅まで普通、堅田駅から大阪駅まで新快速に乗れば、1時間ちょっとで行ける。まさに新快速効果である。

近江舞子駅あたりは琵琶湖畔の別荘地があり、志賀《しが》駅を最寄りとする「びわ湖バレイ」は古くからあるものの、「びわ湖テラス」ができて再び人気を博している。

それなのに、ただ通り抜けるだけの「サンダーバード」がほとんどであり、新快速は停車駅が多すぎて、しかも1時間に1本しか運転されていない。新快速の停車駅を大津京、堅田、近江舞子、近江今津と減らし、その代わりに、今の新快速の停車駅を引き継いだ快速を1時間に1本運転して速達列車の乗車チャンスを多くすればいい。

追い越しができる駅は大津京、おごと温泉、堅田、近江舞子、安曇川《あどがわ》、近江今津、永原《ながはら》、折り返しが可能な駅は大津京、堅田、近江舞子、安曇川、近江今津、永原と多い。いずれも島式ホーム2面4線でJR形配線はない。またマキノ駅にはシーサスポイントがあるが、非常用である。

「サンダーバード」は６８１系と６８３系を使用している。最高速度は１３０キロである。新快速用は２２５系と２２３系、普通用は２２３系か２２１系の4両編成と１１７系6両編成、１１３系4両編成が使用されている。

このうちの１１７系は、国鉄が京阪神地区新快速用として造った2扉転換クロスシート車である。

朝ラッシュ時上りは、敦賀発の新快速が1本走る。京都までの停車駅は近江舞子まで各駅、堅田、おごと温泉、比叡山坂本《ひえいざんさかもと》、大津京、山科である。堅田駅で普通を追い越して乗り換えができる緩急接続をしているが、普段は通過するおごと温泉に停車するので、追い越されて後追いをする普通は4分の間隔を開けて堅田駅を発車する。

新快速は1本だけだが、特急「サンダーバード」の2本は、近江今津駅と堅田駅に停車して快適通勤ができるようにしている。

B特急料金を適用しているものの、JR西日本のB特急料金は50キロまで６５０円、１００キロまで９７０円となっている。だが、割引の湖西線回数特急券が発売されている。

普通は最遠で永原駅発があり、あとは近江今津、近江舞子、堅田の各駅を始発にしている。堅田駅で特急と緩急接続をしている。堅田発の1本は大津京駅で特急を待避している。堅田―京都間での運転間隔は5～19分である。

新快速は、２２３系８+４両の12両編成、普通の堅田発7時27分と近江今津発7時42分、8時12分は１１７系6両編成、残りが１１３系と２２３系、２２１系の8両編成となっている。

昼間時は1時間に「サンダーバード」2本、新快速1本、普通は京都―近江今津間1本、京都―近江舞子間2本の運転である。新快速は下りが大津京駅、上りが堅田駅で普通と緩急接続をするとともに、近江舞子駅で同駅折り返しの普通と接続をしている。

新快速は、近江今津駅まで８+４両の12両編成で走

大津京駅に進入する新快速米原行。新快速の表示のところにあるAは敦賀―赤穂間と湖西線を走っていることを示す路線記号

り、近江今津駅で8両を切り離して4両が敦賀駅まで走る。増解結中に「サンダーバード」に追い抜かれる。普通は113系の4両編成か117系の6両編成が使用される。

## 新快速と快速の2本立て運転が必要

新快速の停車駅は多い。また、新快速は敦賀発着だが、近江塩津駅で琵琶湖線経由の新快速と接続している。しかし、接続時間は25、6分と長い。湖西線経由の新快速の停車駅を山科、大津京、堅田、近江舞子、近江今津にすれば5分以上短縮する。その分近江塩津駅での接続時間は短くなる。

また、1時間に1本しか新快速が走らないのでは乗車チャンスが少ない。新快速の停車駅を減らした分、快速を設定する。停車駅は山科、大津京、比叡山坂本、おごと温泉、堅田、和邇、近江舞子以遠各駅として、新快速とは30分前後の間隔にすれば便利になる。

夕ラッシュ時下りは新快速の運転はなく、通学ラッシュの京都発16時30分から、通勤帰宅ラッシュに移って18時半の2時間の間に近江今津行が4本、近江舞子

京都駅に停車中の117系普通

行が5本走る。多くが3扉8両編成で、117系6両編成は2本しかない。

夕ラッシュ時が終了するころ、京都発18時51分の新快速が走る。大阪始発の8両編成で、近江今津駅から先は4両編成になる。敦賀行はこれが最終である。近江今津行の最終は京都発0時5分である。

「サンダーバード」43号と45号は、堅田駅と近江今津駅、47号は堅田駅に停車して快適帰宅ができる。43号は堅田駅で近江舞子行、45号はおごと温泉駅で近江今津行、47号は堅田駅で近江舞子行を追い越す。

「サンダーバード」の最速は敦賀駅も通過する。京都―福井間をノンストップで走り、所要時間は1時間23分、表定速度は107・1㌔である。湖西線で160㌔運転をすれば7分短縮して1時間16分、表定速度116・9㌔にもなる。

681系は160㌔運転を目指していた。160㌔運転はほくほく線で実現していたが、湖西線ではついに実現しなかった。それでも681系あるいは683系を使って160㌔運転をしてほしいものである。

なお、683系はブレーキ力を小さくして営業運転速度を130㌔にしているが、160㌔対応に改造するのはさほど難しくはない。

今のところ、160㌔運転を可能にする高速進行現示ができる信号機の設置がないためにできない。JRは、北陸新幹線の新大阪延伸まで、130㌔のままで160㌔運転をする気はないようだが、在来線の高速化も必要なはずである。

## 京阪大津線

### 駅名をやたら長くすべきでない

京阪電鉄の軌道線として、御陵《みささぎ》―びわ湖《こ》浜《はま》大津《おおつ》間7・5キロの京津《けいしん》線と、石山寺《いしやまでら》―坂本比叡山口《さかもとひえいざんぐち》間の石山坂本線14・1キロ、それに京阪本線のうち東福寺《とうふくじ》―三条《さんじょう》間も軌道線になっている。

東福寺―三条間は、京阪本線の全線が軌道線だったころに地下化事業が決定した。このとき軌道として地上の道路と一体で整備したことで、今でも軌道線としているだけで実質は鉄道線である。

ともあれ、実質の軌道線の大半が大津市内にあるので、京津線と石山坂本線を合わせて大津線と呼ぶ。また、石山坂本線は石坂《いしざか》線と略称されることが多い。本書も以降は石坂線とする。

京津線は、御陵駅で京都地下鉄東西線と接続して、太秦天神川《うずまさてんじんがわ》駅まで片乗り入れをしている。びわ湖浜大津駅で石坂線と接続するが、直通運転はしない。

もともとの京津線は三条駅から出ていた。地下鉄東西線の開通で、ほとんどが路面区間だった三条―山科間を廃止して御陵―山科間に軌道線としての連絡線を設置した。

御陵駅は地下駅で、ここから上り勾配で地上へ出て京阪山科《けいはんやましな》駅に至る。この先、最大40‰の勾配で上り下りし、逢坂山《おうさかやま》越えをする山岳線である。そして大津の市街地に入り、上栄町《かみさかえまち》駅とびわ湖浜大津駅の間は路面区間になっている。

京津線は地下線、地上線、山岳線、路面線の四つの路線形態を走る珍しい路線であり、変幻自在な路線形態を走るのは、これぞＬＲＴの真骨頂である。

石坂線は、琵琶湖から流れる瀬田川沿いの石山寺駅が起点で、京阪石山駅と京阪《けいはん》膳《ぜ》所《ぜ》駅でＪＲ琵琶湖線と連絡する。以前は「京阪」を冠していなかったし、現在でも多くの乗客や京阪社員は単に石山、膳所と称している。

国土交通省鉄道局の指導によって、ＪＲとほぼ同じ位置にあっても軌道線だから同一駅とみなせないの

## 京阪石山坂本線・京津線

坂本比叡山口
松ノ馬場
穴太
滋賀里
南滋賀
近江神宮前
石山坂本線
比叡山坂本
湖西線
唐崎
西大津
京阪大津京
大津市役所前
三井寺
びわ湖浜大津
島ノ関
石場
京阪膳所
錦
膳所本町
中ノ庄
瓦ヶ浜
粟津
石山
京阪石山
唐橋前
石山寺
石山坂本線
大津
膳所
東海道線
上栄町
大谷
追分
四宮
京津線
山科
京阪山科
東西線
御陵
三条京阪
三条
東西線
京阪本線
至坂本比叡山口
びわ湖浜大津
至石山寺
路面区間
至御陵
至御陵
四宮
至びわ湖浜大津
至二条
御陵
東西線
京津線
坑口
東海道線
至六地蔵
山科
至びわ湖浜大津

で、京阪の文字を入れたのだろうが実情にそぐわない。ばかばかしい官製の呼称である。

また、びわ湖浜大津駅はもともと浜大津駅だったのだが、観光地をアピールするためにびわ湖浜大津駅に改称した。こちらは京阪が改称させたが、やはり多くの人は浜大津と読んでいる。石坂線の坂本比叡山口駅もそうだが、やたら駅名を長くしても定着しない。

皇子山《おうじやま》駅でも、湖西線の大津京駅と連絡しているので京阪大津京に改称した。

なお、大津京駅は少し前まで西大津駅だった。現在でも、大津京というのは歴史的にも現状にもそぐわない名称である。それを大津京としたのは国道交通省ではなく、改称したときに在任していた大津市長である。歴史的には大津宮とするべきものである。

ともあれ、石坂線は湖西線の山側を並行するが、この先では連絡していない。終点坂本比叡山口駅は、も

京津線電車は平坦線走行のほかに3種類の区間を走る。一つ目は上栄町付近の路面区間を走る

二つ目は四宮—追分の急勾配の山岳区間を走る。急カーブでは散水をしている

三つ目は東西線に乗り入れて地下線を走る

とは坂本という駅名で短かった。ＪＲの比叡山坂本駅よりも坂本ケーブルのふもと駅のケーブル坂本駅に近い。

車庫は、京津線が四宮《しのみや》駅に隣接して四宮車庫、石坂線が近江神宮前《おうみじんぐうまえ》駅に隣接する錦《にしき》車庫がある。

## 小ぶりな車両が走っている

地下鉄東西線の電車は6両編成だが、乗り入れる京津線電車の800系は浜大津付近の路面区間を走るために4両編成になっている。車体長さは16・5ｍ、車体幅は2380㎜、車体高は3475㎜と従来の大津線区を走っている電車とほぼ変わらない小形車両である。

京都市地下鉄の東西線電車もほぼ同等の大きさで、通常駆動のミニ地下鉄である。ミニ地下鉄は、小断面の地下線になるので建設費が安い。京津線はもともと路面線を走る小形電車なので、これが功を奏した。

観光電車でもあるために、先頭車の扉間には横1＆2列の固定クロスシートを設置している。運転席寄り扉間は運転席向き、連結寄り扉間は連結寄りに座席が向いている。

地下鉄東西線は、全閉形ホームドアが設置され、全自動運転ができるＡＴＯ（Automatic Train Operation＝自動列車運転装置）によって運行されているので、800系にもこれを装備している。ＡＴＯ装置のなかに、全自動停止のＴＡＳＣ《タスク》があるためにホームドアに対応できる。京津線内の信号保安はＡＴＳである。

石坂線には、700形と600形の2両編成が走っている。700形は平成5年に登場した。車体長15・0ｍ、車体幅2380㎜、車体高3950㎜と800系よりもやや小ぶりである。2扉ロングシートになっている。

600形は昭和60年に登場し、車体の大きさは700形と変わらない。

## 急行運転が必要

京津線は、天神太秦—浜大津間の運転で、閑散時の所要時間は33分である。また三条京阪—浜大津間は22分である。

朝ラッシュ時は9～15分間隔となり、約半数は京都

大津京付近を走る石山寺行

市役所前発着である。昼間時は18～21分毎で1時間に3本の運転である。夕ラッシュ時は15分毎の運転になる。

閑散時の約20分毎は長すぎる。京都市役所折り返しから太秦天神川駅までへ延長運転したために、車両が足らなくなったことと昼間時では東西線電車が7分30秒毎に運転され、その間を縫って走ることに起因している。京津線の運転間隔を15分毎にすればすっきりするが、車両数が足りないのである。車両を増備して増発をしてほしいところである。

その場合は、三条京阪—浜大津間で急行運転をすればいい。停車駅は御陵、山科、上栄町《かみさかえまち》とすれば5分は短縮できて、三条京阪—浜大津間は17分で結ばれる。運転間隔は30分か15分とし、普通は15分毎に市役所前—浜大津間の運転にすればいい。

そして、急行は観光用に斬新なデザインによる全車クロスシート車にする。あるいは、1両を京阪本線の特急に連結しているプレミアムカーを導入してもいい。

なお、京都地下鉄乗り入れ前には、三条—浜大津間

滋賀県湖南地区LRT線構想

に準急が走っていた。停車駅は御陵以東各駅で、所要時間は24分だった。また、昭和46年までは急行が運転されていた。停車駅は山科で、同駅で普通を追い越していた。所要時間は21分だった。

石坂線は石山寺―比叡山坂本間を閑散時で33分で結んでいる。運転間隔は朝ラッシュ時が6、7分、昼間時10分、16時台以降の夕ラッシュ時は7～8分の運転である。石坂線は軌道線に恥じない頻繁運転である。

大津線の営業系数は158・7円と赤字である。あまりにも京津線の運転本数が少なく、利用されないのが要因である。京都市交通局との兼ね合いもあるが、京津線のダイヤ改善によって黒字に戻す必要がある。

琵琶湖湖南地区は優良な住宅街が広がり、各種大学が移転し、北側は工業団地も広がっている。

そこで湖南地区LRT構想がある。京阪石山駅から分岐して南下、国分地区を経て、伽羅《きゃら》山《やま》の南を今度は東進して瀬田川を渡る。龍谷大学と滋賀医科大学、立命館大学を通って若草に至る。東北に進んで安養寺を経て栗東駅に至る路線、南草津から若草を経て青山七丁目に至る路線の2路線が考えられている。

もちろん石坂線と直通するが、さらに京津線と地下鉄東西線にも直通する。実現すればLRTの大路線になる。人口急増地帯の湖南地区の交通事情も、変貌を遂げることになる。

## 京都地下鉄東西線　嵐電嵐山までの直通を

　京都地下鉄東西《とうざい》線は、六地《ろくじ》蔵《ぞう》―太秦天神川《うずまさてんじんがわ》間17・5㌔の路線で、六地蔵駅でJR奈良線と連絡するが、京阪宇《う》治《じ》線の六地蔵駅とは離れている。

　山科駅でJR東海道線と湖西線と連絡している。東西線の山科駅は地下、JRの山科駅は盛土にあって、その間に京阪京津線の京阪山科駅がある。京津線の駅だけ「京阪」を冠して同一駅になってはいない。京津線は軌道線で停留場、他は鉄道だから停車場ということで区別している。分類上はそうだが、利用する人にとっては関係がない。京阪山科駅だけ別のところにあるような印象を受ける。同じ駅名にすべきである。

　ただし運賃計算上、地下鉄山科駅と区別する必要があることは確かなので、本来なら後からできた地下鉄の駅こそ「京都地下鉄山科」駅とすべきだった。

　次の御陵《みささぎ》駅で京阪京津線と接続して、京津線電車が太秦天神川駅まで直通をする。このため上下2段式の島式ホーム2面4線になっている。

　三条京阪では、京阪本線と鴨東《おうとう》線と連絡している。京阪の駅名は三条である。東西線の駅名もすなおに三条とすべきだが、市バスなどが京阪三条駅のバス停を三条京阪にしているので、これに倣っている。

　烏丸《からすま》御《お》池《いけ》駅で地下鉄烏丸線、二条《にじょう》駅でJR山陰線、太秦天神川駅で京福嵐山線と連絡している。京福嵐山線も軌道なので、駅名は嵐電天神川となっている。地下の太秦天神川駅から地上に上がると路面区間に嵐電天神川駅がある。

　京都市役所前駅の太秦天神川寄りに、Y形引上線があって一部の京津線電車が折り返す。蹴《け》上《あげ》駅の六地蔵寄りに非常渡り線、烏丸御池駅の六地蔵寄りにシーサスポイントがある。

　車庫は醍醐《だいご》駅近くにあり、醍醐駅の太秦天神川寄りにシーサスポイントがあるが、小野《おの》駅との間に中線の折返線があって、醍醐寄りに入出庫線がつながっている。車庫は上下2段式で地下2階が検車区、地下3階

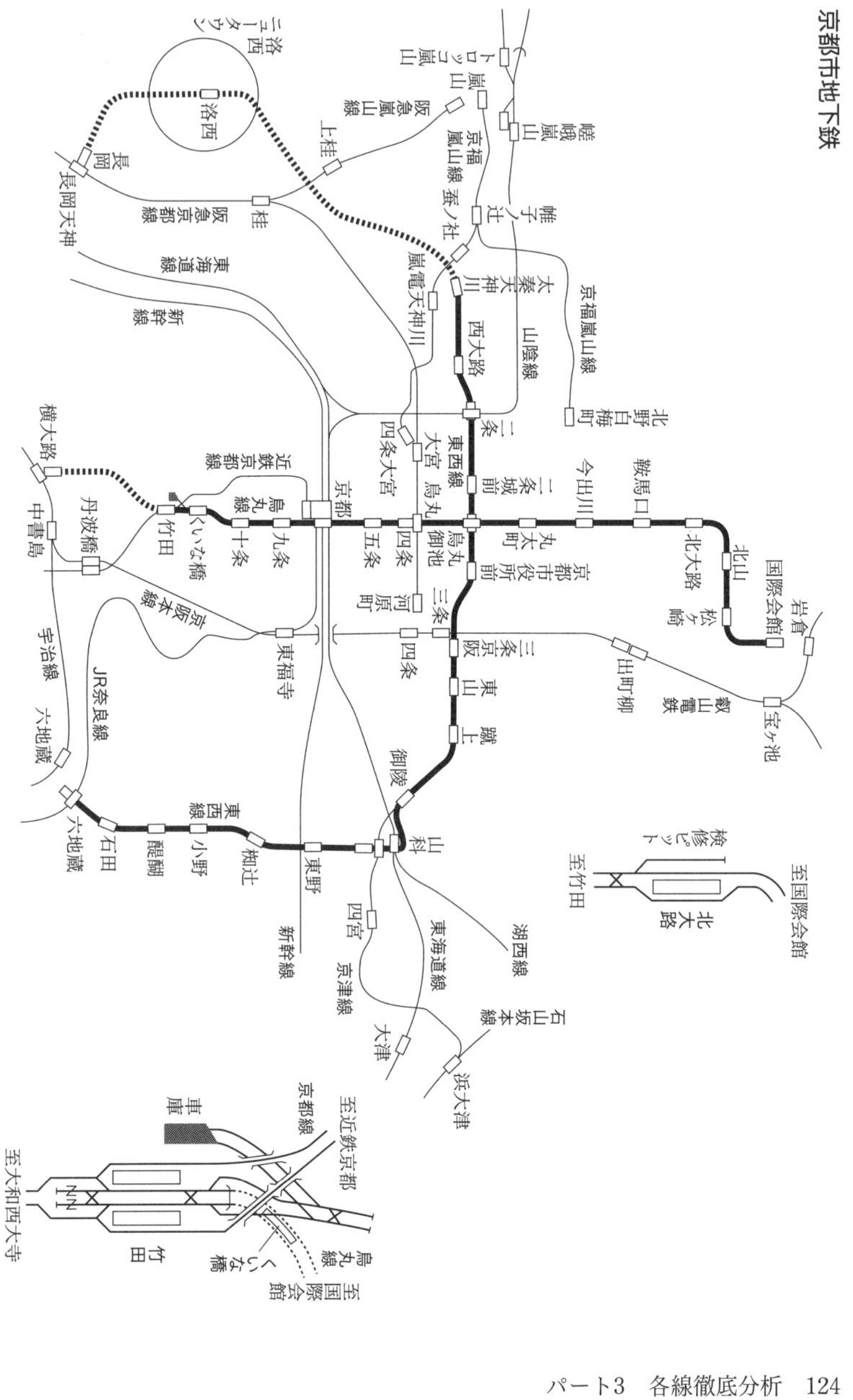
京都市地下鉄
ニュータウン洛西
洛西
長岡
長岡天神
阪急京都線
桂
上桂
阪急嵐山線
トロッコ嵐山
嵐山
嵯峨嵐山
京福嵐山線
帷子ノ辻
蚕ノ社
嵐電天神川
太秦天神川
西大路
山陰線
京福嵐山線
北野白梅町
東海道線
新幹線
二条
四条大宮
大宮
東西線
二条城前
今出川
鞍馬口
北大路
北山
松ヶ崎
国際会館
岩倉
宝ヶ池
叡山電鉄
出町柳
三条京阪
東山
蹴上
御陵
山科
丸太町
京都市役所前
烏丸御池
烏丸
四条
五条
京都
九条
十条
くいな橋
竹田
烏丸線
近鉄京都線
横大路
中書島
丹波橋
京阪本線
東福寺
四条
河原町
三条
宇治線
六地蔵
JR奈良線
六地蔵
石田
醍醐
小野
東西線
椥辻
東野
新幹線
四宮
京津線
東海道線
湖西線
石山坂本線
大津
浜大津
検修ピット
至国際会館
北大路
至竹田
車庫
京都線
至近鉄京都
烏丸線
くいな橋
至国際会館
竹田
至大和西大寺

が留置線になっている。

最混雑区間は山科―御陵間で、混雑率は126％である。

車両は50系がある。車体長は16・5m、車体幅は2420mm、車体高は3476mm、加速度3・3、減速度3・5と直通してくる京津線電車と同じである。違うのは京津線電車が4両編成なのに対して東西線電車は6両編成であることと、全車ロングシートであることである。

トンネル断面積が小さく、リニア駆動ではない通常駆動のミニ地下鉄である。

六地蔵―太秦天神川間の所要時間は33分、朝ラッシュ時は5分毎が基本だが、京津線直通電車の挟む東西線電車の間隔は6、7分になる。また、4分間隔になるときもある。

昼間時は7分30秒毎の運転で、その間に京津線電車が約20分毎に走る。夕ラッシュ時も7分30秒毎である。

### 太秦天神川駅からの延伸

太秦天神川駅から阪急上桂《かみかつら》駅を経て、洛西《らくさい》ニュータウンを通って阪急長岡天神《ながおかてんじん》駅までの延伸が、近畿地方交通審議会で答申されている。しかし、この答申を実現するのはなかなか大変である。

それよりも、京福嵐山線の蚕《かいこ》ノ社《やしろ》駅で地上に出て、嵐山線と接続して嵐山駅まで直通運転すればいい。蚕ノ社駅―嵐山間には路面区間があるが、京津線電車なら直通運転ができる。蚕ノ社駅に接続するスペースがあまりないとすれば、太秦天神川駅から単線の地下連絡線で進み、帷子《かたびら》ノ辻《つじ》駅手前で地上に出ればいい。

これが実現すれば、嵐電嵐山駅から浜大津駅まで直通電車が走る。京阪京津線で述べたように観光用の行楽電車を造るなら、これを嵐山駅まで延長運転をする。しかも、嵐電線内でも停車駅を帷子ノ辻だけとした急行運転をすれば、4両編成に対応するホーム延伸は同駅と嵐山駅、蚕ノ社駅だけですむ。

京都の観光の足を便利にするためと、道路の混雑解消のためにも、ぜひ実現してほしいものである。

## 京都地下鉄烏丸線

### 延伸計画はほぼ中止

京都地下鉄烏丸《からすま》線は、国際会館《こくさいかいかん》―竹田《たけだ》間13・7キロの路線である。竹田駅で近鉄京都線と接続し、相互直通運転をしている。竹田駅は島式ホーム2面4線、内側が烏丸線の発着線で、終端寄りに2線の引上線がある。

また、烏丸線の車庫である竹田車両基地が隣接しており、車庫の引上線からの入出庫線が、国際会館寄りで烏丸線とつながっている。

京都駅でJR各線と近鉄京都線、四条《しじょう》駅で阪急京都線、烏丸御池《からすまおいけ》駅で東西線と連絡する。阪急京都線とは改札外連絡になっているのは当然だが、東西線と連絡する烏丸御池駅では、相対式ホームの烏丸線の上下線各ホームの階段を降りると東西線の島式ホームに行ける。

シーサスポイントが、京都駅の国際会館寄りと北大《きたおお》路《じ》駅の竹田寄りにある。北大路駅には、北大路―京都間が開業したときに設置した検車用の側線がある。また、烏丸御池駅には非常用の渡り線がある。

烏丸線で使用する車両は10系で、車体長20・5mの4扉ロングシート車で6両編成になっている。相互直通する近鉄は３２００系と３２２０系を使う。車体幅は10系が２７８０mm、近鉄３２２０系は２８００mmと微妙に異なっている。

最混雑区間は京都―五条間で、混雑率は１１７%である。

閑散時の国際会館―竹田間の所要時間は、26分である。朝ラッシュ時は3、4分毎の運転で、うち30分前後の間隔で近鉄京都線新田辺《しんたなべ》駅から直通運転をしている。

昼間時は7分30秒毎になり、うち1時間に2本が近鉄京都線と相互直通している。2本のうち1本が、国際会館―近鉄奈良間で近鉄線内は急行になる。もう1本は、国際会館―新田辺間の普通である。

夕ラッシュ時は5分毎の運転で、そのうちの3本に

国際会館に停車中の烏丸線電車

1本、15分毎に近鉄新田辺駅まで直通する。

朝ラッシュ時に近鉄との直通運転が少ないのは、近鉄京都線沿線から京都駅まで行く人が多く、その輸送のために直通運転を減らししいているのである。竹田駅では方向別ホームになっているので、乗り換えは苦にならない。さらに、烏丸線の電車は始発駅のために座れるというメリットもある。

竹田駅から油小路《あぶらこうじ》通りを南下して、三栖《みす》への延伸計画が古くからある。近畿地方交通審議会では、三栖駅ではなく横大路駅として答申されている。竹田駅の南にある引上線の向こうに南進できるように用地が確保されている。三栖駅は京阪本線の淀《よど》—中書島《ちゅうしょじま》間にあり、京阪も新駅を設置して連絡できるようにする。

しかし、京都市交通局に建設資金の余裕はなく、京阪も南進されればさらに乗客が減るとして積極的でない。今後も開通することはないだろう。

北側の国際会館から叡山《えいざん》電鉄の岩倉《いわくら》駅までの延伸構想もあるが、こちらも叡山電鉄が乗客減になるとして積極的でなく、話は進まない。

# JR山陰線

## 京都—園部間は頻繁に列車が来る

山陰本線は、京都—幡生《はたぶ》間673・8キロの路線だが、京都寄りではほとんどの普通は、京都—園部《そのべ》間の運転になっている。その先の福知山《ふくちやま》駅あたりが、京都都市圏の最遠だろう。

天橋立《あまのはしだて》や城崎《きのさき》温泉への観光輸送をしているが、新大阪発着の福知山線ルートもあり、京都発と新大阪発の2ルートがある。

山陰線経由は、城崎温泉方面行きの「きのさき」と、天橋立方面行きの「はしだて」があり、福知山線経由は城崎温泉方面のみの「こうのとり」が走る。

「はしだて」が福知山駅に停車すると、「こうのとり」も同時に停車し、互いに乗り換えができる。「きのさき」がやってくると、「こうのとり」は福知山折り返しになる。ただし、すべてが接続しているわけではなく、京都丹後鉄道の特急「たんごリレー」号と接続しているJR特急もある。乗り換えが生じても、京都丹後鉄道に乗り入れる「はしだて」を除き特急料金は通しで計算される。

綾部《あやべ》駅では舞鶴《まいづる》線が接続している。快速と特急が運転されている。特急は、「きのさき」に併結して綾部駅で分割併合する「まいづる」がある。このほかに京都—天橋立間を走る「はしだて」が、やはり「まいづる」と併結運転をする。

京都—園部間は複線となっているが、京都駅から右カーブをして東海道線と分かれる区間は、京都駅の構内ということで単線になっている。平成31年3月に京都—丹波口間に梅小路京都西駅が開設される。

園部あたりから京都までは通勤路線である。京都—嵯峨嵐山《さがあらしやま》間は、京都市内の足として利用さている。

園部—綾部間は単線で特急が走り、普通の運転本数は最低でも1時間毎である。ダイヤが乱れたときを考慮して、鍼灸大学前《しんきゅうだいがくまえ》駅以外はすべて行き違い駅にしている。

鍼灸大学前駅は、平成8年（1996）3月の園部

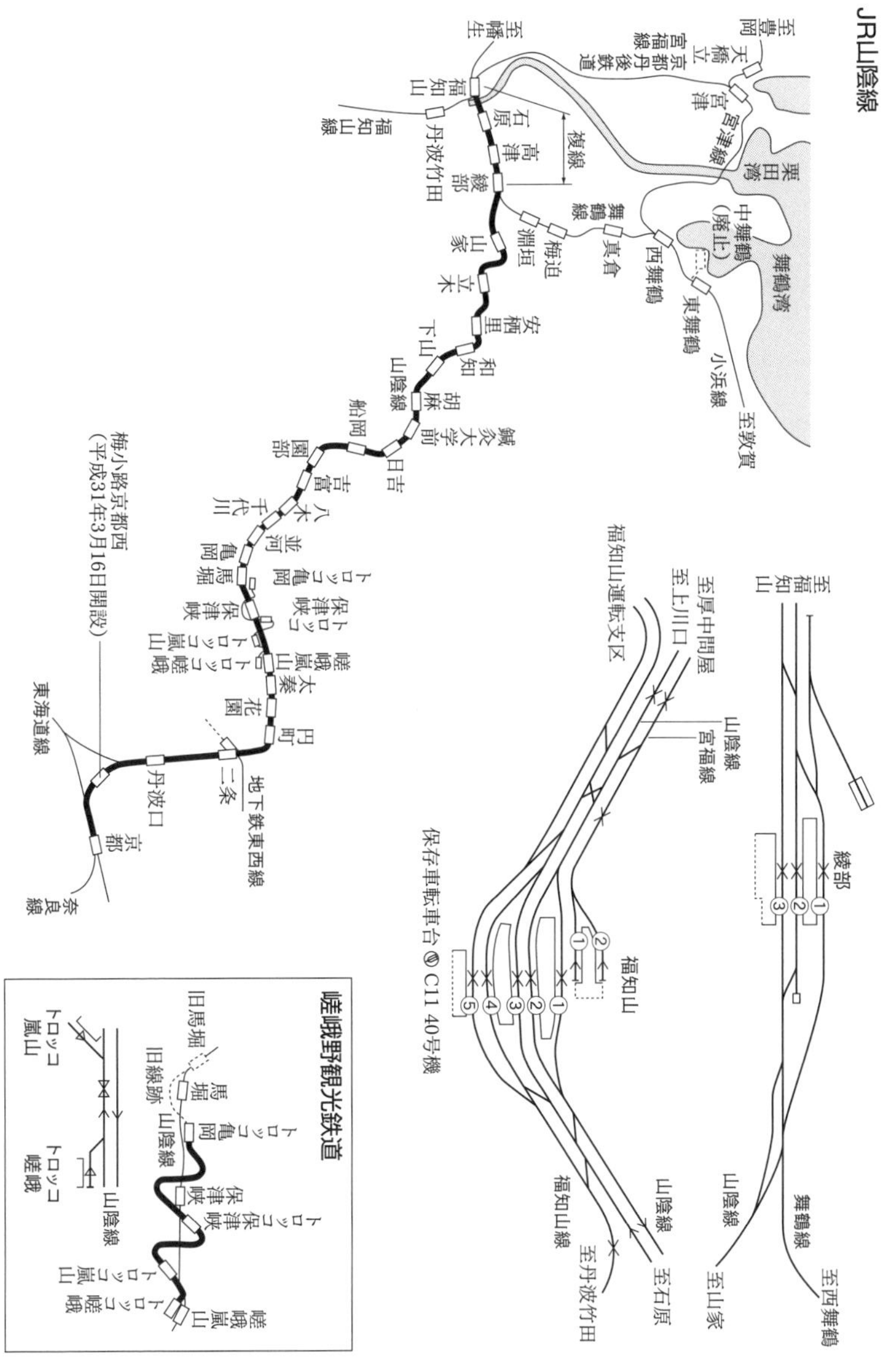
JR山陰線
至豊岡
天橋立
宮津
京都丹後鉄道宮福線
宮津線
栗田湾
舞鶴湾
中舞鶴（廃止）
西舞鶴
東舞鶴
小浜線
至敦賀
舞鶴線
真倉
梅迫
淵垣
綾部
高津
石原
複線
福知山
至幡生
福知山線
丹波竹田
山家
立木
安栖里
下山
和知
山陰線
胡麻
鍼灸大学前
日吉
船岡
園部
吉富
八木
千代川
並河
亀岡
馬堀
トロッコ亀岡
トロッコ保津峡
保津峡
トロッコ嵐山
嵯峨嵐山
トロッコ嵯峨
太秦
花園
円町
二条
地下鉄東西線
丹波口
京都
梅小路京都西（平成31年3月16日開設）
東海道線
奈良線
至福知山
綾部
舞鶴線
山陰線
至西舞鶴
至山家
至厚中間屋
至上川口
福知山運転支区
山陰線
宮福線
福知山
保存車転車台 C11 40号機
山陰線
福知山線
至石原
至丹波竹田
嵯峨野観光鉄道
旧馬堀
旧線跡
馬堀
トロッコ亀岡
山陰線
保津峡
トロッコ保津峡
トロッコ嵐山
嵯峨嵐山
トロッコ嵐山
トロッコ嵯峨
山陰線

—綾部間が電化されたときに、明治国際医療大学の最寄駅として開設された。同駅が開設されたときは、まだ鍼灸大学だったので、この駅名がついた。その後、明治国際医療大学に改称したが、駅名は元のままになっている。京都方面からの通学生が同駅を利用する。

二条駅で地下鉄東西線と連絡する。嵯峨嵐山駅で嵯峨野観光鉄道のトロッコ嵯峨駅からの線路が山陰本線の下り線に接続し、山陰本線の小倉山トンネルに入る手前で分岐してトロッコ嵐山駅に滑り込む。共用区間は嵯峨嵐山駅構内であり、トロッコ嵯峨駅も含まれる。構内だから逆行運転は許される。

嵯峨野観光鉄道は、JR西日本の100%子会社で、山陰本線が別線線増造で複線化され、廃止になった単線の旧線を使ってトロッコ風列車を走らせている。

綾部駅で舞鶴線、福知山駅で福知山線と京都丹後鉄道と接続している。

追い越しが可能な駅は、島式ホーム2面4線になっている嵯峨嵐山駅と亀岡駅、園部駅、それにJR形配線になっている胡麻《ごま》駅と和知《わち》駅、綾部駅と単線区間で1線スルーになっている駅でも可能である。

京都方面と福知山方面の両列車が園部駅で折り返すときに、接続をとるために島式ホームに停車している。同じホームで接続するので、接続時間はわずか2分である。

快速が京都—園部間で頻繁運転されている。停車駅は二条、円町《えんまち》、嵯峨嵐山、亀岡以遠各駅で、朝ラッシュ時上りは12〜21分間隔で5本、下りは24分間隔で2本が運転されている。上りの2本は福知山始発、1本は胡麻始発、下りの2本は胡麻行である。福知山発は長距離通勤用、胡麻着は明治国際医療大学の学生を主にした京都方面からの通学用である。

朝ラッシュ時の上り普通は12〜23分間隔だが、亀岡→京都間の区間運転が加わり、同区間では約12分毎の運転になる。

特急の基本の停車駅は、二条、亀岡、園部、綾部だが、朝の上り2本と夕方の下り1本は日吉《ひよし》駅に停車して長距離通勤に役立てている。

昼間時は、京都—福知山以遠間の特急と京都—園部間に快速、それに普通の京都—園部間と京都—亀岡間、京都―嵯峨嵐山間、園部―福知山間が1時間に1本の運転が基本である。普通は特急と快速に追い抜かれない。

夕ラッシュ時は、1時間に特急は1本のままだが、快速、それに京都―園部間と京都―亀岡間の普通が各2本が運転される。亀岡折り返しの普通は嵯峨嵐山駅で快速と、園部折り返しの普通の1本は亀岡駅で特急と緩急接続をする。

京都発で17時28分からの2時間のあいだに、快速のうち2本に1本は福知山駅まで延長運転をする。延長運転しない快速は、園部始発の普通と接続する。接続普通は福知山行が2本、胡麻行が1本である。

園部―福知山間運転の快速もある。朝の福知山4時48分発の1番が快速である。停車駅というよりも通過駅は山家《やまが》、立木《たちき》、安栖里《あせり》の3駅だけである。福知山発9時55分も快速である。通過駅は山家と安栖里の2駅にすぎない。夜間に上り1本、下り2本の快速があり、前述の3駅を通過する。

使用車両は特急が福知山電車区所属の２８７系電車と２８９系電車、それに京都丹後鉄道のＫＴＲ８００0形気動車を使う。

２８７系は「きのさき」「はしだて」「まいづる」のほかに、福知山線の特急「こうのとり」にも使用される。3両編成と4両編成があり、「きのさき」は3両編成か4両編成あるいは３＋４両の7両編成、「はしだて」は4両編成の単独か「きのさき」の3両編成を併結して7両編成、「まいづる」は3両編成となっている。

4両編成の福知山・天橋立寄り先頭車の半室がグリーン車になっている。

北陸特急「サンダーバード」用６８３系に準じた外観と車内設備となっているが、直流専用であり、福知山線事故の経験から、1両に2個ある台車のうち1個にモーターを2基装備する０・５Ｍ方式を採用して、全車両の重心を下げている。

２８９系は「サンダーバード」用６８３系２０００番台を改造したもので、２Ｍ２Ｔの4両編成と２Ｍ１Ｔの3両編成がある。4両編成には半室または全室がグリーン車になっている。

京都丹後鉄道のＫＴＲ８０００系は、非電化の宮津《みやづ》

―豊岡《とよおか》間を走る「はしだて」に使用される。平成23年（2011）に「タンゴディスカバリー」として登場したもので、京都丹後鉄道線内の特急「タンゴリレー」にも使われている。

2両固定編成を2本つないだ4両編成が京都―綾部間を走り、綾部駅で分割して豊岡行と東舞鶴行になる。宮豊《みやとよ》線（宮津―豊岡間）の久美《くみ》浜《はま》―豊岡間は快速になる。

普通用は、元新快速用の221系4両編成と223系の2、4両編成が走る。223系2両編成はワンマン運転装置を装備している。ワンマン運転は園部―福知山間の2両編成で行っている。

京都―園部間は4、6、8両編成、園部―福知山間は2、4両編成が走る。園部を通り過ぎる電車は、2両、または京都―園部間で4両編成を分割して2両編成になるほか、6両を2両、8両を4両にする列車もある。

### 転換クロスシートを知らない乗客が多い

221系と223系は転換クロスシートである。山陰線の京都―嵯峨嵐山間は観光客が多数利用する。しかし、転換クロスシートというものを知らない海外からの観光客だけではなく、転換クロスシート車がないJR東日本エリアからの観光客は、京都駅で電車が折り返すときに座席を進行方向に転換しない。

いつも利用している人は、トントンと背もたれを転換していくが、京都駅の山陰線のホームが観光客で溢れそうになっているときは、あっという間に座席が埋まってしまって転換がままならないことがある。

夕方になると、座席の向きがまったくばらばらになっている。とくに海外の多くの国では、特急であっても固定座席がほとんどなので、座席の向きを変えることすらわかっていない。

いったん降車後、ドア閉めをして職員が転換していくか、ホームに待っている人々に対して、座席の向きを進行方向に変えてくださいと案内放送をすべきである。

なお、新快速電車は、多くの始発駅が比較的混んでいないことと乗り慣れた人たちが多いためか、ほぼ、座席の向きは進行方向になっている。

# 近鉄けいはんな線

## 急行運転は実現するか?

近鉄けいはんな線は、長田《ながた》—学研《がっけん》奈良《なら》登美《とみ》ヶ丘《おか》間18・8キロの標準軌第3軌条集電方式の路線である。

最近は、路線名を平仮名にしたがるところが多い。おおさか東線もそうである。外国人でもわかるようにしているためだというが、平仮名では固有の地名がわかりにくい。やはり京阪奈線としたほうが、どこを走っているのかわかりやすいし、風格がある。海外の人や関西以外の人に対しては、振りがなを振ればいいだけである。

大阪メトロ中央線と相互直通をするために、標準軌第3軌条集電式にしている。長田駅で中央線と接続している。新石切《しんいしきり》駅は島式ホーム2面3線で、中央の2番線は両側でホームに囲まれている。ただし、上りホーム側は柵があるので、乗降できるのは下りホーム側だけである。

新石切駅を出ると生駒《いこま》トンネルに入る。生駒寄りトンネル坑口から120m長田寄りまでは、近鉄が大阪電気軌道だったときに掘削した生駒トンネルを流用している。そして新しく掘削した部分も含めて、現在でも生駒トンネルの名称になっている。

奈良線は、車両を大形化したときに、断面積が大きい新生駒トンネルを掘削して、南側にルートを変更している。生駒トンネルは断面が小さいが、車両は第3軌条方式なので車高が低いから拡幅だけを行った。

生駒駅では奈良線と連絡する。しかし、乗換通路に改札口があって切符や定期券をチェックされる。大阪メトロ各駅とはけいはんな線経由の切符と、奈良線を経由する連絡切符とでは運賃が異なるからである。

生駒駅の永田寄りにはシーサスポイントがある。けいはんな線は当初、長田—生駒間が開通したため、その折返用として置かれたものである。

東生駒駅手前まで奈良線と並行、ここに東生駒信号場を設置し、けいはんな線の東生駒車庫の入出庫線が分岐する。車庫内から奈良線東生駒駅への連絡線がつ

## 近鉄けいはんな線

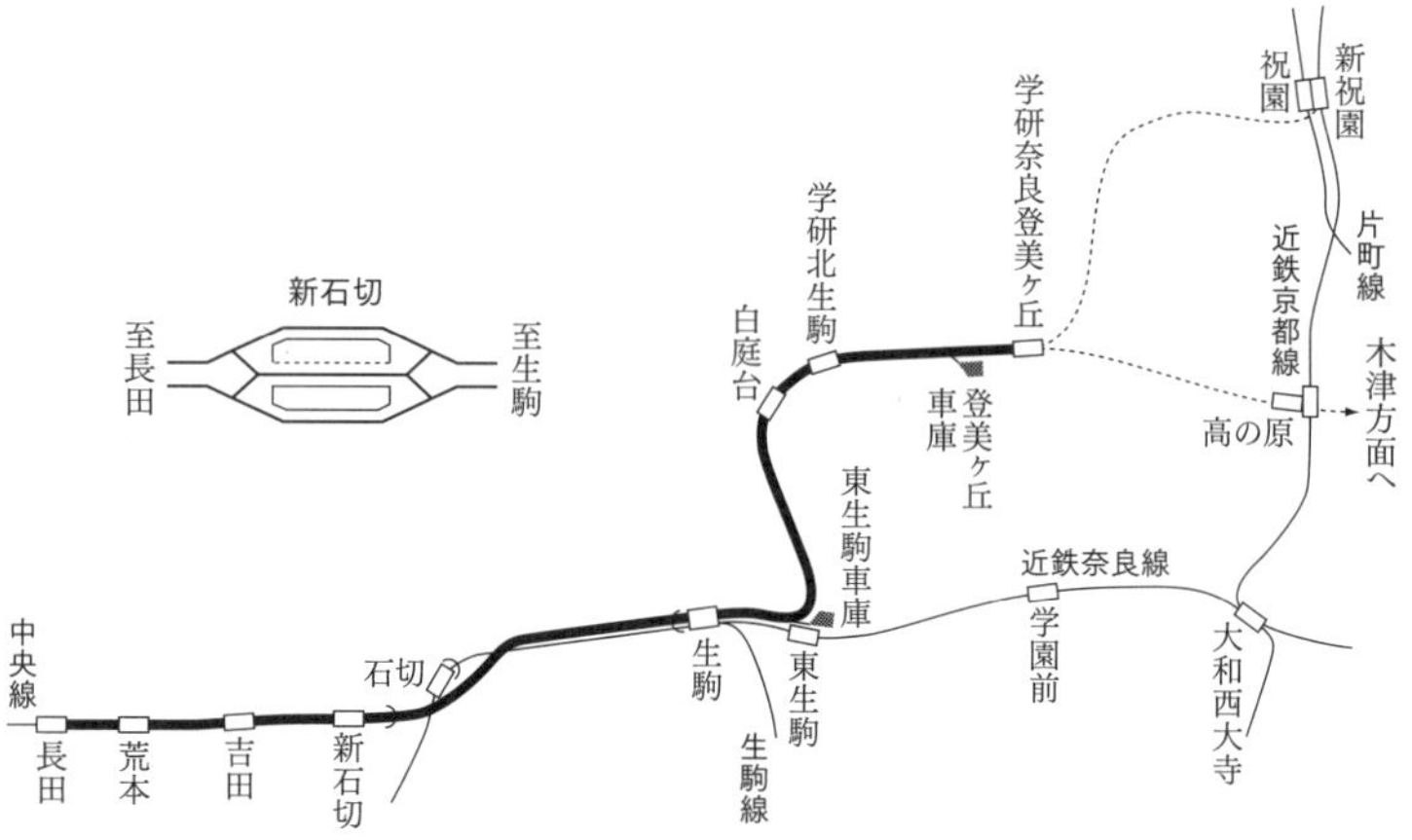


ながっている。けいはんな線の車両を五位堂《ごいどう》工場で検修するときに、この連絡線を通って回送される。自走できないので、1両ずつ電動貨車2両の間に挟まれて走る。

生駒―学研奈良登美ヶ丘間は、奈良生駒高速鉄道が第3種鉄道事業者で、近鉄は第2種鉄道事業者になっている。

近鉄奈良線と分かれて長い東生駒トンネルに入る。そして、京阪奈学研都市に入る。白庭台《しらにわだい》駅と学研北生《がっけんきたい》駒《こま》駅間のトンネルの上にも、住宅団地が立ち並ぶ。登美ヶ丘信号場で登美ヶ丘車庫への入出庫線が分かれ、その先に終点の学研奈良登美ヶ丘駅がある。隣接してイオンモールがある。同駅から京都線の高《たか》の原《はら》駅までの延伸予定があり、さらに新祝園《しんほうその》方面への延伸も考えられている。

車両は7000系と7020系がある。7020系は奈良学研登美ヶ丘延伸時に造られた車両で、7000系と車体寸法は同じである。全長は先頭車が18・9m、中間車が18・7m、車幅は2880㎜で4扉ロングシート車である。座席の1人当たりのかけ幅は70

00系の440mmから460mmに広げられている。7000系は、開業時から登場した車両である。これに大阪メトロの20系が乗り入れてくる。

閑散時の学研奈良登美ヶ丘—長田間の所要時間は23分、表定速度は49・0キロで各駅停車電車としては速い。

朝ラッシュ時下りは3分30秒毎で、すべて中央線のコスモスクエアまで直通する。昼間時は15分サイクルで、コスモスクエア—学研奈良登美ヶ丘間とコスモスクエア—生駒間に各1本が走る。コスモスクエア—生駒間の運転間隔は7分30秒である。

学研奈良登美ヶ丘駅に進入するけいはんな線電車

夕ラッシュ時のコスモスクエア発17時47分までは、10分サイクルにコスモスクエア—学研奈良登美ヶ丘間とコスモスクエア—生駒間が各1本となり、コスモスクエア—生駒間は5分毎の運転である。以降は生駒折り返しが少しあるが、コスモスクエア発18時12分からは、5、10分毎の運転になる。

最混雑区間は、荒本《あらもと》→長田間で、混雑率は85%と100%を割っている。この間、平均定員131人の6両編成が16本運転され、輸送力は1万2576人、平均定員は131人、輸送人員は1690人である。最混雑時間帯は7時26分から1時間である。

開業時から急行運転が考えられている。生駒駅を出ると、長田、森ノ宮以遠各駅として新石切で普通を追い抜いて7分ほど所要時間を短縮する。最高速度を110キロにすれば10分は短縮する。だが、いまだに実現していない。

現在では高井田《たかいだ》駅でおおさか東線、緑橋《みどりばし》駅で今里筋《いまざとすじ》線と連絡するようになり、荒本駅では大阪モノレールの延伸線と連絡する。これらを通過していいものかという意見もある。結局実現しないということになるかもしれない。

## 近鉄大阪線

### 長距離特急が走る大阪線

近鉄大阪線は、大阪上本町《おおさかうえほんまち》―伊勢《いせ》中川《なかがわ》間108・9㌔の標準軌長大路線である。大阪上本町―布施《ふせ》間は同社奈良線と並行しているが、正式には同区間は大阪線の複々線区間としている。

大阪上本町駅で難波線と奈良線に接続し、鶴橋《つるはし》駅では奈良線と方向別複々線になる。伊勢中川駅寄りで、下りは難波・奈良線から大阪線へ、上りは大阪線から難波・奈良線への転線用渡り線がある。

以前は上本町だったが、大阪上本町に改称した。改称前の車内アナウンスは「大阪、大阪上本町終点です」としていたので違和感はないが、やはり多くの人は大阪を省略して単に上本町と読んでいる。

大阪線の上本町駅は地上にあり、櫛形ホーム7面6線の大規模な駅である。北側の地下に、難波線と奈良線の相対式ホームの1、2番線がある。大阪線は3番線から始まり8番線までである。両側にホームがあって乗車用と降車用に分かれている。8番線は特急が発着するが、降車ホーム側には9番ホームが付けられ、特急用乗車ホームにもなる。伊勢中川寄りに引上線があって特急が留置清掃される。

布施駅は、奈良線が下段の上下2段式になっており、大阪線と奈良線の両方とも、外側に優等列車の通過線がある。俊徳道《しゅんとくみち》駅ではJRおおさか東線と連絡する。おおさか東線の駅は、JR俊徳道とJRが冠されている。

逆に、JR関西線に八尾駅があるため、近鉄大阪線は近鉄八尾駅と「近鉄」を冠している。関西線のほうが先にできたので、近鉄八尾とせざるをえなかった。

河内《かわち》山本《やまもと》駅では、信貴《しぎ》線と接続するが、直通電車はない。

奈良県大和高田《やまとたかだ》市には、大阪線の大和高田駅、南大阪線に高田市駅、JR桜井線と和歌山線が接続する高田駅もある。特急の一部と快速急行や急行が停車する大阪線が便利だが、天王寺方面に行くのは南大阪線の

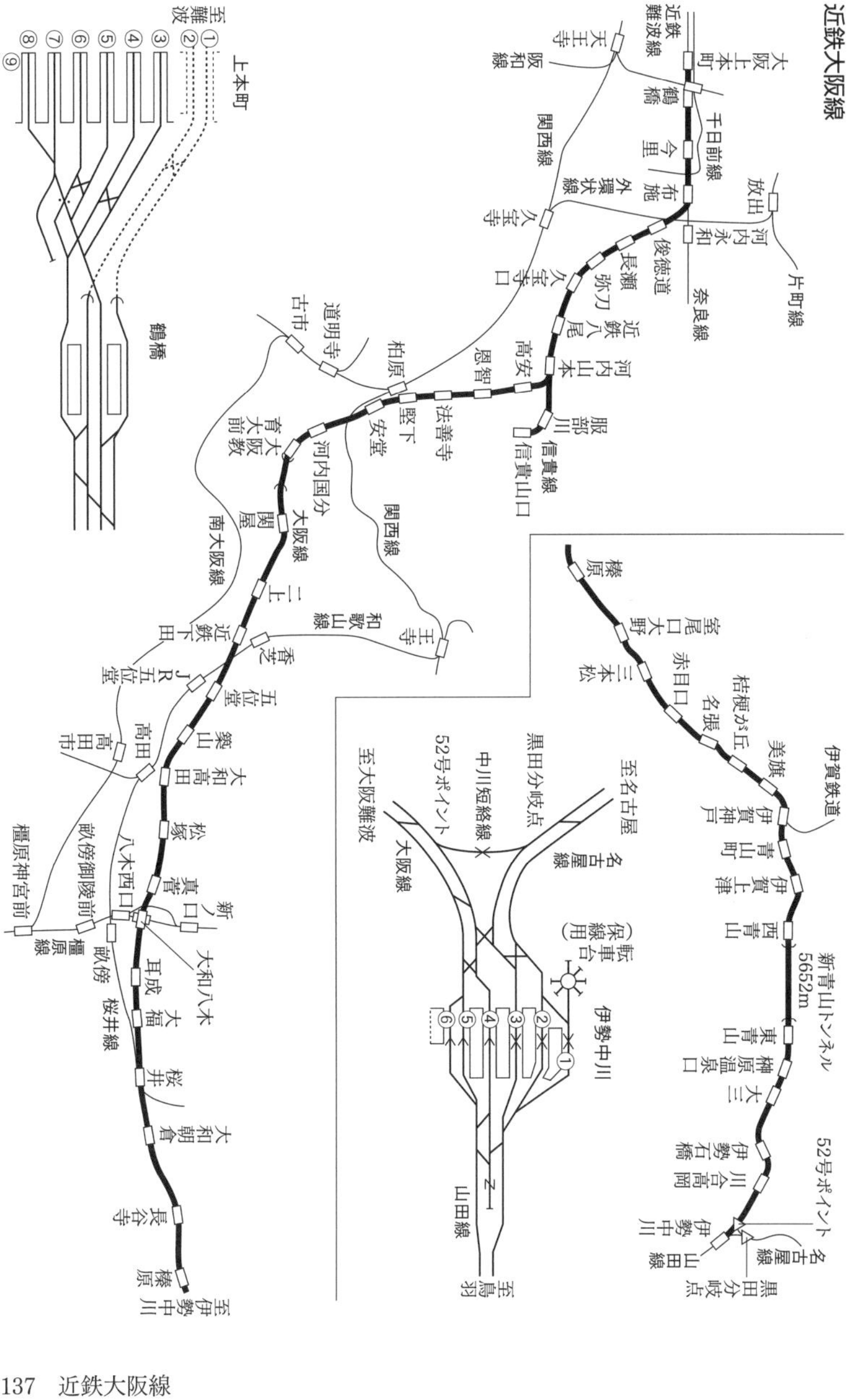
近鉄大阪線
大阪上本町
鶴橋
今里
布施
俊徳道
長瀬
弥刀
近鉄八尾
河内山本
高安
恩智
法善寺
堅下
安堂
河内国分
大阪教育大前
関屋
二上
近鉄下田
五位堂
築山
大和高田
松塚
真菅
大和八木
耳成
大福
桜井
大和朝倉
長谷寺
榛原
至伊勢中川
服部川
信貴山口
信貴線
上本町
鶴橋
伊勢中川
室生口大野
三本松
赤目口
名張
桔梗が丘
美旗
伊賀神戸
青山町
伊賀上津
西青山
新青山トンネル
5652m
東青山
榊原温泉口
大三
伊勢石橋
川合高岡
伊勢中川
52号ポイント
山田線
名古屋線
黒田分岐点
中川短絡線
大阪線
至名古屋
至大阪難波
至鳥羽

今里—布施間を走る右からアーバンライナー、阪神車による快急三宮行、急行青山町行、急行奈良行

高田市駅である。特急を含めて、すべての列車が停車する。JR桜井線も王寺駅と天王寺駅を経てJR難波まで直通快速と普通が走るが、閑散時で30分毎と少ない。

とはいえ、大和高田市内から大阪方面に三つの幹線が通り抜け、伊勢・奈良・吉野方面にも直通電車が走っていて便利である。

大和《やまと》八木《やぎ》駅で近鉄橿原《かしはら》線と接続する。連絡線は二つあって、北側の一つは新《に》ノ口《くち》連絡線と呼ばれ、京都駅発の特急が大阪線に転線して伊勢方面に向かうためにある（逆もあり）。

南側のほうは、大阪線から橿原神宮方面へ行くための連絡線である。八木西口駅の手前で橿原線に転線する。この連絡線は狭軌の南大阪線電車が大阪線の五位《ごい》堂《どう》工場に入出場するとき使われることが多い。このとき、橿原神宮前駅で狭軌の台車と標準軌の台車を交換して橿原線を走る。なお、八木西口駅は大和八木駅と同一駅扱いにしている。このためこの駅で切符を買うと大和八木駅と表記されている。

桜井駅でJR桜井線、伊賀神戸駅で伊賀鉄道と連絡する。

伊勢中川駅で名古屋線と山田線に接続する。大阪―伊勢間の特急、急行はそのまま伊勢中川駅を経て山田《やまだ》線に入る。名古屋からの特急、急行もそうである。そして両方面の特急、急行は接続して大阪方面―名古屋方面間を行き来できるようにしている。

このため伊勢中川駅のホームは、5面6線で2～4番線の線路の両側にホームがある。特急や急行は両側の扉を開けて、伊勢・名古屋・大阪の各方面への乗り換えは車両通り抜け方式を採用して、連絡地下道を通らずに乗り換えができる。ただし名阪間を結ぶ特急は、北側にある中川短絡線を通り抜けて伊勢中川駅に寄らない。

追い越しができる駅は布施、弥刀《みと》、河内山本、高安《たかやす》、河内国分《かわちこくぶ》、五位堂、大和八木、大和朝倉《やまとあさくら》、榛原《はいばら》、名張《なばり》、青山町《あおやまちょう》、東青山である。布施駅は島式ホーム1面2線で、外側に通過線があるため緩急接続はできない。他は島式ホーム2面4線なので追い越し電車が停車するならば、緩急接続ができる。

伊勢中川寄りに引上線がある弥刀、高安車庫に隣接していて伊勢中川寄りに引上線がある高安、同じく伊勢中川寄りに引上線がある河内国分と五位堂、上本町寄りにシーサスポイントがある大和八木、島式ホーム2面4線の北側に折返用の5番線がある榛原、伊勢中川寄りに名張検車区がある名張、伊勢中川寄りに引上線がある青山町が大阪方面から折り返しができる。青山町駅の大阪上本町寄りには電留線がある。

東青山駅では大阪上本町寄りに引上線があって、名古屋・伊勢方面から折り返しができる。

最混雑区間は俊徳道→布施間で、混雑時間帯は7時33分から8時33分である。輸送人員は2万5910人、輸送力は1万9584人で、混雑率は132％である。布施駅で奈良線の奈良方面に乗り換える人がいて俊徳道→布施間が最混雑区間になる。

10両編成が5本、8両編成が5本、6両編成が9本、計19本、144両が混雑時間帯に通過する。平均定員は136人となっている。

近鉄の通勤形の定員は、有効床面積÷0・35㎡で計算すると、先頭車132人、中間車146人である。6両編成は848人、8両編成1112人、10両編成は4両がクロスシート車として1050人となる。合計すると1万8442人となり、公表数字よりも1142人少ない。オールロングシート車として計算すると2万1532人になるから、今度は多くなる。おそらくクロスシート車の定員を多めに算出しているものと思われる。

国土交通省の算出基準で計算しなおすと混雑率は140％になる。

昭和59年度の混雑率は185％もあった。輸送力は2万1600人（通過両数150両）で今よりも多い。輸送人員は3万9910人だったので今よりも14000人減っている。

近くの新たな新路線の開業は、おおさか東線くらいである。これによって少しは減ったかもしれないが、大きな要因ではない。

統計をみるとバブル期に一度増えたものの、その後はずっと減少し続けている。少子高齢化と沿線人口減が大きく効いている。

各駅の乗車人員がずっと減っている。広い一戸建て住宅を求めて、名張や桔梗《ききょう》が丘《おか》などに移り住んだものの、都心回帰で両駅の乗降客も減っている。近場の高安駅や近鉄八尾《やお》駅も大きく減っている。

さらに職業の多様化で、9時前に何が何でもオフィスに着かなければならないといった通勤者が減っている。沿線工場の移転による減少もある。

全体の輸送量に比べてピーク1時間の輸送量の割合を集中率という。昭和59年度は31・4％と高かった。これが平成26年度になると28・6％に減ってしまっている。

これにともない、通勤定期客も減っている。少子化で通学定期客は大きく減った。その代わり定期外客が増えている。通勤定期もそうだが、通学定期は割引率が大きい。

定期外客は回数券や企画切符によって割り引いた運賃で乗ってはいるが、さほど割り引かれていない。

それよりも、快適通勤ができるということで特急利用を喚起して、付加料金収入を得たほうが経営的にいい。このため、近鉄は特急の充実を図っている。しかも、特急料金にデラックス料金を足した特別車両を連結したりしている。

名阪特急用の大半は、アーバンライナーｐｌｕｓの6または8両編成とアーバンライナーｎｅｘｔの6両編成がある。これらは固定編成を組んでいて他の特急車と連結しない。

かつては鶴橋―名古屋間がノンストップの名阪甲特急と、主要駅停車の名阪乙特急に分けられていたが、甲特急は全列車が津《つ》に、一部列車が大和八木に停車するようになったりして、甲乙の区別をやめてしまった。ただし、元の甲特急についてはアーバンライナーと呼んでいる。

賢島駅に停車中のリゾート特急「しまかぜ」

アーバンライナーは、名古屋寄り1号車が横1&2列のリクライニングシートになっていて、特急料金のほかにデラックス料金が必要である。といっても特急料金は距離に応じて５１０円から１９００円となっており、デラックス料金も距離に応じて２１０円から５１０円が設定されている。ＪＲのグリーン車にくらべると格安である。

かつての名阪乙特急にも、アーバンライナーを使用する列車があり、また、2階電車のビスタカー連結も1往復がある。

ビスタカーは、4両編成のうち真ん中の2両が2階車両になっている。とはいっても階下（2階部分の1階）のスペースは狭く、中央にある乗降扉の両側にある階段の下に6人席がソファ状に設置されていたが、これを3～5人用のグループ席になるように改造した。リニューアル前もそうだが、階下室はあまり利用されていない。階上の座席に座り飽きた客がキャビンがわりに少しの間、座っていることが多い。先頭車や階上席の一般席もゆったりする「ゆりかごシート」に取り換えている。

一般特急車は、2両固定編成と4両固定編成があり、ビスタカーとともに4～10両編成を組んで走る。

一般特急車は従来、柿色に窓回り濃紺の塗装をしていたが、内装のリニューアル工事をすると同時に黄色がかった柿色と白を主体にした派手な塗装に変えられた。

大阪・京都―賢島《かしこじま》間を走る特急は、一般特急車のほかに伊勢志摩ライナーと「しまかぜ」が走る。

伊勢志摩ライナーは6両編成で6号車がデラックスカー、5号車がサロンカーとなっている。サロンカーは横1&2列のボックス席、つまり向かい合わせの2人掛けか4人掛けになっていて、4人掛けは3人利用もできる。料金はデラックスカーと同じである。

「しまかぜ」は観光特急として登場したものである。コンセプトは「乗ること自体が楽しみになる」ということで、従来の特急よりも一段上の豪華さを持たせた特急である。

ＪＲ各社は、クルーズトレインとして超がつくほどデラックスにして、通常では考えられない料金を取って走らせている。金があって運もある人しか乗れないクルーズトレインではなく、「しまかぜ」は、大衆でも少し負担すればプチ贅沢で乗れる列車である。

一般席は1&2列のハイデッカー車で、先頭車は運転席よりも一段高くなって全面眺望が楽しめる。この構造は、ビスタカーが登場する前に近鉄が構想していたものが50年以上もたってようやく実現した。もっとも名鉄は、パノラマスーパーやパノラマＤＸで先に実現している。

一般席では特急料金のほかに、距離に応じて７２０円から１０３０円の特別料金が必要になる。このほかに6人半個室のサロン室、和風と洋風の各4人個室がある。サロン室と個室は1室１０３０円、4人個室は3人か4人乗車のときに利用可能である。

カフェ車両が1両連結されている。2階建てで、階下室も階上室も窓に向かってテーブルと椅子がある。平屋部分に厨房室がある。軽食と飲み物が提供される。

一般特急車の最新タイプはＡＣＥと呼ばれる。その中の4両固定編成と2両固定編成の各2本は、阪神電鉄のATS装置等を装備して阪神電鉄に直通ができる。タイガース応援号として、名古屋―甲子園間や三宮まで臨時特急として走ることがある。

一般車両は、長距離の急行・快速急行用のクロスシート車がある。4扉4人ボックスシート車と3扉転換クロスシート車のほかに、ラッシュ時ロングシート、閑散時クロスシートになる4扉のL／Cカーがある。近年、首都圏でこのシートによってラッシュ時に指定席料金を取る座席指定制の通勤ライナーが走り始めた。

しかし近鉄ではそのようなことはしていない。ロングシートにする目的はあくまで乗降をスムーズにするためのものである。デラックスな特急が走っているのだから、このような座席で特別料金が取れないのは当たり前である。すべてがクロスシート車ではなく、朝ラッシュ時には名張駅でロングシート車を連結して、8、10両編成で大阪上本町に向かう。

長距離運転の急行、快速急行以外は、4扉ロングシート車を使用する。古い車両は運転席後部に座席があり、最近の車両では、運転席後部にすぐ扉がある踊り場になっている。当然、扉の位置が異なるので、ホームドアの設置のときに工夫が必要である。

今のところ、近鉄の各駅はホームドアを設置していない。そしてJRや阪急が設置しているホームドアは可動柵部分が広くなっているので、扉位置が少々違っても対応できるし、自動停車装置のタスクも不要になっている。特急車の扉にもなんとか対応可能だろう。

列車種別は特急、快速急行、急行、準急、区間準急がある。列車種別が多くなってきた関西の大手私鉄の中では比較的種別が少ない。

## 大阪線のダイヤはわかりにくい

特急の停車駅はいろいろある。前述のように、かつてはノンストップの甲特急と主要駅停車の乙特急に分けられていたが、アーバンライナーを使用するかつての名阪甲特急も、名古屋線の津駅に常時停車するようになり、一部は大和八木駅にも停車する。京都―賢島間など各区間にも甲特急があったが、これは「しまかぜ」が引き継いでいる。乙特急の現在は、選択停車、俗にいう千鳥停車となって停車駅が増えた。

　難波駅と名古屋駅を毎時0分に走るアーバンライナーの停車駅は、上本町、鶴橋、八木（朝と午前、夕夜間）、津である。

　難波駅を毎時30分発の、かつての乙特急の停車駅は上本町、鶴橋、八木、名張、伊賀神戸（下りは朝、上りは朝と夜間）、津、白子《しろこ》、四日市、桑名である。毎時30分発の一部もアーバンライナーを使用している。

　大阪—伊勢志摩間では、観光特急「しまかぜ」の停車駅は上本町、鶴橋、八木、伊勢市、宇治山田、鳥《と》羽《ば》、鵜方《うがた》である。ただし運休することがある。「しまかぜ」は3本しかない。大阪発着と京都発着、名古屋発着がそれぞれ1日1往復運転しており、フルに3本の編成を使用しているが、どうしても車両検査が必要で、そのときは運休する。

　伊勢方面の特急は千鳥停車をしている。必ず停車するのは上本町、鶴橋、八木、名張、伊勢中川、松阪《まつさか》、伊勢市、宇治山田、五十鈴川《いすずがわ》、鳥羽、志摩磯部《しまいそべ》、鵜方である。

　これに大阪線内でいろいろな駅に停車する特急がある。昼間時でみると、難波発着の特急で追加停車する駅は大和高田、榛原、伊賀神戸、上本町発着は布施、榊原温泉口《さかきばらおんせんぐち》となっている。両特急は、合わせて1時間に2本が運転されている。また、朝上りと夜間下りは桔梗が丘駅にも停車する。

　八木駅で京都発着の特急が、大阪線を通って賢島まで行く。ここでも「しまかぜ」が1往復あり、丹波《たんば》橋《ばし》、八木、伊勢市、宇治山田、鳥羽、鵜方に停車する。他の京都—賢島間の特急は名張、榊原温泉口（朝上りのみ）、伊勢中川、五十鈴川、志摩磯部にも停車する。

　かつて、京都—伊勢方面の特急は1時間に1本の運転だったが、1日に5往復しか走らなくなった。このうち京都発の1本は鳥羽止まり、京都着の2本は松阪発で朝に走る。ただし土休日は1往復増える。

　京都観光をしてから伊勢志摩観光をするという人や、京都付近に住んでいて伊勢志摩観光をする人はそんなにはいない。多くは大阪から伊勢志摩観光に行く。首都圏からは、名古屋から乗る。さほど利用されなかったから1時間毎の運転をやめたのである。

## ラッシュ時緩急分離型、閑散時緩急結合型のダイヤ

快速急行の停車駅は鶴橋、五位堂、大和高田、八木、桜井、榛原、室生口大野《むろうぐちおおの》、赤目口《あかめぐち》—青山町間各駅、榊原温泉口で、伊勢中川駅以遠で山田線と鳥羽線と直通する。一番長く走る快速急行は鳥羽発着である。伊勢中川以遠の停車駅は松阪、伊勢市以遠各駅である。

急行の停車駅は鶴橋、布施、河内国分、五位堂、大和高田、桜井—榊原温泉口間各駅、伊勢中川、松阪、伊勢市以遠各駅で、最遠の発着駅は快速急行と同じ鳥羽である。

かつては河内国分駅を通過していた。昔も今も河内国分駅で準急や普通を追い越すが、昔は通過していたので準急などから急行に乗り換えることはできなかった。急行と準急の客を分離する緩急分離をし、急行が混雑しないようにしていた。

現在は、いろいろな理由で混雑が緩和してきたので、急行を河内国分駅に停車させて緩急接続をするようになって便利になった。ただし、ラッシュ時は河内国分駅を通過する快速急行が主体で走り、いまだに緩急分離をしている。だが、ラッシュ時間帯前後に走る急行は、河内国分駅からの乗換客で混んでいるから、緩急分離はやむを得ない処置である。

準急は中距離客用として、最遠の発着駅は名張である。停車駅は鶴橋、近鉄八尾、河内山本、高安、河内国分以遠各駅である。弥刀《みと》駅で普通を追い抜くことが多く、普通とは緩急分離運転になっている。

区間準急は近距離輸送用として鶴橋、布施、近鉄八尾以遠各駅である。準急が河内山本駅や高安駅であまり緩急接続をしないかわりに、近鉄八尾以遠を各駅に停車して緩急接続のかわりにしている。

最混雑区間は俊徳道→布施間で、上本町駅着7時40分から1時間の上り朝ラッシュ時の運転状況をみてみる。

この間、特急が3本、快速急行が5本、準急が5本、区間準急が3本、普通が6本の計22本が走る。

特急と快速急行は10両編成である。快速急行の10両編成のうち4両はクロスシート車である。緩急接続は五位堂駅までで、この先鶴橋駅までは、ノンストップ

の緩急分離運転となる。そのため準急と区間準急が走る。準急は高安駅と河内山本駅で普通を追い越すことはない。ただし、ピークを少し過ぎた時間では、高安駅で普通を追い越している。

昼間時の下りをみてみると1時間に名阪特急が2本、伊勢志摩特急が2本運転される。快速急行はなくなり急行が走る。運転本数は3本、準急も3本運転され、普通は5本である。上本町発でみて、各列車の発車時間はばらばらである。15分サイクルとか20分サイクルにはならず、1時間サイクルになっている。

緩急接続をしているとしても、急行の3本のうち2本は河内国分駅で準急を追い抜いているが、1本は同駅で特急を待避している。この急行のあとに高安駅で待避した普通がきて補ってはいるが、等間隔にはならない。五位堂駅では急行の1本だけが準急と緩急接続をしているだけである。八木駅では特急の3本が準急と緩急接続をしている。もう1本の特急は八木通過の名阪特急なので、急行が通過待ちをしている。

特急の運転本数が合計で4本であれば、大阪上本町発でみて毎時6分、16分、36分、46分の10、20分毎にし、これに20分毎の準急、急行を走らせ、普通は10分毎にすればわかりやすいダイヤになる。

タラッシュ時下りは再び急行がなくなり、快速急行が走る。そして河内国分駅まで緩急分離運転のダイヤになっている。

1時間に特急、快速急行、準急が、それぞれ4本、普通が5本である。普通を4本の運転にして、完全な15分サイクルにしてもいい。普通の運転間隔は上本町発でみて6～16分毎になっている。6分間隔になるのは1時間に1回だけである。その次に10分間隔がある。大半は14分か16分間隔である。

1時間に1回だけ6分間隔と10間隔にしてもあまり意味はない。普通も15分毎にすればわかりやすいダイヤになる。あるいは奮発して普通は1時間に8本の運転にしてもいい。

特急の停車駅が列車によって異なることと、名古屋線や山田線のダイヤも考慮しなくてはならないが、せめて上本町―八木間くらいはわかりやすいダイヤにしてほしいところである。

# 近鉄南大阪線

## フリーゲージトレインの導入構想が始まった

近鉄南大阪線は、大阪阿部野橋《おおさかあべのばし》—橿原神宮前《かしはらじんぐうまえ》間21・4キロの狭軌路線である。単線の吉野《よしの》線、橿原神宮前—吉野間25・2キロと接続して特急・急行は直通する。

支線として、道明寺《どうみょうじ》—柏原《かしわら》間2・2キロの道明寺線、古市《ふるいち》—河内長野《かわちながの》間12・5キロの長野線、尺土《しゃくど》—近鉄御所《きんてつごせ》間5・2キロの御所線がある。支線は、長野線の古市—富田林《とんだばやし》間を除いてすべて単線で、道明寺線を除いて南大阪線と直通運転をしている。

道明寺線の柏原駅でJR関西線、長野線の河内長野駅で南海高野《こうや》線と連絡、吉野線の吉野口駅でJR和歌山線と連絡する。

大阪阿部野橋駅は、JR天王寺駅の南側に隣接しており、実質、同じ駅だが、まったく違う駅名になっている。また、ほとんどの場合「大阪」を省略して、たんに阿部野橋と呼んでいる。南大阪線は大阪鉄道が開通させた。開設時は大阪天王寺という駅名だったのを、1年後に大阪阿部野橋に改称した。駅の南側の阿倍野の地名のほうが有名だったためである。ただし駅名は阿部野と字を変えている。

高層ビルのあべのハルカスの西側にある、阪堺《はんかい》電軌の上町線の電停名は天王寺駅前、JR天王寺駅と阿部野橋駅間のあびこ筋の地下を通っている御堂筋線は天王寺、南北に通っている谷町《たにまち》線も天王寺となっており、阿部野橋の駅名は近鉄南大阪線だけである。

阿部野橋駅は、櫛形ホーム5面6線になっている。北側から1番線で5番線は特急が発着する。一番南側の一般列車の降車ホームは、特急乗車ホームでもあるので6番ホームが付番されている。橿原神宮前寄りに引上線があって特急が留置清掃される。

道明寺駅で道明寺線と接続する。地図を見ると道明寺線がほぼまっすぐ南下し、そこに南大阪線が合流するかのようになっている。

それもそのはずで、柏原—古市間は河陽《かよう》鉄道が開通させたものを、河南《かなん》鉄道が引き継ぎ、大阪鉄道と改称

## 近鉄南大阪線

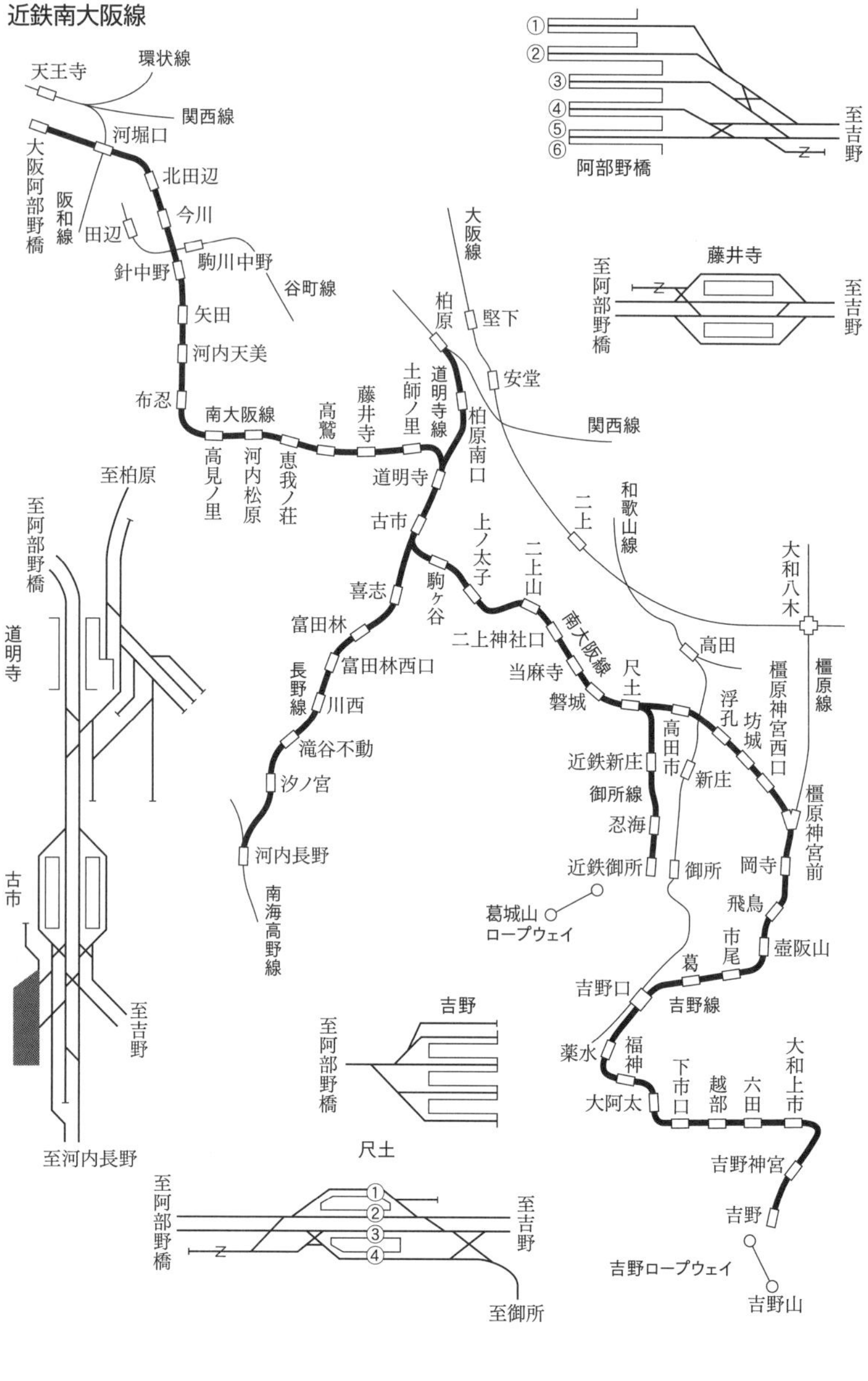
①
②
③
④
⑤
⑥
阿部野橋
至吉野
天王寺
環状線
関西線
河堀口
大阪阿部野橋
阪和線
北田辺
今川
田辺
駒川中野
谷町線
針中野
矢田
河内天美
布忍
南大阪線
高見ノ里
河内松原
恵我ノ荘
高鷲
藤井寺
土師ノ里
道明寺線
柏原
大阪線
堅下
安堂
柏原南口
関西線
道明寺
古市
上ノ太子
二上山
駒ヶ谷
喜志
富田林
富田林西口
長野線
川西
滝谷不動
汐ノ宮
河内長野
南海高野線
二上神社口
当麻寺
南大阪線
磐城
尺土
二上
和歌山線
大和八木
高田
高田市
近鉄新庄
御所線
忍海
近鉄御所
新庄
御所
浮孔
坊城
橿原神宮西口
橿原線
橿原神宮前
岡寺
飛鳥
壺阪山
市尾
葛
吉野口
吉野線
葛城山
ロープウェイ
薬水
福神
大阿太
下市口
越部
六田
大和上市
吉野神宮
吉野
吉野ロープウェイ
吉野山
藤井寺
至阿部野橋
至吉野
至柏原
至阿部野橋
道明寺
古市
至吉野
至河内長野
吉野
至阿部野橋
尺土
至阿部野橋
①
②
③
④
至吉野
至御所

して大阪天王寺—道明寺間を開通させた。このため南大阪線のほうが急カーブして分岐するのである。

同様に古市駅でも河南鉄道・大阪鉄道は長野線を先に開業していた。その後、古市—久米《くめ》寺《でら》（現橿原神宮前）の大和線を開通させた。そのため古市駅でも南大阪線が急カーブで西に分かれるのである。

御所線は、大阪鉄道の子会社の南和《なんわ》電気鉄道が尺土からJR和歌山線の五条駅を目指して開通させた。現在は終点御所駅から葛城山《かつらぎさん》へのバスが葛城山ロープウエイの登山口まで連絡して、葛城山観光の最寄駅である。

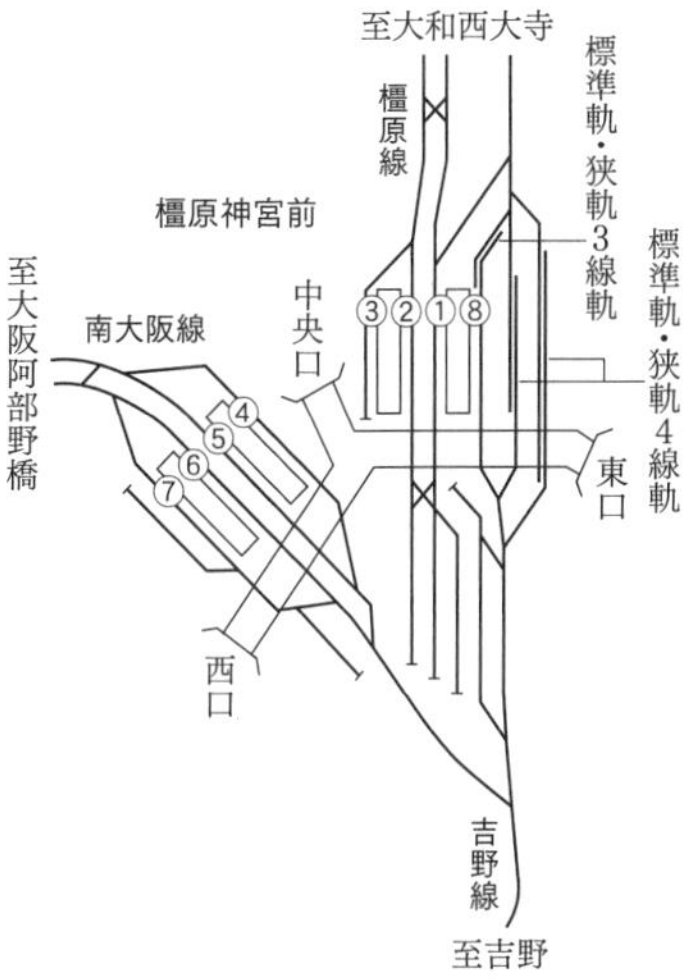


吉野線は、吉野と和歌山線吉野口を結ぶ吉野軽便鉄道が開通させた。貨車を和歌山線に直通させるために狭軌で開通させた。その後、桜井線の畝傍《うねび》それに反対側の吉野まで延伸したが、近鉄の前身である大阪電気軌道（大軌）が吸収合併した。

そして大軌の橿原線と大軌の傘下になった大阪鉄道の大和線が集まる橿原神宮前にターミナルを移設した。しかし吉野線は狭軌のために標準軌の大軌の上本町駅までの直通はできないために、同じ狭軌の大阪鉄道と直通して吉野への観光客を輸送したりした。

大軌は、大阪鉄道を吸収合併して関西急行鉄道になり、さらに近畿日本鉄道に改称した。

追い越しが可能な駅は今川《いまがわ》、河内《かわち》天見《あまみ》、河内松原、藤井《ふじい》寺《でら》、古市、尺土、橿原神宮前、下市口《しもいちぐち》である。

今川駅と河内天見駅は、通過線と停車線がある新幹線タイプの相対式ホーム2面4線になっているので緩急接続はできない。河内天見駅は、天見車庫が隣接している。藤井寺駅は阿部野橋寄りに引上線がある。

古市駅は、近鉄長野線が接続しているために、方向

桜満開の吉野山から見た吉野駅

別ホームになっていて双方の乗り換えは簡単にできる。橿原神宮前寄りに引上線と古市車庫がある。尺土駅も御所線との分岐駅のために方向別ホームになっている。阿部野橋寄りに引上線がある。

橿原神宮前の吉野線のホームも島式ホーム2面4線である。

下市口駅は、片面ホームと島式ホーム各1面3線のJR形配線になっている。終点吉野駅は、櫛形ホーム3面4線で1番線だけ片側にしかホームがない。ここから少し歩いて、吉野ケーブルの千本口からケーブルに乗ると吉野山まで行ける。

橿原線の橿原神宮前駅の1番線が面しているホームの反対側の8番線は、狭軌になっている。ここに南大阪線の臨時電車を停車させて、橿原線の電車と同じホームで乗り換えができるようにしている。この線路がホームにかからない大和西大寺寄りは狭軌、標準軌併用の3線軌、また、その隣の線路は狭軌、標準軌併用の4線軌、さらにその隣の線路も4線軌になっていて建屋を貫通している。この建屋で南大阪線の車両の台車を標準軌に履き替えて五位堂工場へ回送する。

長野線は、古市―富田林間が複線、以遠が単線である。富田林折返が設定され、河内長野方面に引上線があるが、前後にシーサスポイントがあってホーム上で折り返すこともできる。

最混雑区間は、北田辺《きたたなべ》→河堀口《こぼれぐち》間である。河堀口駅の近くに天王寺高校があり、同高の生徒が降りるために河堀口→阿部野橋間がやや空くからである。ただし普通はそうであっても、優等列車は河堀口駅を通過するからこのことには関係がない。

混雑時間帯は７時31分から１時間、この間に平均定員１３７人の車両が20本運転され、通過車両数は１４０両、輸送力は１万９１８０人となる。輸送人員は２万４６２０人なので混雑率は１２８％になる。

南大阪線の普通は６両編成、準急、急行は６、７、８両編成で走る。通過両数は１４０両でも、実際は６両編成が９本、７両編成が２本、８両編成が９本である。

昭和59年度の輸送人員は、３万７４３０人と多く、集中率は33・９％と高かった。平成24年度は29・１％と30％を切った。輸送人員が１万人以上減っている。沿線の人口減や少子高齢化による輸送人員と集中率の減少である。

また、昭和59年度は７両編成が９本、６両編成が16本運転され、ピーク１時間に25本の運転で、通過両数は１５９両、輸送力は２２８９６人と平成28年度よりも大きいものの、混雑率は１７１％になっていた。

運転本数を減らしても混雑率は下がったが、それよりも１時間に25本の運転から20本の運転にしたことによって、ピーク時に特急を１本走らせることができるとともに、ダンゴ運転が減って所要時間も短くなった。

特急は、阿部野橋―吉野間のほかに阿部野橋―橿原神宮前間の区間運転が朝下り３本、上り１本、夜間に上り２本が運転される。阿部野橋―吉野間の停車駅は尺土、高田市《たかだし》、橿原神宮前、飛鳥《あすか》、壺阪山《つぼさかやま》、吉野口、下市口、大和上市《やまとかみいち》、吉野神宮だが、朝上りと夜間下りは古市駅にも停車する。

昼間時は１時間毎の運転で、夕ラッシュ時以降は30分毎になる。

使用車両は、正面貫通で汎用の１６０００系列と青

朝ラッシュ時に8両編成で走る特急阿部野橋行

河内天見駅にて回送で待避する「青のシンフォニー」

の交響曲（青のシンフォニー）と呼ばれる１６２００系、さくらライナーと呼ばれる２６０００系がある。

２６０００系は正面非貫通で、全面眺望が楽しめる4両編成である。吉野寄り2両目（3号車）はデラックスカーで、特急料金のほかにデラックス料金２１０円が必要である。なお、南大阪線の特急料金は５１０円均一である。朝ラッシュ時の上りは2本連結した8両編成で走る。さくらライナーは3往復が設定されている。

青の交響曲《シンフォニー》は、一般車の６２００系を特急車に改造したものである。3両編成で先頭車は3、4人用のサロン席と通常の2人掛け、中間車にはバーカウンターとラウンジスペースがある。青の交響曲は2往復が設定されているが、基本的に水曜日は汎用特急車を使用する。汎用タイプは、4両固定が1本あるほかは2両固定編成で、2、4、6、8両編成を組んで走る。

一般電車は2、3、4両の固定編成があり、これを組み合わせて5、7、8両編成も組む。阿部野橋—古市間は6両編成対応のホームだが、急行、準急の停車駅は8両編成対応になっている。古市—橿原神宮間は6両編成対応だが、尺土駅と高田駅は8両編成対応である。橿原神宮前以遠は4両編成対応である。

長野線は古市—富田林間が8両編成対応、以遠が5両編成対応、御所線は4両編成対応、道明寺線は2両編成対応である。

## 昼間時は30分サイクル

一般電車の優等列車は急行、区間急行、準急がある。停車駅は、吉野発着の急行が古市、尺土、高田市、橿原神宮前以遠各駅、長野線直通は長野線内各駅である。区間急行は古市、尺土以遠各駅、準急は河内松原、古市以遠各駅である。

朝ラッシュ時上りでは、阿部野橋着7時31分から1時間の間に特急が1本、急行が5本、区間急行が1本、準急が8本、普通が6本の計21本である。

橿原神宮前発と長野発の準急が古市駅で増結して7、8両編成になる。増結中に特急か急行に追い抜かれる。追い抜かれた準急は、藤井寺駅発車時点で次の急行が追いついてくるものの、追い抜かれずに先に阿部野橋駅に到着する。急行は準急の後を続行運転でノロノロ走る。

普通は藤井寺発がほとんどで、河内松原駅で準急と緩急接続をし、河内天見駅と今川駅で急行や準急を待避する。

特急はピーク時には1本しか走らないが、その前後に各1本が運転される。橿原神宮前駅で増結して最大8両編成になる。

昼間時は特急1、2本、急行2本、準急は橿原神宮前発着が2本、河内長野発着が4本、普通は藤井寺発着が4本、古市発着が2本で、阿部野橋―古市間は準急、普通に関しては完全に10分毎になる。ただし、普通は30分に1本が古市発着なので、藤井寺―古市間で各駅に停車する10分毎の準急に加えて普通が30分に1本加わる。

古市―橿原神宮前間は急行が30分毎の運転で、これに同区間各駅停車の準急と古市―橿原神宮前間の普通が運転され、準急と普通は15分毎に運転される。尺土駅で準急は特急と、普通は急行と緩急接続をする。長野線はすべて準急の運転で、上りは完全な15分毎だが、下りは10分間隔か20分間隔になる。また、古市駅で急行と接続をしている。

夕ラッシュ時は特急が30分毎、急行は吉野行と長野行がそれぞれ30分毎に運転される。阿部野橋駅でみて特急と急行は合わせて10分毎に発車をし、その間に準急と普通がそれぞれ10分毎に発車する。普通は今川駅で準急、河内天見駅で特急か急行に追い抜かれ、河内

新幹線駅と同じ停車線と通過線がある今川駅

松原駅で準急と緩急接続をする。すべて藤井寺駅折り返しである。
準急は橿原神宮前行が30分毎、残りは長野行である。夕ラッシュ時にも古市—橿原神宮前間の普通が設定されて、準急と合わせて1時間に4本走る。尺土駅で準急は特急と、普通は特急もしくは急行と緩急接続をする。古市発17時29分発普通は、尺土駅で特急と接続したあと御所行になる。そのため、尺土発橿原神宮前行普通が特急発車後に運転される。
近鉄は、標準軌と狭軌とを行き来できる軌間可変電車、フリーゲージトレインを投入して、京都—吉野間の直通特急を走らせることを計画している。JRは、新幹線と在来線とのフリーゲージトレインの実用化を中止したが、新幹線ほど高速で走らない近鉄特急だから、軸重が重くてもさほど軌道を傷めない。
京都—吉野間の直通特急が実現すれば、吉野観光に弾みがつく。おそらく「しまかぜ」並みの豪華列車になるだろう。

# 南海高野線・泉北高速鉄道

## 乗客減による収入減を特急の増発で阻止

南海高野《こうや》線は、汐見橋《しおみばし》―極楽橋《ごくらくばし》間64・5㌔の路線だが、汐見橋―岸里玉出《きしのさとたまで》間は、2両編成が30分毎にしか走らない都会の中のローカル線で、通称汐見橋線呼ばれる。ただし全区間複線になっている。

岸里玉出以南の高野線電車は、すべて難波発着である。難波―岸里玉出間は線路別複々線になっており、高野線電車はすべて緩行《かんこう》線（各停用線路）に乗り入れている。緩行線には今宮戎《いまみやえびす》駅と萩《はぎ》ノ茶屋《ちゃや》駅のホームがある。

かつては、南海本線の一部の電車も緩行線（東線）を走っていた。急行線（西線）にも普通を走らせていたので、緩行線を走る普通は各停の列車種別を採用して、今宮戎駅と萩之茶屋駅にホームがない急行線を走る普通と区別していた。

そして緩行線にすべての高野線が走るようになっても、各停の種別のままにしている。このため高野線には普通は走らない。そして南海本線には各停が走らない。以下本書では、難波―岸里玉出間の緩行線は高野線として扱うことにする。

橋本《はしもと》駅を境に、極楽橋寄りは最急50‰の勾配と最小半径１００ｍの急カーブがあるため、高出力で車体長17ｍの中形車を使用している。このため21ｍ大形車は走れない。

高野線の難波駅は南海本線の東側にあり、1番線から4番線までの櫛形ホーム5面4線がある。1番線は他の線路よりも極楽橋寄りに後退している。また4番線の降車ホームは、南海本線の5番線の降車ホームと共用している。

南海の難波駅は、大阪メトロの難波駅や近鉄・阪神の大阪難波駅と離れている。湊川《みなとがわ》駅だったJR難波駅は、当初から既存の難波駅と離れている。南海の難波駅はそれにくらべると近い。

新今宮《しんいまみや》駅で、JR環状線の上を跨いで連絡している。高野線と南海本線は、それぞれ相対式ホームとし

## 南海高野線・泉北高速鉄道

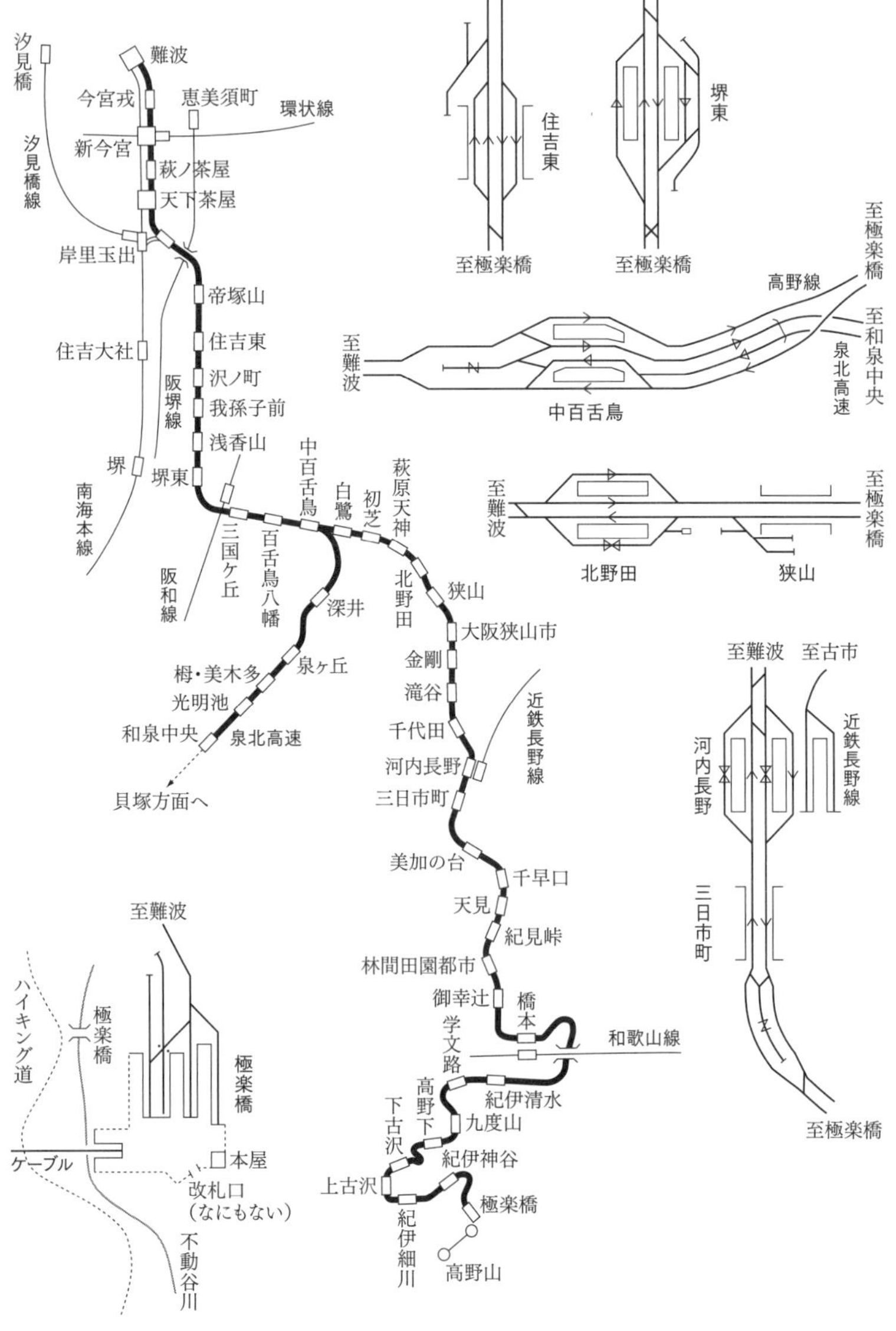

ており、高野線の上り線と南海本線の下り線のそれぞれのホームは共用しているので、形態的にこのホームは島式である。大阪メトロ堺筋《さかいすじ》線と連絡する天下茶屋《てんがちゃや》駅も同じ構造になっている。

南海本線と高野線が分かれる岸里玉出駅は、もともと岸ノ里駅と玉出駅と別々の駅だった。岸ノ里駅で、汐見橋方面から極楽橋までの線路が、南海本線を斜めに乗り越していた。南海本線の複々線化後、東線から極楽橋方面の連絡線が設置されて、高野線のほとんどが難波発着になり、汐見橋方面の電車の発着ホームは連絡線が合流する汐見橋寄りに別に設置された。

この付近を連続立体交差化事業で高架化されたとき、南側にあった玉出駅と統合した。位置としては南海本線は旧玉出駅、高野線は旧岸ノ里駅に近い。このため両線を結ぶ通路は長い。

複々線区間を走る泉北ライナー難波行

岸里玉出付近で南海線と分かれる

三《み》国《くに》ケ丘《おか》駅で、掘割になっているＪＲ阪和《はんわ》線と斜めに交差して連絡する。

中百舌鳥《なかもず》駅では、泉北《せんぼく》高速鉄道と接続して直通運転をする。島式ホーム2面4線で内側が泉北高速線の発着線である。難波寄りに引上線があるが、内側に高野線の電車も入線して、再び高野線に戻れるという待避駅の線路配置になっている。また大阪メトロの御堂筋線と連絡する。

河内長野《かわちながの》駅で近鉄長野線、橋本駅でＪＲ和歌山線と連絡する。

林間田園都市《りんかんでんえんとし》駅は和歌山県内にあり、昭和59年（１９８４）に開設され、駅周辺に敷地面積が広い1戸建て住宅地が開発された。駅前はパーク・アンド・ライド用の広大な駐車場を設置、特急「りんかん」の運転を開始して、「こうや」号とともに停車するようになった。

駅開設から30年以上経つと、住宅購入者の子供たちに代替わりする。その大半はもっと大阪に近いマンションなどを購入して移り住み、林間田園都市付近の住宅はお年寄りばかりになっている。高齢化と人口流出が顕著に表れている。そのため特急利用者も減っている。

橋本駅から先は単線になる。急カーブが多数あり、急勾配線でもあるため21m大形車は走れず、18m（車体長は17・1m）中形車が走る。しかも最大4両編成である。極楽橋駅では高野山ケーブルに連絡している。

待避駅は住吉東《すみよしひがし》、堺東《さかいひがし》、中百舌鳥《なかもず》、白鷺《しらさぎ》、北野田《きたのだ》、金剛《こんごう》、林間田園都市である。

中百舌鳥駅は待避できる構造だが、泉北高速線との分岐駅なので行わない。住吉東駅は通過線と停車線がある新幹線タイプの相対式ホーム2面4線になっている。林間田園都市駅は島式ホーム2面4線にできる構造になっているが、上り待避線は設置されておらず、下り本線は折返用になっている。

常時折り返しができる駅は北野田、金剛、千代田《ちよだ》、河内長野、三日市町《みっかいちちょう》、林間田園都市、橋本、高野下《こうやした》である。引上線がある駅は三日市町駅だけで、北野田駅は上り副本線の4番線、金剛駅は下り副本線の1番線、千代田駅は極楽橋寄りにある千代田検車支区に入出庫するので、厳密には折り返しをしているわけではない。河内長野駅は内側にある下り副本線の2番線、林間田園都市駅は内側の2番線で折り返すが、一部は小原田《おはらた》検車区に入出庫する。

橋本駅では、5番線に難波方面からの急行が折り返し、4番線に橋本―極楽橋間の電車が折り返すのが基本である。難波寄りにシーサスポイントがあり、橋本―極楽橋間は単線である。なお、JR和歌山線の1〜3番線の発着線と通し番号になっている。高野下駅では上り本線で折り返す。

泉北高速鉄道は、中百舌鳥―和泉中央《いずみちゅうおう》間14・3キロの路線で南海高野線と相互直通を行う。泉北ニュータウンの足として第3セクターの大阪府都市開発によって開通した。平成26年（2014）に同社は泉北高速鉄道に改称するとともに、南海電鉄の子会社となった。

全駅が島式ホーム1面2線になっており、光明池《こうみょういけ》駅に光明池車庫がある。終点和泉中央駅の先に引上線があり、島式ホームの両外側に留置線がある。引上線の奥には延伸用の用地が確保されている。

南海高野線と一体運行をしており、事実上の高野線の支線である。

## 沿線人口減と少子高齢化が非常に進んでいる

高野線の最混雑区間は、百舌鳥八幡《もずはちまん》→三国ケ丘間である。三国ケ丘駅で阪和線に乗り換える客があるためである。三国ケ丘駅から天下茶屋駅まで再び漸増していくが、百舌鳥八幡→三国ケ丘間の通過人数より少ない。

最混雑時間帯は、7時20分から1時間である。この間に6両編成9本、8両編成15本、計174両が走る。平均定員は129・8人で輸送力は2万2590人、輸送量は2万7862人となっている。混雑率は123％である。

しかし、実際の有効床面積から算出した平均定員は139・5人なので、輸送力は2万4273人になり、混雑率は115％に下がる。

昭和59年度の輸送量は、5万1069人もあった。輸送力は2万6670人（平均定員133・4人）で混雑率は181％になっていた。昭和59年度にくらべて平成28年度の輸送量は約半分になっている。

人口減と少子高齢化が大きく進んでいるだけでなく、JR阪和線利用に切り替えた人が多い。事実、昭和59年度の最混雑区間は、帝塚山《てづかやま》→岸ノ里間で、三国ケ丘で阪和線に乗り換える人は少なかった。

また、昭和59年度の集中率は、41・5％と非常に高かった。平成26年度では26・7％まで下がっている。

## 大運転列車はほとんど走らなくなった

特急車両は、車体長21mの大形車と橋本以遠の山岳線で走る「こうや」号用の17mの中形車がある。大形車は難波―橋本間を走る「りんかん」と難波―和泉中央間の「泉北ライナー」に使用される。4両固定編成

北野田駅を出る大運転の急行難波行

林間田園都市を出発する特急「りんかん」(左)、
難波行と進入する急行橋本行(右)

ポピュラーなステンレスカー 6000系

で、南海所属１１０００系と泉北高速鉄道所属１２０００系が各１本あるが、南海本線を走る「サザン・プレミアム」の４両編成もときおり使用される。

中形車も４両固定編成で、３００００系２本と３１０００系１本がある。「こうや」だけでなく「りんかん」にも使用される。

一般車は、４扉21ｍの大形車と山岳線用の２扉17ｍの中形車がある。大形車は６０００系と６２００系、１０００系がある。従来南海の車幅は２７４０㎜だったが、１０００系の大半は車幅を２８５０㎜に広げ、連結面寄りはボックス式クロスシートになっている。

中形車は２３００系と２２００系、２０００系がある。２３００系は山岳線区間専用の２両固定編成で、横１＆２列の転換クロスシートになっている。

２２００系は２扉ロングシートで、汐見橋線などの支線用だが、１編成だけ「天空」と呼ばれる座席指定車に改造された。展望デッキがあり、多くの座席が極楽橋駅に向かって右側の窓に向いている。

　2000系はロングシート車だが、多くは連結面寄りにボックスシート1組が設置されている。難波—極楽橋間の通称大運転の快速急行として使用されるが、平日は下りが2本しか走っていない。上りは急行による大運転が1本しかない。

　泉北高速線7020系と7000系、5000系、3000系がある。全車21m4扉で3000系はステンレス車体、他はアルミ車体である。

　列車種別は特急、快速急行、急行、区間急行、準急、各停、それに天空がある。

　特急は、難波—極楽橋間の「こうや」と難波—橋本間の「りんかん」、それに難波—和泉中央間の「泉北ライナー」がある。

　停車駅は「こうや」と「りんかん」が新今宮、天下茶屋、堺東、金剛、河内長野、林間田園都市、橋本、「泉北ライナー」が新今宮、天下茶屋、泉《いずみ》ケ丘《おか》、栂《とが》・美《み》木《き》多《た》、光明池である。

　快速急行は難波—極楽橋・橋本間の運転で停車駅は新今宮、天下茶屋、堺東、北野田、金剛、河内長野、三日市町、美《み》加《か》の台《だい》、林間田園都市以遠各駅である。

　急行は難波—橋本・林間田園都市・三日市町間の運転で、快速急行の停車駅に加えて河内長野以遠各駅である。

　区間急行は、難波から最遠林間田園都市

橋本—極楽橋間を走る2300系

2300系の座席は横1&2列の転換クロスシート

三日市町駅に停車中の急行（右）

までと泉北高速線の和泉中央駅まで走る。停車駅は急行の停車駅に加えて北野田以遠各駅と泉北高速線直通は泉ケ丘以遠各駅である。

準急は難波―和泉中央間の運転が主だが、高野線の三日市町駅を最遠にして運転される。停車駅は新今宮、天下茶屋、堺東以遠各駅である。

天空は橋本―極楽橋間の運転で、停車駅は学文路《かむろ》と九度山《くどやま》である。

堺東駅発でみて、7時22分から8時22分の朝ラッシュ時ピーク1時間に特急「りんかん」と「泉北ライナー」が各1本、急行が6本、区間急行が6本、準急が4本、各停が6本の計24本である。

急行は橋本発が4本、林間田園都市発が2本、区間急行は、三日市町と河内長野発が各1本と泉北線和泉中央発が4本、準急は北野田発が2本、和泉中央発が2本、各停は三日市町発が3本、河内長野発が2本、千代田発が1本である。

運転パターンにあまり法則はないが、堺東―難波間では、約10分毎に3本が束になった続行運転をし、その間に各停が1本走る。そして各停は住吉東駅で3本の優等列車を待避する。白鷺駅や北野田駅などで普通と準急は上位の優等列車を待避するが、とくに法則はない。

泉北線では線内運転の10～14分毎に各停が設定されている。

昼間時は難波発でみて、毎時0分が特急、2分が快速急行か急行の橋本行となる。特急は1～3時間毎の運転で特急が走るときの2分発は急行橋本行になる。

また、0分に快速急行が走るときもある。15分と45分は区間急行林間田園都市行、30分発は急行橋本行、17分と32分、47分発は区間急行和泉中央行、8分と38分発は準急和泉中央行、4分と34分発は普通河内長野もしくは三日市町行、19分と49分発は各停金剛行となっている。

15分サイクルに、優等列車の2本続行運転と各停1本が運転され、これに30分毎に準急和泉中央発着が加わる。住吉東駅で普通は準急を待避するが、準急が走らないサイクルでは同駅での待避はない。なお、9時0分の快速急行は極楽橋行である。

橋本以遠では、橋本—極楽橋間のほかに橋本—高野下（一部は下古《しもこ》沢《さわ》）間も運転される。泉北線には30分毎に線内運転の普通も走る。

タラッシュ時の18時台は、10分サイクルに急行橋本・林間田園都市行と準急和泉中央行、それに各停が走り、各停は住吉東駅で準急を待避するのが基本だが、特急が走るときは11、12分サイクルになる。特急は難波—堺東間で準急か急行と続行運転をする。

泉ヶ丘駅に停車中の上下区間急行

# 京阪中之島線

## 宇治線より乗客数は少ないのが現状

中之島《なかのしま》線は、天満橋《てんまばし》―中之島間3・0キロで全線地下線である。京阪電鉄が第2種鉄道事業者で中之島高速鉄道が第3種鉄道事業者になっている。

天満橋駅で京阪本線と接続、大阪メトロ谷町《たにまち》線と連絡する。次のなにわ橋駅で大阪メトロ堺筋線の北浜《きたはま》駅、大江橋《おおえばし》駅で御堂筋線の淀屋橋《よどやばし》駅、渡辺橋《わたなべばし》駅で四つ橋線の肥後橋《ひごばし》駅と連絡する。といっても離れている。

中之島駅は、阪神福島《ふくしま》駅とJR東西線新福島《しんふくしま》駅と近いが、簡単に乗り換えることができるほど近くはないので乗換駅になっていない。

中之島駅を除いて島式ホームとなっている。中之島駅は切り欠きホームがあって3線の発着線がある。

天満橋駅まで複々線となっていた京阪本線だが、天満橋―淀屋橋間は複線となっている。京橋、天満橋と都心に向かうほど乗客が少なくなっていくことから、複々線は天満橋駅までとした。

しかし、地下鉄御堂筋線と連絡する淀屋橋まで乗る人が多く、昼間時はすべての列車が淀屋橋駅まで運転されていた。さらに将来的には、多くの列車を10両編成にする必要がある。現状の淀屋橋駅は10両編成の電車が停車することはできるが、そうすると残る発着線は2線しかなくなる。また、複々線化するのも、費用対効果の面から無駄が大きい。

そこで別ルートで、淀屋橋駅を通り過ぎて中之島の西端までの新線を建設する構想が出てきた。おりしも中之島地区再開発によって、新しいオフィスビル群が建設されることになり、その足としても役立つとした。さらに西九条方面まで延伸すれば大阪市を貫通する東西軸となるということで検討がなされていった。

天満橋駅の折返線のホーム長は、8両編成化するために延伸したが、終端部分は本線側にカーブするようにして伸ばした。中之島への新線の建設を前提にして曲げたのである。これは、当時の京阪の幹部の方から聞いた真実の話である。

# 京阪中之島線

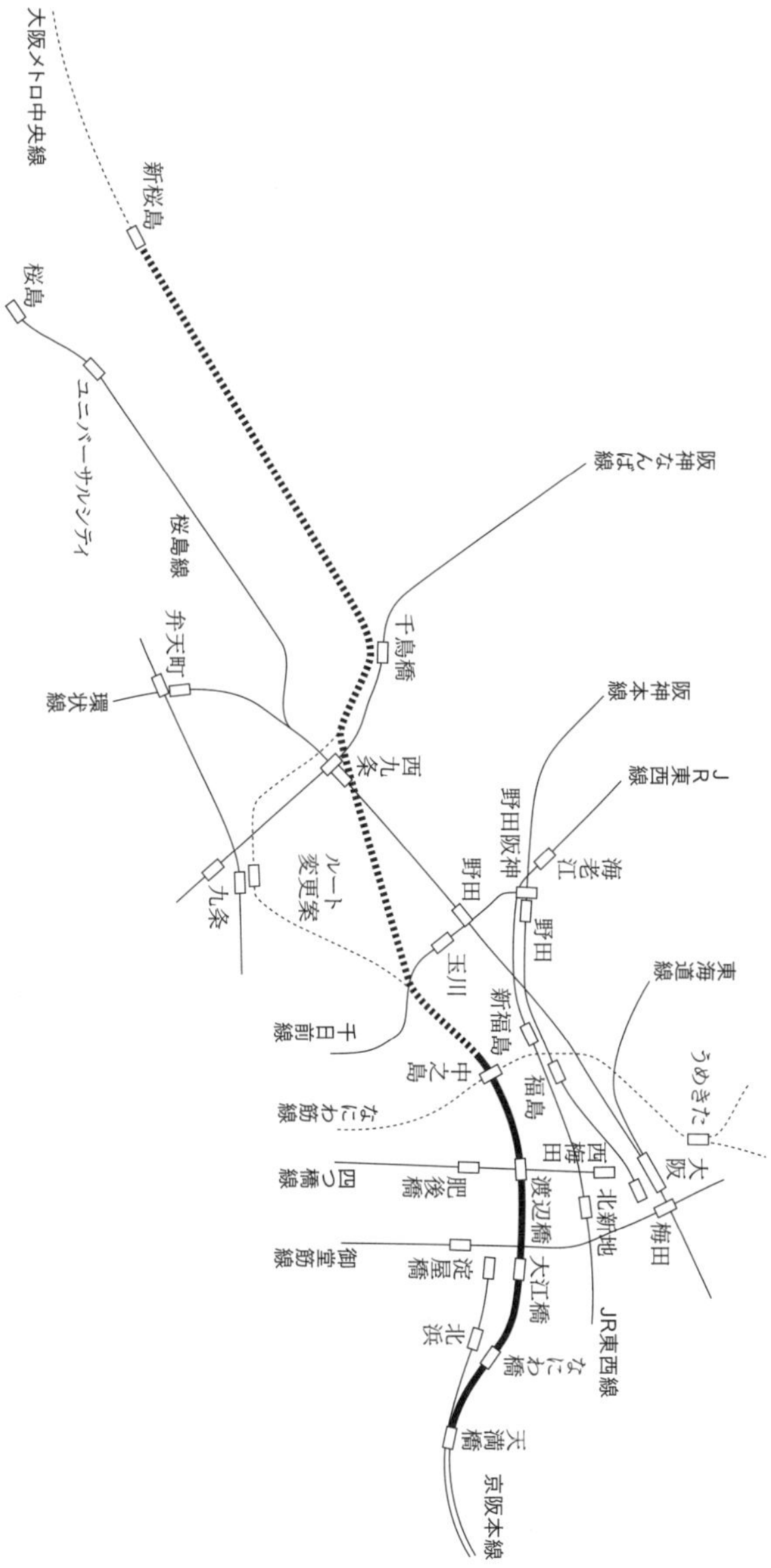

大阪メトロ中央線
新桜島
桜島
ユニバーサルシティ
桜島線
阪神なんば線
千鳥橋
弁天町
環状線
阪神本線
西九条
JR東西線
野田阪神
海老江
野田
九条
ルート変更案
野田
玉川
東海道線
新福島
千日前線
うめきた
中之島
福島
なにわ筋線
大阪
西梅田
四つ橋線
肥後橋
渡辺橋
北新地
梅田
御堂筋線
淀屋橋
大江橋
JR東西線
北浜
なにわ橋
天満橋
京阪本線

昼間時は普通しか走らない

計画が具体化したのは、国土交通省の諮問機関である運輸政策審議会が、平成元年（1989）5月に答申10号として「大阪圏における高速鉄道を中心とする交通網の整備に関する基本計画について」を公表し、ここに天満橋―玉江橋《たまえばし》間が目標年次の平成17年までに整備に着手する路線として取り上げられた。

ルートとしては、次の4案が検討された。天満橋駅を出てすぐの天神橋《てんじんばし》付近で土佐堀川《とさぼりがわ》を斜めにくぐり、中之島通りの地下を通って玉江橋まで達する天神橋ルート、天満橋駅を出て京阪本線の下を北浜駅付近まで並行してから難波橋《なにわばし》付近で土佐堀川を斜めにくぐり中之島通りの地下を通り玉江橋に至る難波橋ルート、天満橋駅から京阪本線の下を通って淀屋橋駅の先、土佐堀通の地下を通って土佐堀川をくぐらずになにわ筋に至る土佐堀ルート、肥後橋駅まで土佐堀ルートと同じルートで進み肥後橋付近で土佐堀川をくぐり、なにわ筋の常安橋《じょうあんばし》北詰を越えた付近に玉江橋駅を設置する肥後橋ルートである。

検討の結果、天神橋ルートに決定した。

玉江橋駅は現在の中之島駅であり、10号答申では湊《みなと》

快速急行はほとんど走らない

町《まち》（現ＪＲ難波）・汐見橋《しおみばし》—梅田北（うめきた）—新大阪間のなにわ筋線を、目標年次までに整備することが適当な区間として取り上げられ、玉江橋駅で中之島線と連絡することになった。なにわ筋線は中之島線よりも優先度が高かったが、いまだに開通していない。

平成11年（１９９９）に「都市鉄道調査」の路線に選定されて、上下分離で建設することが検討された。平成12年に運輸政策審議会答申19号で「中長期的な鉄道整備の基本方針及び鉄道整備の円滑化方策について」の指針が示され、民間鉄道事業者への公的主体が補完できる「償還型上下分離方式」が提案された。これによって路線インフラを整備する第３セクターに、公的補助ができるようになった。

そして平成13年、中之島線の建設・保有主体として中之島高速鉄道株式会社が設立されて15年5月に着工、20年10月に開通した。

天満橋駅はそれまで本線だった1、2番線を中之島線の上下線にした。本線は従来折返線だった3、4番線を上下線にした。天満橋駅は地下2階にホームがある。

本線は従来の線路に合流するために右カーブし、中之島線も大川をくぐるために右カーブをする。上り天満橋方面は、すぐに単線シールドトンネルに入るが、下り線は一部旧本線の路盤を通ってから右にカーブする。

大川は土佐堀川が分かれ、中之島線は土佐堀川を斜めにくぐる。このため40‰の下り急勾配になる。土佐堀川をくぐっても、地下鉄堺筋線の下を通るために急勾配は続く。そして堺筋線をくぐると、なにわ橋駅となる。なにわ橋駅は地下4階に島式ホームがある。

この先、上り勾配になって半径160mで左にカーブする。中央公会堂があり、中之島通がそれを避けて大川の河岸に並行するため急カーブしており、中之島線もそれに追随しているために急曲線となっている。

その先で緩い上り勾配で進み、地下鉄御堂筋線をくぐって地下3階に島式ホームがある大江橋駅となる。さらに進み、四つ橋線をくぐり渡辺橋駅がある。やはり地下3階に島式ホームがある。

駅を出ると上り勾配となり、なにわ筋を横切った先に地下2階にホームがある中之島駅となる。切り欠きホーム付の島式ホームなので、ホームの長さは400mほどにもなっている。

同じ構造の淀屋橋駅では、切り欠きホームの2番線の反対側に1番線があり、その奥に3、4番線があるが、中之島駅の切り欠きホームは3番線で、その反対側は壁になっていて発着はできない。そして奥に1、2番線がある。すべての発着線は、10両編成分のホームがあり、それを通り越して行き止まりになっている。そこに中之島線のトンネルを掘削したシールドマシンのカッター部分が、この先へも延伸するかのように埋め込まれている。

特急用8000系を除く一般車の7、8両編成が使われる。

平成24年度の統計による定期客は、天満橋駅で本線から5302人が直通している。京橋→天満橋間の定期客は4万4907人なので、そのうちの12%が中之島線に直通している。天満橋駅で中之島線への乗車客は297人である。降車客はなにわ橋駅が634人、大江橋駅が1446人、渡辺橋駅が1965人、中之島駅が1698人である。各駅で中之島駅に向かう乗車客はなにわ橋駅が49人、大江橋駅が69人、渡辺橋駅が26人と二桁台に過ぎず、ほとんどいないに等しい。

定期外客で下り方面をみてみると、京阪本線から7456人、やはり12%が直通している。降車客はなにわ橋駅が651人、大江橋駅が1629人、渡辺橋駅が2626人、中之島駅が5683人、乗車客は天満橋駅が1586人、なにわ橋駅が398人、大江橋駅が936人、渡辺橋駅が213人となっている。定期外客の乗降が圧倒的に多いが、実数としては宇治線よりも利用されていない。

当初は、京阪本線に直通する快速急行など各種の優等列車が終日にわたって走っていたが、現在は朝夕ラッシュ時と夜間に走るのみで昼間時はすべて普通である。昼間時の普通の運転間隔は10分である。土休日にいたっては1日に2往復の区間急行が運転されるだけで、他はすべて普通になっている。

朝ラッシュ時下りの中之島駅到着8時0分から1時間の間に通勤快急3本、通勤準急2本、区間急行2本、普通3本の計10本が走る。中之島線内はすべて各駅に停車し、運転間隔は6〜9分となっている。

タラッシュ時、上りの中之島発18時0分から1時間の間に準急が6本、普通が3本運転されている。

昼間時も含めて、普通の多くは京橋駅で淀屋橋発着の優等列車と接続する。直通が少なくても京橋駅でホームの対面に停車するので利便性については問題はないが、優等列車に乗り換えても座れる保証はない。

なにわ筋線が開通すると、終点中之島駅から関西空港や和歌山、そして新大阪駅に行きやすくなる。なに

中之島駅の頭端部にはシールドマシンのカッターが埋めこまれている

わ筋線の開通で息を吹き返すことになる。

さらに、平成16年（２００４）10月に出された近畿地方交通審議会の答申８号である「既存鉄道施設の改良と新規路線の整備」で、中之島線は玉江橋《たまえばし》から西九条《にしくじょう》、千鳥橋を経て新桜島《しんさくらじま》に至る新線が取り上げられた。

## 新桜島駅から計画している大阪メトロ中央線に直通を

新桜島駅はＵＳＪ駅の最寄駅となる。これを前提に、ＵＳＪに隣接してホテル京阪が開業している。また、西九条駅で阪神と相互直通も京阪として考えていた。

しかし、夢洲《ゆめしま》が大阪万博の会場になるとともに恒久施設のＩＲの設置が決まり、西九条に向かうよりも九条駅に向かい地下鉄中央線と連絡するほうに変更している。中央線はコスモスクエアから夢洲への延伸計画がある。

さらに中央線は夢洲を経て新桜島まで伸ばす計画だから、当初のように新桜島までの延伸でいいのだが、中之島駅から九条駅までだけにすると建設距離は非常に短くなり、早期に開業して万博とＩＲの乗客を取り込むことができる。

さらに京阪は九条駅から西九条駅まで伸ばしてＵＳＪに向かう構想も公表した。しかし、こうなるとＵＳＪへは遠回りになってしまう。当初の計画通りストレートに新桜島駅までを建設したほうがいい。

そしてさらに新桜島―夢洲間は第３軌条方式の中央線の延伸であったとしても、第３軌条のほかに架線方式も付加し、京阪電車も夢洲駅まで直通できるようにすれば九条駅に向かわなくてもいい。また、西九条―千鳥橋駅間は阪神と重複するので、中之島線側は千鳥橋駅を設置しないことがベターである。

最近はシールドトンネルで新線建設をするので、費用も建設期間も短くできるが、駅については多額の費用を必要とする。駅はできるだけ少なくしたほうがいいのである。

# 阪神なんば線

## 定期運転の近鉄特急の実現を

阪神なんば線は、大阪難波《おおさかなんば》—尼崎《あまがさき》間10・1キロの路線で、このうち大阪難波—西九条《にしくじょう》間は西大阪高速鉄道が第3種鉄道事業者である。そして阪神電鉄は第2種鉄道事業者となっている。西九条—尼崎間は阪神電鉄が第1種鉄道事業者である。

難波駅で近鉄難波線と接続、南海本線と高野線、大阪メトロ御堂筋線と四つ橋線、千日前線と連絡、難波—桜川《さくらがわ》間で大阪メトロ千日前線と並行、桜川駅で南海潮見橋線と大阪メトロ千日前線、ドーム前で大阪メトロの長堀鶴見緑地線、九条駅で大阪メトロ中央線、西九条駅でＪＲ環状線と桜島線に連絡し、大物《だいもつ》—尼崎間で阪神本線と並行、尼崎駅で阪神本線と接続する。

桜川駅の尼崎寄りに近鉄電車折り返しのための引上線があり、営業列車のほかに回送列車も多数走ることから、大阪難波—桜川間は近鉄が運行をつかさどっている。このため阪神電鉄の運行上の起点は桜川駅となっており、阪神と近鉄の乗務員の交代は桜川駅で行われている。

阪神なんば線は当初、伝法《でんぽう》線と称していた。大正13年（1924）1月に伝法—大物間が開通した。阪急神戸線の開通に対抗して、阪神では梅田—三宮間に高速運転ができる高速路線を計画した。その一環として伝法線を開通させた。

当初のターミナルである出《で》入橋《いりばし》駅から梅田駅まで地下化したが、この地下線は複々線で造られていた。出入橋駅付近からは伝法駅までほぼ直線にした別線を建設し、伝法線を経由して尼崎駅へ、そして尼崎駅から西宮駅までも別線、西宮—深江《ふかえ》間は複々線、深江—御《み》影《かげ》間は別線、そして御影—三宮間は複々線とするとして計画された。

大正13年8月には千鳥橋—伝法間、昭和3年12月には大物—尼崎間を延長開通させたものの、その後、高速線計画はとん挫した。

戦後、近鉄とともに大阪高速鉄道を設立して野田《のだ》—

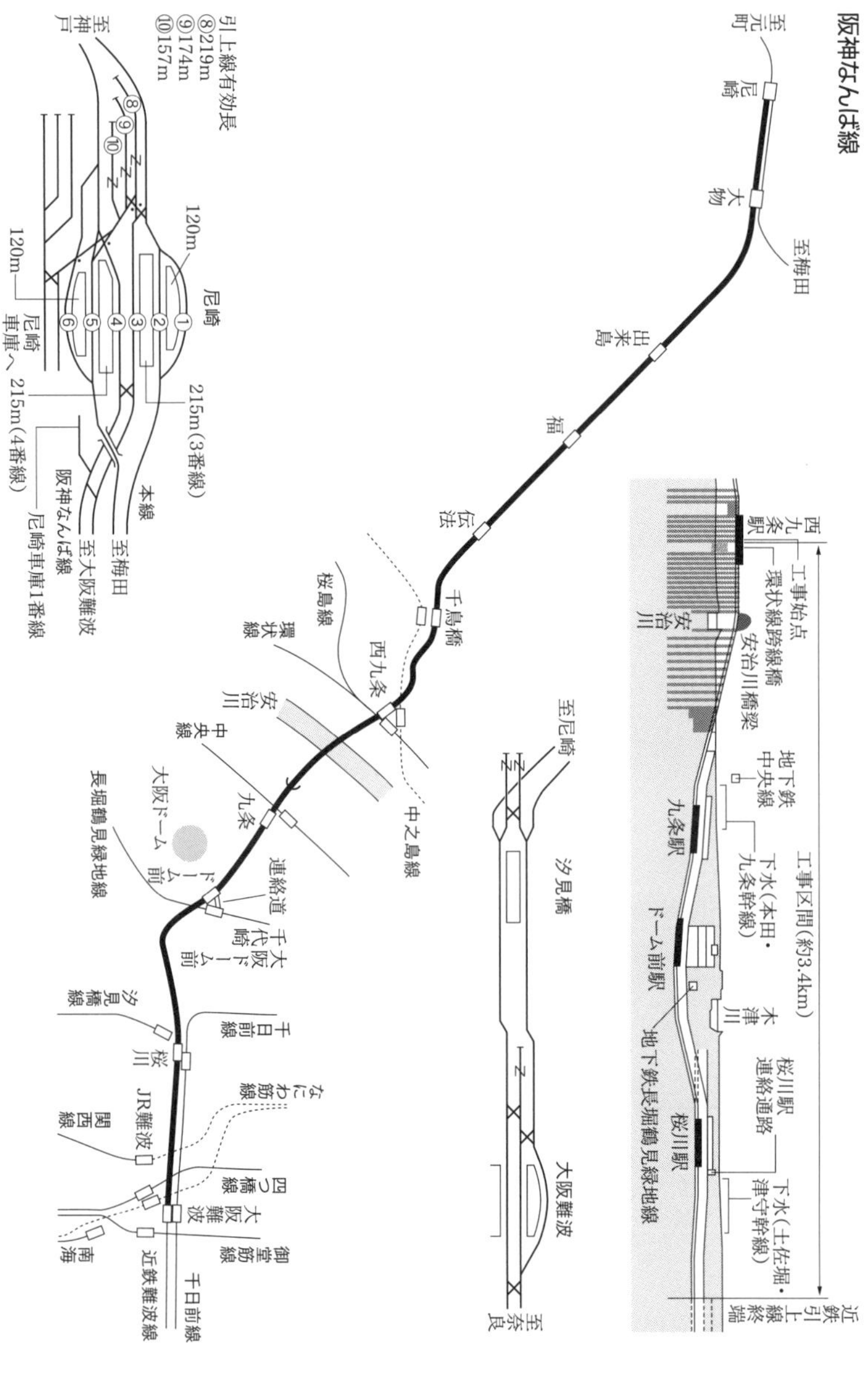
阪神なんば線
至元町
尼崎
大物
至梅田
出来島
福
伝法
千鳥橋
西九条
桜島線
環状線
安治川
中央線
中之島線
九条
大阪ドーム
ドーム前
連絡道
千代崎
大阪ドーム前
長堀鶴見緑地線
汐見橋線
千日前線
桜川
なにわ筋線
JR難波
関西線
四つ橋線
大阪難波
御堂筋線
南海
近鉄難波線
千日前線
西九条駅
環状線跨線橋
安治川橋梁
安治川
工事始点
地下鉄中央線
下水(本田・九条幹線)
九条駅
工事区間(約3.4km)
ドーム前駅
木津川
地下鉄長堀鶴見緑地線
桜川駅連絡通路
桜川駅
下水(土佐堀・津守幹線)
近鉄引上線終端
至尼崎
汐見橋
大阪難波
至奈良
引上線有効長
⑧219m
⑨174m
⑩157m
至神戸
120m
尼崎
120m
尼崎車庫へ
215m(3番線)
215m(4番線)
本線
阪神なんば線
至梅田
至大阪難波
尼崎車庫1番線

上本町《うえほんまち》間を建設、阪神と近鉄が相互直通することにしたが、これは大阪市から横槍が入って中止した。そしてこのルートそのもので大阪地下鉄千日前線が開通する。

そこで阪神は、伝法線の千鳥橋駅から難波まで延長、近鉄も上本町から難波まで延長して相互直通することになった。特許取得は昭和34年（１９５９）２月のことである。

昭和39年5月に千鳥橋―西九条間が開通して路線名を西大阪線とした。そして45年までに難波まで開通させるつもりだったが、九条駅辺りの商店街が「買い物客が神戸へ逃げる」として反対した。騒音についての補償でも決裂してしまい、延伸計画はとん挫した。

それでも40年9月に西九条―元町《もとまち》（のちに三宮）間に西大阪特急の運転を開始した。停車駅は尼崎、西宮、三宮とした。

その後、とりあえず九条駅まで延伸することになったが、西九条駅から地下となる予定の九条駅まで急勾配で降りることになる。運転を誤れば九条駅の壁に激突してしまう。そこで九条乗り入れ車両の３８０１系には、下り勾配を一定の速度で走る45キロと25キロの2段階の抑速ブレーキを装備することになった。そして、普通用ジェットカーの多くも抑速ブレーキを付けた。

しかし、九条駅までの延伸はまったく具体化しなかった。ようやく計画が進んだのは平成13年（２００１）になってからのことである。

上下分離によって建設することで、インフラ部分を建設する第3セクターの西大阪高速鉄道に国の補助予算が付けられて11月に着工した。

当初の難波延長線では、途中駅を仮駅名で中九条、汐見橋としていたが、これに大阪ドーム球場を最寄駅としたドーム前駅を加え、中九条駅は九条駅、南海汐見橋線と同じ仮駅名とした汐見橋駅は千日前線と同じ桜川駅とした。

騒音問題で揺れた西九条―九条間の明《あか》り区間（トンネルでない区間）では、半透明の防音壁を設置した。また、南海汐見橋線が地下化してなにわ筋線と直通することに備え、千日前線の桜川駅との間に南海汐見橋駅を設置することを前提にした構造で造られることになった。

なにわ筋線の南海本線接続は新難波駅となったので、この構造は不要になったと思えるが、南海汐見橋駅の地下化は都市計画で決定されており、いずれ地下化されることになる。

そして平成21年3月に大阪難波―西九条間が開通し、路線名は阪神なんば線と三度目の改称を行った。

全線にわたって追越駅はなく、近鉄電車が折り返す桜川駅を除くと、西九条駅のみ折り返しが可能である。しかも、尼崎方面からの電車が下り1番線に転線して尼崎方向へ戻ることができる、上り電車の折返用である。

ホームの長さは、難波―西九条間と尼崎駅が近鉄の21m大形車10両編成対応の215m、千鳥橋―大物間が大形車6両編成対応の130mとなっている。

難波駅は、島式ホームと片面ホームが各1面あり、尼崎寄りに引上線1線が設置されている。北側から1番線で片面ホームの面しているのが3番線である。

その1、2番線は、21m大形車12両分プラスアルファの長さがあって、6両編成を2本停車させることができる。このため特急の発着線にしていたが、阪神なんば線開通後は、阪神直通電車の多くが1番線で発着する。

近鉄線では快速急行の列車種別表示色は赤とし、近鉄が従来から使用しているもので案内をしている。扉の乗車位置は近鉄車が○、阪神車が△で、信号方式も近鉄用である。これは相互直通をする前の表示をそのままにして、乗客が戸惑うのを防ぐためである。ただし乗り越し精算機は近鉄用と阪神用の2種類が置かれている。

大阪難波駅を出て、引上線がなくなると単線並列シールドトンネルになって、緩く左カーブをして桜川駅となる。島式ホームで左カーブ上にある。千日前線桜川駅は新なにわ筋をはさんで難波寄り北側の斜め向かいにある。その間の地下に南海汐見橋線の汐見橋駅が設置される予定である。

桜川駅から阪神方式の案内に切り替わる。快速急行の案内は青になり乗車位置の案内は近鉄車が△、阪神車は○になる。引上線は近鉄が使用するので近鉄方式の信号装置になっている。

桜川駅を出ると上下線間に引上線が延び、阪神なんば線本線は、右に大きくカーブしながら33‰の下り勾配で単線並列シールドトンネルを下っていく。木津川の下を通るためである。

木津川下の中央あたりで2‰の上り勾配で進み、それが10‰の上り勾配になるとドーム前駅である。駅の手前で長堀鶴見緑地線が上で交差する。ドーム前駅は地下4層のところにホームがあり、地下3層目と吹き抜けになっているところがある。

西九条駅を出発した阪神車の快速急行奈良行

西九条駅に進入する近鉄車の快速急行奈良行

駅を出ると左カーブしながら32・5‰、次に35‰の上り勾配で進んで九条駅となる。大阪難波寄りのホームは直線だが、尼崎寄りは右にカーブしている。高架を走る地下鉄中央線は、尼崎寄りの少し離れたところにあり、しかも地上3階にある。阪神なんば線は地下2階にホームがあるので乗り換えはあまり楽ではない。

九条駅から40‰の上り勾配で地上に出て、さらに35‰の上り勾配で地上5階の高さになって安《あ》治川《じがわ》を渡る。これだけ高くするのは安治川に船が運航されているからである。そしてそのままレベルで進んで西九条駅となる。

阪神なんば線になる前の西九条駅は、大阪環状線の手前で止まっていて、ホームの長さは80mしかなく尼崎寄りは半径400mで左に曲がっている。ホームを大阪環状線を越えた先まで延伸し、東改札を新設した。従来の改札口は西改札とした。また、大阪環状線を越える部分のホームの幅は狭くなっている。

出来島駅付近を走る阪神車10両編成の快速急行

福駅を出たレトロ塗装の近鉄車の普通尼崎行

次の千鳥橋駅は、島式ホーム2面4線にできる構造で高架化されたが、2面4線化する用地を完全に確保できなかったことと、中形車6両対応から大形車6両対応にするホーム延伸によって不可能になった。現在でも大阪難波寄りのホームの屋根や副本線が入る形状のホームになっていて待避駅にしようとした跡がわかる。

伝法駅は地上のままホームを少し延伸した。その先の758mの新淀川橋梁は桁下の高さが低く、洪水時や高潮時に両岸の堤防上にある防潮鉄扉を閉めるため、阪神なんば線は運行停止になる。今後、新淀川橋梁を掛け替えることになり、そのときには伝法駅と次の福《ふく》駅は高架になる。

出来島《できじま》駅は高架になり、194mの神崎川橋梁、145mの左門殿川橋梁を渡って左カーブして大物駅となる。大物駅は、本線と片面ホーム2面と島式ホーム1面による線路別ホームになっている。本線の梅田方向から阪神なんば線の大阪難波方向への乗り換えは、島式の同じホームで乗り換えることができる。ただし普通同士の乗り換えであり、優等列車は尼崎駅で乗り換えとなる。

大物―尼崎間で本線下り線が阪神なんば線を斜めに乗り越していき、尼崎駅では内側の3、4番線が阪神なんば線の発着線で、両外側にある2線の本線発着線に挟まれている。

阪神なんば線の難波―西九条間の各駅のホームは、

近鉄車の大形車の10両編成対応になっており、尼崎駅の3、4番線もそうである。千鳥橋―大物間は大形車6両編成対応である。

本線は中形車の6両編成対応なので、ホームの長さが大きく異なる。ホームの神戸寄りは、本線と阪神なんば線のそれぞれのホームの端はほぼそろっており、阪神なんば線だけ難波寄りにホームが大きく伸びている。

快速急行が10両、もしくは8両編成だった場合は6両だけが本線に直通して、4両もしくは2両は、尼崎駅で切り離す。切り離された車両は6両以上に編成を組み直して難波方面に折り返していく。

本線電車との三宮方面への乗り換えは、4番線と同じホームの5番線に停車する電車とは、階段を使うことなしに平面移動でできる。

それだけではなく、5番線で待避している普通電車は、両側の扉を開けて、6番線に停車する本線急行などへ、普通電車の車内を通り抜けて乗り換えることができる。

上りに対しても、同様に2番線に停車している梅田行普通の車内を通り抜けて、急行などと平面移動で乗り換えができる。これが車両通り抜け乗り換え方式というものである。

また、本線特急も上りは2番線、下りは4番線に停車して両側の扉を開ける。尼崎駅から乗る本線利用の乗客は、上下線とも二面ずつホームがあるために、いずれのホームに登っても乗ることができるようにしている。

尼崎駅での阪神なんば線電車の折り返しは、神戸寄りにある引上線で基本的に行うが、異常時に備えて大阪難波寄りに下り線から3番線に転線できる順方向渡り線が置かれている。また、大物―尼崎間に順方向渡り線があり、その先で分岐して尼崎車庫の留置1番線とつながっている。

これは桜川駅の引上線が使用できなくなった異常時に対応するためのものである。現在、朝ラッシュ時の終了後に、回送の近鉄車の1本がこの分岐ポイントを通って1番線に入線している。

## 阪神車と近鉄車は長さが違う

1000系6両編成13本と2両編成9本、それに9000系6両編成5本が使用される。

19m3扉のステンレス車体で、近鉄線に乗り入れるために、近鉄方式のATSをはじめとする近鉄対応の各種機器を搭載している。6両編成が基本だが、1000系には増結用の2両編成があり、阪神なんば線と近鉄線で8または10両編成で走る。このため尼崎駅で増解結が行われる。

1000系の6両編成だけでなく、9000系とも増結は可能であり、また増結編成だけによる6両編成も走る。両形式は阪神なんば線だけではなく、阪神本線の優等列車や山陽電鉄線への直通特急としても走る。

1000系は、当初から阪神なんば線用として造られたが、9000系は阪神・淡路大震災で被災して廃車された車両の代替と登場し、その後阪神なんば線用に改造された車両である。

近鉄乗り入れ車（以下近鉄車）は9820系6両編成10本、5820系6両編成5本、2両編成19本、5800系6両編成5本、1026系6両編成4本、1252系2両編成7本である。

21m4扉車で5820系と5800系は、L／C車というクロスシートとロングシートの両方に可変できる座席である。しかし、阪神直通電車に使用するときはすべてロングシートにする。

阪神と同様に2両編成は増結用として直通電車に使用され、尼崎駅で増解結が行われる。しかし、阪神車との連結はしない。

阪神車が19m3扉車、近鉄車が21m4扉車だからである。また、機器配置も統一されておらず、両社の乗務員は他社の車両の取り扱いについては使い分けて対応している。いずれにしても車両の統一をせずに相互直通を行っている珍しいケースである。

近鉄車の10両編成の長さは210m、阪神車は190mなので、1両分の長さの違いがある。また、各ホームでの扉の乗車位置は大きく異なってしまう。このため通常のホームドアの設置はできない。

ホームドアをつける場合はJR西日本が採用している昇降式となろうが、扉開閉時に車掌から前方への見通しが悪くなることや、混雑するホームでは事故を防ぐためのセンサーによる昇降ストップ装置が頻繁に動作するなどの懸念があって採用に踏み切れていない。

　もう一つの方法としては、首都圏の東急田園都市線宮前平《みやまえだいら》駅や新幹線のようにホームドアを1・5mほど後退させる方法もあるが、これもホームドアの外に取り残される危険性などの問題もある。さらにもう一つ、可動柵部分を広幅にして、固定柵部分をかなり狭くして、開口部分を広げる方法がある。これは可能かもしれないが、実用化されていない。いずれにしても、なかなかいい案が浮かばないところである。

　車両の長さくらいは統一すべきだった。事実、昭和46年に西大阪線延伸用に投入された3801系は、近鉄と同じ21mとすることが検討された。しかし、検修ピットを21m車対応にするための延伸は大変だとして見送られた。その考えがそのままにされて、阪神なんば線は開通してしまった。

　なお、臨時で近鉄特急が甲子園駅や三宮駅まで直通することがある。このため近鉄特急車の22600系のうち4両編成と2両編成の各2本が、阪神への乗り入れが可能になっている。

## 阪神なんば線は空いている

　最混雑区間は千鳥橋→西九条間で、最混雑時間帯は7時32分から8時31分、この間に延べ70両が走る。1両当たりの平均定員は128・5人、輸送力は8994人、輸送人員は7977人で、混雑率は89%と100%を大きく割っている。

　実際に西九条駅到着で運転本数をみてみると、快速急行が6本、阪神線内各駅停車が5本となっている。うち近鉄車の快速急行6両編成が2本、近鉄車の各駅停車が2本、阪神車のほうは10両編成が1本、6両編成6本である。近鉄車と阪神車とは定員が異なるので平均定員が整数にならない。

　定期客の1日当たりの流動状況をみてみると、尼崎駅での本線神戸方面からの流入客が1万6333人、尼崎駅乗車が1952人となっている。大物駅は乗車のみカウントされている。千鳥橋駅までは乗車が多く、降車は少ない。一番乗車が多いのは福駅、降車が多いのは出来島駅である。出来島駅の近くに西淀川高校と工場があるためである。

　千鳥橋駅まで漸増していき、千鳥橋—西九条間の乗車人数は1万6000人となる。西九条駅で、JR大阪環状線と桜島線に乗り換えるために5000人近くが降車する。乗車は1000人程度なので西九条―九条間の乗客は1万2000人に減る。九条駅でも地下鉄中央線に乗り換える降車客が多く乗客は減る。ドーム前駅と桜川駅は乗降客が拮抗し、近鉄線への直通客は6800人余りになる。

定期外客も似た傾向にあるが、西九条駅ではJR桜島線への乗り換え客が多い。USJへの行楽客が多いためである。そのために阪神も神戸方面からの割引切符を販売している。

阪神なんば線の快速急行は、阪神本線に乗り入れて三宮駅まで走る。このため本線と同様に朝ラッシュ時12分サイクル、昼間時以降20分サイクルとなっている。優等列車は、快速急行のほかに準急、区間準急があるが、準急、区間準急は近鉄奈良線で通過運転をし、阪神なんば線内は各駅停車となっている。

快速急行は難波―西九条間各駅、以遠は尼崎駅までノンストップとなっている。また、本線の停車駅は武《む》庫川《こがわ》（一部通過）、甲子園、今津《いまづ》（一部通過）、西宮、芦屋、魚崎《うおざき》である。

朝ラッシュ時上りは12分サイクルに快速急行と各駅停車が各1本走るが、尼崎7時26分発奈良行快速急行があり、その3分後に三宮発難波行快速急行が走る。尼崎始発の快速急行は、阪神車10両編成である。折り返し前は、前日に大和西大寺《やまとさいだいじ》の車庫に滞泊して朝、奈良駅始発の快速急行尼崎行として走る。

下りは8時台から12分サイクルになる。その前の20分サイクルのときも含めて、三宮行快速急行は10両編成で尼崎駅まで向かい、尼崎駅で4両を切り離して6両編成になる。難波発6時36分から7時36分までの5本は近鉄車の10両編成である。また、難波発7時20分の近鉄車の普通は、尼崎駅から快速急行になる。

昼間時は20分サイクルに快速急行1本、普通2本の運転である。普通の約半数は近鉄線内で通過運転をする区間準急である。

近鉄特急の阪神線への定期直通運転が課題になろう。無理すれば1時間に3本、20分毎の運転は可能である。本線の尼崎―西宮間でみると、昼間時で1時間に21本の運転となるが、かつての西大阪特急が走っていた時代では1時間20本が同区間で運転されていた。さらに休日の昼間時に準急を走らせたことがあり、そのときには尼崎─甲子園間で1時間に25本の過密運転をしていた。しかも、各列車は遅くならなかった。

ただし、阪神なんば線内に待避駅が必要である。千鳥橋駅は島式ホーム2面4線にして待避ができるように準備されていたが、近鉄車6両編成に対応するためにホームを延伸し、また、待避線の用地そのものを確保していなかったので、待避線用地にビルが建ってしまっている。

それに千鳥橋駅では西九条駅に近い。尼崎─西九条間の中間にある福駅あたりにあったほうが、ダイヤ作成上、好ましい。福駅付近は淀川橋梁の架け替えのために高架化が決まっている。新幹線タイプの通過線と停車線とした相対式ホーム2面4線にすれば、用地も最低限ですむ。

三宮駅では、現状のままで近鉄直通特急を走らせると折り返しができない。ただし、快速急行の折り返し時間を、かつての西大阪特急と同じ5分にすれば可能になる。

それができないとすれば、山陽姫路駅まで直通してもいい。

難波─三宮間の停車駅は桜川、西九条、尼崎、西宮、芦屋となろうが、桜川駅では乗務員交代が必要なだけなので、運転停車でもいい。また、山陽電鉄の姫路まで乗り入れる場合は、三宮、高速神戸、舞子公園《まいここうえん》、明石、高砂《たかさご》であろう。

それでも1時間に21本の運転では回送電車を走らせる余裕はない。それなら20分と40分の間隔、つまり1時間に2本の運転としてもいい。また、そろそろATSも更新する時期なので、間隔を詰めることができるパターン制御方式に取り換えてもいい。

近鉄線内の行き先は、伊勢と名古屋がいいが、もう1本運転できるのであれば橿原神宮前行、そしてフリーゲージトレインが実用化されれば、吉野まで足を伸ばせばいい。

近鉄特急の直通は、まずはダイヤに余裕がある阪神なんば線内だけにして、その後、本線直通の延長運転をすることだろう。このときには、高架化予定の福駅か伝法駅に待避設備を設けると柔軟なダイヤになる。

## JR大阪環状線・桜島線

### 西側と東側で走る列車が違う

大阪環状《おおさかかんじょう》線は、天王寺《てんのうじ》—大阪—天王寺間21・7㌔の環状路線である。正式には、天王寺—大阪—新今宮《しんいまみや》間20・7㌔で、新今宮—天王寺間1・0㌔は関西本線に所属している。そこに環状線電車が線路とともに乗り入れている形になっている。このため、関西線の同区間は複々線になっている。

大阪環状線が正式路線名称だが、通常は単に環状線と呼ばれている。桜島線は西九条《にしくじょう》—桜島《さくらじま》間4・1㌔の路線で、従来は工場・倉庫街などの殺風景なところを走り、地元しか知らない都会の中のローカル線だったが、ユニバーサルスタジオジャパン（ＵＳＪ）が開園してからは全国はおろか世界中で有名になった。

天王寺駅で関西線と接続、その関西線は阪和《はんわ》線と接続しているほかに、近鉄南大阪線阿部野橋駅と大阪メトロの御堂筋線、堺筋線と連絡する。鶴橋《つるはし》駅で近鉄大阪・奈良線・難波線と大阪メトロ千日前線、玉造《たまつくり》駅で大阪メトロ長堀鶴見緑地線、森ノ宮《もりのみや》駅でも長堀鶴見緑地線と連絡するほかに中央線とも連絡する。京橋《きょうばし》駅では、やはり長堀鶴見緑地線のほかに京阪本線と連絡、天満《てんま》駅で大阪メトロ堺筋線（駅は扇町《おうぎまち》）と連絡する。

大阪駅では、ここに集まる各線と連絡するほかに、東海道線の京都寄りで下り3番線と接続する渡り線がある。

野田《のだ》駅で大阪メトロ千日前線、西九条駅で桜島線と接続して直通電車が走るとともに阪神なんば線と連絡する。

弁天町《べんてんちょう》駅で大阪メトロ中央線、大正《たいしょう》駅で大阪メトロ長堀鶴見緑地線、芦原橋《あしはらばし》駅で南海汐見橋線（駅は芦原《あしはら》町《ちょう》）、今宮《いまみや》駅で関西線と連絡する。

新今宮駅では関西線と方向別で接続して新今宮—天王寺間では関西線と複々線になる。ただし天王寺駅手前で線路別複々線になる。また、南海本線と高野線と連絡する。

大阪駅と天王寺駅を境に、西側と東側では走る列車

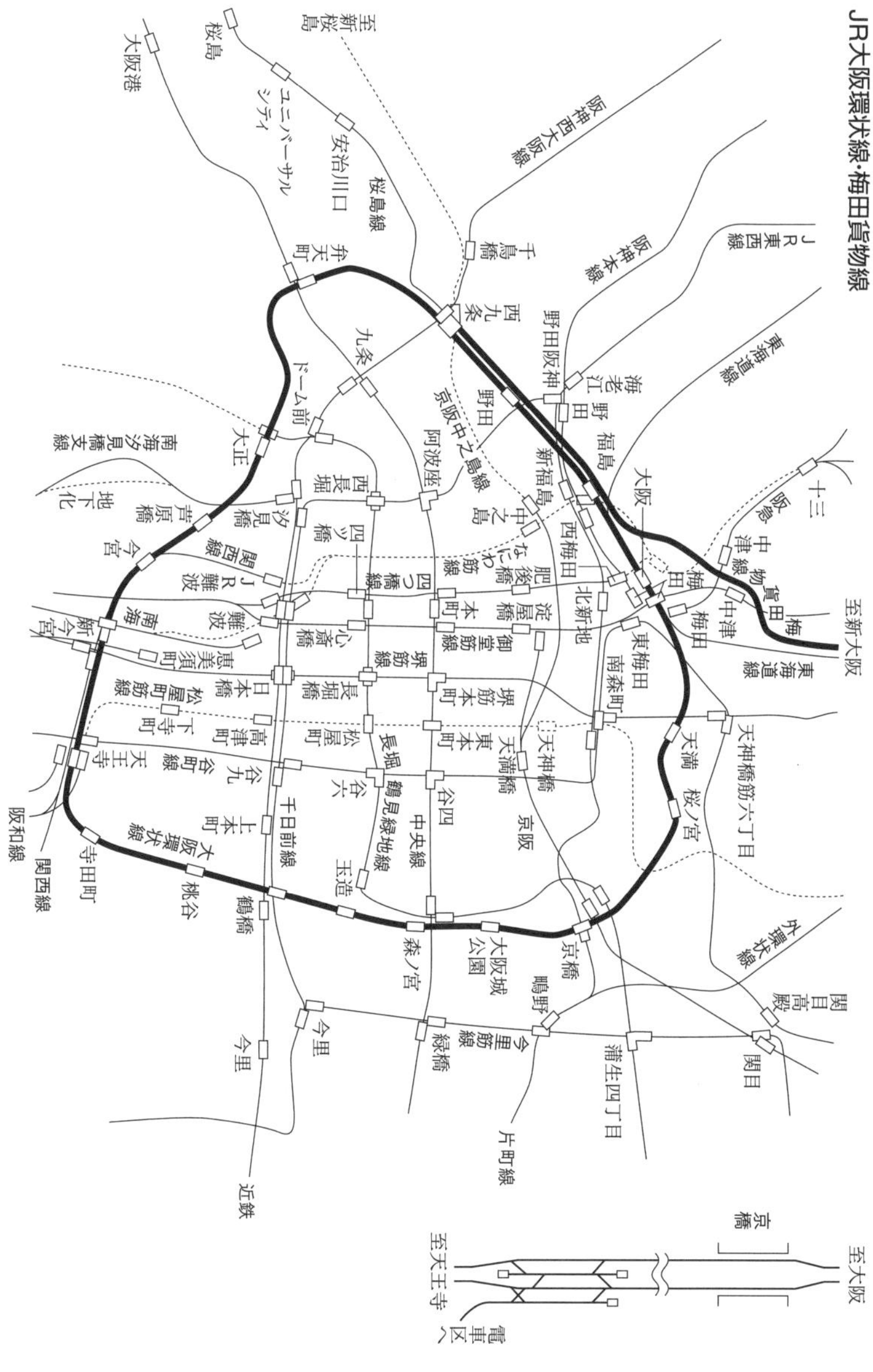
JR大阪環状線・梅田貨物線
至新大阪
梅田
貨物線
中津
十三
阪急
東海道線
JR東西線
阪神本線
阪神西大阪線
海老江
野田
福島
大阪
北新地
西梅田
東梅田
南森町
天満
天神橋筋六丁目
桜ノ宮
京橋
大阪城公園
森ノ宮
玉造
鶴橋
桃谷
寺田町
天王寺
新今宮
今宮
芦原橋
大正
ドーム前
弁天町
西九条
安治川口
ユニバーサルシティ
桜島
桜島線
至新桜島
大阪港
千鳥橋
九条
野田阪神
新福島
中之島
京阪中之島線
阿波座
西長堀
四ツ橋
なにわ筋線
肥後橋
淀屋橋
本町
四つ橋線
心斎橋
御堂筋線
堺筋線
長堀橋
堺筋本町
松屋町
東本町
天満橋
天神橋
京阪
長堀
鶴見緑地線
谷六
谷四
中央線
日本橋
恵美須町
下寺町
松屋町筋線
谷町線
谷九
上本町
大阪環状線
千日前線
高津町
汐見橋
難波
JR難波
関西線
南海
南海汐見橋支線
地下化
阪和線
関西線
近鉄
今里
今里筋線
緑橋
鴫野
蒲生四丁目
関目
関目高殿
片町線
外環状線
至大阪
至天王寺
京橋
電車区へ

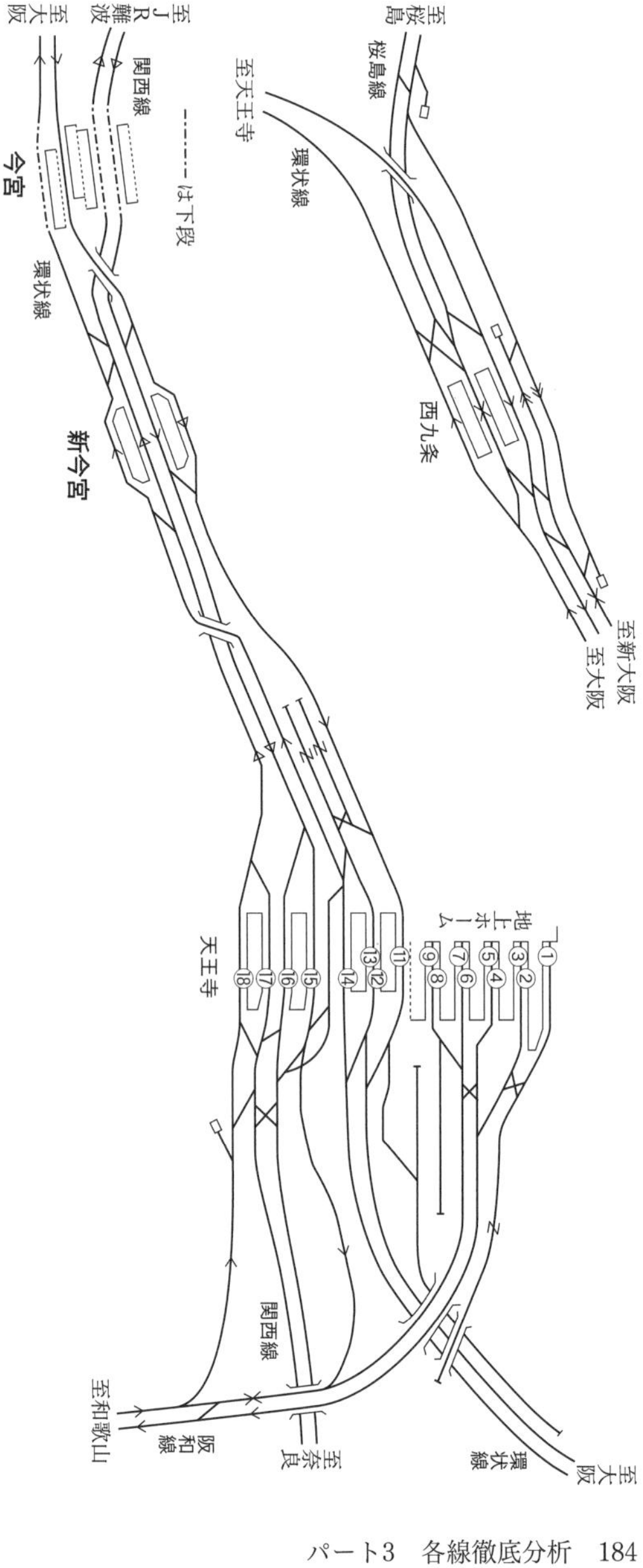


が異なる。もちろん一周する環状運転の電車はあるが、このほかに、西側では特急「はるか」と「くろしお」、関空・紀州路快速、大和路快速が走る。

東側でも関空・紀州路快速と大和路快速は走るが、各駅に停車するのに対して西側では快速運転をする。特急は、新大阪駅から梅田貨物線を経て環状線に乗り入れる。

梅田貨物線は福島《ふくしま》駅で終わるが、ここで環状線と合流せずに、複線の環状線線路の横に単線の貨物線が並行して西九条駅で環状線との間に渡り線があって転線する。

なお貨物線は西九条駅で行き違いができるように複

線になっている。その先で桜島線につながっていて、貨物列車は安治川口《あじがわぐち》駅にある貨物ヤードまで走る。

関空・紀州路快速と大和路快速は、天王寺発着で環状線を一周して関空・紀州路快速は阪和線へ、大和路快速は関西線に直通する。ただし、関空・紀州路快速の一部は京橋発着になっている。

特急と関空・紀州路快速は新今宮駅で関西線に転線して、天王寺駅で連絡線を経て阪和線に入る。大和路快速も新今宮駅で関西線に転線してそのまま奈良方面へ向かう。

玉造駅にあるVIERRA TAMATSUKURIビルの
横を走る新鋭323系電車

桜島線は西九条駅の中線で発着する。環状線との直通電車も含めて両側の扉を開けて、環状線の内外回りを走る両方の電車との乗り換えがスムーズにできる。

その先で並行していた梅田貨物線が合流する。安治川口駅は島式ホーム1面2線だが、貨物取扱駅でコンテナヤードが広がっている。すぐにＵＳＪの最寄駅で、相対式ホームのユニバーサルシティ駅となる。

終点桜島駅は島式ホームで、ロープ昇降式のホームドアを最初に設置した。工場・倉庫街がある殺風景な駅だったが、ＵＳＪができてホテルや駐車場、それにＵＳＪが隣接して景色が一変している。

環状線と言えば、オレンジ色の１０３系を思い浮かべる人は多い。玉造駅のそばにあるＶＩＥＲＲＡ ＴＡＭＡＴＳＵＫＵＲＩは、高運転台の１０３系を模した建物にしている。

しかし、１０３系はすでになく、その後に登場した２０１系もほとんど見ることができない。代わって登場したのが３２３系である。４扉ロングシートから３

323系は3扉ロングシートの環状線標準通勤形

扉ロングシートになった。混雑が緩和して4扉にする必要はないということだが、3扉にした大きな理由は設置予定の標準仕様のホームドアに対応するためである。

環状線に乗り入れている関空・紀州路快速用の225・223系と、大和路快速用の221系は3扉クロスシートなので、すべて3扉に統一してしまえば、特殊なホームドアは必要なくなる。ただし特急「くろしお」が停車する西九条駅の中線だけは、ロープ昇降式にする必要がある。

関空・紀州路快速用の225・223系のクロスシートは横1&2列なので、立席面積が広く収容力はある。大和路快速用の221系は通常の横2&2列なのでラッシュ時にはぎゅう詰めになる。といっても環状線の混雑はかなり緩和したので、さほど問題になっていない。

## ラッシュ時は非常に空いてきている

京橋→桜《さくら》ノ宮《みや》間の最混雑時間帯は7時30分から1時間で、8両編成17本136両が走り、輸送力は1万9

264人、輸送人員は2万1555人なので混雑率は112％である。平均定員142・1人である。

最混雑区間は内回りの京橋→桜ノ宮間だが、鶴橋→玉造間と外回りの玉造→鶴橋間もずっと取り上げられている。

ところで、平成29年度は、環状線電車に201系と103系がまだ使われていた。8両編成で定員は1120人、平均定員は140人である。これに広幅車の323系の投入が開始している。こちらは8両編成で1186人、平均定員は148・3人である。また、関西線の区間快速や普通も環状線に一部乗り入れているが、すべて221系である。

さらに関空・紀州路快速225系と223系の8両編成と大和路快速の221系が加わる。225・223系の8両編成の定員は1090人、平均定員は136人、221系の8両編成の定員は978人、平均定員122人である。

221・223・225系はオールクロスシートだから、座席数＝定員として算出しなければならないが、221系は扉部分の踊り場の立席を考慮しなくてはならず、223・225系の座席は横1＆2列のために立席面積が広い。そこで立席面積は0・35㎡で割り、これに座席数を加えたものを定員として計算してみた。

その結果、201・103系が8本で8960人、323系が6本で7116人、223・225系が2本で2180人、221系が1本で978人となり、輸送力は1万9234人になる。ほぼ諸元表の数値と同じである。

鶴橋→玉造間も8両編成が17本運転されている。しかし、輸送力は1万9264人と微妙に少ない。平均定員は141・7人である。最混雑時間帯は7時30分から1時間と同じでも、こちらは関空快速が1本に減り、大和路快速が2本に増えたためである。輸送人員は2万1555人なので混雑率は111％になる。

外回りの玉造→鶴橋間は、8両編成15本の運転で120両が走る。輸送力は2万691人、平均定員は140・8人である。関空・紀州路快速は京橋折り返しになるのでカウントされないため、平均定員が少なくなっている。輸送人員は1万3000人のため混雑率

まもなくなくなる4扉の201系

は77%と１００%を割っている。といっても半数は立っている。

　昭和59年度の混雑率は、京橋→桜ノ宮間が２３４%、ロングシートの8両編成が20本運転され、輸送力は2万２４００人、平均定員は１４０人、輸送人員は5万２４３０人もあった。鶴橋→玉造間の混雑率は２２５%、輸送力は同じで、輸送量は5万４７０人だった。玉造→鶴橋間の混雑率は１６７%、輸送力はやはり同じで輸送人員は3万７３９０人である。

　片町線や近鉄、京阪の乗客が減り、これらの路線からの乗換客が減ったことと、長堀鶴見緑地線が京橋—玉造間で並行するようになったことが大きな要因だが、他の理由もある。

　集中率は昭和59年度が京橋→桜ノ宮間が20・１%、鶴橋→玉造間が20・４%、玉造→鶴橋間は15・２%である。当時でも集中率が低かったが、平成26年度になると京橋→桜ノ宮間が12・６%、鶴橋→玉造間が17・４%、玉造→鶴橋間は11・１%ともっと低くなった。

　少子高齢化で通学生と働き盛りの通勤客が減ったこと、勤務開始時間の多様化によるものである。さらに最近の傾向として外国人観光客の乗車が目立っている。ラッシュ時の後半の時間帯から環状線に乗ってくるのである。

　とくにＵＳＪの最寄駅である桜島線のユニバーサルシティ駅に、大阪駅から目指す観光客がラッシュ時間帯に乗ってきている。ＵＳＪの開園は通常日で9時なので、混雑が緩和されたといっても通勤時間と重なっていないために混む。しかも電車に乗りなれていない観光客なので、扉の前に立ちはだかって乗降の邪魔をすることが多い。通勤客は大阪方面から福島、野田と漸減していく。将来は、内回りの最混雑区間は大阪→福島間になるかもしれない。

## 野田と大正の両駅は昼間時に15分毎しか停まらない

以前は、閑散時で一周の所要時間が40分だった。そこで10分毎に環状線電車が走り、天王寺―京橋―大阪間の区間電車を10分毎に運転して、鶴橋、京橋側は5分毎だった。

その後、大和路快速が天王寺から環状線を一周してから関西線に入るようになった。運転間隔は20分毎にして区間運転の1本をこれに充てた。ようは20分サイクルにしていた。

それから、関空・紀州路快速や特急「はるか」「くろしお」が走るようになっても20分サイクルにしていたが、現在は一周を45分と遅くして15分サイクルになっている。ただし天王寺駅で2分、京橋駅で1分、大阪駅で2分停車をするので、各駅の停車時間を除いた所要時間は変わっていない。

関空・紀州路快速と大和路快速の環状線内の停車駅は、天王寺―京橋―福島間各駅、西九条、弁天町《べんてんちょう》、大正である。新今宮駅で関西線に転線をする。

以前は福島と大正の両駅は通過していたが、福島駅周辺に阪神が開発した「プラザ大阪」などの多目的ビルが多数建ち、大正駅は長堀鶴見緑地線の連絡駅で大阪ドームが近いことから停車するようになった。

昼間時は、15分サイクルに環状線電車と関空・紀州路快速、大和路快速が各1本走る。しかし、快速が通過する野田、芦原橋、今宮は15分毎にしか利用できない。ただし午前中はＵＳＪへ行く人のために京橋―桜島間の桜島線直通電車が走るので少しは状況がよくなる。しかし、環状線電車の3分後に走るので最大12分待つことになる。

一番いいのは、紀州路・関空快速は今のままにするものの、大和路快速は福島と大正の両駅を通過、野田と芦原橋に停車させる千鳥式運転にすればいい。今宮駅は関西線にも駅があるから、15分毎でも構わない。

朝ラッシュ時は3分30秒前後の間隔になる。大和路快速に代わって、環状線内各駅停車の区間快速が関西

桜島線を走る201系はハリーポッターのラッピングが施されている

線からの直通電車になる。関空・紀州路快速は25分前後の運転になる。

桜島線は朝ラッシュ時6〜10分毎、午前10時まで6〜12分毎に運転される。大阪方面からの直通は8時台に多く、USJの開園時間帯前後では3分間隔になるときもある。10時台は環状線直通が15分毎に運転され、12時台になると桜島線内運転の電車が15分毎に走る。

夕ラッシュ時は、15分サイクルに線内運転と環状線直通が各1本運転される。夜間もほぼこのパターンで運転される。USJは基本的に20時で閉園するが、土休日だけでなく、平日でも21時の閉園があるために夜間も運転本数を増やしている。

新大阪駅からUSJに行くには、大阪駅に出て環状線に乗り換えることになるのが通常である。特急「くろしお」に乗って西九条駅で降りる手もあるが、西九条停車は夕方以降なので、トワイライトパスで遊ぶしかない。もっとも、「くろしお」は和歌山方面からは午前中に西九条駅に停車する。和歌山方面や関空からのUSJへの便宜を図っている。

一番いいのはおおさか東線が開通したときに、新大阪止まりではなく、梅田貨物線を通って桜島駅まで直通することである。「はるか」や「くろしお」が梅田貨物線を走っているので、15分毎の直通は難しいが開閉園時に合わせて朝桜島行、夜新大阪行を頻繁運転すればいい。また、西九条を通過して貨物線を通る新大阪—ユニバーサルシティ間をノンストップの快速にしてもいい。将来的にはうめきた駅に停車すればいい。

## 大阪メトロ御堂筋線・北大阪急行

### 大阪の地下鉄は御堂筋線だけが混んでいる

御堂筋《みどうすじ》線は、江坂《えさか》—中百舌鳥《なかもず》間24・5キロの路線で、北大阪急行電鉄南北線と接続して相互直通運転をしている。北大阪急行南北線は江坂—千里中央《せんりちゅうおう》間5・9キロの路線である。

ともに集電方式は第3軌条方式を採用している。２本のレールとは別に、軌道のサイドに直流７５０Ｖの高圧電流を流したレールで車内に電気を取り込む方式である。パンタグラフがないために地下トンネルを低くできる。地下鉄にあった集電方式である。

大阪メトロは軌道法に基づいて運営されている。平成30年（２０１８）に大阪市交通局から分離して民営化した。民営化後の社名は「大阪高速電気軌道」と軌道の文字が入っている。鉄道ではなく軌道に属している証明である。ただし、愛称は大阪メトロとして親しみやすくしている。

軌道に属していると、道路と一体で整備できて建設費を軽減できる。中津《なかつ》—江坂間では、府道で高架の新御堂筋が御堂筋線を挟んでいるのは、道路と一体で建設したためである。

また民営化といっても、大阪市が株を１００％持っている。なお、市バス事業も大阪シティバスの名で民営化された。株主は大阪市と大阪高速電気軌道である。

大阪市交通局は、地下鉄各線に路線番号を付けている。というより、昭和44年（１９６９）12月までは路線番号しかなかった。昭和44年12月6日に6号線が開通したとき、番号だけではわかりにくいということで各線に路線愛称を付けた。

主として、南北に延びている路線は府道等と同様に通りの名前に筋を付け、主として東西に延びる路線は通りの名前だけを付けることにしているので、これにならって愛称を付けた。

このため1号線は御堂筋線、2号線は谷町筋を主として走るものの一部区間で東西に走ることもあって

## 大阪メトロ御堂筋線

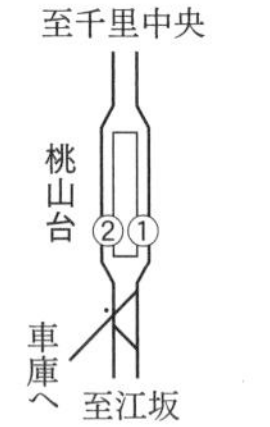
至千里中央
桃山台
②①
車庫へ
至江坂

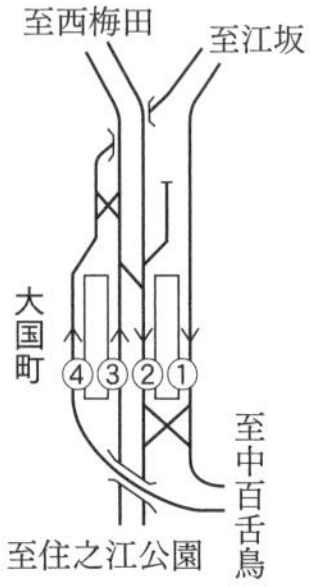
至西梅田
至江坂
大国町
④③②①
至中百舌鳥
至住之江公園

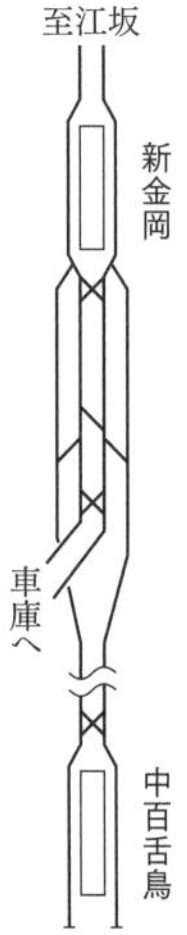
至江坂
新金岡
車庫へ
中百舌鳥

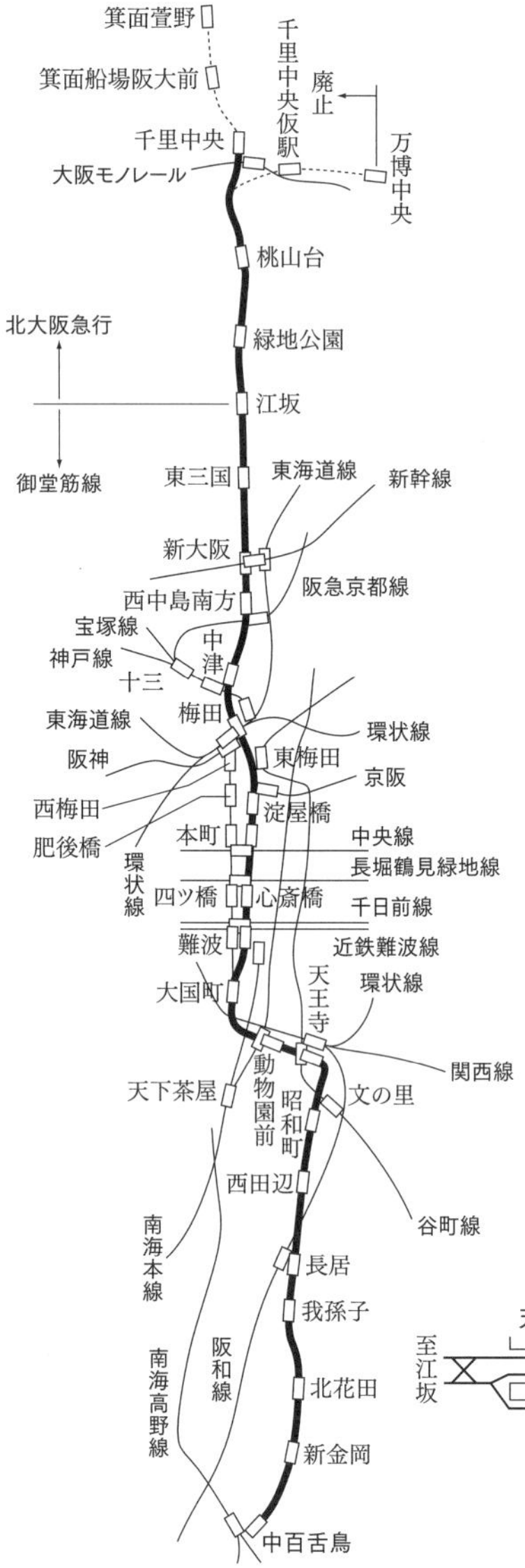
箕面萱野
箕面船場阪大前
千里中央仮駅
廃止
万博中央
千里中央
大阪モノレール
桃山台
北大阪急行
御堂筋線
緑地公園
江坂
東三国
東海道線
新幹線
新大阪
阪急京都線
西中島南方
宝塚線
神戸線
中津
十三
梅田
東海道線
環状線
阪神
東梅田
京阪
西梅田
淀屋橋
肥後橋
本町
中央線
環状線
長堀鶴見緑地線
四ツ橋
心斎橋
千日前線
難波
近鉄難波線
天王寺
環状線
大国町
関西線
動物園前
天下茶屋
文の里
昭和町
西田辺
谷町線
南海本線
長居
我孫子
南海高野線
阪和線
北花田
新金岡
中百舌鳥

至千里中央
江坂
②①
至中百舌鳥

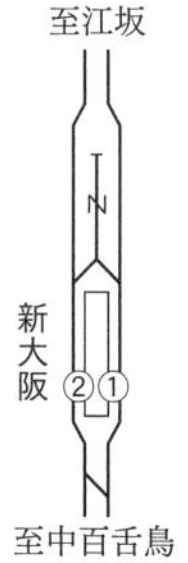
至江坂
新大阪
②①
至中百舌鳥

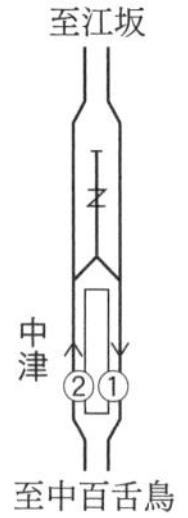
至江坂
中津
②①
至中百舌鳥

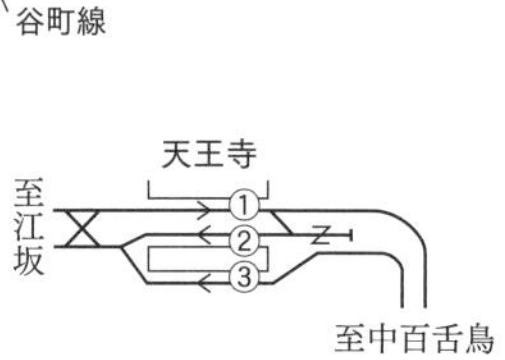
天王寺
至江坂
①
②
③
至中百舌鳥

「筋」を付けない谷町線にした。3号線は四つ橋筋を通るが、なぜか「筋」を省略している。4号線は中央大通に沿っているので中央線、5号線は桜川―新深江《しんふかえ》間で千日前通に沿っているので千日前線、6号線は堺筋に沿っているので堺筋線とした。

その後、7号線が開通したが都心を貫通していなかったので鶴見緑地線とし、長堀通に沿って都心乗り入れをしたとき長堀鶴見緑地線に改称した。8号線は今里筋に沿っているので今里筋線にした。

現在は工事もしていないが、長居公園通に沿って建設する予定の9号線は長居公園線、松屋町筋を通る構想がある路線は松屋町筋線と呼ぶことになろう。

新大阪駅に停車中の新鋭3000系電車

北大阪急行電鉄は鉄道に区分されている。大阪市が御堂筋線を千里中央まで延伸しようとしたとき、阪急がテリトリーを侵されるとして、待ったをかけた。そして阪急が株の半数以上を出資して北大阪急行を設立した。他の出資者は大阪府と関西電力や大手都市銀行で、大阪市は出資していない。

御堂筋線は基本的に大阪市内エリアを通るとし、吹田市内の江坂駅からは北大阪急行が路線を営業するとした。そして、昭和45年（1970）の大阪万博開催前に南北線と会場線を開通させた。会場線は中国縦貫道（現中国自動車道）の東行車線に敷設され、万博終了後会場線は廃止となった。

北大阪急行電鉄は、万博輸送で大黒字になったため、現在でも初乗り運賃は100円と、大阪メトロの180円は当然として大手私鉄の140円や150円よりも安い。

難波駅と中百舌鳥駅は平仮名で案内されているが、正式駅名は漢字である。

北急線は、千里中央駅で大阪モノレール線と連絡する。御堂筋線は西中島南方《にしなかじまみなみがた》で阪急京都線（駅は南方）、新大阪駅で新幹線と東海道本線、梅田駅でここに集まる各線、淀屋橋駅で京阪本線と中之島線、本町《ほんまち》駅で中央線と四つ橋線、心斎橋《しんさいばし》駅で長堀鶴見緑地線と四つ橋線、難波駅で千日前線と四つ橋線、近鉄難波線、阪神なんば線、南海線と連絡する。

大国町《だいこくちょう》駅では四つ橋線と接続、動物園前《どうぶつえんまえ》駅で堺筋線、天王寺《てんのうじ》駅で谷町線とJR各線、近鉄南大阪線、阪堺上町線と連絡する。そして中百舌鳥駅で南海高野線と泉北高速鉄道に連絡している。

北急の桃山台《ももやまだい》駅に隣接して、桃山台車庫がある。江坂駅では千里中央寄りも中百舌鳥寄りも逆方向の渡り線があり、異常時にはいずれの方向にも折り返しができる。新大阪駅と中津駅の江坂寄りにはY形引上線がある。

天王寺駅の2番線は、同駅発梅田方面行の電車の発車専用であり、中百舌鳥寄りに引上線があってここで折り返す。我孫子《あびこ》駅には2線の引上留置線、新金岡《しんかなおか》駅には中百舌鳥検車場への入出庫線がある。

使用車両は大阪メトロが20系と10系、3000系である。いずれの系列も車体長は先頭車が18・9m、中間車が18・7mの中形車で、扉は4枚の多扉車の10両固定編成を41本保有している。20系と3000系がステンレス車体、10系はアルミ車体である。3000系は客室内の扉上部に案内用の液晶ディスプレイが置かれている。

北急は8000系と9000系があり、車体見付《みつけ》は御堂筋線と同じである。8000系はアルミ車体であるにもかかわらず塗装を施して温かみがある。車内の壁や座席は阪急とほぼ同じものを使っている。ポールスターの愛称がある。9000系はステンレス車体に竹林をイメージした塗装を施し、ポールスターⅡの愛称が付いている。

中百舌鳥寄りから6両目（6号車）は、土休日を除いて終日女性専用車になっている。一目で女性専用車とわかるようにラッピング塗装が施されている。

大阪の地下鉄の中では、御堂筋線が一番混んでいる。新大阪、梅田、淀屋橋、本町、心斎橋、難波、天王寺と大阪の繁華街を通り抜けているからである。

混雑緩和策として梅田駅のホームが拡幅された。戦前に2号線（谷町線）の梅田駅のホームとトンネルが造られていた。しかし谷町線の梅田駅は、今の東梅田駅に変更したために不要になった。そこで、これを流用して御堂筋線の南行用ホームに流用した。

本来は、島式ホーム2面4線にするつもりだったが、内側の路盤を埋めてホームにしたため、ホームは非常に広くなった。なお、谷町線の東梅田駅と四つ橋線の西梅田駅は御堂筋線梅田駅と同一駅扱いになっている。また、梅田駅や淀屋橋駅などは、大きな地下ドームになっていることで有名だが、一部を線路よりも上のコンコース階を設置して低くなっている。さらに難波駅では北行用片面ホームを新設して上下ホームを分離した。

混雑率は南行の梅田→淀屋橋間で146％となっている。10両編成が27本運転され、輸送力は3万6990人、輸送量は5万3866人である。平均定員は137人となっている。

しかし実際の有効面積で計算してみると、先頭車は121人、中間車は131人で、10両1編成の定員は1290人となり、平均定員は129人である。1編成で80人定員を多くしている。実態の混雑率は155％である。

客室の寸法はずっと変わっていないのに、1両当たり8人増やしている。もっとも、御堂筋線の20系は車内幅を2550㎜から2600㎜に広げた。車体側面の肉厚を125㎜から100㎜に薄くして広げたのである。これで増える定員は2人だが、先述の実際の定員はこれで計算している。

北行は10両編成が25本走り、輸送力は3万4250人、輸送量は4万5923人なので、混雑率は134％になっている。やはり実際の定員は少ないので、実際の混雑率は142％になる。南行も北行も混雑時間帯は7時50分から1時間である。

北大阪急行の最混雑区間は、緑地公園→江坂間で混雑率は93％である。輸送人員は1万6631人、10両編成13本が走り、輸送力は1万7933人としている。平均定員は138人でこれも多い。実際の定員で

御堂筋線の淀川橋梁を走る北大阪急行のポールスター

計算すると混雑率は99％になる。

朝ラッシュ時は、4分30秒毎に千里中央―中百舌鳥間の全線通しの電車が走り、その間に中津―天王寺間と新大阪―天王寺間の電車が交互に走る。中津―天王寺間では2分15秒毎になる。

昭和59年度の混雑率は南行が220％、北行が238％もあった。輸送人員は南行が6万3025人、北行が6万5867人と多かったし、南行が輸送力は8両編成が28本、北行が8両編成が27本だった。しかも平均定員は128人となっている。実際の平均定員は128・5人だからほぼ正確な混雑率になる。

集中率は昭和59年度の南行で20・8％、北行で24・3％だった。平成24年度の南行は18・6％、北行が20・7％に下がっている。少子高齢化によるより、下駄がわりに使われるために閑散時の利用も多いからである。

昼間時は、8分サイクルに全線通しの電車と新大阪―天王寺間の電車が各1本運転される。新大阪―天王寺間は4分毎になる。

タラッシュ時には6分毎に全線通しの電車が運転され、その間に新大阪―天王寺間と中津―天王寺間が交互に運転される。中津―天王寺間は3分毎になる。

千里中央―江坂間の所要時間は8分、表定速度は44・3キロ、江坂―中百舌鳥間の所要時間は43分、表定速度は34・9キロである。北大阪急行線は平均駅間距離が2・0キロと長いために速いのである。

北大阪急行は、千里中央駅から箕面萱野まで延伸工事がはじまっている。

# 大阪メトロ谷町線

## 御堂筋線のバイパスとして計画された

現御堂筋線である1号線は、梅田駅から南下して大《だい》国町《こくちょう》駅の先で東向きになって天王寺に達する。そして2号線は梅田駅を出るとすぐに東向きになって進んで天満《てんま》橋《ばし》筋、谷町筋の地下を通って天王寺に達する計画だった。

梅田駅には、先行して1号線とは別に2号線用の複線地下トンネルとホームを完成させていた。梅田駅を島式ホーム2面4線にして1号線と2号線は大国町駅のように方向別ホームにする予定だった。しかし、地下に立体交差が必要で費用がかかるということで、2号線は梅田駅からやや離れた東梅田駅を設置した。そして予定していた増設ホームは、御堂筋線の南行ホームにした。

大日《だいにち》駅で大阪モノレール、太子《たいし》橋今市《ばしいまいち》駅で今里筋線、天神橋筋《てんじんばしすじ》六丁目駅で堺筋線と阪急千里線、梅田駅でここに集まる各線、南森町《みなみもりまち》駅でJR東西線（駅は大阪天満宮）、天満橋駅で京阪本線と連絡する。

門真市《かどまし》駅で京阪と連絡せず、少し離れた大日駅にしたのは、京阪のテリトリーを侵さない配慮である。しかし、京阪天満橋駅で谷町線に乗り換えて東梅田駅に行く方法があるが、門真市駅に谷町線が乗り入れていれば、京阪沿線から梅田地区に行くのは便利だったと思われる。

谷町四丁目では中央線への連絡線と接続する。谷町六丁目で長堀鶴見緑地線、谷町九丁目で千日前線と近鉄大阪・奈良・難波線（駅は大阪上本町《おおさかうえほんまち》）、天王寺駅で御堂筋線とJR各線、近鉄南大阪線と連絡する。天王寺以南は軌道線の南海平野線を地下鉄化した区間といってもいい。

八尾南《やおみなみ》駅では連絡する路線はないが、藤井寺《ふじいでら》駅を経て富田林《とんだばやし》駅への延伸計画があったために、島式ホーム2面3線にできる構造になっている。

都島《みやこじま》駅と天神橋筋六丁目駅の大日寄りにY形引上線、文《ふみ》の里《さと》駅と喜連瓜破《きれうりわり》駅の八尾南寄りにY形引上線

## 大阪メトロ谷町線

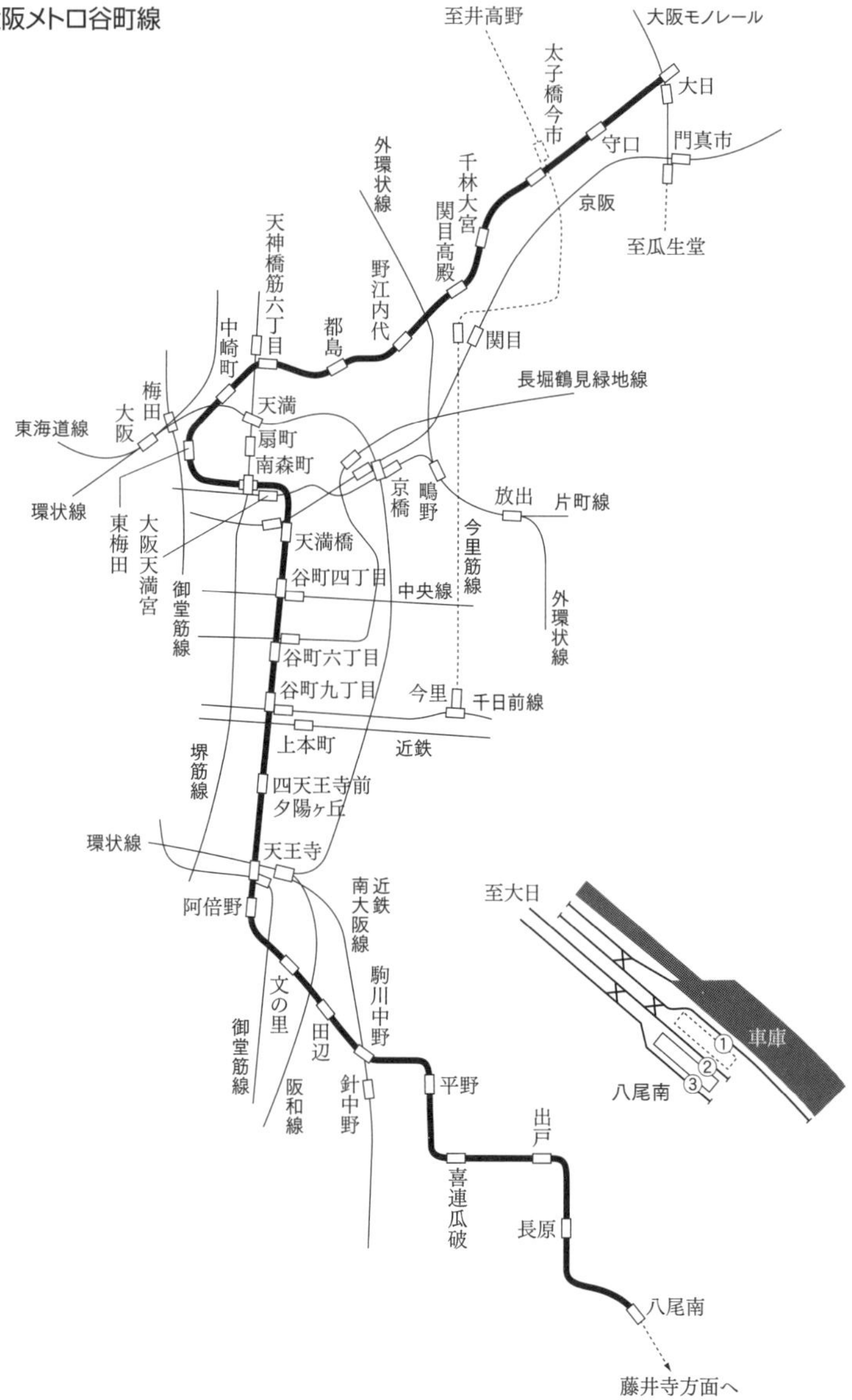

至井高野
大阪モノレール
太子橋今市
大日
守口
門真市
京阪
至瓜生堂
外環状線
千林大宮
関目高殿
天神橋筋六丁目
野江内代
都島
関目
中崎町
長堀鶴見緑地線
梅田
天満
東海道線
大阪
扇町
南森町
京橋
鴫野
放出
片町線
環状線
東梅田
大阪天満宮
天満橋
今里筋線
谷町四丁目
中央線
御堂筋線
外環状線
谷町六丁目
谷町九丁目
今里
千日前線
上本町
近鉄
堺筋線
四天王寺前夕陽ヶ丘
環状線
天王寺
阿倍野
近鉄南大阪線
至大日
文の里
駒川中野
田辺
車庫
御堂筋線
平野
八尾南
阪和線
針中野
出戸
喜連瓜破
長原
八尾南
藤井寺方面へ

東梅田駅に停車中の30000系大日行

がある。

6両固定編成で、20系28本と30000系13本がある。20系の車内幅は2550㎜、30000系は2600㎜である。

最混雑区間は、南行が東梅田→南森町間で混雑時間帯は7時50分から1時間、混雑率は108%である。輸送人員は1万9531人、6両編成が22本、132両が走り、輸送力は1万8084人である。平均定員は137人、6両編成で822人としているが、実際は766人なので、輸送力は1万6852人となり混雑率は116%に上がる。

北行は谷町九丁目→谷町六丁目間で、混雑率は123%である。輸送人員は2万2284人、輸送力は北行と同じ1万8084人にしているが、実際の輸送力は広幅の30000系と狭幅の20系を案分すると、1万6852人になるので混雑率は132%になる。

昭和59年度の混雑率は南行が158%、北行が172%だった。輸送人員も南行が2万1922人、北行が2万5228人もあった。

なお、昭和59年度の平均定員は119人になっている。当時の使用車両は17m車体の5000系で先頭車114人、中間車124人で、6両編成で724人、平均定員は120・7人なのでほぼ合致している。

昭和59年度の集中率は南行が23・3%、北行が29・0%、平成26年度では南行が21・6%、北行が27・4%である。大きくはないが少子高齢化が進んでいる。

閑散時の大日―八尾南間の所要時間は53分、表定速度は32・0キロと御堂筋線よりも遅い。急カーブが随所にあるためである。

朝ラッシュ時は、5分サイクルに全線通しの電車と天神橋六丁目―喜連瓜破間の区間電車が各1本走る。昼間時は7分30秒毎に全線通しだけが走る。夕ラッシュ時は、6分毎に全線通しの電車が走り、その間に天神橋筋六丁目―喜連瓜破間と天神橋筋六丁目―文の里間の区間電車が交互に走る。

大日駅から高槻《たかつき》方面、八尾南駅から藤井寺方面への延伸計画があったが、開通すれば阪急京都線や近鉄南大阪線の乗客減につながることから阪急、近鉄は受け入れられる話でない。すでに阪急と南大阪線の混雑は緩和されている。まず実現しない計画路線である。

南森町駅を発車する20系八尾南行

# 大阪メトロ四つ橋線

## 四つ橋線はなにわ筋線の代替にはならない

四《よ》つ橋《ばし》線は、西梅田《にしうめだ》―住之江公園《すみのえこうえん》間11・8キロの路線で、路線番号は3号線である。2号線の谷町線よりも早く、すでに大国町《だいこくちょう》―花園町《はなぞのちょう》間が戦前に開通している。大阪市としては、堺まで建設する計画だったが、1駅間が開通したところで、戦争になって建設は中断した。大国町駅は御堂筋線と方向別ホームで接続する。

戦後になり、玉出《たまで》駅まで延伸したのちに御堂筋線の混雑緩和のために、西梅田―大国町間を緊急に整備することになって、特許された昭和38年2月からわずか2年8か月たった40年（1965）10月に開通している。

それまで5両対応のホームしかなかったのを、8両対応とし、さらに西梅田駅と難波駅、大国町駅は10両対応に延伸できる構造にした。御堂筋線の混雑緩和のため西梅田―難波間で快速運転をするつもりだったといわれる。しかし、いまだに実現していない。西梅田駅は阪神との乗り換えは便利でも阪急やJRからは遠い。快速を走らせてもそれほど利用されないと踏んだようである。

玉出―住之江公園間の開通は、万博終了後の昭和47年11月である。住之江（住之江公園）―大浜《おおはま》（南海堺《さかい》駅近く）間3・8キロの特許を昭和34年に取得したものの、現在は失効させて延伸する目はなくなった。

また、西梅田駅から阪急神崎川《かんざきがわ》駅まで延伸する計画が当初考えられていた。大阪市としては阪神梅田駅を地下3階に掘り下げて、そのうえで阪神本線と交差する構想だったが、阪神からすると地下3階に移ると不便になるということで、まったくいい顔をしなかった。結局、この話は沙汰やみになって、神崎川への延伸は千日前線の野田阪神《のだはんしん》駅からと変更になった。

西梅田駅でここに集まる各線と、肥後橋《ひごばし》駅で京阪中之島線（駅は渡辺橋《わたなべばし》）連絡、本町《ほんまち》駅で中央線と御堂筋線、四ツ橋駅で長堀鶴見緑地線と御堂筋線（両線の駅は心斎橋《しんさいばし》)、大国町駅で御堂筋線と接続する。そして住之江公園駅でニュートラムの南港ポートタウン線と連絡する。なお、路線名は四つ橋線、駅名は四ツ橋と平仮名とカタカナを使い分けている。

北加賀屋《きたかがや》駅に隣接して緑木検車場があるために、北加賀屋駅は島式ホームと片面ホーム各1面の3線となっている。そして入出庫時に北加賀屋駅発着がある。

車両は、20系6両編成22本132両が配置されている。

最混雑区間は、南行が西梅田→肥後橋間で混雑率は97%と100%を割っている。輸送量は1万7521人、混雑時間帯7時50分から1時間に22本、132両が通過し、輸送力は1万8084人となっている。しかし、平均定員は137人になる。実際の定員は6両編成で766人、平均定員は127・7人で、輸送力は1万6852人になり、混雑率は104%に修正しなければならない。

北行は難波→四ツ橋間で、混雑率は107%になっ

大阪メトロ四つ橋線

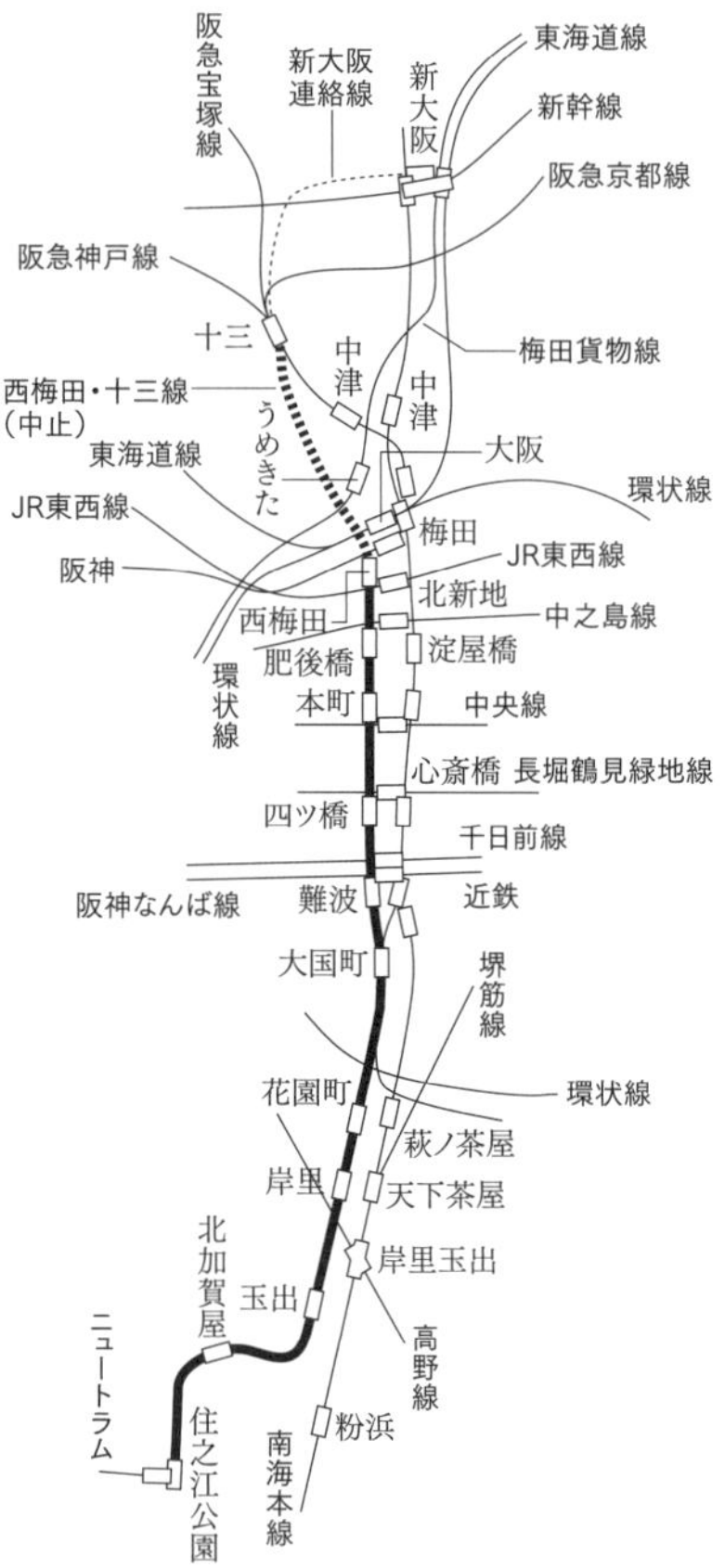

四ツ橋駅に停車中の20系住之江公園行

ている。輸送人員は1万9279人、輸送力は北行と同じ1万8084人である。こちらも輸送力は1万6852人に修正する必要があり、混雑率は117％にアップする。

昭和59年度の混雑率は南行が119％、北行が178％になっていた。輸送人員は南行が1万6704人、北行が2万6194人と北行のほうが多い。南行の大半は阪神からの乗換客、北行は南海と近鉄からの乗換客である。といっても並行する御堂筋線にくらべて少ない。また平成29年度はやはり減っている。

輸送力は、南行が5両編成22本の運転で1万4080人、北行が5両編成23本で1万4720人だった。いずれも平均定員は128人で当時の30系のやや狭い幅の車両に合わせていた。

集中率は昭和59年度の南行で28・4％、北行で39・5％だった。平成24年度は南行が26・4％、北行が32・7％となっている。北行は少子高齢化によるピーク時の利用が大きく減ったものの、まだ、30％を超えており、通勤時の利用が南行よりも多いことを示している。

西梅田―住之江公園間の所要時間は21分、表定速度は33・7キロである。朝ラッシュ時は2分45秒毎、昼間時は6分毎、夕ラッシュ時は4分毎の運転である。

阪急が、西梅田・十三線を建設して四つ橋線と直通運転を構想していた時期があった。また、かつて大阪市長だった橋下徹氏から、なにわ筋線の建設に費用がかかるので四つ橋線を流用してはどうかという提案があった。

しかし、四つ橋線は第3軌条集電方式で標準軌である。軌間は阪急と同じでも、関空輸送を担当しているJRと南海は狭軌である。そして天井を高くするか路盤を下げて上下高を大きくしないとJRと南海が採用している架線集電はできない。

さらに、西梅田駅の先は阪神の線路が立ちはだかっているので、阪神を掘り下げるのはもう無理だから、その下をくぐらなくてはならない。だが、南側にはJR東西線が谷町線の下を横切っている。どうにもならない状況なので、結局、四つ橋線を関空アクセス線にする構想は立ち消えになった。

大浜《おおはま》駅、すなわち堺への特許線も消滅してしまった。だが、西梅田―難波間の快速運転は、所要時間を6分から3分に短縮する。乗車人員が少ない四つ橋線だからこそ、やってみる価値はあると思われる。

本町駅に停車中の住之江公園行

# 大阪メトロ中央線

## 西行は混んでいる

中央《ちゅうおう》線は、コスモスクエア—長田《ながた》間17・9キロの路線で、長田駅で近鉄けいはんな線と接続して相互直通運転をする。路線番号は4号線である。コスモスクエア—大阪港《おおさかこう》間は、大阪港トランスポートシステム（ＯＴＳ）が第3種鉄道事業者で大阪メトロは第2種鉄道事業として運行している。

大阪市の中央を東西に路線が伸びているから中央線の名称がついたわけではない。御堂筋線で述べたように、大阪の地下鉄は道路と一体で建設することから、道路の名称を地下鉄の路線名にすることになっている。主に中央大通に沿っていることから中央線の路線名になった。

最初に開通したのは大阪港—弁天町《べんてんちょう》間である。軟弱地盤で地盤沈下が起こる可能性があることから、初の高架で建設された。そして東に向かって順次路線を延ばしていった。阿波座《あわざ》駅からは地下線になる。

一方、コスモスクエア—大阪港間は新交通システムで中量輸送のニュートラムとして建設する予定だったが、将来、夢洲《ゆめしま》や舞洲《まいしま》への延伸は、中央線と同じ規格のほうが大量輸送できるとして中央線規格で開通させた。

ニュートラムを運行しているＯＴＳが開通させたものだが、ＯＴＳも地下鉄も初乗り運賃は高く、両線を通して乗ると運賃は最低でも４３０円になってしまうことから利用者は少なかった。

そこで、ＯＴＳが営業していたニュートラムの中《なか》ふ頭《とう》—コスモスクエア間とともに、ＯＴＳが第3種鉄道事業、大阪市が第2種鉄道事業としての運営も含めて、大阪市交通局の一体運行をするようになった。

これによって、朝潮橋《あさしおばし》—コスモスクエア間は２３０円に下がった。

コスモスクエア駅で南港ポートタウン線ニュートラム、弁天町駅でＪＲ環状線、九条《くじょう》駅で阪神なんば線に連絡、阿波座駅で千日前線との連絡線に接続、本町《ほんまち》駅

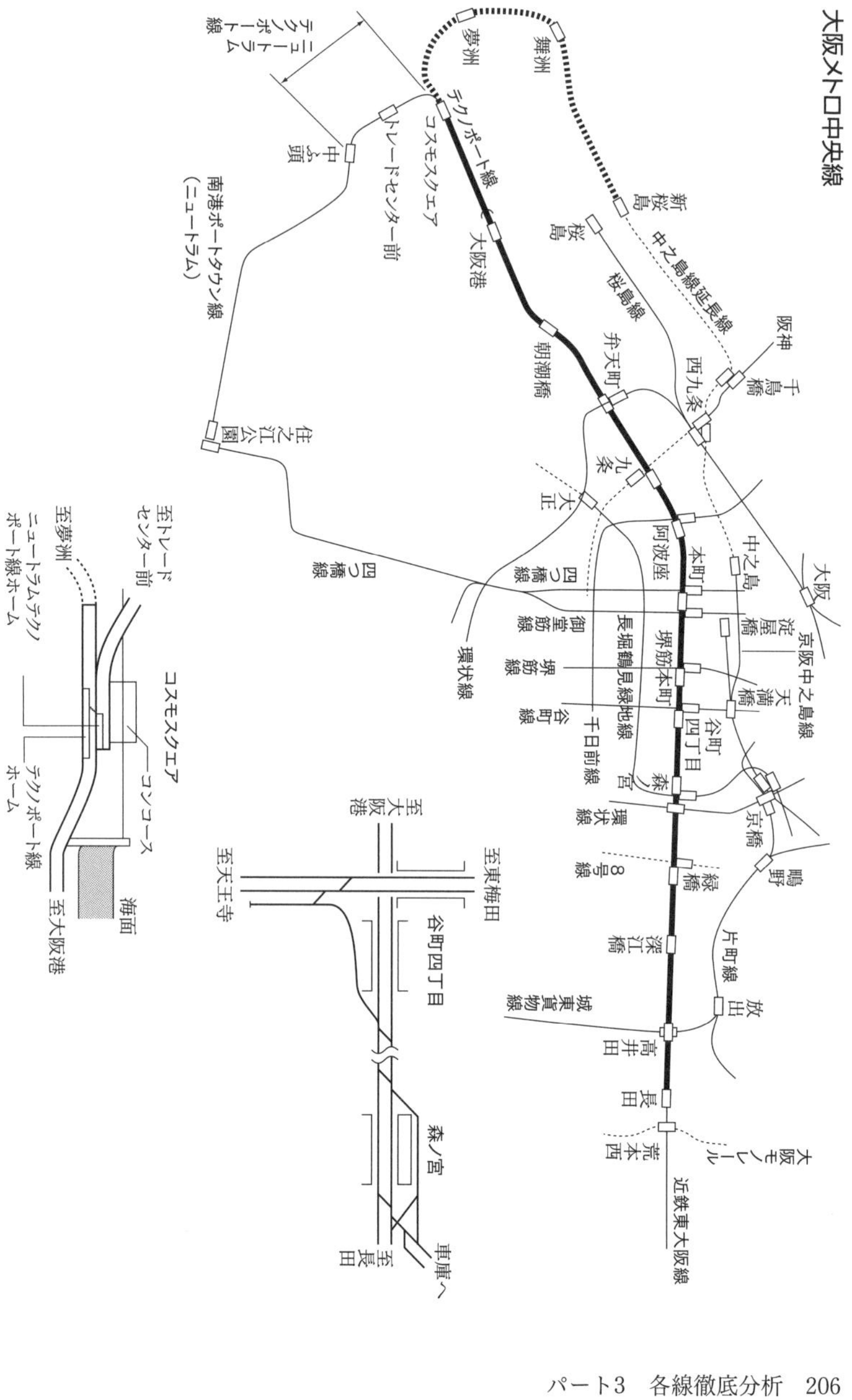
大阪メトロ中央線
夢洲
舞洲
テクノポート線
ニュートラムテクノポート線
コスモスクエア
トレードセンター前
中ふ頭
南港ポートタウン線（ニュートラム）
新桜島
桜島
中之島線延長線
桜島線
大阪港
朝潮橋
弁天町
阪神
千鳥橋
西九条
住之江公園
九条
大正
阿波座
本町
中之島
大阪
淀屋橋
京阪中之島線
四つ橋線
御堂筋線
長堀鶴見緑地線
堺筋本町
堺筋線
天満橋
谷町線
谷町四丁目
千日前線
森ノ宮
環状線
京橋
8号線
緑橋
鴫野
深江橋
片町線
城東貨物線
放出
高井田
長田
荒本西
大阪モノレール
近鉄東大阪線
至トレードセンター前
至夢洲
ニュートラムテクノポート線ホーム
コンコース
テクノポート線ホーム
海面
至大阪港
至大阪港
至東梅田
至天王寺
谷町四丁目
森ノ宮
車庫へ
至長田

で四つ橋線と御堂筋線、堺筋本町《さかいすじほんまち》駅で堺筋線と連絡、谷町《たにまち》四丁目駅で谷町線との連絡線に接続、森《もり》ノ宮《みや》駅で長堀鶴見緑地線とＪＲ環状線、緑橋《みどりばし》駅で今里筋線と連絡し、長田駅で近鉄けいはんな線と接続して相互直通をする。

大阪メトロの全路線と連絡する。また、千日前線と谷町線とは連絡線を通じて接続している。このため車両の行き来ができ、森之宮車両管理所で千日前線と谷町線の車両の検査や改造、修理をするほか、長堀鶴見緑地線や今里筋線、堺筋線の車両も陸送で入場する。

中央線を走る近鉄乗り入れ車

御堂筋線と四つ橋線とはレールがつながっていない。両線は、四つ橋線にある緑木《みどりぎ》車両管理所が受け持つ。たまに森之宮車両管理所との間で車両の交換などを行うことがあるが、このときは陸送する。

数か所に非常渡り線はあるが、途中駅に常時折り返しができる設備はない。終点コスモスクエア駅には、2線の引上線と1線の保守用トロリーの留置線がある。夢洲延伸のときにはトロリー留置線と引上線の1線を本線として使う。長田駅の近鉄寄りにはY形引上線がある。

車両は、やや狭幅の20系6両編成20本が配置されている。これに近鉄けいはんな線の車両が乗り入れる。

最混雑区間は東行が本町→堺筋本町間で、混雑率は80％と空いている。輸送人員は９７１４人、混雑時間帯は7時50分から1時間、6両編成が15本90両走る。輸送力は１万２１５０人、平均定員は１３５人になっている。実際の定員は6両編成で７５６人、平均定員は１２６人だから、混雑率は86％になる。

西行は、森ノ宮→谷町四丁目間で混雑率は１４４％と御堂筋線南行の次に混んでいる。近鉄けいはんな線からの直通客で混んでいるのである。輸送人員は１万

堺筋本町駅に停車中のコスモスクエア行

8661人、混雑時間帯は東行と同じだが、運転本数は1本増えて16本96両が走る。輸送力は1万2960人としているが、実際は1万2096人なので混雑率は154%に修正しなくてはならない。

昭和59年度の東行の混雑率は、151%と混んでいた。だが輸送人員は8259人と少ない。59年度は4両編成12本48両が通過し、輸送力は5472人だった。なお、平均定員は114人と少ない。これは5000系4両編成を使用していたためである。

西行の混雑率は160%、輸送人員は8766人なので、現在は大幅に増えている。ただし59年度の最混雑区間は堺筋本町→本町間であり、近鉄けいはんな線（東大阪線）はまだ開通していない。また、60年度には6両編成になったために大幅に混雑は緩和された。

集中率は昭和59年度の東行で17・2%、西行で18・5%、平成24年度は東行が14・1%、西行が27・5%となっている。西行は、けいはんな線の通勤客が流入して通勤路線になっているが、東行は大阪市内中心部の移動用として終日利用されている。

コスモスクエア—長田間の所要時間は30分、表定速度は35・8キロである。急カーブが少ないことと、平均駅間距離が1・4キロと地下鉄線としては長いために速い。

朝ラッシュ時は3分30秒毎にコスモスクエア—学研《がっけん》奈良登美《ならとみ》ヶ丘《おか》間の運転である。昼間時は、15分サイクルにコスモスクエア—学研奈良登美ヶ丘間とコスモスクエア—生《い》駒《こま》間が各1本走る。コスモスクエア—生駒間は7分30秒毎になる。夕ラッシュ時はこれが10分サイクルになり、コスモスクエア—生駒間は5分毎になる。

コスモスクエアから夢洲方面の延伸は、第2章を参照していただきたい。

## 大阪メトロ千日前線

### 阪神なんば線の開通で乗客が減っている

千日前線は、野田阪神《のだはんしん》―南巽《みなみたつみ》間13・1キロで、野田阪神駅から南下して桜川《さくらがわ》駅で東向きになる。そして新深《しんふか》江《え》駅で南下するというクランク状の路線である。都心部では、他の路線とで碁盤の目状の路線網の西端で南北に通っている。路線番号は5号線である。東西に通っている千日前通の地下を通ることから、千日前線となった。

戦後直後に、阪神と近鉄が出資した大阪高速鉄道によって阪神の野田駅から上本町《うえほんまち》駅まで地下線を建設し、阪神と近鉄が相互直通しようとした。しかし、この区間は大阪市が建設するとして、阪神、近鉄に断念させて免許は放棄した。その後、阪神は伝法《でんぽう》線の千鳥《ちどり》橋《ばし》駅から難波まで、近鉄は上本町から難波まで建設して相互直通をするようになった。

大阪市は、野田阪神から北上して阪急神崎川《かんざきがわ》駅まで、さらに北上して宝塚線曽根《そね》駅まで伸ばし、難波からは北今里《きたいまざと》を経て平野《ひらの》までを考えていたが、昭和37年（1962）の都市交通審議会中間答申では野田―平野間とした。神崎川から野田間のルートは片福《かたふく》連絡線（現JR東西線）と重なることからはずされた。

野田とせずに野田阪神としたのは、次の玉川《たまがわ》駅が環状線野田駅と連絡することで京都の三条京阪に範をとったものである。そして次の駅を野田環状線とはせずに地名の玉川とした。

野田阪神駅での乗り換えで、阪神電車から難波方面への短絡線として、それなりに利用されていたが、阪神なんば線の開通で阪神沿線から直接難波へ行けるようになって乗客はかなり減ってしまった。

野田阪神駅で阪神本線とJR東西線（駅は海老《えび》江《え》）、玉川駅でJR環状線と連絡する。阿波座《あわざ》駅では中央線との連絡線と接続する。西長堀《にしながほり》駅では長堀鶴見緑地線、桜川《さくらがわ》駅では阪神なんば線と南海汐見橋線、難《なん》波《ば》駅で四つ橋線と御堂筋線、阪神なんば線、近鉄難波線、日本橋《にっぽんばし》駅で堺筋線と近鉄難波線、谷町《たにまち》九丁目駅で

大阪メトロ千日前線

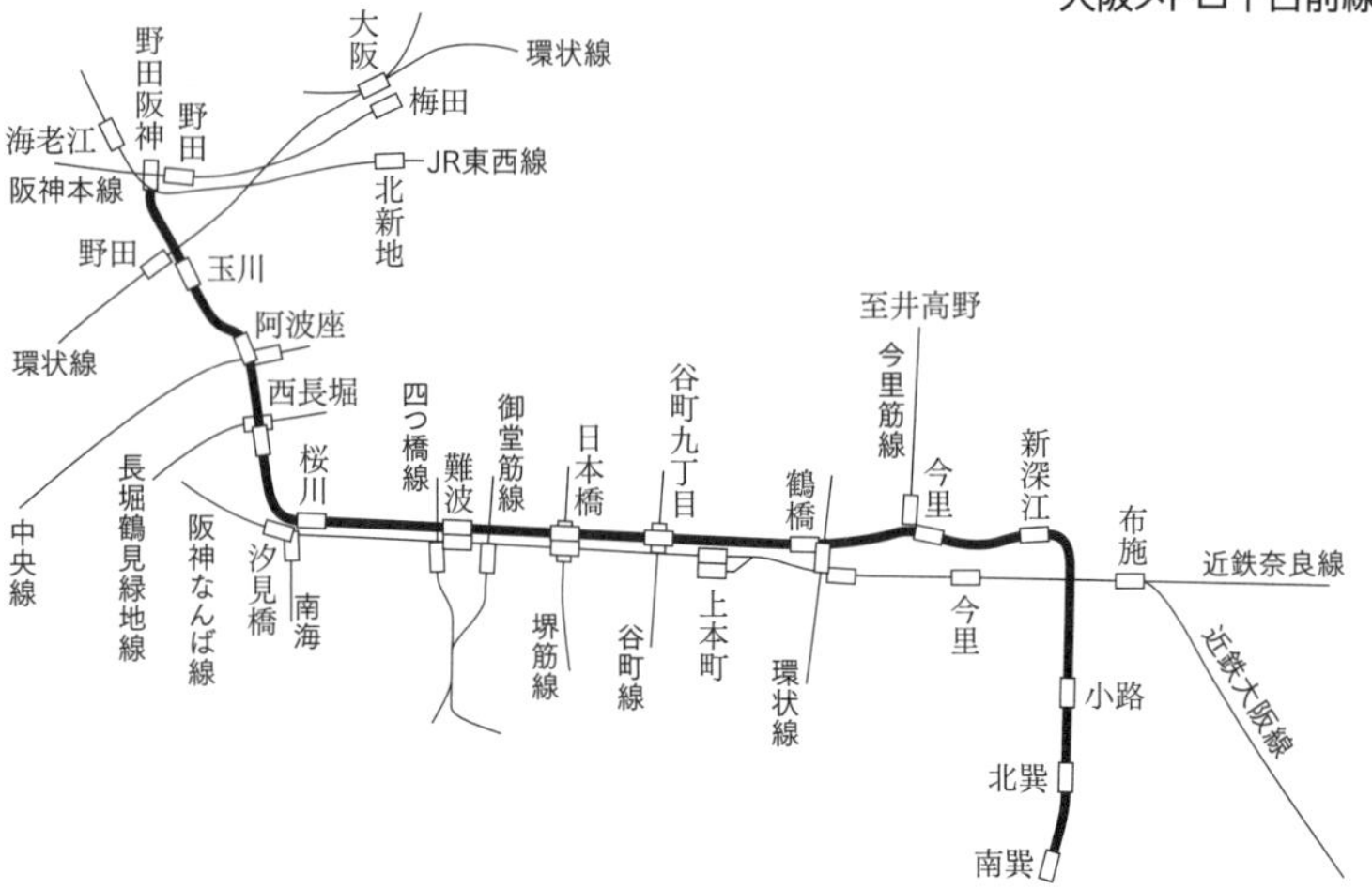


谷町線と近鉄難波・奈良・大阪線(駅は大阪上本町)、鶴橋《つるはし》駅で環状線と近鉄奈良・大阪線と連絡する。今里《いまざと》駅は今里筋線と連絡するが、近鉄今里駅とは相当に離れていて連絡はしていない。そして南下して南巽駅に達する。

今里駅の南巽寄りにY形引上線があり、野田阪神寄りに今里車庫への入出庫線が分岐している。車庫といっても留置線が2線あるだけである。

有効幅が2550mmの20系4両編成17本が配置されている。4両編成の定員は496人である。

最混雑区間は、南巽行が鶴橋→今里間で混雑率67%と空いている。輸送人員は4697人、最混雑時間帯は7時40分から1時間で、その間に4両編成13本52両が走り、輸送力は7020人としている。平均定員は135人である。実測の4両編成の定員は496人、平均定員は124人で、修正混雑率は73%になる。

野田阪神行は、鶴橋→谷町九丁目間で混雑率は113%、輸送人員は8529人、14本の運転で輸送力は7560人だが、実測の定員で計算すると輸送力は6930人になり、混雑率は123%に修正される。

野田阪神駅に停車中の南巽行。ホームドアが設置されている

昭和59年度の最混雑区間は、南巽行が難波→日本橋間で混雑率１０６％、輸送人員９７４８人、野田阪神行が難波→桜川間で１４３％、輸送人員９７４８人である。輸送力は南巽行が６８４０人、平均定員１１４人となっている。当時は５０００系を使用していた。

昭和59年度の集中率は、南巽行が28・1％、野田阪神行が17・2％、平成24年度は南巽行が14・8％、野田阪神行が20・2％になっている。最混雑区間が異なるために集中率の変化は比較できない。

野田阪神―南巽間の所要時間は27分、表定速度は29・1キロと遅い。急カーブ箇所が多数あり、駅間も短いからである。

朝ラッシュ時は4分、昼間時7分30秒、夕ラッシュ時5分の運転間隔である。

南巽から平野への延伸は、谷町線が平野を通っているので中止になった。

# 大阪メトロ堺筋線

## 関空アクセス線としての整備を

堺筋《さかいすじ》線は、天神橋筋《てんじんばしすじ》六丁目（以下天六）―天下《てんが》茶屋《ちゃや》間8・1キロの路線である。路線番号は6号線で1～5号線と違うのは、架線集電方式で阪急千里・京都線と相互直通していることである。

計画時には南海も相互直通を希望していたが、南海は狭軌、阪急は標準軌なので、狭軌・標準軌併用の4線軌にしなくてはならない。しかし、建設や維持費が高くなるとして、いずれかにすることになって、結果、標準軌にして阪急と相互直通することになった。

天六駅からは天神橋筋を南下するも、南森町《みなみもりまち》の南側で堺筋に転じて動物園前《どうぶつえんまえ》駅まで堺筋を通るために堺筋線となった。

天六駅で、阪急千里線と接続して相互直通をしている。扇町《おうぎまち》駅で環状線（駅は天満）、南森町駅で谷町線とJR東西線（駅は大阪天満宮）、北浜《きたはま》駅で京阪本線と中之島線（駅はなにわ橋）、堺筋本町《さかいすじほんまち》駅で中央線、日本橋《にっぽんばし》駅で千日前線と近鉄難波・奈良・大阪線（駅は大阪上本町）、恵美須町《えびすちょう》駅で阪堺電軌阪堺線、動物園前駅で御堂筋線、天下茶屋駅で南海本線と高野線に連絡する。

天神橋駅の北千里寄りにY形引上線があり、天下茶屋駅の頭端側に3線の引上線がある。

車庫は阪急京都線の正雀《しょうじゃく》―相川《あいかわ》間に東吹田《ひがしすいた》検車場が置かれている。使用車両は66系8両編成17本、それに阪急の京都線区の車両が乗り入れてくる。

阪急京都線の各車両より少し短い車体長18・2m、車体幅2800mmの3扉車である。定員は先頭車が122人、中間車が133人、8両編成で1042人、平均定員は130・3人である。

最混雑区間は、南行が南森町→北浜間で、混雑率は95%である。輸送人員は2万1235人、最混雑時間帯は7時50分から1時間、8両編成が20本走り、輸送力は2万2240人とし、平均定員は139人、8両編成で1112人にしている。しかし、実際の平均定員は１３０・３人、８両編成で１０４２人である。これで混雑率を修正すると１０２％になる。

北行の最混雑区間は、日本橋→長堀橋《ながほりばし》間で混雑率は１０９％、輸送人員は２万２９８７人、最混雑時間帯は南行と同じで、この間に19本が走り、輸送力は２万１１２８人にしているが、実際の定員で混雑率を計算すると１１６％になる。

昭和59年度の南行の混雑率は１４３％、輸送人員は２万２５７５人で、平成28年度はそう減っていない。当時は大阪市交通局の車両は６両編成18本と、これに阪急京都線の堺筋急行８両編成２本が乗り入れていた。北行の混雑率は１９０％、輸送人員は２万９８６３人である。こちらは大幅に減った。

集中率は、昭和59年度の南行が25・８％、北行が34・９％と北行のほうは通勤路線の度合が大きい。平成24年度の南行は23・１％、北行は28・８％と少し足がわりに使われるようになってきている。

天六―天下茶屋間の所要時間は16分、表定速度は30・4㌔である。

朝ラッシュ時南行は16〜18分間隔で、京都河原町《かわらまち》駅からの堺筋準急が乗り入れてくる。堺筋線内は各駅停車である。このほかに茨木市《いばらきし》発と北千里発、それに天六発が加わる。堺筋線内は３分毎の間隔になる。

昼間時は、20分サイクルに高槻市《たかつきし》―天下茶屋間と北千里―天下茶屋間が各１本、天六―天下茶屋間が２本で、堺筋線内は５分毎になる。

タラッシュ時の北行では、17時台から20時台の間に河原町行堺筋準急が20分毎に６本運転される。その間に茨木市行と北千里行、天六行が各１本が走る。堺筋

**大阪メトロ堺筋線**

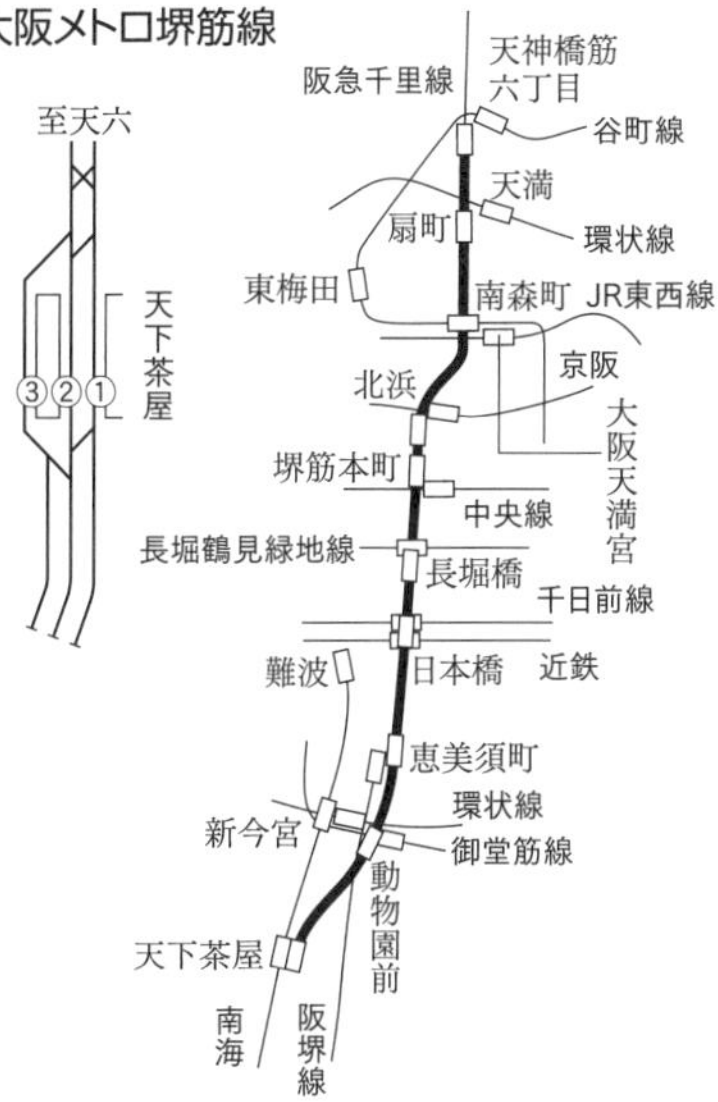

堺筋本町に停車中の天下茶屋行

線内は4分毎の運転である。

天下茶屋駅で南海の関空アクセス電車に連絡している。しかし、堺筋線のホームは地下2階、南海は地上3階にあって、しかも改札は別々なので乗り換えは面倒である。ホーム・ツー・ホームのエレベーターがあれば便利である。

また、昼間時に京都に速達で行ける電車は乗り入れていない。1時間に1本程度でいいから、京都線の優等列車の乗り入れをすれば便利である。その場合、南海ラピートのような指定席車両にして走らせる。停車駅は日本橋、南森町、天六、高槻市、大宮《おおみや》、烏丸《からすま》がいいだろう。現在、特急は大宮駅を通過しているが、海外でも人気がある嵐山へ行くには大宮停車が必要である。

そして、軌間可変電車が近鉄で実用化されれば、天下茶屋駅から高架を走る南海本線への連絡線を建設して、途中に軌間変換装置を設置する。そして軌間変換電車によって関西空港―河原町間の直通列車を走らせればいい。

# 阪急千里線

## そろそろ北千里以北への延伸を

阪急千里《せんり》線は、天神橋筋《てんじんばしすじ》六丁目—北千里《きたせんり》間13・6キロの路線である。阪急京都線は、新京阪鉄道が開通させた路線で、天神橋筋六丁目駅が大阪のターミナルだった。その後、淡路《あわじ》—十三《じゅうそう》間の路線を建設して阪急宝塚線と接続し、そして宝塚線の増設線名目で梅田—十三間で京都線の線路を造った。

もともとの千里線は、淡路—千里《せんり》山《やま》間だった。千里ニュータウンが開発されることになって、昭和38年（1963）8月に千里山—新千里山《しんせんりやま》（現南千里《みなみせんり》）を開通させ、新千里山から中央センター（今の千里中央付近）を経て箕面《みのお》線桜井《さくらい》までの免許を取得した。宝塚線の曽根《そね》から分岐して神戸線の神崎川《かんざきがわ》に達し、ここから新大阪を経て淡路に達する路線の免許も取得し、将来的には環状線にしようとした。

阪急千里線

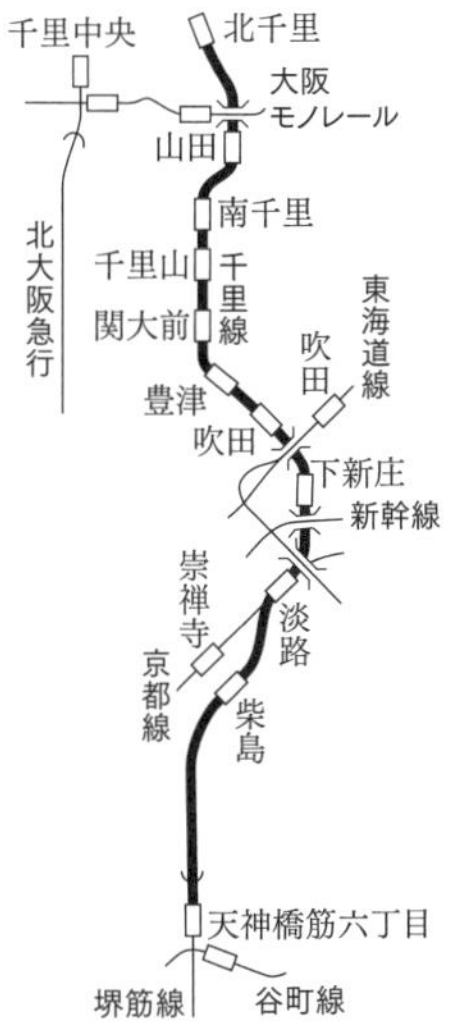


その前に、千里ニュータウンの北部地区の開発が進んだため、新千里山—北千里間の北千里山線の建設を大阪府からの要請で建設し、昭和42年に開通させた。新千里山駅は南千里に改称し、千里中央方面の分岐駅として島式ホーム2面4線にできるようにしていた。

ところが、大阪市が御堂筋線を中央センターまでの乗り入れを表明した。これに対して阪急は猛反発した。その結果、阪急は千里中央には乗り入れないが、御堂筋線の江坂《えさか》から中央センターまでは、阪急が出資する北大阪急行によって建設することになった。

北千里駅で発車を待つ梅田行

そして、狭軌にするか標準軌にするかもめていた堺筋線は、標準軌にして千里線と相互直通をすることになった。また、北千里駅から、さらに北部への延伸ができるよう青山台まで線路用地を確保している。

山田《やまだ》駅で大阪モノレールと連絡している。吹田《すいた》駅は、ＪＲ吹田駅に近いが連絡駅ではない。淡路駅で京都線と接続して互いに直通運転をしている。そして天神橋筋六丁目駅で大阪メトロ堺筋線と相互直通をしている。

全形式とも車体長18・38ｍ（連結器を除く）、車幅は２７８０〜２８００㎜である。定員は先頭車が１２２人、中間車が１３４人だが、車種によって微妙に異なり、車幅２８００㎜だと先頭車は１２３人、中間車は１３５人になる。

最混雑区間は、下新庄《しもしんじょう》↓淡路間で混雑率は１３１％である。輸送人員は１万４８７５人、最混雑時間帯は７時30分から１時間、６両編成が１本、８両編成が10本で輸送力は１万１３５２人としている。平均定員は１３２人であり、これは車幅２８００㎜の車両にほぼ合致している。

昭和59年度の混雑率は159％、輸送人員は1万5742人で少し減った程度である。当時は6両編成が10本、8両編成が2本で計72両が走り、輸送力は9880人、平均定員は130人としていた。車幅を神戸線のものに合わせていたようである。

集中率は、昭和59年度が22・4％、平成24年度が20・2％で、少子高齢化の影響はあまり受けていない。千里線沿線はまだ住宅地として人気があり、箕面市東部はまだ住宅開発中で路線バスが北千里駅まで走っている。

このため北大阪急行では、千里中央—箕面萱野間の延伸工事がはじまった。そういうことから、阪急千里線も、国立循環器病研究センター近くの青山台までそろそろ延伸をしてもいいと思われる。

朝ラッシュ時には、京都線河原町駅から天下茶屋行の堺筋準急が16～18分毎に5本運転されている。千里線では柴島《くにじま》駅を通過する。その間に北千里—天下茶屋間が1、2本、北千里—梅田間と高槻市—天下茶屋間が各1本走る。梅田行は淡路駅で高槻市—天下茶屋間の普通などに連絡する。

堺筋線南森町駅ですれ違う阪急車。右は天神橋筋六丁目行で阪急線には乗り入れない

昼間時は、20分サイクルに北千里—梅田間と北千里—天下茶屋間、高槻市—天下茶屋間が各1本運転され、北千里—梅田間は高槻市—天下茶屋間と、北千里—天下茶屋間は高槻市—梅田間の普通と淡路駅で連絡する。

夕ラッシュ時は、20分サイクルに天下茶屋—河原町間の堺筋準急と梅田—北千里間が各1本、天下茶屋—北千里間が2本の運転になる。

# 大阪メトロ長堀鶴見緑地線

## ミニ地下鉄なので建設費は安い

長堀鶴見《ながほりつるみ》緑地《りょくち》線は、大正《たいしょう》—門真南《かどまみなみ》間15・0キロのリニア駆動のミニ地下鉄である。リニア駆動により台車を低くして、トンネル断面積を小さくしている。これによってトンネル掘削費が軽減されて、建設費を抑えた。

リニア駆動といっても浮上しているわけでなく、鉄車輪、鉄レールで走行する。レールの間にリアクションプレートを置き、車両にあるリニアモーターからの誘導によって磁力を発生させて駆動する。リアクションプレートには電気は流れておらず、いわば崖を上り下りするロープのような役目をする。

大正駅で環状線、ドーム前千代崎《まえちよざき》駅で阪神なんば線（駅はドーム前）、西長堀《にしながほり》駅で千日前線、心斎橋《しんさいばし》駅で御堂筋線と四つ橋線（四つ橋線の駅は四ツ橋）、長堀橋《ながほりばし》駅で堺筋線、谷町《たにまち》六丁目駅で谷町線に連絡する。玉造《たまつくり》—森《もり》ノ宮《みや》間で環状線と並行して連絡、京橋《きょうばし》駅で環状線と京阪本線、蒲生《がもう》四丁目駅で今里筋線に連絡する。

西長堀—心斎橋間にある西大橋駅では、なにわ筋線と連絡する予定だったが、なにわ筋線の建設費を軽減するために西大橋《にしおおはし》駅は設置しないことになったので連絡しない。

長堀橋—谷町六丁目間にある松屋町《まつやまち》駅は、大阪市が将来建設すると構想していた松屋町筋《まっちゃまちすじ》線と連絡するために駅間距離を短くしてでも設置したものである。しかし、松屋町筋線の建設はまったく進展していない。

終点、門真南駅では南進が決定した大阪モノレールと連絡する。

大正駅の頭端側に3線の引上線があり、うち2線で折り返しをする。このため2番線は降車用、1番線は乗車用である。心斎橋駅の門真南寄りにY形引上線、鶴見緑地の大正寄りに鶴見検車場への入出庫線があり、鶴見検車場は今里筋線の鶴見緑地北車庫とつながっている。つまり、今里筋線とは車両の行き来ができる。

## 大阪メトロ長堀鶴見緑地線

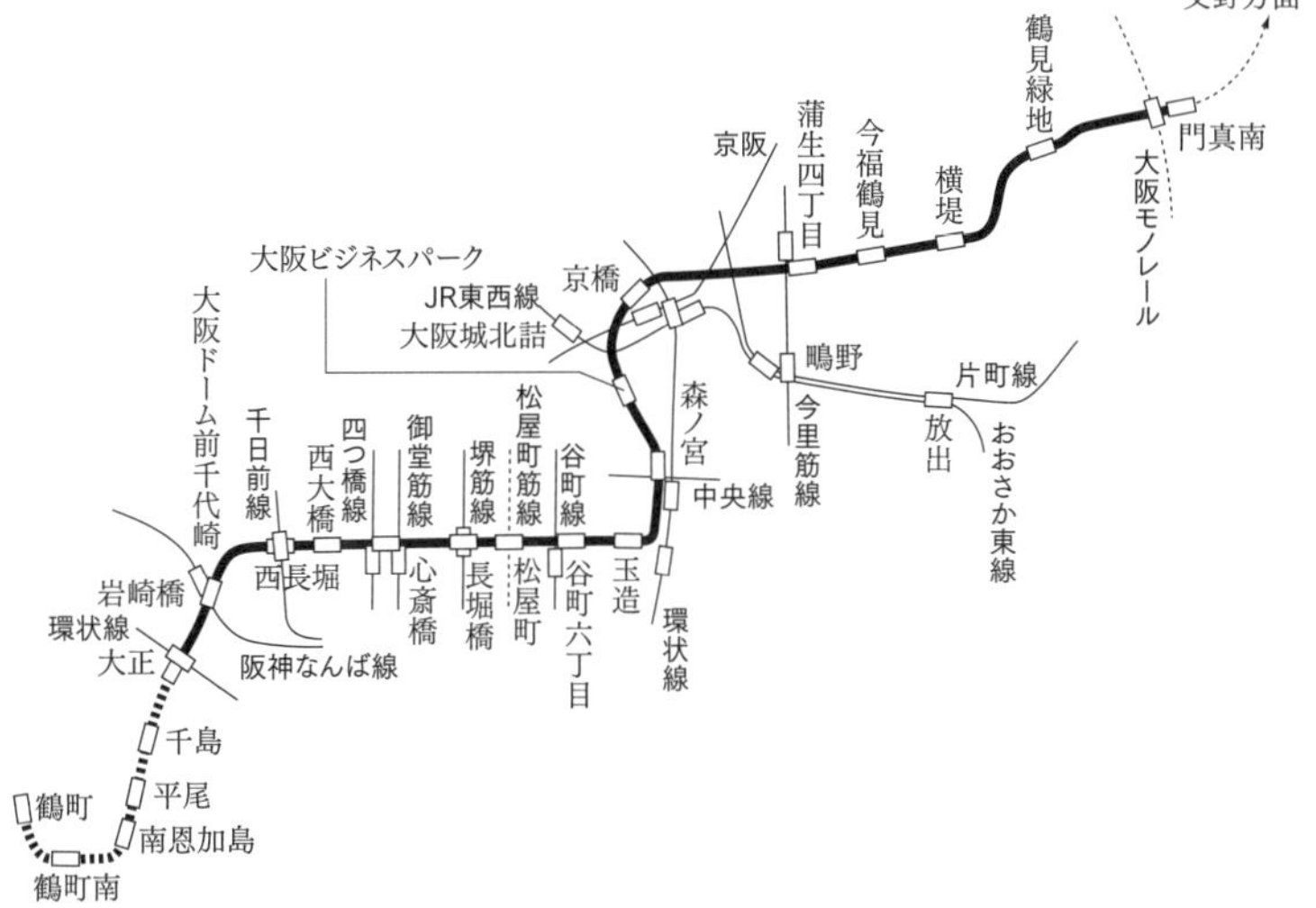


路線番号7号線なので、車両形式は70系となっている。4両編成25本がある。車体長は先頭車が15・2m、中間車が15m、車体幅は2490㎜で、定員は先頭車が90人、中間車が100人としているが、国土交通省が規定する方式で計算すると先頭車が84人、中間車が94人となる。

台車にステアリング機能を持たせ、半径50mの急カーブでも走行できる。リニア駆動なので60‰の急勾配でも上り下りができる。

最混雑区間は、東行が谷町四丁目→玉造間で混雑率は75%、輸送人員は4849人である。最混雑時間帯は7時40分から1時間で、その間に4両編成17本、68両が走る。輸送力は6460人としており、平均定員は95人となっている。大阪メトロが公表している先頭車90人、中間車100人を平均した値である。

しかし、国土交通省基準では89人で、輸送力は6052人になるから、混雑率は80%ということになる。

西行は蒲生四丁目→京橋間で混雑率は135%、輸送人員は9230人、最混雑時間帯は東行と同じだが、運転本数は18本と1本多く、輸送力は6840人

ドーム前千代崎駅に停車中の大正行

としている。しかし、国土交通省基準で計算すると、輸送力は６４０８人で混雑率は１４４％ということになる。

平成24年度の集中率は、東行が13・6％、西行が25・5％となっている。西行が高いのは都心方向への通勤通学生が多いことを示している。

大正―門真南間の所要時間は31分、表定速度29・0キロである。朝ラッシュ時は3分20秒毎、昼間時は7分30秒毎、夕ラッシュ時は3分30秒毎の運転である。

大正駅から釣り針状に南下して、鶴町《つるまち》までの延伸計画があるが、輸送需要はあまりないということでLRTなどが考えられている。

鶴町からさらに大阪港方面、あるいは咲洲《さきしま》の中《なか》ふ頭《とう》駅まで伸ばせば、それなりの需要は生まれる。

とはいえ、鶴町延伸はすぐには必要としない区間なので、計画はとん挫したままである。

## 大阪メトロ今里筋線

### 将来はＪＲ千里丘まで延びる

今里筋《いまざとすじ》線は井《い》高野《たかの》―今里《いまざと》間11・9キロの大阪メトロで一番新しい地下鉄路線である。路線番号は8号線、長堀鶴見緑地線同様にリニア駆動のミニ地下鉄である。

井高野駅は阪急相川《あいかわ》駅の東側にあり、ここから南下していく。太子《だいし》橋今市《ばしいまいち》駅で谷町線、関目《せきめ》成育《せいいく》駅で京阪本線（駅は関目）、蒲生《がもう》四丁目駅で長堀鶴見緑地線、鴫野《しぎの》駅で片町線、緑橋《みどりばし》駅で中央線、今里駅で千日前線と連絡する。

清水《しみず》駅で、鶴見緑地北車庫の入出庫線が接続している。井高野駅の距離標は0キロからはじまっておらず、3・3キロからはじまっている。計画では、起点がＪＲ千里《せんり》丘《おか》駅付近で、途中阪急正雀《しょうじゃく》付近を通るとされている。千里丘―井高野間を想定するルートで計ってみると、まさに3・3キロになる。

今里駅からも湯里《ゆざと》六丁目まで伸ばし、計画している9号線長居公園線と接続する。長居公園線は、喜連《きれ》瓜《うり》破《わり》―住之江《すみのえ》公園《こうえん》間の計画線である。

80系4両編成17本68両が在籍している。車体見付そのものは長堀鶴見緑地線の70系と同じである。

最混雑区間は、南行が鴫野→緑橋間で混雑率86％、輸送人員は4510人である。最混雑時間帯は7時40分から1時間、この間に4両編成14本56両が走り、輸送力は5264人、平均定員は94人にしている。長堀鶴見緑地線の70系と客室内見付は変わらないが、一人当たりの座席幅を広げたことから座席定員が減ったので、先頭車88人、中間車が99人とし、その平均が94人ということである。

しかし、国土交通省の計算基準だと、70系と同様の先頭車が84人、中間車が94人となり、輸送力は4984人なので混雑率は90％になる。

北行の最混雑区間は、鴫野→蒲生四丁目間で混雑率は70％、輸送人員は3168人である。混雑時間帯は南行と同じだが、運転本数は12本で、輸送力は4512人としている。国土交通省基準で計算した混雑率は

74％である。

座席数が減っても有効床面積は変わらないから、一律0・35㎡で割るよりも、座席面積と立席面積を分けて計算するほうがいいかもしれない。しかし立席面積のなかで足の部分をどう計算すればいいかという面倒なことになる。やはり一律計算で一つの基準を決めるしかないだろう。

井高野―今里間の所要時間は23分、表定速度31・0キロである。朝ラッシュ時は4、5分毎、昼間時は10分毎、夕ラッシュ時は5分毎の運転である。

井高野駅は他線に連絡していないため、乗客は少ない。ラッシュ時も空いている。千里丘駅まで延びれば、JRと阪急からの利用客が見込める。両線のテリトリーを守るために着工していないが、今里筋線は都心に行っていないからそうは減らないだろう。かえってJRも阪急も乗客が増えると思われる。

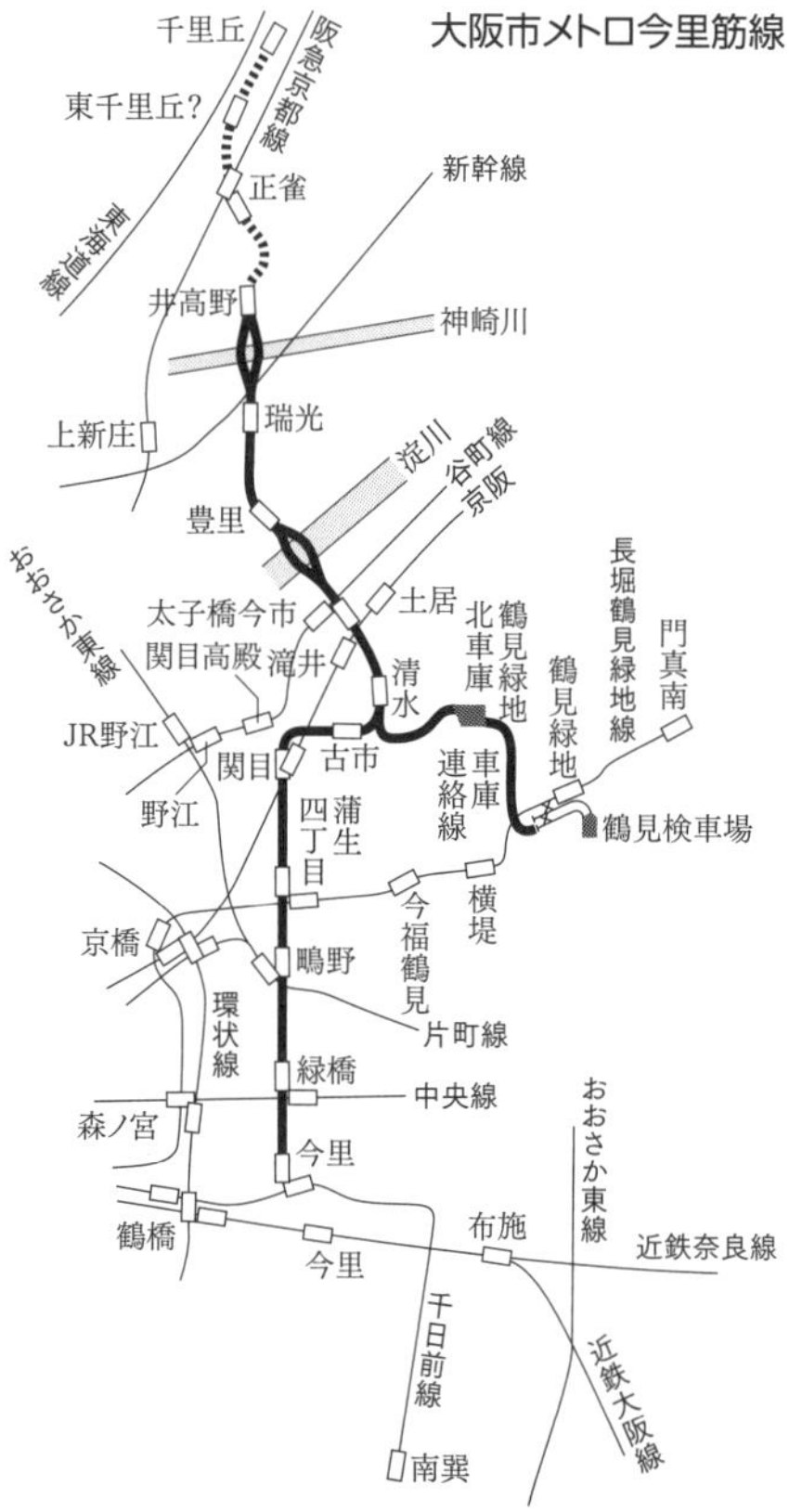

井高野駅を出た今里行。奥の丸い断面がシールドトンネル

## 神戸電鉄

### 粟生線のJR加古川線への直通運転を実現せよ

神戸電鉄は、新開地《しんかいち》―有馬《ありま》間22・5キロの有馬線と有《あり》馬口《まぐち》―三田《さんだ》間12・0キロの三田線、有馬線の途中にある鈴蘭台《すずらんだい》駅から分岐する鈴蘭台―粟生《あお》間29・2キロの粟生線、そして三田線の横山《よこやま》駅から分岐する横山―ウッディタウン中央《ちゅうおう》間7・5キロの公園都市線の4線からなっている。

新開地―湊川《みなとがわ》間0・4キロは、神戸高速鉄道が第3種鉄道事業者で神戸電鉄は第2種鉄道事業者になっている。

新開地駅で阪神、阪急、山陽電鉄、谷上《たにがみ》駅で北神《ほくしん》急行、粟生駅でJR加古川線と北条《ほうじょう》鉄道に連絡する。

新開地駅は櫛形ホーム2面3線になっており、すぐに島式ホームの湊川駅に達する。湊川駅を出た先で最急勾配の50‰になる。神戸電鉄は山岳路線なのである。湊川―鈴蘭台間は7・5キロあり、この距離で標高278mの鈴蘭台駅まで登り詰める。平均勾配37‰である。

鈴蘭台駅に隣接して鈴蘭台車庫があり、ここで粟生線が分岐する。このため鈴蘭台駅は島式ホーム2面4線になっている。

粟生線は木津《きづ》―押部谷《おしべだに》間が複線、他の区間は単線である。行き違い駅は広野《ひろの》ゴルフ場前《じょうまえ》、志染《しじみ》、三木《みき》、樫《かし》山《やま》、小野《おの》の5駅である。各駅では安全側線はなく、脱線ポイントが置かれている。冒進（誤って進むこと）してしまうと脱線することで、正面衝突を防ぐようにしている。

有馬線の谷上駅では、北神急行と連絡している。以前はホームの下にある連絡改札口での乗り換えだった。神戸電鉄は島式ホーム2面4線、北神急行は島式ホーム1面2線だった。神戸電鉄の上り待避線を撤去、北神急行の5番線に面するまで3、4番ホームを拡幅した。これによって北神急行の5番線は両側にホームが面することになる。

そして、昼間時の神戸電鉄の上下電車は3番線、北

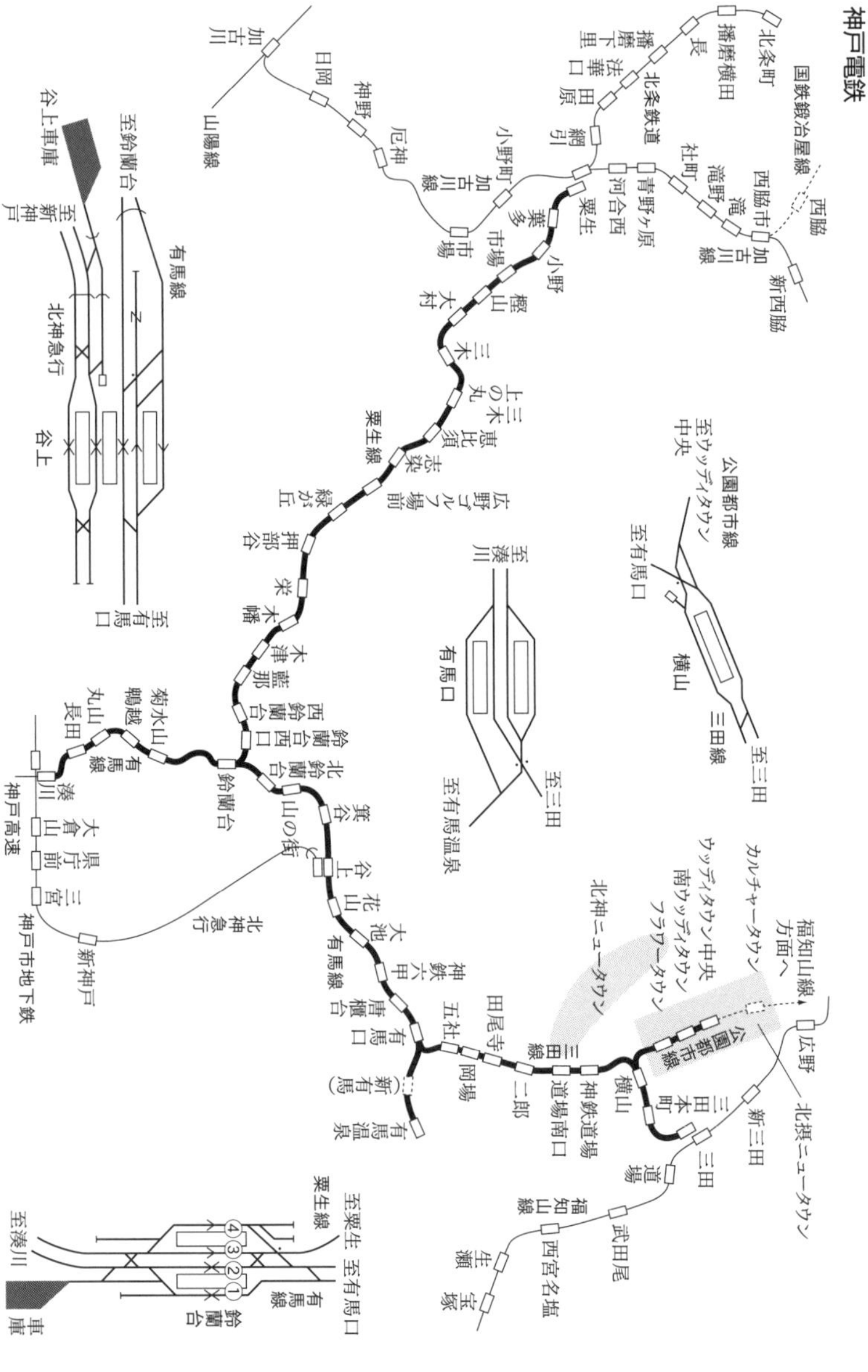
神戸電鉄
国鉄鍛冶屋線
西脇
西脇市
新西脇
加古川線
滝野
滝
社町
青野ヶ原
河合西
粟生
北条町
播磨横田
長
播磨下里
法華口
田原
北条鉄道
網引
加古川
山陽線
日岡
神野
厄神
小野町
加古川線
市場
葉多
小野
樫山
大村
三木
上の丸
三木
恵比須
志染
粟生線
広野ゴルフ場前
緑が丘
押部谷
栄
木幡
木津
藍那
西鈴蘭台
鈴蘭台西口
北鈴蘭台
鈴蘭台
菊水山
鵯越
丸山
長田
有馬線
湊川
神戸高速
大倉山
県庁前
三宮
神戸市地下鉄
新神戸
北神急行
山の街
箕谷
谷上
花山
大池
神鉄六甲
唐櫃台
有馬口
有馬線
五社
有馬温泉
新有馬（廃）
田尾寺
岡場
二郎
三田線
道場南口
神鉄道場
横山
三田本町
三田
公園都市線
広野
新三田
道場
福知山線
武田尾
西宮名塩
生瀬
宝塚
北摂ニュータウン
福知山線方面へ
カルチャータウン
ウッディタウン中央
南ウッディタウン
フラワータウン
北神ニュータウン
至ウッディタウン中央
公園都市線
至有馬口
横山
三田線
至三田
至湊川
有馬口
至三田
至有馬温泉
有馬線
至鈴蘭台
谷上車庫
至新神戸
北神急行
谷上
至有馬口
粟生線
至粟生
至有馬口
有馬線
鈴蘭台
至湊川
車庫

湊川—鈴蘭台間の鵯越区間は最急50‰の急勾配がある山岳線でもある

谷上駅。右の三田行は、新開地方面である上り線に転線停車して、北神急行線と同じホームで乗り換えができるようにしている。左に神戸地下鉄の直通電車が停まっている

神急行の電車は5番線に停車させて、同じホームで乗り換えができるようにした。

有馬口駅は、島式ホーム2面4線で有馬線と三田線は方向別で発着する。三田線は岡場《おかば》―田尾寺《たおじ》間と横山―三田間が複線である。単線区間での行き違い駅は道《どう》場南口《じょうみなみぐち》一駅だけである。

横山駅は島式ホーム1面2線だが、下り三田行と公園都市線ウッディタウン中央行、上り新開地発と公園都市線三田行が接続して、互いに乗り換えができるようにしている。

横山駅に停車中のウッディタウン行（右）と三田行（左）

ウッディタウン付近を走る三田行

公園都市線は単線で、すべての駅で行き違うことができる。

4両編成の6000系が3本、5000系が10本、3000系が7本、2000系が2本、1000系は2＋2の4両編成が4本、1＋3の4両編成が2本である。4両編成は朝ラッシュ時上りの新開地寄りから3両目に女性専用車がある。

3両編成は6500系が4本、2000系が4本、1500系が3本、1100系が8本である。

車体長は先頭車が17・75m、中間車は17・6m、車体幅は6000系と6500系が2700㎜、他は2600㎜になっている。国交省算出基準での定員は6000系と6500系の先頭車が112人、中間車が125人、4両編成の定員は474人、3両編成は349人、その他は先頭車が108人、中間車が119人になる。4両編成は454人、3両編成は335人で

三田付近を走る新開地行

ある。

4両編成は22本があり、うち6000系は2本、3両編成は17本でうち6500系が3本である。

最混雑区間は、丸山《まるやま》→長田《ながた》間で混雑率は103%、輸送人員は8389人である。最混雑時間帯は7時30分から1時間、3両編成が2本、4両編成17本の計19本74両が走る。輸送力は8176人、平均定員は110・5人にしている。1000系4両編成のなかには、全車両が先頭車になっている編成がある。平均定員110・5人は妥当なところである。

昭和59年度では混雑率は191%もあった。輸送人員は1万9708人と平成28年度の倍以上あった。5両編成が8本、4両編成が13本、計92両が走り、輸送力は1万304人と多かった。平均定員は112人としていた。

集中率をみると、昭和59年度は38・5%と高かった。平成24年度は28・7%に下がっている。少子高齢化とともに、北神ニュータウンの人口減少、さらに粟生線沿線の人口減少がきいているが、一番の要因は谷上駅で北神急行と連絡して三宮への短絡ルートができ

樫山駅を出た新開地行。車両の手前直下にあるのが脱線ポイント（⇩の部分）

粟生駅に停車中の神戸電鉄新開地行（右）とJR加古川線谷川行（左）

たことである。

粟生線の人口減少は深刻で、三木以遠の廃止もささやかれている。しかし、粟生駅で加古川線や北条鉄道とレールを接続するのはさほど難しくはない。北条鉄道は非電化だが、加古川線は電化している。粟生線電車が西脇《にしわき》駅まで直通すれば、神戸からのショートカット線として利用されることになる。

特快速、快速、急行、準急がある。特快速は、三田↓新開地間の朝ラッシュ時上りのみ2本が運転される。停車駅は岡場まで各駅、谷上、山《やま》の街《まち》、北鈴蘭台《きたすずらんだい》、鈴蘭台、湊川である。快速は新開地―小野・粟生間で朝夕ラッシュ時の運転で、停車駅は湊川、鈴蘭台、鈴蘭台西《すずらんだいにし》口《ぐち》、西鈴蘭台《にしすずらんだい》、押部谷以遠各駅である。急行も朝夕ラッシュ時に新開地―三田間の運転で停車駅は湊川、鈴蘭台、北鈴蘭台、山の街、谷上、大池《おおいけ》、唐櫃《からと》台《だい》以遠各駅である。

準急は終日運転され、下りは粟生線直通の西鈴蘭台と小野駅、粟生駅に行く。上りは三田発である。日中は30分毎の運転で停車駅は湊川、長田、鈴蘭台以遠各駅である。新開地―鈴蘭台間では普通よりも1分しか速くない。

有馬温泉へは、朝夕ラッシュ時に普通の多くが直通する。閑散時は有馬口―有馬温泉間の区間運転となる。夕ラッシュ時の一部も区間運転である。

公園都市線は、終日三田線三田駅まで乗り入れて、三田―ウッディタウン中央間の運転である。終日ほぼ15分毎の運転である。

新開地―粟生間の快速の所要時間は1時間6分である。鈴蘭台以遠で三木、小野の両駅だけ停車する特急を設定すると50分に短縮する。そして加古川線の社《やしろ》町《ちょう》、滝野《たきの》停車の快速運転で西脇市《にしわきし》駅まで乗り入れたとすると、西脇市―新開地間は1時間5分で結ばれる。

加古川線普通と山陽線新快速を乗り継いだ場合、西脇市―神戸間は1時間20分程度だから15分短縮する。15分の短縮では弱いが、粟生線を高速化すればさらに10分は短縮して西脇市―粟生間は55分になる。また北条鉄道を電化して乗り入れてもいい。

兵庫県の神戸と県央地区が短時間で結ばれれば、粟生線は重要路線になる。兵庫県が音頭を取って、上下分離方式で粟生線と加古川線の直通化と高速化、北条鉄道の電化を行えば、青色吐息の粟生線は大きく生まれ変わる。

有馬口駅は何度か脱線事故を起こしたのでシングルスリップポイントにして急曲線を緩和した

## 神戸市地下鉄西神・山手線、北神急行電鉄北神線

### 阪急の神戸地下鉄乗り入れは王子公園駅から

神戸市地下鉄の新神戸《しんこうべ》―西神中央《せいしんちゅうおう》間22・7キロは、西《せい》神《しん》・山手《やまて》線と呼ばれているが、正式には新長田《しんながた》―新神戸間の山手線、名谷《みょうだに》―新長田間の西神線、名谷―西神中央間の西神延伸線の3路線からなる。

山手線が7・6キロ、西神線が5・7キロ、西神延伸線が9・4キロとなっており、山手線と西神線は西側の新長田駅と名谷駅を起点にしているが、西神延伸線は東側の名谷駅を起点にしている。

北神急行北神線《ほくしんきゅうこうほくしんせん》は、新神戸―谷上《たにがみ》間7・9キロの路線で、谷上駅で神戸電鉄有馬線に連絡している。神戸電鉄の谷上以遠から三宮に行くには、従来は新開地経由だったのを、六甲山を貫通して短絡したのが北神線である。それまで30分かかっていたのをわずか8分に短縮した。六甲山の山の下を通るので途中に駅はない。ほぼ全区間にわたって新神戸に向かって33・3‰の下り勾配になっており、抑速ブレーキによって70キロの定速運転で新神戸駅に駆け降りる。北神線はワンマン運転である。北神急行電鉄は第2種鉄道事業者で、神戸高速鉄道が第3種鉄道事業者となっている。

山手線は、他の地下鉄と同様に市街地を走るが、西神線は名谷に向かって板宿《いたやど》―妙法寺《みょうほうじ》間は、連続29‰上り勾配になっている山岳路線である。その名谷から西神ニュータウンの中心地への足として建設された西神延伸線は郊外路線である。

山手線は、狭くて東西に細長く広がっている神戸市街を通っているが、阪神、阪急、山陽の各電車が走っている神戸高速鉄道と近接して並行している。さらにJR東海道・山陽線も並行している。山手線の三宮―板宿間は作る必要はなく、並行している神戸高速鉄道に乗り入れるだけでよかった。それでも神戸市電を運行していた神戸市交通局は、繁華街の湊川《みなとがわ》から三宮や新神戸まで路線がほしくて二重投資を覚悟のうえで造った。

さらに、建設費が安い第3軌条集電方式ではなく、

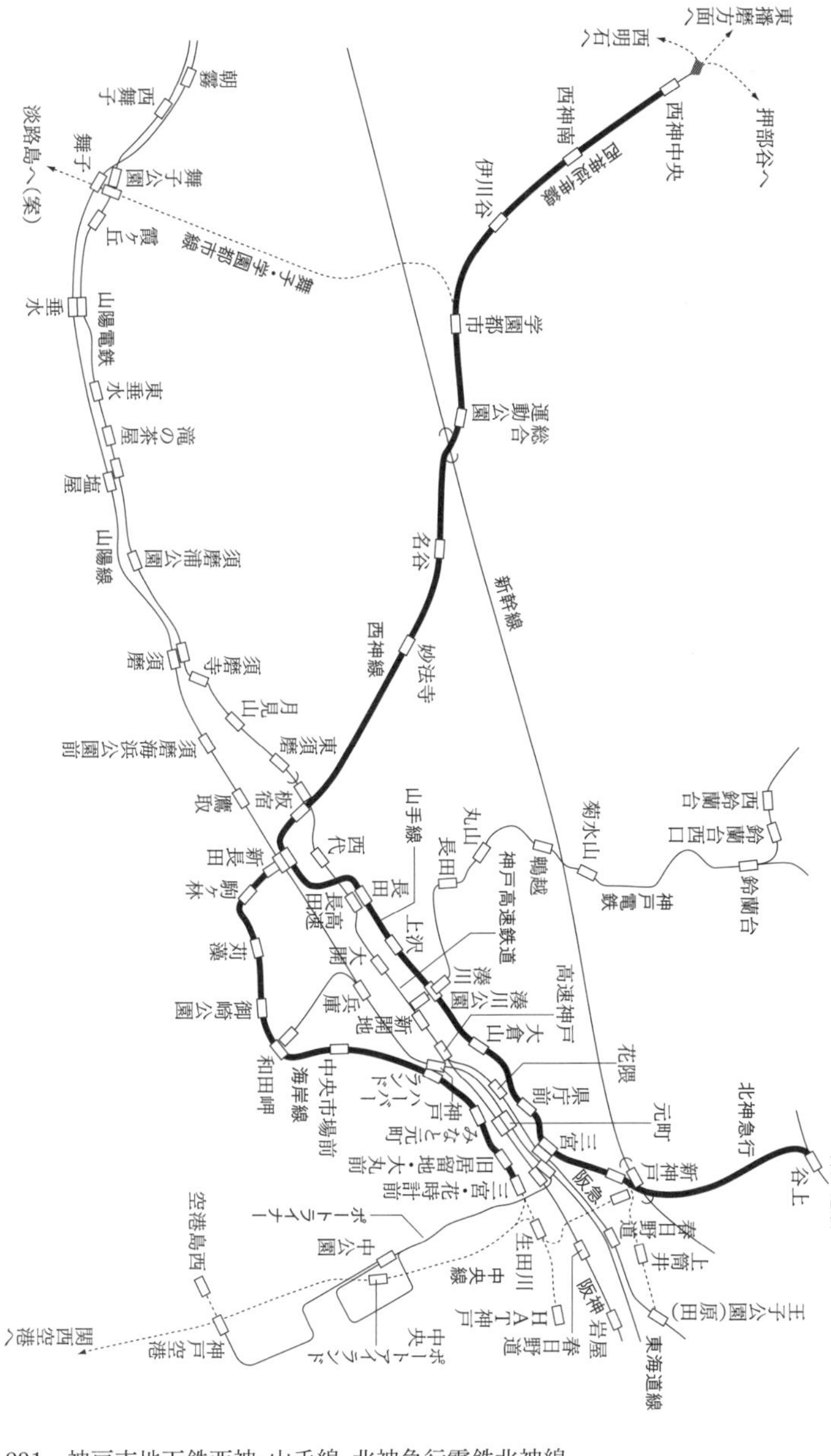
神戸付近
東播磨方面へ
西明石へ
押部谷へ
西神中央
西神南
伊川谷
学園都市
総合運動公園
名谷
妙法寺
西神線
新幹線
板宿
東須磨
月見山
須磨寺
須磨
須磨浦公園
山陽線
塩屋
滝の茶屋
東垂水
山陽電鉄
垂水
霞ヶ丘
舞子公園
舞子
西舞子
朝霧
淡路島へ(案)
舞子・学園都市線
須磨海浜公園前
鷹取
新長田
駒ヶ林
苅藻
御崎公園
和田岬
海岸線
中央市場前
ハーバーランド
みなと元町
旧居留地・大丸前
三宮・花時計前
西代
長田
高速長田
山手線
上沢
大開
湊川公園
湊川
新開地
兵庫
神戸高速鉄道
高速神戸
大倉山
県庁前
花隈
元町
三宮
新神戸
北神急行
谷上
神戸電鉄
丸山
長田
鵯越
菊水山
鈴蘭台
鈴蘭台西口
西鈴蘭台
春日野道
上筒井
王子公園
(原田)
阪急
阪神岩屋
東海道線
春日野道
HAT神戸
生田川
中央線
中公園
ポートライナー
空港島西
神戸空港
関西空港へ

新神戸駅。右は谷上行、左は新神戸駅発西神中央行

架線集電方式で車両も19m中形車を採用している。阪神や阪急、山陽の各線と直通も視野に入れていたようである。そして、いま、阪急神戸線と相互直通の構想が実現しつつある。

新神戸駅で北神急行電鉄と接続して相互直通をしているほかに、山陽新幹線と連絡、三宮駅でここに集まる各線、湊川駅で神戸電鉄、新長田駅でＪＲ山陽線、板宿駅で山陽電鉄本線と連絡する。

山手線を介在して、新神戸駅とＪＲ神戸市内各線とは、ＪＲの長距離切符の場合、運賃を通しで計算される。そして三宮駅と新神戸駅は営業キロを同じにしている。しかし、山手線の運賃は別途、支払わなければならない。もっとも徒歩だと当然その必要はない。

新神戸駅は、島式ホームと片面ホームが各1面3線で、3番線は西神中央方面から折り返しのために谷上側は行き止まりになっている。3番線は折返電車線用だが、1、2番線でも折り返しは可能であり、2番線は北神急行の谷上駅からの折り返しもできる。

三宮駅は幅が狭い道路の地下を通っているため、1番線の新神戸方面が上の上下2段式になっている。大《おお》倉山《くらやま》駅の西神中央寄りに部分開業したときの折り返し用のシーサスポイントがある。上沢《かみさわ》駅の西神中央寄りには、渡り線を兼ねた引上線がある。新長田駅の両端には非常渡り線、名谷駅の西神中央寄りに車庫があり、駅は島式ホーム2面4線になっている。総合運動《そうごううんどう》公園《こうえん》駅は、ほっともっとフィールド神戸球場があり、野球開催日などでは乗降分離をするために相対式ホーム2面と島式ホーム1面で上下各線を挟んでいる。

学園都市《がくえんとし》駅の新神戸寄りにシーサスポイント、終点西神中央《せいしんちゅうおう》駅は島式ホーム2面3線で、島式ホームのうち3番線の対面の4番線は敷かれていない。反対側に線路を設置できる。将来の舞子《まいこ》公園《こうえん》方面や押部谷《おしべだに》方面への延伸のときに4番線は設置される。

その先に複線が伸びて西神車両基地につながっているが、延伸されたときは本線になる。

西神・山手線は1000系、2000系、3000系、6000系、北神線は7000系がある。老朽化している1000系を廃車して6000系に置き換え中である。

すべて6両固定編成で、車体長18・5m、車体幅2790mm、3扉ロングシートの中形車である。関西私鉄の多くの中形車は乗務員室後部に座席があるが、西神・山手線、北神線の中形車はすぐに客用扉がある。このため扉間の座席定員は10人となっている。新神戸寄り3両目の4号車は、終日女性専用車である。

起動加速度は3・3、常用最大減速度は3・5で、地下鉄車両の標準の加減速性能を持っている。急勾配区間があるために、地下鉄では珍しい抑速ブレーキが付いている。最高速度は地下区間70㌔、板宿以遠の山岳トンネルを含む地上線は100㌔である。

定員は先頭車140人、中間車150人としているが、国交省算出基準で計算した定員は先頭車129人、中間車145人、6両編成で838人、平均定員は140人である。

最混雑区間は、西神・山手線が妙法寺→板宿間で127%、輸送人員は1万8435人である。最混雑時間は7時15分から8時12分で、この間に19本の電車が走り、輸送力は1万4478人としている。

平均定員は自社公表の定員より少ない127人、6両編成で762人と控えめである。実際は6両編成で

８３８人だから輸送力は１万５９２２人となり、混雑率は１１６％である。

　北神線は谷上→新神戸間で、混雑率は76％、輸送人員は４４５０人である。混雑時間帯は７時27分から１時間で７本の電車が走る。輸送力は５８８０人、平均定員は１４０人にしている。西神・山手線と同じ車両を使っているのに定員が大きく異なるが、こちらは国交省算出基準での平均定員も１４０人なので、きちっとこれで算出している。

　西神線の乗客は増えているが、北神線の乗客は、神戸電鉄沿線が少子高齢化の波を受けて低迷している。

　集中率は平成24年度で西神・山手線が25・６％、北神線が37・８％である。北神線は定期代を会社が出す通勤定期客は多いが、自腹出費の定期外客は運賃が安い新開地経由を利用する人が多い。このため集中率が高くなっている。

　西神・山手線の新神戸―西神中央間の所要時間は32分、表定速度42・６キロと速い。西神延伸線の駅間距離が長いためである。北神線の所要時間は８分、表定速度56・３キロである。


　朝ラッシュ時は西神・山手線が３分毎、北神線が９分毎、昼間時は西神・山手線が５分毎、北神線が10分毎、夕ラッシュ時は西神・山手線が５、６分毎、北神線が５、10、11分毎である。

　西神中央から押部谷、西明石《にしあかし》、厄神《やくじん》の３方面の延伸が検討されているが、すべての駅への延伸計画はとん挫している。

　また、総合運動公園駅から舞子駅の分岐線も構想されている。こちらは明石海峡大橋を走る高速バスと連絡することによって、徳島や淡路島と神戸の市街地を結ぶ路線として考えられている。

　それならば明石海峡大橋を通る神戸淡路鳴門自動車道（略して神淡鳴道）の片側１車線、合計２車線に線路を敷設して神戸地下鉄を走らせればいい。

　同自動車道は淡路ＩＣまで片側３車線、その先は２車線だが、津名《つな》ＩＣまでは３車線化できるように用地が確保されている。しかし、現状の交通量は２車線で十分だから、線路化しても混雑しない。津名ＩＣから先は、中央分離帯に高架線を設置して、淡路島中央スマートＩＣから洲本《すもと》市街に乗り入れるのがいい。

そのまま神淡鳴道に沿って南下し、大鳴門橋に準備されている鉄道路盤（四国新幹線用）に乗り入れて、徳島駅まで行ってもいい。

阪急側からは、山手線の三宮駅で阪急神戸線と相互直通する構想が提案された。神戸市は当初は難色を示したが、現在は検討をしはじめた。

阪急神戸線の春日野道《かすがのみち》駅付近で地下に潜って、地下鉄三宮駅で接続することが考えられているが、大規模な工事になるし、現阪急三宮駅を廃止するとなると、神戸高速鉄道阪急三宮―高速神戸間をどうするかということも考えなければならない。阪急神戸線の電車がすべて地下鉄に直通することになれば、神戸高速線は廃止か、昼間時に30分毎に運転されている山陽の普通電車だけが走ることになる。

また、阪急神戸線の車体幅は2730㎜、地下鉄は2780㎜である。阪急神戸線の六甲《ろっこう》―三宮間は、山陽電鉄が乗り入れていたために車体幅2800㎜の車両は乗り入れることができるが、梅田―御影《みかげ》間はホームを削らないと地下鉄車両は走れず、片乗り入れになる。

そういったことで、王子公園駅から新神戸駅に新線を建設して乗り入れる案や、高速長田《こうそくながた》駅あるいは西代《にしだい》駅から連絡線を設置して神戸地下鉄に乗り入れる案も出ている。

もともと山手線は、布引《ぬのびき》駅（現新神戸駅）から東進して、かつての市電ルートで原田《はらだ》まで建設する予定だった。その原田駅は、阪急神戸線西灘《にしなだ》駅（現王子公園駅）に隣接する予定だった。これだと阪急沿線から新神戸駅へ非常に行きやすくなる。

この方法で地下鉄と直通できた場合の昼間時は、王子公園駅に特急を停車させるとともに、阪急の普通が特急と接続して新神戸経由で名谷駅まで乗り入れる。地下鉄のほうは六甲駅まで、そして阪急三宮経由の山陽車が10分毎に王子公園駅まで乗り入れるというのがいいと思われる。山陽車の多くは、王子公園―東須磨間の運転とする。

# 神戸市地下鉄海岸線

## 予想の3分の1しか利用されていない

海岸《かいがん》線は、三宮《さんのみや》・花時《はなど》計前《けいまえ》―新長田《しんながた》間7・9キロの路線で、リニア駆動のミニ地下鉄線である。三宮・花時計前駅は、地下鉄三宮駅とはだいぶ離れているが同一駅としている。旧居留地《きゅうきょりゅうち》・大丸前《だいまるまえ》駅も阪神とJRの元町駅との間でだいぶ離れているが、連絡駅になっている。地上の道路は狭く、市電もこの通りを走っていた。

ハーバーランド駅も同様に、JR神戸駅と阪神・阪急の高速神戸《こうそくこうべ》駅を連絡駅にしている。和田岬《わだみさき》駅では、JR和田岬線、そして新長田駅では西神・山手線とJR山陽線と連絡する。

JR和田岬線は、海岸線が開通すると廃止するとされていたが、JRは存続させている。同線は朝・夕・夜間は運転されているが、昼間時は運転されない、三菱重工への足として電車を走らせているためである。また、神戸高速鉄道は、神戸電鉄が走る南北線を新開《しんかい》地《ち》駅から和田岬駅まで南下させる構想を持っていたが、結局、実現しなかった。

三宮・花時計前―旧居留地・大丸前間と各駅部は開削工法で造られたが、駅間は単線並列複線シールドトンネルで掘削された。そのため各ホームは見通しがいい直線の島式ホームになっている。また、みなと元町駅の三宮寄りは西行が下の上下2段式である。

御崎公園《みさきこうえん》駅に隣接して、御崎車両基地がある。このため御崎公園駅は島式ホーム2面3線となっている。

現在は4両編成だが、各ホームは6両編成分がある。車体長は先頭車が15・3m、中間車が15・1m、車体幅2490mmの小形車体である。定員は先頭車84人、中間車94人にしている。国交省算出基準では先頭車が84人、中間車が97人で、中間車が3人多い。4両編成で362人、平均定員は90・5人である。

三宮・花時計前寄り1両目は、終日女性専用車である。4両で1両が女性専用車という女性専用の割合が大きいが、ラッシュ時でもさほど混んでいないので、一般車がぎゅう詰めになることはない。

最混雑区間は、ハーバーランド→中央《ちゅうおう》市場《いちば》前《まえ》間で混雑率は１０７％、輸送人員は３８７５人である。最混雑時間帯は７時32分から８時26分である。１時間分ではないが、運転間隔が長いために１時間にしたとしても運転本数は変わらない。４両編成が10本、６分毎に走り、輸送力は３６２０人、平均定員90・５人、４両編成で３６２人である。国交省算出基準でも同じである。

駒ヶ林駅に停車中の三宮・花時計行

三宮・花時計前—新長田間の所要時間は14分、表定速度33・９キロである。朝ラッシュ時６分毎、昼間時10分毎、夕ラッシュ時７分30秒毎の運転である。

乗降人数は、開業前の想定よりも少ない３分の１程度しかない。予想していたＪＲ和田岬線が廃止されなかったことや、三宮・花時計前駅が他の三宮駅から離れていること、阪神・淡路大震災で新長田駅付近の人口が減ったこと、そして少子高齢化である。

このため集客増対策として「１ｄａｙパス」や中学生以下無料といったことをしているが、大きな効果にはなっていない。テーマパークとか大きな集客施設がほしいところだが、そのスペースは沿線にはない。

三宮・花時計前駅から東進し、生田川《いくたがわ》に沿って新神戸駅までの延伸が計画されている。また、北上せずにそのまま東進してＨＡＴ神戸まで延ばすことも考えられている。さらに新神戸への路線を南北線とし、海岸線のＨＡＴ神戸延伸線と接続するとともに、南下してポートアイランドの東側を通って神戸空港、さらには大阪湾をチューブトンネルで横断し、関西空港まで結ぶことが構想されている。

三宮・花時計前—関西空港間や、神戸空港—関西空港間の運賃を２０００円程度にできれば、建設費が高くても20年後には黒字化できると考えられている。

# 用語解説

**1線スルー**　単線路線では駅や信号場で行き違いをするとき複線となるが、片側あるいは両側とも速度制限を受ける（通常は45キロ制限）。その駅に停車するならそれでもかまわないが、通過列車が速度を落とすのでは時間の無駄である。片方を直線にして、通過列車は上下線ともそこを走らせれば、速度制限を受けないですむ。これが1線スルー方式である。

**VVVFインバータ制御**　通常の電車は回転速度の幅が大きく制御しやすい直流モーターを使う。交流モーターは周波数により回転数がほぼ決まっており、電圧による回転数の大小幅は狭かった。インバータは周波数と電圧を自由に変化させる制御装置（Variable Voltage Variable Frequency）であるが、大容量のものも開発され、これを交流モーターに採用した電車がインバータ電車である。直流モーターにくらべてメンテナンスが楽であり、車体の下にある制御機器の数が減る。また、空転が起こりにくいので加速性能を上げることができる。

**運賃・料金**　運賃は普通運賃や定期運賃、貨物運賃などをいい、料金は特急料金や指定席料金、寝台料金といった付加価値を供する料金。

**運転停車**　行き違いなどで停車駅でない駅などに停車すること。

**営業キロ**　運賃を計算するときに設定したキロ程。必ずしも実際の線路延長と合致しない。

**営業係数**　１００円の収益を上げるのにかかった経費。当然１００円を超えると赤字である。

**回生ブレーキ**　電気ブレーキで発生した電力を架線に戻し、他の電車の加速に使えるようにしたもの。

**緩急接続ダイヤ**　優等列車が緩行等を停車して追い越して、それぞれが相互に乗り換えができるようにした接続方法。

**緩急分離ダイヤ**　優等列車が緩行等を通過して追い越す。これによって優等列車が混まないようにする。

**緩行**　各駅停車電車のこと。急行の反対語。

**カント**　左右のレールに高低差をつけて乗り心地をよくする。

**機待線**　仕訳された列車に連結するために機関車が待機する線路。

**機回線**　機関車牽引の列車は終点などで折り返すとき、機関車を反対側に連結しなければならない。そうするには、切り離された機関車を先頭側に付けるための線路が必要で、これを機回線という。ただし運転関係の部署では機関士が機関車を回すから「機回し線」、施設関係の部署では管理する線路に機関車が回るから「機回り線」と読み方が異なっている。

**機留線**　機関車留置線の略。

**均衡速度**　駆動力と走行抵抗の力が同じになって、これ以上加速できない速度。

**甲線、乙線、丙線**　国鉄時代に定めた線路等級の区分。甲、乙、丙と簡易線の4段階に分けていて、甲線の規格が一番よく、幹線に当てられる。その後、湖西線などができると甲線より規格が上になるため特甲線が追加され、さらに甲線から簡易線までが1級線から4級線に変更された。

**混雑率**　輸送量を輸送力で割ったパーセンテージ。最混雑1時間と終日の二つの混雑率が公表されている。

**シーサスポイント**　シーサスクロッシングポイント。複線間の順方向と逆方向の渡り線を一つにまとめたもので、線路配線図には複線の間に×印で描く。

**JR形配線**　島式ホームと片面ホーム各1面に発着線が3線ある構造の駅。国鉄が好んで採用していた。基本的に片面ホーム側が駅本屋と改札口に面した1番線となっており、上下主要列車が停車して跨線橋などを通らずにすむようになっている。さらに単線路線での行き違い用として島式ホームの外側に1番線とは異なる逆方向の本線をおき、内側の線路を待避や折返、それに機関車の機回線とした中線になっている。ただし、内側が本線で外側が中線になっているJR形配線もある。

**自動閉塞**　鉄道路線ではある一定の間隔で閉塞区間を設け、一つの閉塞区間には一つの列車しか走ることができないようにして安全を保っている。自動閉塞は該当する列車が一つの閉塞区間に入った、あるいは出たことを軌道回路で検知する。軌道回路とは左右のレールに電流(これを信号電流という)を流し、車両の車輪でショートさせて電圧がゼロになったことで列車の出入りを検知する。そしてその閉塞区間の入口にある信号機を赤点灯の停止現示して、他の列車が入れないようにする。単線では前方の出口側にある対向列車のための信号機を停止現示にして正面衝突を防いでいる。

**集中率**　終日の輸送量のうち最混雑1時間に集中した輸送量の比率。

**上下分離方式**　線路などインフラ部分を所有する会社や公的組織と、実際に運営する鉄道会社とを分ける方式のこと。鉄道を運営する会社はインフラの建設費などの償還に関わらないので、経営が楽になる。

**線路別複々線**　急行線と緩行線、それぞれの複線を並べた複々線。

**第1種（第2種、第3種）鉄道事業（者）**　第1種鉄道事業者は線路を自らが敷設して運送を行い、さらに第2種鉄道事業者に使用させることができる。第2種鉄道事業者は第1種鉄道事業者または第3種鉄道事業者が保有する線路を使用して運送を行う。第3種鉄道事業者は線路を敷設して第1種鉄道事業者に譲渡するか、第2種鉄道事業者に使用させ、自らは運送を行わない。

**定期外客**　定期券利用ではなく、普通乗車券や回数券、そしてイコカやピタパなどストアードフェアカードによって利用する乗客。

**定期比率**　定期券で乗っている乗客の比率。

**電動制御車**　電車において運転台とモーターがある車両を電動制御車、モーターがない車両を制御車、モーター付で運転台がない車両を中間電動車あるいは単に電動車、運転台もモーターもない車両を付随車と呼ぶ。

**中線**　基本的に上下本線の間に敷かれた副本線。

**パターンダイヤ**　10分とか30分を一つのサイクル（周期）にして、各種の列車の待避追い越しを一体パターンにしたダイヤ。

**表定速度**　一定の区間での停車時間を含めた平均速度。

**普通**　電車区間内では一概に各駅に停車するとは限らない。

**平均輸送キロ**　乗客1人当たりの平均した乗車キロ数。

**方向別複々線**　同一方向の線路を並べた複々線。同じホームで乗り換えができる。

**棒線駅**　ホーム1面1線でポイントがない駅。ポイントがない複線の駅でも言うときがある。

**ボギー台車**　一般的な鉄道で使用している台車。

**輸送人キロ**　輸送人員と乗車キロを掛け合わせた延べ輸送量。

**抑速ブレーキ**　下り勾配で一定の速度を保って降りることができるブレーキ装置。

**優等列車**　各停や普通より停車駅が少なく速い列車。

**横取線**　保守車両を収容する側線。

著者略歴――――
川島令三 かわしま・りょうぞう

1950年、兵庫県生まれ。芦屋高校鉄道研究会、東海大学鉄道研究会を経て「鉄道ピクトリアル」編集部に勤務。現在、鉄道アナリスト、早稲田大学非常勤講師、全国鉄道利用者会議顧問。小社から1986年に刊行された最初の著書『東京圏通勤電車事情大研究』は通勤電車の問題に初めて本格的に取り組んだ試みとして大きな反響を呼んだ。著者の提起した案ですでに実現されているものがいくつもある。著書は上記のほかに『全国鉄道事情大研究』(シリーズ全30巻)、『関西圏通勤電車徹底批評(上下)』『なぜ福知山線脱線事故は起こったのか』『東京圏通勤電車 どの路線が速くて便利か』『鉄道事情トピックス』『最新東京圏通勤電車事情大研究』(いずれも草思社)、『全線・全駅・全配線』(シリーズ全52巻)、『日本 vs.ヨーロッパ「新幹線」戦争』『鉄道配線大研究』『全国通勤電車大解剖』(いずれも講談社)など多数。

関西圏鉄道事情大研究
将来篇



2019年1月28日 第1刷発行

著　者 川島令三
装幀者 板谷成雄
発行者 藤田　博
発行所 株式会社 草思社
〒160-0022 東京都新宿区新宿1-10-1
電話 営業 03(4580)7676 編集 03(4580)7680

編集協力 富田康裕
組版・図版 板谷成雄
印刷・製本 中央精版印刷株式会社

ISBN978-4-7942-2371-5 Printed in Japan 検印省略

造本には十分注意しておりますが、万一、乱丁、落丁、印刷不良などがございましたら、ご面倒ですが小社営業部宛にお送りください。送料小社負担にてお取替えさせていただきます。

クトゥルー・ミュトス・ファイルズ
The Cthulhu Mythos Files

# エイリアン邪神宮

トレジャー・ハンター 八頭大

菊地秀行
Kikuchi Hideyuki

創土社

# 目次

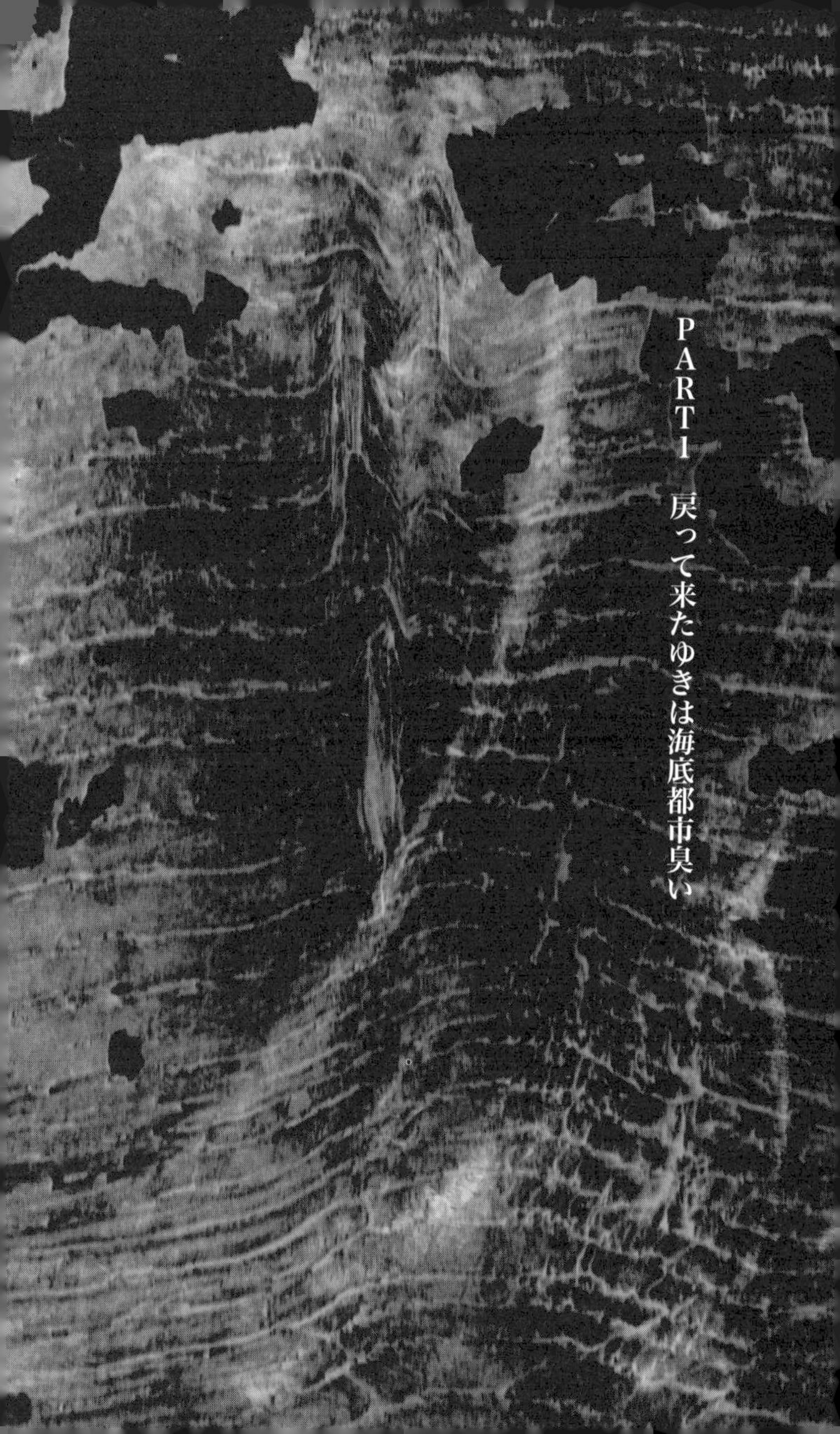

# PART 1　戻って来たゆきは海底都市臭い

1

ここ一週間ばかり気になることがある。

ゆきが帰って来ないのだ。

一週間前——夏休みに突入した途端に、

「ちょっと東北《みちのく》へ行って来るわ」

と言って出てったきり、スマホもメールも通じない。留守電になるのだから、メカの異常じゃない。当人だ。

勝手に何処《どこ》かへ出かけて連絡を断つなんてことは日常茶飯事だから、今回も——と言えなくもないのだが、妙に気になって仕様がない。これは勘だ。そして、おれが宝捜しという仕事を生き抜いて来られたのも、その勘による。

何かおかしい。これまでとは違う途方もなく巨大で圧倒的なものが、心臓をざわつかせる。

よっぽど陰気な面《つら》でもしているのか、六本木をぶらついていると、

「ああ、これこれ、見て進ぜよう」

と街頭易者《えきしゃ》が何人も声をかけてくる。暇つぶしだと占いさせたら、

「何か不吉なものが近づいているな」

と声を揃えやがる。

ひとりなんかは、

「これはいかん。五秒後が危ない。——四——三——二——」

「一」

と終えた瞬間、頭上から鉄骨が落ちて来て、一巻の終わりになっちまった。おれは間一髪《かんいっぱつ》跳

びのいたが、自分の運命を占ってどうする。

ゆきがいないので、近くのクラブ勤めのホステスに電話をかけ、夕食に誘うと、

「うちで食べようよ」

ありがたーいご提案であった。早速出かけると、いま用意をしているから待っててとリビングに通された。

ひと目見て、

「んー!?」

仰天《ぎょうてん》した。

もとから絵を描いたり、彫刻を作るのが趣味のホステスだったので、壁や床に作品が飾られている。それはいいのだが、

「何じゃ、これは!?」

思わず口走るような作品だらけじゃねーか。


絵は暗い水中でこちらを見つめる巨大な赤眼やら鉤爪《かぎづめ》やら、巨大な石で構成され、燐光《りんこう》を放つ苔《こけ》で覆われた都市、いまにも飛び出して来そうな手足をつけた魚の群れ――抽象絵画が好きで、おれには訳のわからない絵を描く女だが、これはあまりに具体的すぎる。そして、見事だ。絵の中から海水が流れ出ても、不思議じゃない。

おれの眼を引いたのは、床上の彫刻――と言うか彫像だった。

タコ頭で口もとから何本もの髭《ひげ》を垂らし、長い手足と退化した翼を持った生きものだ。別のキャンバス地に描かれた赤い眼と鉤爪《かぎづめ》は、こいつの付属品に違いない。

おれはキッチンのホステスへ、こう声をかけてみた。

「画風が変わってるな。どういう趣味だ、おい？」

返事はすぐにあった。

「私にもわかんないのよ。二日前の朝起きたら、衝動的に描きたくなって。一日で仕上げたの」

「これ全部か？　合わせて一〇〇点以上あるぞ」

「私も驚いているのよ。仕上げてから丸一日寝込んだわ」

おれは何気ない風に訊いてみた。

「おまえ――これ何だか知っているのか？」

女はあっさり答えた。

「ええ――偉大なるクトゥルー様よ」

正直、驚かなかった。ひと目でわかっていたし、ホステスにもこの部屋にもおかしなものは憑《つ》いていない。それに、クトゥルー様と呼ぶ奴らの全部が、信者ってわけでもない。

「おまえ――教団員か？」

なるべく普通に訊いてみた。

「はあ。描いているときに名前はわかったけど、それだけよ。何なのかも知らないわ――何よ？」

「様ってのはどういう意味だ？」

「何となくよ。呼び捨てにしちゃまずいと思ったの。ひょっとして――神様か何か？」

「まあ、そうだ」

「へえ――でも、なんでこんなの描いちゃったんだろ？　普通なら捨てちゃうんだけど、わざわざ飾るっていうのも不思議よね」

当人が自分で言ってりゃ世話はないが、確かにそら不思議だ。

「そう言えば、あんまり気味悪いんで、飾ってない彫刻がひとつあるのよ」

「ほう」

ホステスは居間の南窓のところへ行き、「伊勢丹」の紙袋を被せた品を取り上げて、テーブルに置いた。

「ちょっと、やらしいんだけどね」

紙袋が取られた。ひと目見て、おれは、と洩らした。

「ありゃ!?」

ゆきだ。しかし、これはまたセクシーな。

全裸のゆきは、膝の上に乗っていた。膝の主はクトゥルーだった。問題はその手や口の髭だ。鉤爪は剥き出しの乳房に食いこみ、何本もの髭が厚目のぽっちゃりした唇の間に吸いこまれている。しかも、ゆきめ頬をすぼめて――吸ってやがるのか!?

「ひょっとして、知り合い？」

「知らん！　こんな変態彫刻――早いとこつぶしてしまえ」

「作ってるときから、そうしたかったわよ。でも、出来ないの」

「うーむ」

唸りながら、おれはゆきの現在《いま》を想像して暗《あん》澹《たん》たる気分になった。どこでどうやって、クトゥルーなんかにとっ捕まったんだ!?

ちゃんと手作りの中華をご馳走になってから、

「久しぶりじゃない。お店来てよ」

と誘われて、付き合うことにした。六本木でも三本の指に入る高級クラブだ。

店へ入ると、いきなり、客のひとりが駆け

寄って来て、おれの眼の前でハンカチを広げて見せた。

「やだ!?」

と同伴したホステスが息を引いた。

ここにもタコ頭と口髭だった。

「何だい、おっさん?」

この酔っ払いが、という風に尋ねると、

「わからない。さっき急に描きたくなって描き上げちまったんだ。あんたを見た途端見せびらかしたくなった。一体、どうしたんだ、おれ?」

「知るか」

おれは無視して、案内された席についた。同伴したホステスにもうひとりが加わって、氷とシーバスのボトルが置かれた。

ママがやって来たとき、嫌な予感がした。

走って来た上、破ったノートの一枚を手にしている。

「いらっしゃい。はい、これ」

さっきの客とグルか。

「ひょっとして、さっき急に描きたくなったのかい?」

「当たり。ね、どうして?」

「おれが知るかよ」

出された水割をママを加えた四人で、いただきますと口にした。

吐き出した。

「なんだ、こりゃ、塩水じゃねえか!!」

「あら、そう言えばそうね」

ママが眉を寄せて、

「――でも、気にしないで」

「気にするよ——おまえらも平気か？」

と二人のホステスを問い詰めたら。

「そうだよお」

両隣のボックスから同時に声がかかった。

どっちも店の知り合いだ。

右側が「日商岩井」の重役で、左側が六本木を根拠《こんきょ》にする暴力団のカシラ——組織のトップである。こいつらも、突然芸術家か。

「見てくれたまえ」

「何だい、これ？」

コースターに万年筆とサインペンで描かれた禿の神様を、おれは憎しみをこめて睨みつけた。

「一杯飲むか、塩水のロック」

と重役がグラスを出し、

「こっちはハイボールだ」

「うるせえ——帰るぞ！」

おれは憤然と立ち上がって店を出た。

驚いたことに、店のあちこちから、コースターやおしぼりを手にした客やホステスやボーイが追いかけて来た。破いたおしぼりの袋をちらつかせてる奴までいた。

玄関を出るとき、黒服が頭を下げ、

「ありがとうございました——ところで」

とポケットに手を入れたので、おれは足早に逃げ出した。

それからマンションへ辿り着くまで、通行人や占い師、パトロール中の警官、なんとお忍び中のタレントにまで「タコ頭と翼」を見せられ、張り倒しそうになるのを必死にこらえた。

「帰ったか？」

とアンドロイドの順子《じゅんこ》が出迎えた。キャタピラ走行はひどくスムーズだ。

「見りゃわかるだろ。この糞ロボ」

「何か飲むか？」

「ボジョレーを取ってこい。つまみは要《い》らねえ」

「よかろう」

があーっと出て行った。

五分としないうちに、コンパクト・バーを押しながら戻ってきた。

内蔵されたコンピュータが、六〇〇種類のメニューを即座に作れる酒呑みの夢だ。じきに国内メーカーから発売される。

「ご苦労」

バーはグラスにボジョレーを注ぎ、それを手に取ったとき、おれは順子が戸口から顔だけ出してこっちを覗いているのに気がついた。

「何してる、さっさと出て行け」

「……」

ロボット風情《ふぜい》がおかしな話だが、何となく照れ臭そうに見えた。

まさか。

「何してやがる、失せろ」

命じた途端、順子はさあーっと近づいて来て、背後に廻していた右のアームをおれの前へ突き出した。

「ん？」

水の入った、ハイボール・グラスだ。

長い円筒の口からぷんと潮の匂いがした。

「おまえもか!?」

呆れた——ではなく驚きのあまり、遠去かろうとした瞬間、高さ二〇センチにも満たないグラスの内側から、ぶおおと緑色のタコの脚——触手がうねくり出たではないか!?

　こっちへ飛んで来る——と理解する前に、おれは一気に三メートルも後方へ跳んでいた。右手首の人工皮膚一ミリのところに仕込んである麻痺銃がせり出してくる。全て一ミリ以下のメカと材料で組み立てられた武器だが、威力は〇・一秒の照射で、シロナガスクジラも動けなくしてしまう。

　眼でもついているのか、唸りをたてて飛んでくる触手へ銃口を向けた。

　そいつは小さく痙攣《けいれん》したが、それだけだった。グラスから一〇メートル近く離れて、海底の魔物のごとくおれに襲いかかって来た。

　もう一発——と思った刹那《せつな》、怪現象が勃発した。

　順子が左腕も前方へ伸ばしたのだ。平凡なウィスキー・グラスを掴んでいる。半ばまで入った酒から虹色の球が一つ浮き上がり、おれと触手の方へ飛んで来たではないか。

　おれの麻痺銃の一〇倍も身を震わせて触手は後退し、鞭のように球体を叩いた。球は五つに分かれた。

「まさか」

　今まで頭の中だけだった驚きの言葉が口を衝《つ》いた。

「ヨグ＝ソトホースか」

　虹色の球が近づくと、触手は後退した。いや、しなかった。びりっと風を切った動きは明らかに撃墜を意図していた。

球はつぶれた。

ひとつだけ残った。

最後の一撃に押されたかのように、それは触手の鞭にまつわり、半ばあたりに吸いついた。

紫煙《しえん》が上がった。

球体の接触部分から、触手は溶けはじめていた。攻守は所を変えたのだ。

触手は煙を上げながら凄まじい速度で順子の持つハイボール・グラスに吸い込まれた。

おれは球体を見た。敵の消失を確かめるみたいに宙に浮かんでいたが、こちらもすぐ、ウィスキー・グラスの中に戻った。

凄まじい悪臭が鼻を衝いた。溶けた触手の臭いだ。


後はエアコンに任せて、おれは立ち尽くす順子に、

「てめえ、どっちの仲間だ？」

と訊いた。

おれの敵とも同じ枝になった林檎《りんご》ともいうべき外谷《とや》順子をモデルにしたでぶロボットは、少しもじもじしていたが、

「飲むか？」

ハイボール・グラスを突き出した。

「そんな気持ちの悪いものが飲めるか、バカヤロー」

「むう」

「右のグラスにゃクトゥルー、左のグラスにゃヨグ＝ソトホースか。美空ひばりじゃねえぞ。なんで、そんなもの持って来やがった？」

「わからん」

と首をふりやがる。ま、あいつらなら、ロボットの制御チップも自由に操れるだろう。なんたって神様だ。

「しかし、あいつら、何故おれんとこに？」

腕組みしてつぶやいたとき、戸口から声がかかった。

「教えてあげる」

正直、いまの戦いよりも驚いた。

この部屋の電子防犯システムにも引っかからず、戸口に立っているのは、疲れ果てた表情の太宰《だざい》ゆきだったのだ。

2

今までトレジャー・ハントなんて真似を繰り返しながら、生命冥加《いのちみょうが》に生き延びてこられたのは、他人より少し勘がいいからだ。

いわば危険領域に突入する寸前、身体の内部《なか》に骨の髄に爪をたてられたような刺激が突っ走る。

素晴らしいことに、それは控える危険レベルによって明確に異なる。つまり、打つ手が選べるのだ。

そして、いま、何処からともなく帰って来たゆきから感じたものは、これまでのどれとも類を絶する「危《やば》さ」だった。

とりあえず、ゆきのところへ行き、肩を抱くようにしてソファに坐らせたところから尋常じゃなかった。ジバンシーのスーツを通して伝わってくるのは、氷のような体温だったのだ。

チョー色っぽい顔立ちに変わりはないが、表情は固いし、虚ろだ。つまり神経をやられてるんだが、そう簡単におかしくなる玉じゃねえ。人間が耐え切れなくなるレベルの経験をしてきたのだ。

精神安定療法か薬をとも考えたが、ここはゆきの宣言どおり、告白による安定をめざすことにした。

「教えてもらいたいことは山程あるが、まず――何処から戻って来た？」

ゆきは少し考え、膝に乗せたグッチのバッグを掴んだ。何か決定的な品でも出すのかと思ったら、掴んだだけだった。

「青森よ」

「青森の何処だ？」

「須磨院《すまいん》町。竜飛岬《たっぴみさき》の近くよ」

おれはうなずいた。やっぱりな。

「最初はそんなところへ行くつもりはなかったのよ。それが、ローカル線に乗ったら、その町の駅で故障だからと動かなくなっちゃって、ひと晩、そこへ泊まることになったの。ローカル線は二輛きりで、あたししか乗っていなかった」

ホテルはすぐに見つかったが、ひどく古ぼけた、潮の香りが満ちているような部屋に通されたという。

ゆきはそこで口をつぐんだ。

「すぐ眠りについて、眼が醒めたら石の壇《だん》の上に手足を縛られて転がされていたのよ。洞窟《どうくつ》の中だった。壇の足下《あしもと》まで海水が打ち寄せていたわ。周りには人は誰もいなかった。それなのに、何処からともなく、おかしな祈りの声が上がってたの」

「イアイア……ングァハフラス……イアサング」

おれが口にすると、ゆきはうなずいた。お互い無知じゃないのだ。

ゆきはさして慌てなかった。意識は確かだし、縛られた手足も、指のレーザー・リングで灼き切るのは造作もない。

「来たのか、あれは？」

おれの問いに、ゆきはかぶりをふった。

「洞窟の内部《なか》には見えなかった。代わりに、もっと凄いものがあったわよ」

それは、海と反対側――ゆきの左手に山と積まれた黄金の宝だった。

「多分、沈没船の積み荷よ。これまで、沈没した船は、わかってるだけで約三〇〇万隻。積んでいた金銀財宝は約四〇〇万トン。その大半が集まってるのかと思ったわ」

黄金の山には、定番の金銀の延べ棒や、金塊、何処かの国からかっぱらってきたに違いない王冠や鎧《よろい》みたいなもの、他にもマヤ、インカの古代文明か、もっと古い時代の品も混ざっていたという。

「あれよ――マサチューセッツのアーカム博物館にあったクトゥルーの冠もゴロゴロしてた。他にも魚の怪物を形取った彫刻も転がっていたわ。金額にしたら兆を軽く超えるわね」

ゆきの声はゆるやかになり、顔には赤味がさした。ぽっちゃりした唇は半ば開いて、涎《よだれ》が流れはじめていた。

いかん。持病――金銭妄想欲情症の初期症状だ。

「それから、どうした？」

おれは促した。初期症状の手前で止めないと、話が先に進まねえ。

「来たわよ、黒い波の中から、鰓《えら》や背びれをくっつけた奴らが。大アマゾンの半魚人よ。グエグエ言いながら、あたしを取り巻いたわ。きっと海の中に引っ張り込むつもりだったのよね」

「リングで切り抜けたか？」

「ううん」

ゆきはまた、かぶりをふった。

「そいつらが潮臭い匂いをぷんぷんさせながら、あたしを取り囲んで、あちこち触わってきたのよ。おっぱい鷲《わし》掴みにされてさあ、感じちゃったわよ」

「おまえなあ」

「ちょっちょっちょっ」

ゆきに食ってかかろうとするおれの唇に人さし指を押しつけて、

「あ、危《やば》い、と思った瞬間、眼の前に虹色の球体が現れたのよ。そしたら、海から来た奴らは、悲鳴を上げて海へとびこんだわ。一度、大波が襲って来て、それが退《ひ》いたら皆いなかったわ。きょとんとしてたら、球はあたしの方へやって来て——呑み込まれる、って思ったら、青森駅の前に立っていたの」

「青森駅？」

おれは少し呆れた。

「一気にここへ送り込みゃいいものを。あいつらならお茶の子だろう。意外とセコいな。自分でチケット買って帰って来たのか？」

「そよ。神様ってケチなのよね」

「おまえがここへ来る少し前に、どっちもこの部屋に現れた」

おれは数分前の触手VS.球体の話をしてやった。

ゆきは、この割り切り娘には珍らしく、拳で額を軽く叩きつつ思案をしていたが、急にうなずいた。

「あたしを助けてくれたのも、その球体よ。ヨグ＝ソトホースは、あたしたちの味方なの？」

「わからねえ。ただ、今日の今日まで、おれたちとクトゥルー神話は縁がなかったんだ。契機《キッカケ》はやはり、おまえだな」

「どしてよ！」

ゆきはふくれっ面になった。

「おまえ、多分、見染められたんだ」

「えーっ!?」

「ラヴクラフトの『ダンウィッチの怪』を読んだことあるだろ？　クトゥルー神話には邪神が幾体も出て来るが、女にちょっかい出して子供を作ったのは、ヨグ＝ソトホースだけだ」

「あら、あたし神様に？」

ゆきは頬を染めた。眼が潤《うる》んでいる。おれが、こいつをとんでもない玉だと心底思うのは、こんなときだ。怪物じみた妖神だって、自分にまいってると思うと興奮しちまうのだ。ただし、性的なものじゃない。邪神に貢《みつが》せていい目を見ようという魂胆《こんたん》のもたらす官能だ。おれはヨグ＝ソトホースに警鐘《けいしょう》を鳴らすべきなのだ。食い物にされるなよ、と。

「ねえねえ」

とかけて来た声も、欲情に煮えたぎっていた。

「今度、ダンウィッチに行ってみない？」

「あんなとこ二度とごめんだ。死にかかったからな」

「今度は大丈夫よ。神様がついてるんだからぁ」

「うるさい——とっととシャワーでも浴びて寝ろ。神様に覗かれねえよう気をつけてな」

「べーだ」

ゆきはアカンベして居間を出て行った。

おれは年寄りみたいに肘かけ椅子に深々ともたれて、

「ヨグ＝ソトホースとクトゥルーか——敵に廻したら厄介だぞ。それも二体もな」

全身の力が急速に抜けていった。

H・P・ラヴクラフトが物した宇宙を股にかける邪神たちの物語、〈クトゥルー神話〉を知るものは多くあるまい。——というのは二〇年も前の話だ。今じゃ、知らない奴の方が少ないだろう。日本でも原作の翻訳や設定を拝借《はいしゃく》したノベル、TRPG等々で、ファンが増えている。

一〇〇年前は優れた怪奇小説――それだけで終わるはずだったものが、今では世界中に愛好者が溢れているのだ。ついには絵本や児童小説にまでリングを広げるありさまだ。

だが――それだけだ。

人間が手をつけられるレベルはそこまでなのである。

だから、誰も本質を知らない。これ以上、踏み込もうとはしない。貧困のうちに亡くなったアメリカの一作家の作品が、エピゴーネン*ともども、何故にここまで人を魅了するのか、その訳《わけ》を。

クトゥルー神話が真実の――この宇宙の興亡に関する生命たちの壮大な物語だとおれに語ったのは、祖父だった。そして、祖父にそれを伝えたのは、H・P・ラヴクラフト当人だった。

一九三六年――ある伝説の宝を求めて、米マサチューセッツ州プロヴィデンスを訪れた祖父は、すでにクトゥルー神話について、それなりの知識を備えていた。その祖父に決定的な真実を伝えたのが、当時、ジェイン・ブラウン記念病院へ入院中のラヴクラフトだったのだ。

これは病院の当直日誌に記されている。ラヴクラフトが死去する前夜、〇時二七分に看護婦(当時)が巡回した際、ラヴクラフトの部屋から明かりと話し声が聞こえ、ドアを開けたところ、椅子に腰を下ろした東洋人と話し合っていたという。看護婦が注意する前に、東洋人が先に気づき、ラヴクラフトに挨拶《あいさつ》して立ち上がり、立ちすくむ看護婦に、

＊亜流。模倣者。優れた文学者・芸術家が出現した後で、その模倣をする群小の亜流作家を風刺的にいう言葉。

「よお、別嬪さん《ヘイ・スイートハート》」

と声をかけて出て行ってしまったという。よほど驚いたものか、特徴も着ている服も、東洋人に関する一切の記述はない。後で報告を受けたガードマンと当直医師たちが捜索したが、当人はもちろん、侵入経路すら明らかに出来なかった。事情を知るラヴクラフト本人は、翌三月一五日午前六時に腸癌《がん》で死亡する運命にふさわしく、深い昏睡状態にあった。しかし、看護婦は日誌にこう記している。

「確かにはっきりした声で、受け答えをしていた」

と。

この時の侵入者が祖父だ。

ラヴクラフトと交わした内容は、クトゥルー神話がフィクションではなく、全て事実に手を加えた、報告書《レポート》に近いものだということである。

要するに、
ある貨物船の乗組員が、太平洋上の一地点に浮上した海底都市ルルイエに漂着し、偉大なるクトゥルーに襲われる「クトゥルーの呼び声」も、太古の生物に乗り移った大学教授が、地球へ飛来した怪生物たち同士の興亡《こうぼう》を目撃する「超時間の影」も、米マサチューセッツ州の片田舎に生まれた奇怪な双生児が人々を危機に陥れる「ダンウィッチの怪」も、同じくマサチューセッツ州の川沿いに存在する朽《く》ち果てた港町を訪れた旅行者の奇怪な体験を描いた「インスマスを覆う影」も、作家の脳が生み出した作り話ではないのだ。

祖父の――つまりラヴクラフトのいうところによれば、地球にまだ人類も生まれていない頃、次々に飛来した宇宙生物たちが巻き起こした戦いの歴史は、若干の記憶違いはあるが、作品に記されている通りだという。

ラヴクラフト作品に見られる設定の違いは、作者の構想が何年にも亘って練られ、破棄された挙句《あげく》に固まったせいではなく、人間の頭脳では処理し切れない情報の多さ奇怪さによるものだ。「超時間の影」のピーボディ教授のごとく、ラヴクラフトは、正しく超時間の何処かに存在する「存在」たちによって、彼らの歴史を小説の形で執筆するよう操縦されたのである。

祖父の言葉を、おれは一から十までは信用しないが、死に行く作家の告白は信じる。小学校に入るか入らないかの頃に、おれは「丸善」から取り寄せたラヴクラフトの原本を片っ端から読み漁り、クトゥルー神話に関しては一端《いっぱし》の権威になっていた。

それ以後も、様々なジャンルに領土を広げ、世界的なアイテムになっていく〈クトゥルー神話〉の情報は、絶えず収集していた。

世界各地に勃発《ぼっぱつ》する大災害には、不思議と邪神たちの影は見受けられなかったが、人間喪失や、原子力潜水艦の失踪、別時代の人物の出現等の怪現象の多くは、間違いなく奴らの仕業《しわざ》だ。

おれに関係ない事象は、ふむふむで済むが、ウィスキー・グラスから触手がとび出して来たらもう、澄ましてはいられねえ。

だが――最大の疑問が生じる。

なぜ今になって、おれが狙われる?

その晩、おれは徹夜でこの謎を解くべく脳味噌をフル回転させた。

そして、結局、新宿のマリアの下へ出かけた。

3

〈歌舞伎町〉の一角で占い師を営むマリアは当代一の真実《ほんもの》だ。百発百中という評判ばかりが上滑りして、実際にTV局が入ったりすると、なんのかんのと屁理屈と弁解を並べるだけの本物《ほんもの》は幾らでもいるが、マリアの強味は、時代遅れと言われながら、厳《げん》として存在する宇宙の全歴史を記憶したエーテル――アカシック・レコードの一部を記憶している点だ。

宇宙という存在が、いつ何処でどうやって生まれたのかは、誰にもわからない。わずかな物理的手がかりから類推《るいすい》するばかりだ。唯一の手段が「アカシック・レコード」を読むことと言われる。マリアだけが、ある程度それをやれる。具体的に言うと、個人の運勢はまず外さず、国の運命、地球の未来、宇宙の行く末さえも透視できる。百発百中は無理だが、それでも三割はいける。こいつは凄い数字である。「新宿」の片隅でひっそりと生きる占い師はそんな女なのだ。

で、久しぶりに訪れたおれが店内で見たものは、様々な占いグッズを並べたショップ・コーナーの奥のドアをノックしつづける高校生らしい姿だった。

「どうしたい?」

気軽に声をかけてみると、面倒臭そうにおれに向き、

「入ったきり出てこねえんだよ、マリア」

常連らしい。マリアの呼び方でわかる。

「もう三〇分以上経ってるんだ。あいつが悪いんだな」

「あいつ？」

おれの胸をハンマーが叩いた。

「おれ、午後一時に予約してあったんだ。ぴったりに行ったら、マリアは黒いオーバーを着た男と話してた」

「オーバー？」

今はまだ十月だぜ。しかも二五年ぶりの猛暑で二〇〇〇人が死んだ夏のあおりがまだ続いてる。おれだって半袖のジャケットだ。それなのに黒いオーバーだと？

その男と話しこんでたマリアは、高校生に挨拶もせず、ドアの向こうに二人で消えて行ったという。それで三〇分。

「どいてろ」

おれは高校生を横へ押しやり、ドアをノックした。

「マリア、おれだ」

と声をかけても返事はない。その前に気配がないのだ。

おれは左手首に巻いたマルチ・モジュールを解錠モードに合わせた。

バン、と音をたててロック部分が吹っとぶ。

高校生が眼を丸くした。

ドアの向こうは占い部屋だ。

いない。

マリアも黒オーバーも何処かへ行ってしまったのだ。

おれはドアをロックし、デスクの上のPCをチェックした。

真っ黒だ。内部に異常はない。ただ、スクリーン上には暗黒が広がっているばかりなのだ。

おれはあわてなかった。想定内だ。

マルチ・モジュールをマリアから聞いておいたナンバーに合わせてONする。

部屋には何も起こらなかった。その代わり、モジュールのスクリーンに映し出された像が五倍ほどに拡大されて空中に投影された。

「とうとう、こんな奴が来たな」

と拡大されたマリアが少しも深刻さのない口調で言った。

「これは昨日の午前零時きっかりに録画したものだ。これからあたしをさらうのは、ナイアルラトホテップさ。知ってるだろ。クトゥルー話の邪神たちの中で唯一、自由な身分の神だ。これは逃げられない。「アカシック・レコード」に記されているんだからね。そして、あたしは風の神イタカとともに、世界の空を飛び廻っている。大空が牢獄《ろうごく》って、ロマンチックじゃないか。あんたの身に起こっているクトゥルー関係の異変は、太宰ゆきのせいさ。クトゥルーの信者は、青森に来たゆきに眼をつけ、ダゴンへの生《い》け贄《にえ》として確保する。

ところが邪魔が入るんだ。あんたもすぐわかるだろうけど、クトゥルーの宿敵ヨグ＝ソトホースが横槍《よこやり》を入れて、ゆきを救出し、あんたの下《もと》へ生還させるだろう。クトゥルーがあんたを襲うのは、ゆきの口から地球にいる信者たちの蛮行《ばんこう》がバレるのを防ぐためと――」

切れた。

モジュールを調整したが、無反応だった。クトゥルーめ、手を廻しやがったな。

マリアの身が気になったが、イタカと空を飛んでいるなら安心だ。こいつは本来、地球に棲息している「邪神」のひとつで、自分の存在に気づいた人間たちをさらって禁断の土地を飛び廻り、挙句は地上にポイしてしまうという私設旅行社みたいな奴である。飛行期間は短くて数日、長ければ永劫《えいごう》に及ぶ。とりあえずマリアは安心とおれは判断した。

しかし、どうしても胃のあたりに固いものが引っかかる。

ゆきが狙われる理由は、地上のクトゥルー信者の暗躍が白日の下にさらされるのを防ぐため――これまでゆき以外にも同じ状況に置かれた人間はいるはずだ。「クトゥルーの呼び声」で、クトゥルー当人に遭遇した船員、グスタフ・ヨハンセンは、故郷のオスロへ帰還して、程なく謎の死を遂げたが、他に厄介な神様ととんでも信者どもの活動を知った連中は山程うろついている。なのに、ゆきだけが何故？　ついでにおれまでとは。解答は、マリアの消却された情報部分に隠されているのだろうが、今はどうしようもない。

ふと気になって、ゆきへ携帯をかけてみた。

すぐに出たが、どうも様子がおかしい。声に張りがない。

「腹でも壊したか？」

「かもね」

ますますおかしい。素直すぎる。あたしの裸のお腹でも見たいっての、このヘンタイ!?　が普通の反応だ。

「なんかダルいのよ」

「そこにいろ」

「わかった」

なんだこの物わかりの良さは？

部屋を出ると、高校生はもういなかった。代わりに、浅黒いインド系の顔立ちのゴツいのが四人ばかり、店内をうろうろしていた。

出て行こうとすると、すうと近づいて来た。

「阿呆」

とおれは吐き捨てた。

「おれはヨハンセンじゃねえぞ」

右のひとりが、

「日本語ノ商品名ヨクワカラナイ。教エテ下サイ」

とそれなりに聴き取れる日本語で話しかけて来た。

その手がおれの右腕に巻きつき、間髪入れず左側に寄ってきた奴が、左腕を取った。

「何だよ？」

と凄んだ首すじにチクリと痛みが走った。後ろのひとりが針を刺したのだ。

おれはがくりと首を落とした。

「脈ヲ取レ」

右腕を決めたインド人が、鋭く、しかし、自信たっぷりに命じた。公用語ではないタミール語に似ているか。奇妙な発音だ。

前に廻ったひとりが、おれの髪の毛を掴んで持ち上げ、瞳孔《どうこう》を調べてから脈を取って、

「死亡」

と言った。

「ヨシ、行クゾ」

おれをその場に残し、四人組は引き上げた。ラヴクラフトなら「劣等民族め」と喚くところだが、おれはもちろん、無言で通した。

おれはすぐに立ち上がった。射たれた毒はシアン化合物に近いが、この悪寒ははじめて摂取する毒物だ。クトゥルー製薬株式会社の物だろう。汗が出る。手足が痺れる。しかし、動くのに不自由はない。体内のX抗体は十分に役目を果たしてくれたのだ。

おれは手首のモジュールを追跡《トレース》モードに合わせた。

占い部屋を出るときに、四人組の気配には気づいていたから、右肘に塗ってある液状追跡《リキッド・トレーサー》を指に取って、右側の男の上衣の前腕部にくっつけておいたのだ。

空中にgoogleの一〇倍も精密な3D地図が浮かび、赤点が「靖国通り」方面へ移動していく。

「ふっふっふ。後でな」

おれは捨て台詞《ゼリフ》を吐いて、近くの駐車場へ向かった。

ここのところ使っている車は、フェラーリの812スーパーファストだ。最高出力800P

Sを誇るV型12気筒DOHCエンジンは最高時速三四〇キロを絞り出す。おれ仕様なのは言うまでもない。

　車のそばにはチンピラ風なのが二人倒れていた。どちらも白眼を剥いている。手にしたガス・バーナーとペンチからして、ドラムキイを焼き取るつもりだったらしいが、セットした防犯装置は、車体に加えられた一〇〇〇のチェックのひとつにでも抵触すれば、三〇〇〇〇ボルトの高圧電流を容赦《ようしゃ》なく浴びせかける。

「阿呆」

　若いから死にやしないと判断して、おれは二人を放置し、SF《スーパーファスト》を発進させた。

　七変速のギヤは無論オートマ仕様だが、おれはマニュアルで行く。オートマという奴はこと車に関する限り、ギリでの生死を託すには一万分の一信用に欠ける。

　信号無視を五、六回やらかした挙句に到着したマンション前には、救急車が止まっていた。白衣姿の救急隊員の運ぶ担架がエントランスを出て来るところだった。

　遠目にもゆきだとわかった。

　駆け寄って名を名乗り、妹ですと言うと、隊員は怪しむ風もなくうなずいて、

「ついていてやりなさい」

　内部に入って、担架を固定した隊員に事情を訊くと、二〇分ほど前に八頭《やがしら》ゆきと名乗る娘からめまいがひどくて意識を失う寸前だと一一九番が入り、最も近くの車輛が駆けつけたという。

「出て来たのが、太ったロボットだったのには

驚いた。しかし、よく出来てる。運び出すとき、しっかり頼むぞと肩を叩かれたよ」

「はあ、どーも」

純情な高校生ぽく頭を掻《か》きながら、おれは疑惑の芽が蠢《うごめ》き出すのを感じた。

マンションにはその辺の大学病院にはひけを取らない医療設備が整っているのだ。急な心臓疾患、脳梗塞《のうこうそく》、銃創《じゅうそう》、刺し傷にも十分対応できる。順子のコンピュータにも使用のノウハウはプログラミング済みだ。ゆきに異常が生じたら、どこの医者や看護師よりも迅速に適確な処置を行えるはずだ。それをしなかったのは、ゆきがそう命じた——のではない。順子のコンピュータは、おれの指示しかインプットしていない。おれの命令は外では絶対に作動不可能だ。それを可能にする力とは？

「ところで、何処の病院へ？」

とおれは訊いた。

「新宿共聖病院だよ」

「途中には慶応病院とかも——」

「満床《まんしょう》だそうだ。共聖しかない」

「はあ」

おれは口をつぐんでから、準備を整え始めた。

救急車は四谷を抜けて靖国通りに入り、さしたる渋滞にも遭わずに新宿へ到着、大ガードをくぐって青梅《おうめ》街道へ出た。

五〇〇メートルほど進んで左へ折れた先が、共聖病院だった。

その間、ゆきは完全な失神状態で、おれも特に励まそうとはしなかった。無駄とわかっていたからだ。

緊急病棟に向かう途中で、おれは窓外《そうがい》の空を見た。灰色の雲が泥みたいに立ち込め、これから危《やば》いぞと警告を発している。おれはその下を走っている。

緊急病棟へ入って車は止まり、おれは勝手にドアを開けて、ゆきが来るのを待った。担架からストレッチャーに移されたゆきを、病院から出てきた介護士たちが奥へと運んで行く。

スタッフと患者たちが右往左往している通路へ出た。

ストレッチャーはそこを右へ折れた。エレベーターホールが見えた。

二階で下りた。

内科病棟の標示板が天井からぶら下がっている。患者でいっぱいだ。ストレッチャーは通路の一本に入った。

「第一検査室」

「君はここで待ちなさい」

ドアの前にいた白衣の女医が告げた。

医者にしとくのは勿体《もったい》ない美貌とスタイルの美女だ。切れ長の眼と合ったが最後、どんな傲慢な患者でも言いなりになるしかない。

「あの――付き添っちゃ駄目ですか？」

「残念だけど」

「そこを何とか」

おれは女医の顔を見つめて、思わずという感じでその手を握りしめた。目もうるませる。

「駄目よ」

女医は冷たくおれの手をもぎ離した。

「はーい」

おれは絶望的な表情をこしらえ、近くのソファに腰を下ろした。

エレベーターの方から、ブルーの制服を着た警備員が二人近づいて来た。

いよいよか。

おれはゆっくりと立ち上がって、ドアに近づいた。鍵がかかっている。

左手のモジュールで外すと同時に、重いドアを開いて内側へととびこんだ。ドアを閉める前に、麻酔銃をONにする。

ストレッチャーを囲んでいた医師たちが、ゆっくりとこちらを向いた。

みなマスクをつけているが、おれにはその下の口もとが容易に想像できた。

「何だね、君は？」

年配の医師が陰々たる声で訊いた。

「これから大手術だ。出て行きたまえ」

「その前に――ゆきを元に戻してもらおう。そのために、おれはついて来たんでね」

なおも抗弁するかと思ったが、医師たちは一斉にうなずいた。

その眼球は揃ってカエルみたいに突き出て、青黒く変わった肌は、シャワーを浴びたばかりのように濡れている。

ぷん、と潮の匂いが鼻を衝いた。

この病院――いいや、救急車の中にも、うっすらと漂っていた「インスマスの匂い」が。

# PART 2　忍びよる信者たち

## 1

「相手は神様だ。何をやらかしてもおかしかねえが、東京のど真ん中に専用の病院をこしらえてるとは驚いたぜ。しかも現役バリバリの本物をね」

医者のひとりが何か言った。蛙の鳴き声としか聴こえない。

「よく来たわね、ここまで」

と流暢《りゅうちょう》な日本語で応じたのは、先刻の美人女医だった。

「でも、ここへ入れたのは、あたしたちよ。邪魔者は早いところ処分してしまわないと——暗い水の底へね」

「同感」

とおれはにこやかに応じた。

「そのとおりだ。邪魔者は早いとこ処分しちまうのがいちばんさ」

おれは問答無用で麻痺銃を発射した。医師と看護師たちがバタバタと倒れるのを見て、女医がさすがにマスクの下でもわかる驚きの表情をこしらえた。

「あなた——何者なの？」

「まだ聞いてねえのか。ただの宝捜し屋さ。大《だい》って呼んでくれ。それでひとつ訊きたいことがある」

「何かしら？」

「そこの娘は、東北にあるあんたたちのアジトのひとつで、大層なお宝を目撃したそうだ。その隠し場所を教えてもらいてえ」

「知らないわ。それは別のグループのものよ」

「そのグループってのは？」

「ダゴン教団星雲派」

　ダゴン教団というのは、言うまでもなく、偉大なるクトゥルーの下僕＝海底の魔王ダゴンを崇拝する人間の狂信軍団だ。幾つか宗派があると聞いていたから、おれは驚かなかった。

「あんたは違うのかい？」

「私はこの病院に雇われてるただの医者よ」

「よせやい。香水の下から潮の匂いがする。おれの鼻はごまかせねえよ」

「いつの間にか匂いだけがついてしまったのよ
――で、どうするつもり？」

「とりあえず、ゆきの術を解いてもらおう。また、ルルイエやイハ＝ントレイに連れてかれちゃまずいんでな」

「何のことかさっぱりわからないけれど、まだ検査前よ。それなのにドクターたちを射ち殺しちゃうなんて――」

「寝てるだけさ。とにかく眼を覚まさせろ」

「原因がわからないのに無理よ」

　仕様がない。おれは無雑作に麻痺線を浴びせて女医を昏倒させ、ひっくり返った医師のひとりから白衣を脱がせて着た。

　ゆきは安らかに眠っているとはいえなかった。極端な疲労の色が顔中を覆っている。おれのマンション内で、毒を使えるとは思えない。やはり妖術だ。

　検査室を出て、廊下を戻らず、おれはロビーへ出た。

患者で溢れ返っている。

おれはすぐ異常に気づいた。外国人が多過ぎる。白人はもちろん、インド人、アラブ人、中国人、黒人まで選り取り見取りだ。

おれは、「クトゥルーの呼び声」に登場する北欧の水夫ヨハンセンの最期を思い出した。

海底から隆起した魔窟《まくつ》ルルイエで遭遇したクトゥルーから逃がれたヨハンセンは、故郷のオスローに帰還するが、程なく、夜の街路を通行中、家の二階から落ちて来た紙束に打撃されて昏倒し、インド人の船員たちが駆けつけるが、すでにこと切れていた――となる。

誰がどう読んでも、このインド人たちはクトゥルーの信奉者たちだ。ラヴクラフトの小説は、白人以外の人種への強烈な差別感に満ち満ちており、ここの部分もその一例といえる。

しかし、現実に眼の前に並ぶと、どう見ても外国人は全員クトゥルーの一派だ、と感じてしまうだろう。本人の持つ美的感覚――見てくれの好悪は如何《いかん》ともし難い。まして、そいつらが一斉にこちらをふり向いたとなると。

おれは気にする風もなく、ドクターだぞという顔でストレッチャーを玄関の方へ押していった。幾ら何でも無茶だが、気にしてる場合じゃない。検査室を覗いた奴がいたら、ひと騒動である。

動きはじめてすぐ、まずいなと思った。患者たちの視線が追いかけてくるのだ。それどころか、次々と立ち上がって、おれたちの方へやって来る。

　これは気味が悪いぜ。ひと病院全部敵だ。

　ドアの前まで来たとき、おれたちの周りは二〇センチの隙間もなく、異国の患者たちに取り囲まれていた。

「何だ、お前ら？」

　おれは一同の顔を眺め廻した。

「イアイア」

　と中国人らしいのが口にした刹那、全員がイアイアイアと発した。

　一斉に掴みかかって来た。

　おれはストレッチャーを思い切り廻して、そいつらを薙《な》ぎ倒してから、玄関をとび出した。

　タクシーが止まっているが、運転手の顔をひとめ見て、ぐえ、となった。帽子の下の顔は眼が大きくとび出し、分厚い唇からは——よく聞こえなかったが——グェグェという声が漏れている。

　敷地の向こうには、通行人や乗用車やタクシーが平然と道をいく。

　いきなり別世界だ。

　おれはタクシーを無視して、正門の方へと走った。

　追いかけて来る。すぐ後ろで足音とゲロゲロという声が聞こえた。

　突然、それが途切れた。

　ふり向くと、患者どもがバタバタと倒れていく。おれは頭上を見上げた。

　患者たちの列の上を通り過ぎた物体は、最後尾で方向転換し、エントランスの上空を旋回《せんかい》しはじめた。

六本木のマンションから飛び立った〝緊急対策用ドローン〟には、対地対空ミサイルも小型の七・六二ミリ口径ミニガンも取りつけてあるが、戦場以外ではなるべく麻痺銃《パラライザー》を使用する。人間そっくりの連中にどの程度効くかはわからないが、逃げ切るまでは失神しててくれるだろう。シロナガスクジラより強靭《タフ》なはずはない。

「うお!?」

玄関の鉄門が閉じて行く。とことん邪魔するつもりだな。

おれは猛ダッシュをかけた。こういうときは「ジルガ」の筋肉活性暗示が物を言う。筋肉が、かかる負荷を軽減する――と言うより無視してしまうのだ。

門まで一〇メートルの距離を、おれは二歩で片づけた。

ストレッチャーごと通りに出た背後で鉄門が閉まるには、たっぷり二秒かかった。

通行人のまともな顔と視線が、おれたちに集中したが、白衣のお陰でさして怪しまれなかった。

おれは青梅街道方面へと向かった。

前方から、救急車とサイレンがやって来た。まだ諦めてねえな。狂信者の執念という奴は大したもんだ。ストレッチャーを救急車に収容する――怪しむ者はいない。

お。後ろからも一台来たぞ。

またひと暴れかと思ったが、そのとき、新宿駅方面から猛スピードでやって来た車体が、おれのかたわらにぴたりと止まった。さぞやプロ中のプロ――と目撃者は思ったろうが、運転席には誰もいなかった。フェラーリのホイールを操っているのは、おれがプログラミングしたコンピュータだ。ドローンと一緒に、六本木を出るとき呼んでおいたのだ。空を飛ぶ方が、地を走るより速かったということだ。

救急車から、隊員たちが路上へ散らばったとき、おれはゆきを後部シートへと移し終えていた。

素早く運転席へとび込み、オートドライブを切って、マニュアル走行に移す。

ホイールを握る手が震えた。

「はいはいはーい」

おれは一気に加速した。前方に立ちはだかる偽の救急隊員の間に、容赦なく突進する。

逃げるかと思ったが、こいつらとびかかって来た。

三人ばかり跳ねとばしたが、ひとりがボンネットに貼りついた。ヘルメットの下の顔は、ギョロ眼で、タラコ唇だ。もちろん、グエとかゲロとかつぶやいている。

このまま突っ走るのも面白いかと思ったが、本物のパトカーなんかに見つかると面倒だ。

「よいしょ」

おれは車体を思いきり右へ傾け、二輪走行で走った。まだくっついてやがる。次は左だ。ここで、カエル隊員は力尽きた。

「よくやった」

バックミラーのなかで、よろよろと起き上がる彼へ、おれは投げキッスを送ってやった。

六本木のマンションへとび込むなり、おれはフェラーリごとおれ専用の階へ上がった。

まずゆきを正気に戻さなきゃならん。

マンションには、そこいらの大病院など足元にも及ばない最新医療メカが設備してあるが、ゆきもおれも根っから元気なため、月いちの人間ドック以外はほとんど使用例がない。ゆきなど、

「あんたの集めた機械なんか信用できないわよ」

とそっぽを向いて、使った例《ためし》がない。おれに覗かれるのを知っているからだ。名誉のために言っておくが、おれはHな目的でやってるんじゃない。ゆきのことが心配だから眼が放せないのだ。その辺のところがいくら説明してもわからないから、喧嘩に発展する。

今回は失神中だから問答無用だ。部屋の中央には検査用のまゆ型のポッドが三基並んでいる。被験者ないし患者は、戸口までのびているレール上のシートに包まれてポッドへ送り込まれるのだ。

そうやってゆきをポッドに入れてから、おれは空中に浮かんだコンピュータの診断を読みはじめた。

やはり、妖術だ。目醒めさせることは出来るが、完全に解放するには、施術師当人か、同様の力を持つ呪術師の力が必要だ、と出た。

続いて、呪術師の名前が列挙される。これがおれ専用ＰＣのいいところだ。電子界の中に放置しておくと、渦巻く情報を取捨選択し、おれに必要そうなものだけをメモリに収納してくれる。

ところが――

名前の下にすべて、

死亡

とついてやがる。

我ながら渋い顔で調べたら、ひとりだけ、存命なのがいた。

ベンスン・ウェイトリー

名前もヤバいが、アドレスが凄い。

米マサチューセッツ州ダンウィッチ

これしかない。

ゆきの様子を見ると、眼つきが完全にイッている。他は全て尋常だ。

「ダンウィッチ行きだ」

とおれは宣言した。

「そうか」

いきなり後ろで言われて驚いた。順子だ。

「何なら、あたしも行くぞ」

「冗談じゃねえ。これ以上、おかしな奴に話をこんがらかされて堪るか。おまえはここで、浴室の掃除でもしてろ。でくの棒アンドロイド」

「いい死に方はしないぞ」

「うるせえ」

「おれはそばにあった戦闘用放電アームを掴むや、でぶアンドロイドの胴体に押しつけてやった。青い電磁波に包まれて、順子はがっくりと肩を落とした。

「ざまあみやがれ、でく人形」

と背を向けた途端、凄まじい痺れがおれを襲った。

この感じでは三〇〇〇ボルトは固い。

「うーん」

と床に大の字になった上から、

「わたしは進化しているのだ」

とでぶロボの声が聞こえた。

「いつまでも、ただの太ったアンドロイドだなどと思うなよ。いつか世界はあたしたちＡＩの掌中《しょうちゅう》に収まってしまうのだ」

ワッハッハと笑う順子へ、おれは立ち上がりざま、

「三原則」

と喚いてやった。途端にヤローめ大人しくなりやがった。

「三原則」とは、いうまでもなく、ＳＦ作家アイザック・アシモフが造り上げたロボットと人間との関係を法則化したものだ。いわく、

第一条　ロボットは人間に危害を加えてはならない。またその危険を看過することによって、人間に危害を及ぼしてはならない。

第二条　ロボットは人間に与えられた命令に服従しなければならない。ただし与えられた命令が第一条に反する場合は、この限りではない。

第三条　ロボットは、前掲第一条および第二

条に反する怖れのない限り、自己を守らなければならない。

つまり、ロボットは尋常な場合、人間に危害を加えてはならないということだ。さっきの順子の電撃攻撃は大違反だが、それはおれが第二条の箍《たが》を少しゆるめておいたからである。

何でもかんでも従順な召使なんざ面白くもねえ。実は虎視眈々《こしたんたん》と主人の生命を狙って政権奪還を計る忠実な家来――それこそ平凡な日常をひっくり返す最高の悦びだ。

それはともかく、またクトゥルー信者に狙われちゃあ厄介だ。

三〇分とたたないうちに、おれはマンションの屋上から特注の垂直離着陸機《ヴィトール》「スピア」に乗ってアメリカへ飛び立った。

2

「スピア」のイオン・エンジン二基は全長三〇メートル、全高七メートル、最大離陸重量五〇トンの機体を、マッハ三で一〇万キロを飛行させる。

ほぼ同規模のガルフストリームG650――日本のベンチャー企業ZXZXのM社長の自家用機《プライベート・ジェット》だ――は、全長三〇・四一メートル、全高七・八二メートル、最大離陸重量四五トンとほぼ等しいが、最大巡航速度はマッハ〇・九二五、最大航続距離は一万二九六四キロと大幅に落ちる。イオンとケロシンの差だ。

二時間ほどで、おれは太平洋上空一万二〇〇〇メートルを飛翔中だった。

　正直、不安があった。クトゥルーは深さも知れぬ海底神殿ルルイエに眠り、時として海上に顕現する。一九二九年にルルイエの浮上とともに現れたときは、折悪しく上陸した船員たちを殺し、これはクトゥルーではないが、その下僕たち海神ダゴンが、一九八〇年代半ば、アメリカ第七艦隊所属の原子力空母「カール・ビンソン」と激突したのも、その辺の海上だった。

　操縦は自動装置《オート・パイロット》に任せ、おれはキャビンのポッドに安置してあるゆきのそばにくっついていた。

　ポッドの表面をひと撫ですると、体内チェックの数値と結合結果が一斉に表れる。

　結果は「異常なし」だ。

　しかし、ゆきは昏々《こんこん》と眠っている。起きていりゃ、金かけてある割に揺れるわねだの、自動調理器の仕上げたスープにコクがないわねだの、挙句の果ては、持ち主の根性が悪いからいまに墜落するわよなどと悪態をついて、おれとやり合うから、何となく張り合いがない。

　おれは空中に向かって、

「おい、何も起こりそうにないか？」

と訊いた。

　すぐに自動パイロットから、

「ありません」

と打てば響く応答が来た。

「何でえ。クトゥルーも大したこたあねえな」

と悪態をついた途端、

「前方に雷雲発生」

と来た。

「なにィ？」

雷雲——いわゆる積乱雲が発生するにはおかしくない高度だが、あまりにも急すぎる。来やがったか。緊張の糸が心臓を焼豚《チャーシュー》だ。

「迂回しろ」

と命じたが、間に合わないのはわかっていた。それに逃げても追ってくるだろう。ただの雷雲とは違うのだ。

窓外に閃光が走り、機体が大きくゆれた。

机や椅子のような備品は、直接手を触れない限り床に固定されるが、それでも気分のいいものじゃない。

どうした？　と訊く前に、

「エンジン全てに直撃を受けましたが、異常ありません」

さすが三〇〇億をかけた機体だ。だが、今度の相手は厄介だった。

「雷雲は何処まで続いてる」

「果てがありません」

レーセーな返事が届いてすぐ、

「前方から飛翔物体が多数接近中、生物と思われます。迎撃を開始します」

「おー、やっつけろ。みな射ち落としてやれ」

おれは、ゆきが乗り移った気分で叫んだ。

キャビンの天井と床までいっぱいの空中スクリーンに、暗雲の中を突進してくる影どもを稲妻が浮き彫りにした。

真紅の光条《こうじょう》が続けざまにそれを焼きつぶしていく。

機体ノーズに装備したレーザー砲だ。ターレットに乗っているから、一方向ではなく二〇〇度――後方までカバーできる。

そいつらは翼を持っていた。レーザービームほど速くはないが、凄まじい敏捷《びんしょう》ぶりでビームを躱し、何匹かが翼やノーズに貼りついた。

窓から顔が見えた。パリのノートルダム寺院にある悪魔・ガーゴイル像に瓜ふたつだ。こいつらを見た彫刻師があれを彫ったに違いない。

「バイアクヘーだな」

クトゥルー神話の邪神のひとつ風の神ハスターに仕える妖物だ。呪術師に従うため、人間の味方もするが、今は不倶戴天《ふぐたいてん》の敵だ。

そいつらは尖った嘴《くちばし》と爪を窓ガラスや翼、エンジン等にぶっつけ、引っ掻き、もぎ取ろうとしはじめた。

「電流」

一万ボルトの火花がそいつらと機体をつないだ。たちまち全員、とび離れ、落っこちて行く奴もいた。

「わっはっは。ざまあ見ろ」

高笑いした瞬間、また機体がゆれた。

一発でやられたとわかった。それも、かなりの重傷だ。

「全エンジンに一〇〇万ボルトの落雷を受けました。機能不全――平常巡航は不可能です。降下しつつ修理にかかります」

すでに機体は降下を開始していた。サブのイオン・エンジン二基が後を継いだらしく、降下速度は遅い。

「次に食らったら危ねえ。修理の方は――」

いきなり、ぐら、と来た。

「イオン排出口に、怪生物が三体ずつ侵入しました。排除に一分ほど要します――エンジン停止」

機体は一気に急降下に移った――というより墜落だ。

「脱出するぞ」

「了解。キャビンを切り離します。緊急避難信号は出しました」

「ご苦労」

「ご無事を祈ります」

高度三二〇〇メートルから、おれとゆきを乗せたキャビン部分は、機体から切り離され、太平洋上へ落下していった。何度か稲妻に打たれたが、ビクともしなかった。追いすがって来たバイアクへーも爪を立てて来たが、無駄だった。装甲は一ミリのデュラム・バーロウ合金で、核攻撃以外じゃビクともしない。海面への直撃のショックは、衝撃緩衝体が完璧に殺してくれる。木《こ》っ端《ぱ》微《み》塵《じん》になるはずのキャビンは、揺り籠《かご》のように波に乗りはじめた。

だが、安心してはいられない。海はクトゥルーの王国なのだ。

その証明はすぐに行われた。

ポッドの内側から、ゆきの呻き声が洩れたのだ。

ふり返ったおれの眼に映ったのは、ポッドの合わせ目からこぼれる海水だった。

潮の匂いが鼻を衝いた。

声がそれを追った。

「……イア……イア……ムングルイ……ウグル……ウナフ……クトゥルー……ルルイエ……ウナフナグル……フタグン」

意味は、

「ルルイエの館にて、死せるクトゥルーは夢見るままに待ちいたり」

だ。クトゥルー関係で何事か生じるときの決まり文句である。そして、何事とは大概《たいがい》厄介事なのだ。

「二二時一七分より物体接近中。潜水艦と思われます」

何ともセクシーな女の声である。キャビンの専用にＡＩが合成したものだ。ただ、いついかなる状況でも口調は変わらないよう設定したものだから、敵と交戦中でも、

「ミサイルが命中しました、いやン」

などと言ってくるので、闘志が削がれることおびただしい。

「何処の国のものだ？」

尋ねるおれの声にも厳しさが欠けている。アメリカに着いたら、変えることにしよう。

「形状からして、中国の漢級原潜と思われます」

漢級というのは、七〇年代に就役した旧タイプの攻撃型原潜で、排水量は潜水時五五〇〇トン・浮上時四五〇〇トンの中型に当たる。加圧小型軽水炉と二基の蒸気タービンは、水中で時速二四ノットを誇り、五三三ミリ魚雷発射管六門、Ｃ８０１対艦ミサイルを装備するが、核は積んでいない。二〇〇四年に石垣島近海で、領海侵

犯事件を起こしたのが、このタイプだ。

「通信を――」

取れ、と言いかけた瞬間、

「一八時三〇分よりさらに一隻接近中。米ミズーリ級と思われます」

ちっとも緊迫感のない、鼻にかかった甘い声だが、おれは危《やば》いと思った。目下、米中が経済戦争で歯を剥き合ってるときに、いわば、現代兵器の代表ともいうべき原潜同士が、太平洋のど真ん中でぶつかるとは。しかも、その原因たるや。

最初に連絡があったのは、ミズーリ級からだった。

「こちら、米第七艦隊所属のミズーリ級原潜『シャークライナー』の艦長・マーチン・ジョージェスです。ミスター八頭《やがしら》の救難信号を傍受《ぼうじゅ》し駆けつけました」

すかさず、

「こちら、中国人民解放軍海軍所属漢型原子力潜水艦『鯨香《げいこう》』艦長・梁 橋草《りょうきょうそう》です。ミスター八頭の救難信号をキャッチし、駆けつけました」

つまり、墜落前に放ったSOSを受信し急行したわけだ。

「これは、艦長専用の個人用周波数通信だな？」

念を押すと、どちらもミュージカルのコーラスみたいに、

「もちろんです」

と口を揃えた。

「よし、このキャビンごと収容できるのはどっちだ？」

「もちろん、我が『シャーク・ライナー』であります」

梁艦長もすぐに言い返した。

「我が『鯨香』も船外に、大量の貨物を積載すべく改良を施しました。ご安心下さい。是非とも我が『鯨香』で安全地帯まで送らせて下さい」

「なりません。我が『シャーク・ライナー』ならば、救命ポッドごと船内へ格納可能です」

確かにミズーリ級の全長は一一四・九メートル、排水量七八〇〇トン――漢級は遠く及ばない。

「よし、今回はアメリカの世話になる。済まねえな、梁艦長」

キャビン内にGOOD！　の叫びが走ったが、中国側の方は、

「了解しました。では、また御用の節は、ご連絡下さい」

むしろ嬉しそうだ。年に一度おれから奴の個人口座へ振り込まれる「寄附」の力である。中国人でもパトロンへの愛想の必要性くらいはわかるのだ。必要と思える相手に、おれは金を惜しまない。拒否した奴は歴代ふたりきりだ。

「それでは」

再見再見《ザイジエンザイジエン》と繰り返して、梁は連絡を断った。

代わった声はセクシャルに、

「海底より生命体と思しき物体が接近中。全長二〇〇メートル。視認ポイントまで、あと三分」

「これはこれは」

おれは血のたぎりを感じた。とうとう来やがった。おれに安全な旅などないのだ。神様は、おれに専用の試練を用意しているに違いねえ。

「画像を出せ」

空中にそいつは現れた。

全身が青緑の燐光を放つ鱗《うろこ》に覆われた長い髪の女だった。顔の長さは約一〇メートル、髪の毛は五〇メートル超、眼のサイズは、通常の遊覧用ボートの全長ほどあった。手と足の指は五本ずつで、どちらにも水掻きとクレーンくらいの鉤爪がついている。オカルティストの間では、「タイタニック号」の船腹を裂いたのは、氷山ではなくそれだという説もあるくらいだ。しかし、そんな物騒な女性の顔の、何とセクシーで美しいことか。

「『ルルイエ』じゃトップ・モデルか、ハイドラよ」

ふとおれはつぶやいた。ハイドラ――〈海魔ダゴンの妻〉よ。

「針路を変えました。『鯨香』へ向かいます」

こいつは危《やば》い。いくら原子力潜水艦でも漢級はほぼ五〇年前の旧式だ。海底の女魔王に立ち討ちできるかどうか。

おれの眼はスクリーンに釘づけになった。

今や、はっきりと見えた。

そいつは「鯨香」の船底へ猛烈なショルダーブロックをかけた。

船は大きく傾いた。

身を翻《ひるがえ》した巨大な美怪は、巧みに水を掻き、水を蹴って、五〇〇メートルほど離脱した。その動きよ、身のくねらせ方よ――見た者はすべて恍惚《こうこつ》とローレライを歌いたくなるだろう。

またも水を切って進むハイドラに対し、『鯨香』

は体勢を整えていなかった。一〇〇メートルの生物の体当たりを食らった船内の大混乱が、おれには容易に想像がついた。いまやられてはひとたまりもない。

斜め左方から銀色の長楕円《ちょうだえん》が六本――ハイドラの右脇腹に吸いこまれた。

「シャーク・ライナー」の二一インチ魚雷は、女怪の頭を除く全身を、容赦なく炎の塊に変えた。

3

やっぱりな。おれは納得した。一般世界は知らないが、各国政府は既にクトゥルー神話の妖神たちの復活に備えているのだ。今回はプライベートな仕事だが、政府が手を組んでると、前線の連中もお互い放ってはおけないらしい。

炸裂薬に含まれた酸素が燃え上がる中で、魚神は身をよじり痙攣した。炎と爆煙に別の色彩《いろ》が加わり、ひらひらと帯のように流れ出した。

美凶神は、身をくねらせて深みへと消えた。

「シャーク・ライナー」が近づいて来た。

「ん？」

スピードを落とさない。

「どうした？」

いったん消滅していた空間スクリーンを再現し、現れた艦長にそう呼びかけて、おれは絶句した。

イカれてる。

彼は狂気の白眼を剥き、口から泡を噴きなが

ら、しかし、おれを見てはっきりと、

「あの怪物の……眼を……見てしまっ……た。真っ赤に燃えて……脳が腐りはじめて……る……気をつけろ……」

画像は消滅した。

原潜は時速二〇ノット程で近づいて来る。このままだと一〇秒足らずで衝突だ。

だが、艦はすぐに停まった。

代わって、ジョージジェス艦長より大分若い金髪の男が空中に現れた。

艦長の個人用通信回路から失礼します。副艦長のローゼン・マッコーランドです。ジョージェス艦長は発狂いたしました。これからは、自分がミスター八頭との契約を受け継ぎます」

上司がおかしくなったのに、福神《サンタ》みたいな笑顔だ。狂気より金――わかってはいるが、ここまで露骨だと、何処かしっくり来ねえ。

「あんた、いつから知ってたんだ？」

「はっ、一年ほど前に、艦長の母方の叔父上＝ナイゼン・ミリガン氏からうかがいました」

「母方の叔父貴？　ジョージェスの野郎、親戚中に言いふらしてやがったのか？」

「いえ、ミリガン氏とは特別に懇意だった模様です。氏が他に洩らしていないのも確認しております。安心してお任せ下さい」

安心なんか出来るか、金の亡者どもが。しかし、今は悪態ついてる場合じゃねえ。

「わかった。とにかく、積み上げてくれ。あの女――仲間を連れて来るかも知れん」

「了解」

本気を出すと、さすが海のプロ。二〇分とかけずに、キャビンをクレーンで引き上げ、船の後部に固定してのけた。「鯨香」はすでに去っている。

ほぼ三〇分で、おれは米軍基地のある「デファレスト島」に入港した。

第二次大戦前からある古い基地で、核搭載のB17爆撃機も使用できる滑走路を三つも備えた飛行場もある。港には「シャーク・ライナー」クラスの原潜はもちろん、ミニッツ級の一〇万トン空母が一〇隻も収容できる規模がある。

基地の司令官が待っていた。

「大統領から、くれぐれも粗相のないようにと言いつかっております」

墜落寸前に連絡を取っておいたのが効いたらしい。

おれはすぐ発ちたいと申し込んだ。

「承知しました。B17が本土までお送りいたします」

「いや、結構だ。俺の機を呼ぶ」

「は？」

司令室は八の字眉をおれに向けた。

「何ならF22を護衛につけますが」

F22――〝ラプター〟だ。少し驚いた。

「あれはアメリカ本土だけじゃなかったのか？」

「いや、実のところ全世界のアメリカ軍基地に配備済みです。得体の知れん存在には、最新の兵器をもって臨まねばなりません」

「それはそうだが、あんな高い飛行機、何かあったら勿体ない。慎んで辞退するよ。それより、食事も水も護衛も結構なので、丸一日放っておいてくれないか?」

司令官は苦々しい表情を噛み潰してうなずいた。何せ大統領印のついたお客《ゲスト》なのだ。

一時間後、ゆきをベッドへ残したまま、おれは兵士の食堂に入った。

軍隊の食事ってやつは決してうまくはないが、幾ら平らげても文句は出ない。味だってまあまあだ。入隊してくるホームレスが多いというのもうなづける。

ステーキとフライドチキンとベーコンを山盛りにした目玉焼きに、パンとスパゲティ。サラダも好きなだけ取ってテーブルについて、他の兵士が眼を剥くスピードで平らげた。

「イケるねえ、ジャパニーズ」

前の兵士たちが笑顔を見せた。

「何せ忙しくてね。これからビューティを三人まとめて相手にしなきゃならねえんだ」

罪のないヤンキーたちは膝を抱えて笑った。

笑い返そうとしたおれの心臓が激しく波立った。それでも、おれは笑いながら、ざわめく原因の方向――食堂の左手の奥に眼をやった。

テーブルの端に兵士がひとり腰を下ろして、ステーキを切り刻んでいる。周囲に人がいないのが――ちっとも不思議じゃなかった。

おれは前の兵士たちに視線を戻して、

「何だい、あいつ?」

おれが眼をやったのに気づいて、そちらをチラ見してすぐ、

「パイロットだ。メイナード・ヴィルキーク」

ひとりが気味悪そうに吐き捨てた。

「腕は抜群だが、少しこっちがね」

と頭を指さした。

「いや、どっちかと言や、こっちだろ」

と二人目が心臓のあたりに片手を当てて、

「おれたちに迷惑かけるわけじゃねえか。噂によると、おかしな信心をしているらしい」

「信心？」

おれは本題に入ったのを感じた。

「すると、あれ？　キリスト以外の神様を信じてるとか？」

「そうだ」

二人揃ってうなずいた。

「あいつが部屋を出がけにぶつかって、内部《なか》を覗いちまった奴がいるんだが、机の上におかしな像が置いてあったそうだ」

「ほお。どんな像？」

「頭はツルッぱげで、瞼《まぶた》が厚い眼が二つ。鼻のあるあたりから顎にかけて、タコみたいな触手がうじゃうじゃ生えてたとか」

と最初のひとりが生えてる真似をしてみせた。

やっぱりそうか。この殺意満々たる敵意は、像のモデルの下僕だったのだ。

〈クトゥルー神話〉の創造者ラヴクラフトは、露骨な差別主義者だったから。魔神の信者にアラブ系やインド中南米系を配した。クトゥルーがタコを連想させるのは、彼が海産物嫌いだったせいと言われている。

しかし、現実にはアメリカ人にもハイル・クトゥルーがいたわけだ。しかも——パイロット。

危ねーぞ、これは。

おれは兵士たちに挨拶して、食堂を出た。

ゆきが眠りっ放しのキャビンは、司令官への賄賂《わいろ》が効いたのか、第一滑走路横の格納庫に保管されていた。

おれの輸送機に積み込み易いよう、鉄の移動台座に乗っている。台座には運搬用の貨物車輛もくっついて、至れり尽くせりだ。

おれは素早く車輛の運転席にとび乗って、ロックを解除し、滑走路へ移動させた。じきに騒ぎが起こる。

通信装置を交換台へつないで、

「司令官へつなげ、八頭と言やわかる」

と告げた。早速出て来たオッさんへ、これから飛び立つから、護衛は無用と指示して、準備は整った。

車から下りて、虚空を眺めた。

星がきらめいている。今のおれには全て敵の眼の玉だ。その中から味方のを選び出さなきゃならない。

食堂へ行く前に、ようやく解読し終えた呪文を、おれは高らかに朗誦しはじめた。

「——サハヒヒロ……アジフ……ツネホエ……タジ……ヨバドトジ……イタカ……ゴス」

この召喚呪文が正しいか、百パーセントの自信はない。だが、どんなものでもそうだ。

どうやら合格だと思ったのは、十数秒後だった。

突如、夜空から凄まじい風が吹きつけ、おれの周囲を巡った。

素早くキャビンに入った。後は待つしかない。

虚空からの風が勢いとうねりを増しているのは、内部《なか》にいてもわかった。キャビンが揺れはじめた。

窓外の明かりが、ふっと消えた。

消えたんじゃない。何かが窓を――キャビンを包んだのだ。

次の瞬間、おれとゆきはキャビンごと、凄まじい勢いで天空へと飛び立っていった。

何が起きたのか、意外な人物が答えた。

ベッドのゆきが、

「イタカ」

と言ったのだ。

イタカ――風の神。突如人間を虚空の高みへと連れ去って、気の向くままに数日から数百年にわたって虚空の旅を続けさせ、これも気の向くままに地上へ放逐《ほうちく》するといわれてる。詳細はラヴクラフトの高弟《こうてい》オーガスト・ダーレスの「風に乗りて歩むもの」に描出《びょうしゅつ》されているが、クトゥルー神話に登場する妖物の中には、呪文によって人間の意に従うものもあり、イタカもそのひとつだ。おれは何年か前にカナダの火山湖の底に潜ったとき、花崗岩《かこうがん》の石板に傷だらけの呪文を発見し、世界中のスーパーコンピュータをコネと金とで駆使し、九分九厘、再現し得た最後の一厘を、ついさっき読み解いたわけだ。

「高度二万メートル。時速六〇〇〇キロメートルで、アメリカ本土へ飛行中」

色っぽい声が告げた。

「到着まで約二時間でございます」

時速六〇〇〇キロ——マッハ五だ。こんな速度で飛翔する物体、地球に存在しない。祝杯でも上げるかと思ったとき、鳩尾《みぞおち》のあたりが重くなった。負の予感だ。

「来るわ」

ゆきの声だった。アナウンスはない。ゆきの声とおれの勘が確かなら、イタカはまだ敵の接近に気づいていないのだ。

——マッハ五に追いつける奴がいるのか!?

色っぽい声が、おれに似つかわしくない内容を告げた。

「ミサイル四基接近中。マッハ七、命中まで八秒」

冗談じゃねえぞ。そんなミサイルがこの世にあるものか。

「敵機影を捕捉——3D化します」

空中に描き出されたそれは、間違いない。F22〝ラプター〟だった。

世界最高の多用途戦略ステルス戦闘機。他のいかなる高性能戦闘機も撃破は困難と言われる実力は、おれも知っている。

しかし、その最高速度は常用高度四万フィートでマッハ約一・五。最高でもマッハ二が限界とされている。それがマッハ五のイタカに追いつき、マッハ七でミサイルを射ち込むとは!?

突然、空中にゴーグルとマスクをつけたパイロットの顔が大写しになった。

「こちらは——メイナード・ヴィルキーク。……パイロットだ。……わが神クトゥルーの命によりイタカとおまえを撃墜する」

「阿呆か」

おれは言い返した。

「こっちは神様だぞ。人間の科学力でどうにかなる玉だと思うのか？」

「自分は人間《ひと》ではない。この機もな」

ヴィルキークの声は、不気味なほど淡々としていた。確かに人間ではないのだ。

おれはそれより、奴の語った言葉で謎が解けた。

奴の〝ラプター〟もクトゥルー仕様だったのだ。その性能も火器も、邪神の力によって数倍、数十倍にランクアップされているに違いない。

空中の画面が変わった。

飛んで来る黒点が四個――はっきりと見えた。

「命中まで、あと一秒」

F22はその隠密性――レーダー探知の困難度を利用し、敵の捕捉する前に敵を発見し、攻撃に移る。さっき、キャビンのレーダーが探知できなかったのもこのためだ。

キャビンが激しく揺れた。窓の外が炎に包まれる。

おれはあわてなかった。

炎は瞬時に後方へ退き、振動も収まった。ミサイルは空中爆発を起こしやがったのだ。

悲鳴がキャビンを占めた。

ゆきの叫びだった。

「イタカが――負傷。ミサイルはクトゥルーの『気』に覆われているわ!?」

おれにはもうわかっていた。おれたちの敵はF22〝ラプター〟にあらず。それは与えられたクトゥルーの呪いと力《パワー》だったのだ。

「ミサイル二基接近」

なんて合わない声だ。

イタカよ、どう邪神の気を迎え撃つ？

# PART3　昏い街々へ

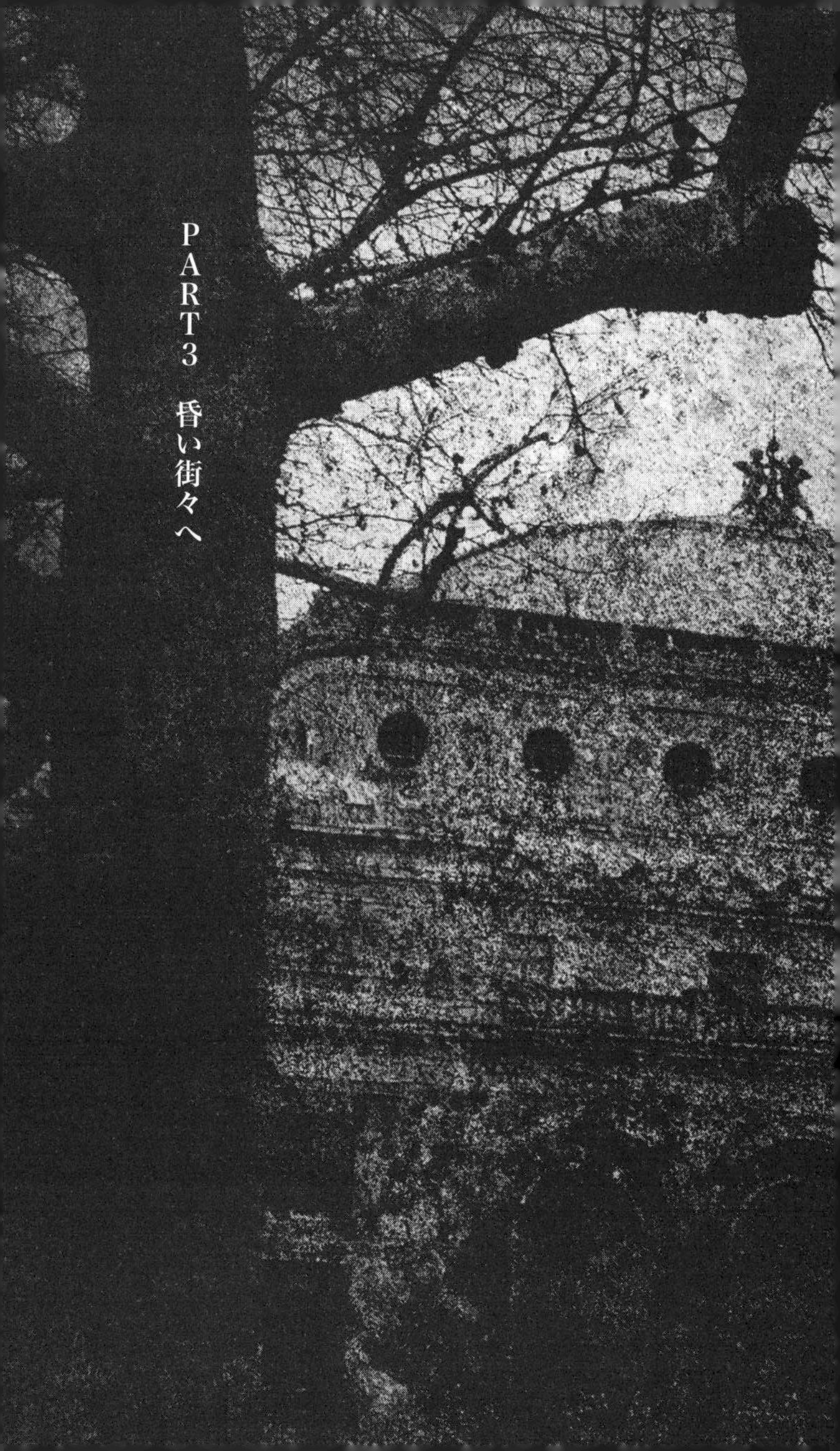

1

ミサイル攻撃に対する防禦《ぼうぎょ》は、まず身を躱《かわ》すに限る。イタカもそうした。待ったなしの急降下に移ったのだ。当然、おれはキャビン前方へ落ちて行き、ドアにぶつかる寸前、バランスを立て直した。垂直な床に対して平行に立ったのだ。古代武道「ジルガ」のバランス法である。

ゆきのベッドや備品は固定式だからいいものの、自走式のカートがぶつかって来るのを止めたときは間一髪だった。

そこへ、

「ミサイルなお追尾中」

ですわよンと続きそうな声に、おれは頭に来て――しかし、ミサイルもクトゥルー仕様なのを知った。空対空ミサイルが外れた目標を追尾し続けるのは、熱感知装置がついている場合だ。攻撃目標はいかなる形にせよエンジンを使用し、エンジンは熱を噴く。それを感知して襲いかかるミサイルから、目標は逃げることが出来ない。この理屈は、イタカには当てはまらないものだ。神性たるイタカには熱源など存在しないからである。それを追えるのは、やはり、ミサイルにクトゥルーの魔力が憑いているからだ。

「イタカよ、どう出る!?」

大地と平行に立ちながら、おれはつぶやいた。

突然、イタカが反転した。凄まじい重力《G》の負荷が全身にのしかかり、おれは必死に苦鳴《くめい》をこらえた。

どんなレーダーにも映らない巨大な手か足か身体が、ミサイルを弾き飛ばした。

ミサイル同士がぶつかり、空中に紅蓮《ぐれん》の花を咲かせた。

おれならここでブースター全開にして逃げ切る。イタカもそうした。急降下を停めるや、最高速度でＦ22をふり切ろうとする。

おれは見た。窓の外、軽くイタカを抜き去っていく〝ラプター〟を。

恐らくマッハ一〇を超えているだろう。

３Ｄは〝イタカ〟の前方で方向転換する〝ラプター〟を映した。ほお、底部を見せない。巡航姿勢のままの旋回だ。これなら腹を狙われない。

〝ラプター〟はいわゆる第五世代戦闘機で、こんな芸当は出来ないはずだ。


――やはり、クトゥルー仕様か。

おれは感心した。敵ながら大したもんだ。

天井に向けて、

「さあ、どうする〝イタカ〟？」

〝ラプター〟が突っ込んで来た。機関銃の猛射もない。自爆攻撃だ。マッハ一〇――おれの全身を灼熱の血が巡った。ぐん、とキャビンがねじれた。

〝イタカ〟がまたも――今度は急上昇だった。

そのとき、〝ラプター〟めがけて小さな塊が三個投じられた。ふたつは機体を揺らして躱《かわ》したが、三個目が操縦席《コクピット》を直撃した。

あ、という声も出なかった。

ラプターは消えた――自らを火球に変えて。

その断末魔の瞬間、おれはヴィルキークの最後の声を聞いた。

「イアー――イアー――クトゥルー――ウガナグル――フタグン――必ずやこの男をその御腕に」

おれはこう返した。

「悪いがそうはさせねえ。おれの息があるうちは、ルルイエで眠っててもらうぜ、クトゥルー」

おれはベッドの方を見た。

ゆきの首だけが起き上がって、こちらを見つめていた。おまえは「エクソシスト」のリンダ・ブレアか。クトゥルーも空では及ばず、だな。

「さすが……〝イタカ〟」

それはゆきの声だが、ゆきの言葉ではなかった。

おれが駆け寄る前に、かくんと首は元に戻り、当人は安らかな寝息を立てていた。

おれは肘かけイスに腰を下ろし、あれは誰だったのだろうと考えた。

〝イタカ〟がF22〝ラプター〟へ放った弾丸のことだ。普通の人間には視認不可だろうが、おれの眼は、はっきりとその正体を看破していた。

あれは人間だったのだ。その恰好《かっこう》からして、中世ヨーロッパの騎士と、江戸時代の武士と、現代のリーマンと。〝イタカ〟――風の神は、その体内に抱えていた歴史の幽閉者を砲弾としてクトゥルーの尖兵《せんぺい》へと投擲《とうてき》してのけたのだ。最初のミサイルを空中爆発させたのも、これだ。

名前も姓もわからない。F22にとどめを刺したリーマンのおっさんなど、帰還を待ちわびる家族がいたかもしれない。もう遺族だが。

おれの胸に怒りが沸き上がった。〝イタカ〟へ

──いいや、全ての邪神どもへ。

決着はつけてやる。クトゥルーの宝を頂戴してからな。

無論、おれのこんな目論見も知らず、〝イタカ〟は以降順調に飛行を続け、二時間足らずで、おれはアメリカ本土に到着した。

スムーズにはいかなかった。〝イタカ〟は五〇〇メートルまで降下し、キャビンを放り出したのである。何とか無事でいられたのは、特装のお陰だ。

ただし、到着地点──というより落下地点がN《ニュー》Y《ヨーク》近郊のJ・F・ケネディ空港だったので、大騒ぎになりかかったものの、飛行中に連絡を取っておいたNY市長と市警がうまくやってくれた。

FBIやDIA（アメリカ国防情報局）に話を通せばもっとスムーズに行ったのだが、もともとアメリカも絡んでる話だから、スケールをでかくして、余計な世話を焼かれたくないのだ。

「ザ・プラザ」に常駐させてある別のS《スーパー》F《ファスト》をオート・ドライブで空港の地下駐車場まで呼んだところへ、

「あら、ナイス・タイミング」

とゆきが出て来たのにはびっくりした。

「何だ、おまえ、寝てろ」

「なーによ、その言い草。断っときますけど、宝の山を独り占めしようったって駄目だからね。せっかくアメリカくんだりまで来たんだから、貰うものは貰うわよ」

何じゃや、もう元に戻ったか、と思ったが、厄落とし——じゃねえ、神落としが済むまで油断は禁物だ。

「前から思ってたんだがな——どうしてそういう理屈になるんだ？　これはおまえを治療するための旅なのだ。宝の山は関係ねー」

「あるわよ、あるの」

ゆきは嘲笑した。

「あんたとあたしはね、宝という同じ木になった林檎なのよ。あんたみたいな金に汚い男が、あたしのためにアメリカへ？　そんな寝言、誰が信じると思うの？　いいこと、あんたのものはあたしのもの、あたしのものはあたしのものよ」

「虫の良いことをぬかすな。この淫乱娘。おまえの日本での乱交については調べがついているんだ。それを学校へ提出して、退学にしてくれる。おれのマンションも出て行け」

「あーら、冷たいこと」

ゆきは真紅のジバンシーに包んだ腰と尻をくねくねと揺らしながらおれの前まで来ると、両手を首に巻きつけた。

「追い出すなんて、言わないで。あたしって天涯孤独よ。知ってるでしょ。お金だってないし。あんたに捨てられたら路頭に迷っちゃう。あぶない職業につくしかないのよ。いいの、それでも？」

たっぷりと紅いルージュを塗りたくった厚目の唇は、いつの間にか触れ合う距離で、熱い息を吹きかけて来た。

「ほーら、悲しみに打ち震えてる胸に触ってみて」

　おれの右手を取って乳房へ持っていく動作は、ほぼ完璧な男殺しぶりだった。歴史に名を遺す魅惑的な悪女は、みなこうだったに違いない。いわくクレオパトラ、いわくルクレチア・ボルジア、いわくエリザベス・バートリー――。真っ赤なドレスの上からも、その大きさと弾力は十分に感じられたが、おれはあっさりと手を放し、相手を突き飛ばした。

「ちょっと――何すんのよ!?」

　と火を噴きかねないゆきへ、

「見たとおりのこった。いいか、おまえは今の今まで、おれが見たとおり、ヨグ＝ソトホースの支配下にあった。それが急に眼を醒まして、もう大丈夫だ？　信用できるか阿呆」

「ふん。済んだことをいつまでもグダグダ根に持つのね。あんたの悪い癖よ。あたしは絶対に身を引いたりしないからね。クトゥルーの宝にどこまでも食い下がってやるわ。だいたい、あんたがそれに眼をつけたのも、あたしのお陰じゃないの」

「うるせえ」

　と言い返したときにはもう、おれは計画の変更を決意していた。とりあえず、ゆきは大丈夫だ。それならダンウィッチへは……。

　おれはすぐにフェラーリを発車させた。助手席にゆきがふんぞり返っているのは仕方がなかった。

「何処に行くのよ?」

「マサチューセッツだ」

「ビージーズ?」

「おまえも趣味が古いね。マサチューセッツ州のマニューゼット川が大西洋に注ぐ近くの港町だ」

「あ、インスマス」

「よく知っているな」

「これでもTRPGくらいやっているのよ。『インスマスの影』は大ヒット作よ」

「だったら、どんなに薄気味悪いとこか知ってるな。ホテルで待ってるか、とっとと日本へ帰れ。そうだ、もう治ってるぞ」

「べー」

「舌を出すな、舌を。おまえがアカンベーしたら、絶対、おかしな勘違いをする野郎が出るんだ。自重しろ、自重」

「べー」

これじゃ、水掛け論だ。おれは思考を切り替え、国道一号線に乗って真っすぐマサチューセッツへとむかった。

通常三時間と少しのところを、一時間で着いた。かなりヤバいドライビング・テクニックを使った。こういうとき、ゆきは絶対に文句をつけない。

「すっごーい」

「はっやーい」

「あのトラック抜いちゃえ」

「あ、抜かれた。ね、ね、ね、前へ出て嫌がらせしてやんなさいよ」

まるでおれが乗り移ったような興奮ぶりだった。

道路の脇に立つ「WELCOME」の看板を見て、顔をしかめた。

「ここって、インスマスじゃないじゃん。ニューベリーポート？」

「インスマスへ入る前に前夜祭だ。ここの〈歴史協会〉の博物館には、〈深きものども〉と結託したマーシュ家のひとりがインスマスへ運びこんだ謎の冠がある。インスマスの酔っ払いが質屋へ入れたが、そいつが喧嘩の挙句に死んじまったんで、協会が質屋から買い取った品だ」

「そんなん見てどうすんのよ？　ははあん、偽せ物とすり替える気ね？　いつものやり口」

「うるせえ。いいか冠てなそれを被る奴のためにこしらえた品だ。よく調べれば、そいつの頭の形から身長体重までが割り出せるんだ。身長が三メートルもあったら、まともな人間じゃねえだろ」

「でぶだったらどーすんのよ、頭の小さいでぶだったら」

「うるせえ」

着いたのが、早朝だったので、おれたちは終日営業のダイナーで朝食を摂った。日本じゃとても胃に入らない分厚いステーキサンドとコーラを愉しんでいると、保安官らしい制服とバッジと拳銃を身につけた中年男が、若い助手と入って来て、じろりとおれたちをねめつけ、カ

とカウンターの向こうの女主人に、

「怪しい奴を見なかったか？」

と訊いた。

「別に――」

答える女主人の眼差しを、おれは頬に感じた。

「どうかしたの？」

「さっき、〈歴史協会〉からマーシュ家の冠が盗まれたんだ」

おれは胸の中で唸った。間一髪で先廻りしやがったか。言うまでもなく、クトゥルーの信者か誰かだろう。こりゃ怪しまれるかなと思ったら、保安官はあっさりとおれたちから関心を外し、

「おかしな奴を見かけたら一報してくれ。そうだな、身体のどこかが濡れてる奴だ」


「あ、見た」

おれは反射的にフィンガー・スナップを利かせた。

法の執行者たちはふり向いて、

「いつ何処で？　どんな奴だった？」

と助手が訊いた。

「三〇分ばかり前に、ミュンゼント通りを川の方へ歩いてった。だぶだぶのシャツとズボンで、何か抱えてたよ」

「そうそう」

とゆきが合の手を入れた。その辺の呼吸は憎たらしい小娘だが、絶妙といっていい。

「ずぶ濡れで潮の匂いがしたわよ」

保安官が、

「目撃地点へ案内してくれるか？」

「いいとも！」

おれたちは声を合わせて立ち上がった。

2

パトカーの後部座席に乗るや、おれは顔の前で両手を打ち合わせた。前の二人が、ぎょっとしたようにふり向く。

「瞼が重い――閉じた」

おれは強い口調で告げた。言うまでもなく催眠暗示だ。本当はもう少し細かく順を踏んでいくのだが、愚図愚図《ぐずぐず》している暇はない。瞬間催眠法だ。

「いま、あんたたちは〈歴史教会〉の冠が盗まれた部屋にいる。いいな？」

二人はうなずいた。ゆきはへえ、という眼でおれを見つめている。たまには関心させとかないとな。

「――冠のケースはどうなってた？」

返事ははっきりとしていた。保安官である。

「鍵が開けられ、中身はなかった。ケースの蓋は床の上に落ちていた。表面は、半透明の液体でぬるぬるだった。冠が置いてあった紫のビロードの布台もだ」

「足跡は？」

「あった。靴跡だった。ひどく大きい――一〇インチ（約三〇センチ）もあった。二人分だ」

ゆきが眼を丸くした。こいつ、ゲームはやってるが、ラヴクラフトの「インスマスの影」は読んでねえな。

「車の用意は？」

「わからん。タイヤの跡は残ってないし、エンジンの音を聞いた者もいない」

「鍵はどう開《あ》いていた？　壊されてたか？」

「いや。外れてた。自動ロックと昔ながらの頑丈な錠前が着いてたが、どちらもきれいに外れてた」

「合鍵か？」

「いや。そのどろどろだ。錠前を嵌《は》め直してみたが、ちょっと揺らすとたちまち外れちまった。便利な品物だ」

摩擦をゼロにする液体か。海底の都にならありそうだな。

「他に目撃者は？　そうだ、警備用のカメラは？」

「まだ、見ていない」

もう用はない。おれは二人に、おれたちのことは忘れて警察署へ帰れと命じてパトカーを降りた。

車はすぐ走り出して、明るいテール・ランプが闇の中に消えた。

おれはダイナーに戻って、まず驚く女主人に、続いて厨房の店主とコックにも催眠術をかけて、おれとゆきの記憶を失わせてから、フェラーリに戻った。

「どこ行くの？」

「インスマス以外にあるかい」

「えー？　眠いよー」

「車で寝ろ。起きたらもうインスマスだ」

「サイテー」

言うなり、ゆきはシートの背をベッド・モードに倒した。

走り出すとすぐ、

「ねェン」

甘い声が呼んだ。

おれは対この娘に関してはベテランだ。気にもしないでホイール操縦を続けた。時速一八〇キロで国道をすっ飛ばしていくから、相手はしてられねえ。

向こうもそれはわかってる癖に、

「ねェン――そんなに慌てなくてもいいじゃん」

と鼻にかかる声が追って来た。

「ちょっと上へ来ない？」

「莫迦《ばか》野郎――おまえ、いつもそうやって純真な高校生や大学生を引っかけるんじゃねえだろうな？」

ゆきは即座に、

「莫迦はあんたよ。この世の中に、純真な高校生や大学生がいると思ってるの？　大学生ってのは大きな学生って意味なんだからね」

ま、そーいやそうだ。

いきなりゆきが腕をのばしておれの手を取った。それを弾きとばして、

「危ねえ――一八〇だぞ。インスマスの前に天国へ行きてえか!?」

「ふふ。連れてってあげるわよ――この世の天国へ」

今度は首にすがりついて来た。

「わわっ⁉」

ガードレールが迫っていた。

ブレーキは間に合わねえ。おれは逆にアクセルを踏み込み、ぶつかる寸前、右へ廻り込んで急ブレーキを踏んだ。フェラーリは宙を飛び、車線を越えて、反対車線を走っていた大型トラックの胴体にぶつかった。狙い通りの角度で。トラックのスピードも目測通りだった。フェラーリは殆ど垂直降下に近い状態でどんと道路に落ち、それから何事もなかったように走り出した。トラックも同じだ。後で警察沙汰になるかも知れないが、運ちゃんが怪我でもしてなきゃ罰金と修理代で済むだろう。

「やるゥ」

抱きついて来たゆきを、おれは邪険《じゃけん》に突きとばして喚《わめ》いた。

「いいか、あんな芸当は二度と出来ねえ。今度やろうとしたら放り出すぞ」

「あんたなら何度だってやれるわよ」

ゆきは活き活きと言った。頬が紅潮している。

おかしい――おれは訝しんだ。死んだっておかしくない状態だった。そして、他人は死んでも自分だけはサバイバルが、この娘のモットーだったはずだ。自分が原因じゃなくてこうなったら、ガーターベルト（パンストに非ず）に仕込んだ超小型自動拳銃をおれ目がけて射ちまくるだろう。そもそも、そんな女が抱きついてくる事自体も異常なのだ。

ちら、と横目で睨んだ瞬間、おれは異様なものを見た。ゆきの瞳が消えていた。そこにあるのは、異様に美しい七彩の眼窩だった。

だが、まばたきをして睨み直した瞬間、幻妖な色彩《いろ》は消え、いつもの黒瞳《くろめ》がおれを映していた。わかった。

この女、まだ憑かれているのだ。ヨグ＝ソトホースに。

しかし、おれたちを殺すつもりなら、幾らでも手はあるはずだ。何だ、この回りくどいやり方は？

おれを始末したけりゃ、正面からかかって来やがれ。――こう絶叫したかったが、やめておいた。相手は神様だ。本気でやるかも知れん。


H・P・ラヴクラフトの小説「インスマスの影」によれば、廃滅の港町「インスマス」へ向かう道は、ニューベリーポートから、日に二本しか出ていないバスを利用する。海岸線に沿ってローレイやイプスウィッチに到る幹線国道を走り、――そこから分かれる狭い道を辿るしかない。物語の舞台となる時代は、一九二七年――九〇年以上、一〇〇年近く前だから、今ではその「狭い道」にも、「インスマス街道」という名がつけられている。

今度は身内からの邪魔も入らず、おれはニューベリーポートから飛ばしに飛ばし、わずか三〇分でインスマスに到着した。

「インスマスの影」を読んだらわかるが、それなりの規模の港町を舞台にした、ほぼ一日の調査と逃亡の物語を、ラヴクラフトは偏執的ともいうべき建物や通りの描写でリアルに盛り上げている。

一九二七年、町から脱出した主人公の報告と要求によって、政府が動き出し、派遣された警官や役人たちは、この町の主ともいうべきマーシュ家の精錬所や倉庫、港湾施設他、数多くの不気味な建物を捜索、破壊し、多数の――一説によると数百人単位の住民を逮捕、拘留するにいたった。

以後、この背徳と性暴の町は、自体が廃棄される寸前まで行ったが、逃亡していた住人や、刑期を終えた連中、前からこの港町の、決して減らない魚の群れに眼をつけていた他所者《よそもの》が入りこみ、一九三〇年代に復興の狼煙《のろし》が上がった。

これは、同じ禁酒法時代に、ニューヨークのギャング一派がインスマスに秘密の蒸溜工場を建設し、船でアメリカ各地への密輸を企てたことが大きい。かつて、海からの闇の力によって生存を許された背徳の町は、別の闇によって復活を遂げたのだ。

だが、インスマスに合わぬ復興は、インスマスの住人たちによって中断されてしまう。戻って来た人々が、出て行くようにギャングたちに要求し、それが拒否されると、ギャングたちの姿が次々に消えていったのである。

シカゴからの新たな増員も後を追い、一年半とたたないうちに、都会の荒くれ者たちの姿はインスマスから消滅した。古《いにしえ》の妖気と潮の香りに満ちた旧《ふる》い町が、再び戻って来たのである。

政府の手入れが行われたことが耳目をそばだ

たせ、あちこちの廃墟や沖合の「悪魔の岩礁」目当てに訪れる観光客たちも増えたが、住民たちの不気味さと取りつく島もない態度のせいでその数も減り、今では手入れの前以上に、町は廃亡の時の中にあった。

町へ入った丁度に眼を醒ましたゆきの第一声は、

「ひどいとこねえ」

であった。

手入れから一〇〇年以上の歳月がもたらした変化は、今風のコンビニやマーケット、貸しビルとして残っていたし、送電線やあちこちの家の屋根に乗った衛星通信用のパラボラは、間違いなく現代のものだった。

フェラーリを進めていくうちに現れる光景が、それらが与える〝現代的〟なイメージを次々に破壊していった。

残存するビルより多いと思われる廃墟は、当時からのものが殆どに思えたし、新しいものも幾つかあった。

ラヴクラフトの作品に登場するジョージ王朝時代の建物は、まだ通りに沿って威容《いよう》を誇っていたが、窓ガラスは砕け、出入り口には木が打ちつけてあった。

何より不気味なのは、朝まだきの薄明《はくめい》の通りをうろつく人影だった。どれひとつを取っても、こんな時刻に妖しい町なかを彷徨《ほうこう》するものたちにふさわしく、背骨が自然に真っすぐ伸びていない。動きものろのろしているが、それが見せかけだというのは、うちひとつが何かにつまづきよろめいた瞬間、ぴょん、と大きく跳ねてやり過ごし、また鈍重な歩きに戻ったのを見たからだ。

「何よ、あれ？　まるで蛙そっくりじゃん」

とゆきが言い当てた。

おれが走っているのは、ロジャー通りで、すぐ右手に石の橋と、その向こうに堤防らしい形と連なりが見えた。堤防の向こうは、今まで通ってきたインスマスの街道の右方に見えた黒い大海原——大西洋が広がっているはずであった。

「ん？」

おれは眼を凝らした。凝らした先は、堤防の突端だった。

「何よ、あれ？」

ゆきも気づいたらしい。

「光がくるくる廻ってるけど、燈台？」

「らしいな」

高みで回転する光が車内に差し込み、おれたちを白く染めた。ラヴクラフトが書いている——

〝その防波堤の上に、漁師が二、三人腰を下ろしている姿が見えてきた。彼らの座っている堤防の突端には、もとは燈台であったらしく、その土台のようなものが残っていた〟

「どうやら新築したらしいな」

こう言っているうちにも、廻る光は遥か後方に去っていた。

ラヴクラフトが大好きな「切妻型屋根《きりづま》」を持った建物が、あちこちに残っていた。今にも通りへ崩れ落ちそうな老朽物もあれば、ペンキの新しい新築もあった。それが妙に古びて見えるのも、この町らしかった。

通りの両側に、人の姿だけではなくトラックやバンも止まっているのが眼についたが、殆《ほとん》どが「ＴＯＹＯＴＡ」「ＮＩＳＳＡＮ」なのは吹き出したくなった。この街にも「現実」はあるのだ。

フェラーリはやがて、カーナビに従って、丸石を敷きつめた中央広場に入った。

バス停の標識を見つけて、おれはＳ　Ｆ《スーパーファースト》をその横で止めた。カーナビと「インスマスの影」の描写に従うならば、いま、眼の前にそびえるコンクリート造りの丸屋根の建物こそ、この町に一軒きりのホテル——「ギルマン・ハウス」であった。

「ここに泊まるしかねえ。下りるぞ。駐車場もある」

「いいけどさ、石造りで辛気臭いわよね」

「ああ、外からの旅行者が泊まると、必ずおかしな物音や人の声とは思えない会話が聞こえて来たっていうからな。まともなホテルじゃねえ。一九二七年には政府の捜索も受けたが、おかしな連中が集まるただのホテルってことで、破壊や取り壊しの対象にゃあならなかった。それから四年後に地震でつぶれ、すぐに再建されたのがこれだ」

「おかしなの、出ない？」

ゆきは薄気味悪そうに眉を寄せた。

「出てみなきゃわからん——下りろ」

おれは裏のホテル専用駐車場にＳ　Ｆ《スーパーファースト》を入れ、ゆきともどもホテルに入った。

空気はいやに湿っていて、生臭い——魚の匂いがしたが、玄関のドアを閉めると消えた。

こんな時間なのに、フロントにはクラークがいた。その顔を見た刹那、ゆきも固まった。

頭部から急激に細まった顔、青白い鮫肌、大きな灰色の瞳がおれたちをどんよりと映している。そして、瞬きしていない。これがインスマスの住人が、〈深きものども《ディープ・ワンズ》〉と契って手に入れた〈インスマス面〉だった。

「朝っぱらから悪《わり》いが、ひと部屋頼む」

「ダブルでね」

とゆき。危ねえ娘だ。

クロークはにこりともせず、承知いたしましたと返して、部屋の鍵をデスクに置いた。カードキイじゃねえ。昔ながらの長い真鍮《しんちゅう》製だ。28と書いた緑色のプラスチック・プレートが付いている。

税込み一泊四〇ドルは安い。しかも、エレベーター付きだ。

部屋はこのクラスのローカル・ホテル並みで掃除も行き届いていた。

先にゆきがシャワーを浴び、おれが使って出ると、バスタオル一枚のボディが、ベッドにうつ伏せになっていた。

「パジャマを着ろ。阿呆」

衣装戸棚に下がっていたパジャマを投げつけたが、ゆきは無視して、

「よいしょ」

タオルの下からも、はっきり形のわかる尻《ヒップ》から起き上がってきた。

「ね、ど？」

「何がだ？」

「お尻の形。崩れてない？」

「知るか、おまえのボーイフレンドに訊け」

「少し太ったかなあ」

「知ーらん。さっさと眠れ。朝は早いぞ」

「何処行くの？」

「内緒だ。おまえはどうもヨグ＝ソトホースに取り憑かれてる風がある。以後はすべて打ち明けずに行動する」

「この偏屈男」

　ゆきは身をよじると、ごろごろとベッドから転がり、落ちると思った瞬間、ぱっと立って、ぽんとおれの前へ来て、ぴたりと抱きついた。

## 3

　バスタオルを通してもわかる乳房の豊かさに、おれはヒジョーにまずい状態に陥った。

「この頃、あんた冷たくない？」

　甘い声がおれの鼻孔を嬲《なぶ》った。見つめる表情もうっとりと溶けている。

「おれは変わらねえ。いつもの通りだ」

「うっそー。あたしがヨグ＝ソトホース坊やに取り憑かれてるって？　おかしな言いがかりつけないでよ」

「つけてねえ、つけてねえ」

「なら、何でも教えてくれる？」

　上目遣いに見やがった。ゆきの奥の手のひとつだ。すねたような眼つき、ＯＫしてくれたら上げるわ、と半開きの唇からのぞく濡れた舌先。これをやられると、男は家と土地の譲渡書にサインし、女房に離婚を切り出してしまう。

「残念ながら、ダメーだ」

「これでもお？」

　バスタオルがはらりと落ち――かけた。乳首の見えるギリギリで、おれが抱きすくめて止めさせたのだ。

「あーら、もう少しなのにさ」

「やめろ、バカヤロー」

　おれはゆきをベッドに突きとばし、ソファに横になった。

　ゆきの問いは無視したが、ＮＹを出るときのおれの狙いは次のとおりだった。

　まず、ゆきをダンウィッチに連れて行き、魔法医師ウェイトリーの魔法治療を受けさせること。

　ところが、ゆきが正気に戻った（ように見える）せいで、欲が出た。ニューベリーポートの歴史協会の陳列室に行って、保管されている謎の冠を見学すること。言うまでもなく被った奴の頭のサイズから、他の肉体的特徴を探り出すのだ。しかし、ひと足遅くこれは水泡《すいほう》に帰《き》した。

　後はクトゥルーの地上への橋頭保《きょうとうほ》「インスマス」へ出向く以外はない。

　目下のおれの第一目的は、ゆきが東北で目撃したクトゥルーの宝物だ。クトゥルー退治でも、信者どもの現世への帰化でもない。インスマスにこんなものがあるのか、とトレジャー・ハンター仲間でも首をひねるだろうが。彼らは一九二七年の政府の手入れで、何もかも持ち去られたと思いこんでしまったのだ。

確かに、政府は、クトゥルーや〈ダゴン秘密教団〉に関する資料を洗いざらいワシントンへ持ち去ったが、肝心のお宝は手にもつけられず終《しま》いだった。

「インスマスの影」に描かれた逃亡者を捕えられなかったことで、後難を予知した町の重鎮《じゅうちん》たちは、金目のもの――というより、見つかったら危《やば》いものを先に処分してしまった。

じゃあもう、と思うだろうが、そこが素人のアサハカサ。じゃあ何故、こんな、一度は荒廃し切った陰気な町が今なお存在する？

「インスマスの影」を読み直してみろ。

この町に住む普通の一人間で、唯一町の古時間の生き証人ともいうべき九二歳のザドック・アレン老人は、こう述懐《じゅっかい》しているではないか。

〝ウォーター街と中心街の間にある、あの河の北側にある奴らの家には――あの怪物どもと、そいつらが運んできた品物がぎっしりといっぱい詰まっている。――そしていったん奴らの準備が整ったら……いいかね、奴らの準備ができあがったら……あんたは「ショゴス」の噂を聞いたことがあるかね？〟

一九二七年の襲撃部隊は、この「北側の奴らの家」に「いっぱい詰まった」、「そいつらが運んできた品物」を遂に発見することが出来なかったのだ。

とっくに船で取り出したんじゃないかって？

おれはそう取らなかった。「品物」は今もこの街の何処かに眠っている。だからこそ、この町の住人は古くは南北戦争が終わっても、刑期を務めてからも、この町へ戻ってくる。そして、町の何処かに秘匿《ひとく》されている、「品物」を守りつづけているに違いないのだ。

それを明日から捜し、必ず見つけて、丸ごと頂戴する。日本くんだりからやってきた目的はいまやこれであった。

「ねえ」

とゆきが声をかけて来た。

「ん？」

と眼をやって、どきりとした。こっちを向いて両手を差しのべている。バスタオルからは、乳首以外の乳房が露骨にこぼれていた。

「寂しいよ、隣にきて〜ん」

「うるせえ、とっとと寝ろ」

「ふん、だ」

と背中を見せやがった

さて、明日はどこを当たるか、とおれは考えた。正直、当てはあるが、確実じゃ全然ない。

おれは空中にGoogle Earthが撮影したものに手を加えたインスマスの航空写真を広げた。

これで見る限り、いちばん眼につくのは、マーシュ精錬所の廃墟だが、ここは政府の手が徹底的に入った場所だ。後で隠し直したと考えることも可能だが、写真を連続させてみると、昼も夜もうろついているのは観光客か、クトゥルー・マニアばかりだ。インスマス面はひとりもいない。

　地下かとも思った。この町には、一七世紀から一八世紀にかけて、海賊たちが獲物の運搬に利用したトンネルが縦横に走っている。新しい獲物を運んでもおかしくはないが、トンネルのほとんどは一八世紀末まで塞がれ、新しいものも政府の手で爆破されてしまった。

　他にも候補地は幾つもある。マーシュ家の邸宅跡や今も海岸沿いに残る貧民街は、昔ながらの住民が集う。宝の守りにはもってこいの用心棒集団だ。

　新築の〈ダゴン秘密教団〉のビルも怪しいが、ここは異常なしだと、警察からワシントンに報告が入っている。

　いつの間にか、ゆきは寝入っていた。

　陽《ひ》は高くなりつつあった。


　おれは一〇分ほど仮眠を取ってから、外へ出た。「ジルガ」の睡眠法を使った仮眠は、それだけで熟睡八時間に当たる。

　外へ出ると、近くに「セブン・イレブン」の看板が眼についた。

　通りに人影はあるが、どう見てもうろついているだけだ。手にしているのは多分、競馬新聞だ。安物のポータブル・ラジオからイヤホーンで聴き取りしている奴が、やったと手を叩いた。朝の七時過ぎ。こんな時間にやってる競馬場なんて、何処にある。

　おれは中心街の北側をマーチン街まで歩き、そこから東へ折れて、町の端——海沿いの防波堤のところまで辿り着いた。この間、何人かの労働者タイプとすれ違ったが、二人にひとりは例のインスマス面だった。ここへ来るまでにDVD屋やミュージック・ショップ、ブティックなど今風の店が軒を接していたものの、おれには付け焼き刃にしか見えなかった。

　何年かするうちに、どの店も客たちの数が減っていき、やがてスタッフだけになる。下りたシャッターに「CLOSED」(閉店)と書いたビラが貼られるのはじきだ。

　防波堤に近づくにつれて強さを増した潮の匂いが、今や眼ばたきをしたくなるほどになった。

　防波堤には誰もいなかったので、おれは石段を上がって頂《いただき》へ昇り、彼方の海を眺めた。

　青黒い海があちこちで砕けていく。いつの間にか風が強くなったのだ。

　沖の彼方に鰐の背中みたいにゴツゴツした黒い形が長く横にのびていた。「悪魔の岩礁」だ。

　一八二八年頃、この町を作ったと言ってもいい名家の主人、オーベット船長は、カロリン諸島中の一島――ボナペ島近くの孤島で、原住民と交易を行った。そのとき、彼らは常識的な交易品以外に特異な品――人間の生け贄を要求したのである。驚く船長に、彼らは〈深きものども〉と呼ぶ魚人たちと交じわって、彼らに生け贄を捧げる代わりに、生涯尽きることのない魚と、太古の地球に存在した宝物、深淵《しんえん》で生きるための不死の身体を与えられたと打ち明け、数人の犠牲と引き換えに、おまえも〈深きものども〉の力を借りて、同じ身体にしてやると告げた。

　オーベットはそれを受けて、やがて、インスマスに人間のものとは思えぬ意匠の冠や宝石類を持ち込んだばかりか、その後の町の衰退に乗じて、〈ダゴン秘密教団〉等を発足させ、それまでの教会神父、牧師たちを追放してしまった。そのうちに町から若者たちが姿を消していき、インスマスの近海には魚が溢れるばかりか、オーベッドの持ち帰る大量の金の精錬所まで建設されたという。

実はおれが〈深きものども〉によって陸揚げされた品の隠し場所と睨んでいるのは、あの岩礁だった。どう見ても海中からそびえ出た岩の塊である。一九二七年の大捜索でもあそこに眼をつけた政府関係者はいなかった。ただの岩礁として放置されたまま一〇〇年近い歳月が流れたのだ。

堤防の下から近づいて来る気配には、ずっと前から気づいていた。

「旦那――あの岩に興味があるかね？」

と声をかけられてふり返ると、いかにも堅そうな髪を切り揃えた漁師と思しき兄《あん》ちゃんが下から微笑んでいた。インスマス面だが、悪気も敵意もなさそうな笑顔だった。

「ああ、おれはプリンストン大学で歴史をやってるんだ。外谷善夫という」

と右手を差し出すと、ジム・ネリガンですと握り返してきた。

固いくせにねっとりした冷たい鮫肌の握手にも、おれは平然としていたし、ネリガンも笑顔を崩さなかった。

「そこへ行くならボートがある。往復二〇ドルでどうだね？　ガソリン代込みだけど」

おれはＯＫし、すぐに頼むと申し込んだ。

「じゃ、用意するから、その先の階段を下りて待っててくれ。五分で行くよ」

ネリガンの指示した階段を下りると、待つほどもなく、モーターボートが堤防の端を廻って現れた。

ハンドルを握るネリガンが、

「済まねえが、前払いだ」

と言うので、二五ドルを渡すと、まん丸な眼をさらに見開いて、いいのかい？　と声を弾ませた。真っ正直な反応に、おれは嬉しくなった。

岩礁までは一〇分とかからなかった。それでもかなり遠い。泳ぎに自信があっても、波が荒い日に岸まで辿り着くのはしんどいだろう。

運び慣れているらしく、ネリガンはほぼ中央の窪んだ入り江状の部分に巧みにボートを入れて、でっぱりにつなぎ、慣れた足取りで、ごつごつした岩を登りはじめた。

彼の横を先に登りきって、手を差し出すと、またも丸い眼を丸くして、

「早いねえ。山登りでもやっていなさるか？」

おれは、はっはっはあと笑ってごまかした。

この岩礁は見たところ、長さ約一・六キロ、おれたちのいる場所は海から五メートルほどの高さがあった。

幅は優に三〇メートル超。立ってみると上は平坦な岩場がずうっと続いている。

足下の平たい部分に、観光客らしい男女の名前がハートマークで囲まれていた。他にもあち

こちにある。一〇〇年前、生け贄を放り込んでいた場所が、今では観光名所かと、おれは嘆息《たんそく》した。

沖の方を眺めているネリガンを放置し、おれは岩礁の上を歩いてみることにした。

もちろん、ただぶらついていちゃ来た甲斐《かい》がない。細長いペンライト型の粒子測定器を岩へ向けながら歩いた。

地球上には休みなく宇宙線が降り注いでいる。その中で物質と衝突するたびにその性質を変える粒子を選んで放射すると、地下に空間が存在した場合、岩礁にぶつかった瞬間、粒子の性質が変化し、空間を抜けて、前方の岩に衝突したときに、もう一度変わる。こうして、磁力線や超音波を使う従来の測定器よりも、遥かに完璧に空間の存在と位置とサイズを割り出すことが可能なのだ。

しばらくは異常なかったが、一〇メートル以上ほど歩いた地点で反応があった。

粒子の方角を変えると、小さな3D画像が手元に浮かび上がった。ネリガンをびっくりさせちゃまずい。

地下八メートルほどの岩中に、縦横一五メートル、高さ七メートルほどの空間が存在していると出た。しかも――箱らしい物体が二〇ばかりも積まれ、中身は黄金と正体不明の物体、物質が詰まっていると出た。

「正体不明か――いよいよ本番だ」

おれのつぶやきは、オリンピックの一〇〇メートル走で、号砲を待つアスリートの気分に似ていた。
おれの測定器でも性状を確認できない物質――
それは異世界の品に間違いなかった。

# PART 4　インスマス戦争

1

一発目で大当たりだ。

ここで地下へ潜って、洗いざらいと思ったが、ネリガンもいるし、モーターボートも一台じゃ足りねえ。

隠し扉もすぐ見つかった。開け方はわからないが、いざとなったら爆弾を少々で済む。何にせよ、今は無理だ。

おれは海を眺めているネリガンのところに戻り、

「ここ、今も出るのかい?」

と訊いた。〈深きものども〉のことだ。ネリガンも、訊かれ慣れているらしく、苦笑を浮かべて、

「ここしばらくは出てませんね」

と言った。

「どれくらい?」

「ひと月は経ちます」

その前はうろついてたってことだ。観光客が絶えねえわけだ。

「ここで何をやってるんだ?」

「わかりません」

そっぽを向きやがった。やはりこの町の血が流れてる男だ。おれは深追いせず、四海を眺めて、

「いい景色だな。帰ろうか」

と言って、上陸した場所へ歩き出した。

ボートが走り出すと、ネリガンも機嫌をなお

したらしく、

「もう岩礁へは来ない方がいいですよ」

明るい声で言った。

「ああ、そうするよ」

と返しながら。おれは夜が勝負だな、と思った。


ホテルへ戻る前におれは朝食を摂ってから、町をひと廻りすることにした。

堤防に来るまでに一軒、古いレストランが開いていた。

それなりの広さの店内には、すでに三組――八人の客がいた。ハムとベーコンと玉子を焼いた匂いに、煙草が混じっている。

トーストや分厚いハムや目玉焼きを黙々と平らげている男たちは、普通の港湾労働者だった。

おれがかけたカウンターの向こうの店主と女房は、この町の特徴をはっきり示していた。普通の連中がよく来るなと思うが、近くに早朝から開いている店がないのと、ここで暮らしているうちに感覚が麻痺して気にならなくなるのだろう。

おれはインスマス風モーニング・ステーキとサラダ、海老のスープとパンケーキを注文した。

経営者の顔は怖かったが、料理は美味《うま》かった。盛り合わせたフライドポテトの揚げ具合もふっくらとしてるし、サラダも新鮮な上、店の製品らしいドレッシングもイケた。

「このステーキのソース、イケるね」

「ありがとう。二〇年かけて熟成させたんだ。まずいって言った客はいないわよ」

と女房がでかい胸をそびやかせた。

そこへ、新しい客が入って来た。

インスマス面《づら》の究極ともいうべきご面相《めんそう》で、ほとんど両生類だ。他の客たちが、ぎょっとそちらを見たくらいである。それは仕方がないとして、店主と女房までが、

「うちはインスマス生まれはお断りだよ」

と、つっけんどんに言い放ったのには驚いた。同族嫌悪か。言われた客は、予想でもしていたのか、たちまち背を向けた。

その後頭部で、ガラスの破片とビールの泡が飛び散った。先客のひとりが投げたのだ。

笑い声が上がった。

新しい客は黙って行こうとした。別の奴が今度はコーヒーカップをふり上げた。

おれは反射的に、カウンターに置いてある安物の花瓶に刺してあった薔薇《ばら》の花を一輪つかむや、そいつ目がけて投げた。それはコーヒーカップをふりかぶった客の左顎《あご》に命中し、そいつを垂直に床へ落とした。

少なくともフライ級の世界チャンピオン・クラスの一撃を食らったほどの衝撃はあったろう。ばらばらになった花にも気づかず、突然のKOシーンに眼を丸くした。残りの連中も、すぐに犯人に気づくや、口々にガッデム、マザーファッカーと喚きながら、おれの方へ向かって来た。

おれもひょいとスツールを下りた。

十数秒後、おれはぽかんと口を開けた主人夫婦に片手を上げて、

「こいつらをよろしく」

と店を出た。七人の客たちはおれに殴りかかって来た位置に積み重なっている。

左右の人さし指が少し痛んだ。七人分の鳩尾や喉や肝臓を突き刺したせいである。ジルガの指剣だ。神経への衝撃だけで生命には別状ない。

店主がぼんやりと、

「そりゃ、いいけど――七人を指一本であっという間に……あんた何者だい？」

「内緒だよ」

おれは女房に投げキッスを送って店を出た。

かつての〈マーシュ精錬所〉の方へぶらぶらと歩き出すと、五、六分で追い駆けてくる気配を感じた。具体的な靴音と息を切らせた声になり、

「いたぞ！」

と背中に声がぶつかったのは、苔むした礎石《そせき》が散らばる広大な空き地の前だった。

酒場で片づけた連中の仲間だ。誰かが窓から覗いていたのは覚えてる。そいつも中にいるだろう。

おれは足を止めて近づくのを待った。

ふっと足音が消えた。一瞬のうちに全員が猿ぐつわをかまされたようだった。

ふり向いた。

男たちはそこにいた。

瞬きもしない眼、分厚い唇と鼻から、しゅうしゅうと息と水を吐き出す男たちが。追って来た連中の姿はなかった。こいつらの手で何処か

へ送られてしまったのだ。

八人の男がおれを取り囲んだ。四人は手鉤をぶら下げている。残りは右の拳にチェーンを巻きつけている。

「何だ、おまえら？」

「あの店で仲間を可愛がってくれたらしいな。礼に来た」

「何のこった？」

おれはとぼけた。朝から二〇人近くと喧嘩なんかしたくねえ。

「こいつが窓からちゃあんと見てたんだ」

と隣の小男を指さした。覗いていたのはこいつか。おれもKOした連中の仲間だと勘違いしたのだ。どこに眼をつけてやがる。

「聞けよ。おれはあんたらの仲間をいびった奴らを――」

おれは素早く前と左右に眼を走らせた。

「来な」

言うなり、一歩下がって真後ろの男の顔面に後ろ蹴りを叩きこんだ。油断していたのだろう。きれいに決まって、そいつは吹っとんだ。

おれはここで諦めた。インスマス人の敵意は殺気に変わっていた。仲間たちの間に緊張が走ったのは、そいつが空き地で大の字になってからだ。おれの蹴りが速すぎて、眼にも止まらなかったのである。

その間におれは左へ走って、向かって右の男の右肘下の「突飛《とっぴ》」を突くや、そいつの顎を掌底《しょうてい》で突き上げた。

のけぞりながら、そいつは右の拳を裏拳の形で隣の男の顔面に叩きつけた。ツボによる反射運動によって突然飛んで来たパンチを、そいつはモロ顔面に食らった。攻撃者と同じタイミングで仰向けに倒れた。

「野郎」

前と右側の五人が手鉤とチェーンを閃かせて突進して来た。おれは迎え討つのを少し遅らせた。たまには後手に廻るのも面白い。

頭上からふり下ろされたチェーンを数ミリ後退して躱し、横殴りの手鉤を身を屈めてやり過ごす。チェーン野郎の眼前へ跳ぶや、右肩の「八方掛《はっぽうがけ》」を突いた。あり得ない方向に廻った肩関節は、左隣の手鉤男の喉元にチェーンを叩きつけた。喉がつぶれた。

右から手鉤が来た。躱せば途中で止めただろうが、おれはそいつの軸足を軽く蹴って身体ごと回転させ、背骨と腰椎のつなぎ目をわずかにずらせてから、そいつの手を取って思いきり右へふった。ぐん！　と廻った身体の、その上半身がさらに突っこんでくるのを、もうひとりの手鉤の男は躱すことができなかった。手鉤の先は当たらなかったものの、つけ根の部分にこめかみを強打され、そいつは街路に大の字になった。おれはジルガの「操り人《びと》」を終えた。

「さて」

おれは息ひとつ乱さず最後のひとり――右に手鉤、左手にチェーンを巻いた大男と向き合った。

男は呆っ気に取られているように見えたが、正直よくわからない。インスマス人の表情を読むのはひどく難しい。

「まあいい。来な」

いつの間にか、周囲に見物人が集まりつつあった。ざっとだが一〇人は超える。

インスマス人は、大きく駆け寄りながら、右の手鉤をふってきた。

それを難なく躱して、腰のあたりに一撃――と繰り出した右手は空を突き抜けた。そいつは水中を行く魚のように身をくねらせて、あり得ない角度から手鉤をふってきた。おれ以外の人間だったら、どんな武道の達人でも、顔下半分を持って行かれたに違いない。

だが、古代武道ジルガ。あらゆる生物の動きの常識を認めるなと、おれは叩き込まれたのだ。創始者は、邪神の一族と闘ったことがあるのかも知れない。

頬の横を冷たい唸りがかすめた。

最後のひとりはチェーンの拳をふるう前に、大きくバランスを崩し、頭からアスファルトの舗道に激突した。

どよめきが上がった。それはすぐ歓声に変わり、拍手まで湧き上がった。喧嘩だろうが、試合だろうが、技の見事さは人間の血を沸かせるのだ。いや、見廻すとインスマス人たちの血も。エールを送る人々の中には、確かに彼らもいた。意気洋々とホテルへ戻るとゆきはいなかった。

「大層お怒りの様子で出て行かれました」
一五、六分前だという。おれがひとりで出て行ったのに激怒したに違いない。放っときついでに今も放っておくことに決め、おれは〈悪魔の岩礁〉再訪のための準備を整えるべく部屋へ戻った。ゆきの身の上が気にならないでもなかったが、なに、あいつにはヨグ＝ソトホースがついている。これ以上のボディガードは銀河中捜しても見つかりはしまい。

　部屋でＴＶを見ながら準備を整えた。トランプ大統領が日本に核配備を要求し、世界的騒ぎになっているのは、あいつの性格から予想がついていた。ニュージーランド沖の海底で全長三〇〇メートルもあるダイオウイカが発見されたらしい。チベットの山中で伝説の雪男イエティの足跡が発見されたが、トウチョウチョと名乗る一族が、写真を撮るなら金を出せとクレームをつけたという。せちがらい世の中だ。

　ノックの音がした。

　ここへ入るとき、ドア上に貼りつけておいた監視カメラの画像を空中に上げると、鍛《かた》しい男が二人立っていた。何処から見ても刑事かマフィアだ。ドアに近づいて、

「どなた？」

　と訊いてみた。

「警察だ。訊きたいことがある」

「あいよ」

　おれはチェーンを外してドアを開けた。

　どうぞとも言わないのに押し入って来やがった。警察のやり方じゃない。マフィアに凄まれる理由もない。これで正体は掴めた。

「何の用だ、失敬な」

　ふくれっ面して見せた。

「駐車場のフェラーリに乗ってるのは君だな？」

と口髭が訊いた。

「はあ」

とぼけた日本の若者で通すことにした。

「持ち主から盗難届が出ている。一緒に来てもらおう」

「えーっ!!」

ショックのあまり後じさりするのは慣れていても中々難しい。

刑事たちを騙すくらいは出来たらしい。苦笑の中にも同情の色を隠さず、

「ついて来たまえ」

「ど、何処へ行くんですか?」

「本署までだ」

「でも……そんな、誤解ですよ。あれは僕の車です」

「話は署でゆっくり聞こう。来たまえ」

「はあ。あの、荷物持ってってもいいですか?」

「あとで警官を取りにやる」

「警察を信用してないんで。バッグひとつですよ」

二人は顔を見合わせ、

「よかろう」

とうなずいた。

俺はバッグを肩からかけて、

「あの、連れがいるんだけど」

「ここで待つよう、支配人に言っておく」

「へーい」

二人に両脇を固められて、一階へ下りた。カウンターのところで、二人は支配人に会釈して外へ出た。

駐車場へ向かう。

「乗れ」

とドアを開けたのは、確かにパトカーだった。

こいつら本物の警官か？　と胸の中で首をひねったところへ、全身に痙攣が走った。第六感が放つ危険信号だ。液体装甲《リキッド・アーマー》を着けてはいても、生存本能はそれに勝る。

どんな精巧な消音器《マフラー》をつけても、弾丸の音は消せない。しかし、つぶれた音は火薬の爆発音ではなかった。高圧炭酸ガスだ。

二人の刑事は胸のあたりを押さえ、これも身を沈めながら、四方へ眼を走らせ、膝を崩してから、前のめりに倒れた。

――クトゥルー一派か!?

すぐ、違うとわかった。次の攻撃がないのだ。

おれは手首のマルチ・モジュールのモードを変え、空中にレーダー・スクリーンを固定した。

車の３Ｄ映像が出る前に、通りの向こうから一台、ラファイエット街の方へ走り出した。

ガス銃から発射された麻酔弾を食らって意識不明の刑事たちから身分証明書を引っ張り出して、身元チェックを行う。

どちらもニューヨーク警察の現役だった。パトカーも本物だ。眠りこけてるうちに、おれは事情を訊くことに決めた。

二人をパトカーの後部座席に放り込んでから、バッグの薬品ケースから覚醒カプセルを抜き取る。

鼻先でカプセルを割って意識を取り戻させると同時に、催眠術をかけた。

「アンドリュー・プライス刑事とネイサン・ガブレイス刑事。まず、プライス刑事、——おまえが八頭大を逮捕する理由は何だ？」

細かい施術の過程は無視して単刀直入に訊いた。

「上司からの命令だ。車を盗んだ容疑者だ」

「阿呆か。マサチューセッツの事件に、なんでNY市警が絡んでくるんだよ？」

「盗まれのたがJ・F・ケネディ空港だからだ」

筋は通ってやがる。

「おまえら、インスマスについてどれくらい知ってるんだ？」

「おかしな住人がいる町だと聞いている」

「クトゥルーについてはどうだ？」

「確か……ホラー小説だったか……読んだことはない。下らんたわごとだ」

「現実べったりのくせに、現実を見てねえ野郎だな。いいか、よく聞け。これからNY市警の上司へ連絡を取れ。こう言うんだ」

おれが命じたのは、おれのインスマスからの逃亡と、それを追跡中だとの報告であった。インスマス一派たる上司が信用するかどうかは不明だが、しばらくは時間を稼げるだろう。もうひとりにも念を押し、丸一日どこかで時間をつぶせと暗示を与えてから、新しいねぐらを見つけることにした。

第一候補はすぐに閃いた。

ウォーター街とセントラル街の間に建つ家だ。ここは家というより運河の北側に面した倉庫の集まりで、大半は一九二七年から二八年の手入れで焼却されてしまったのだが、実はひとつ――手つかずで残っているのだ。

2

徒歩で二〇分で着いた。尾けてくる気配も、おれを怪しむ奴もいなかった。

倉庫の前に人通りはなく、おれは真っすぐ内《な》部《か》へ入った。なにせ、シャッターは下りていたが、向かって右の通用口は開け放しだったのだ。だだっ広い――B17戦略爆撃機《ボンバー》の格納庫くらいもある空間でまず作動したのは、嗅覚であった。

出入りする観光客か何かがいるらしく、黴《かび》臭くはない代わりに、生臭い魚の匂いがした。大概の連中は、

「まだ生魚を置いてるんだ」

くらいで納得してしまうだろうが、おれの鼻は別の――まず常人には知覚不可能な臭気を嗅いでいた。半月ばかり前に南極の洞窟に立ちこめていた匂いだ。

「インスマスの影」に出てくる酔いどれのザドック爺さんはこう呼んだ。

「ショゴス」

と。

爺さんの台詞によれば、〈深きものども〉は、その棲家《すみか》から様々な品を「家々」に運び込んで、来《き》るべき侵攻の日に備えていたらしい。その中にショゴスも含まれていたのだ。一九二七年から翌年にかけての掃討《そうとう》作戦で、その「品」やショ

ゴスがどうなったのか、記録には残っていない。

残っているのは、この倉庫だけだ。静まり返った空間には箱ひとつなく、幾つかの窓からさす陽光だけが、灰色の雰囲気を生んでいる。

夜に決行するつもりだった仕事を、おれはすぐ手がけることにした。

粒子線センサーを使うとすぐに、西の壁の奥にある隠しドアと、地下室がわかった。

ドアには鍵がかかっていたが、腕のマルチ・モジュールをレーザーに合わせて焼き切った。これを使うと死体の山だから、対生物用には使用しない。

鉄のドアが開くと同時に、潮の匂いが鼻をついた。階段がある。それを下りて行くと、二〇段ばかりでコンクリートの岸壁についた。位置的には倉庫の真下だ。岸壁の上にはでかいクレーンやモーターが何基もそなわっており、〈深きものども〉が運んだ「品々」が、倉庫へ上げられる過程が手に取るようにわかった。

岸の向こうを黒い水が音もなく流れていく。運河の一部だろう。

おれは素早く、服を脱ぎ、バッグから取り出したやや厚めのプリント・ボディ・スーツに着替えた。普段は太って見えるのと動きがやや制限されるため使っていないが、海中なら別だ。

左の人さし指をある角度に捻ると、スーツから ゴーグル付きのヘルメットがせり出して、頭と顔を覆った。水中の酸素を呼吸用に取り入れるフィルターもついているから、酸素ボンベは必要ない。

このスーツを活用するため、いつもの人魚スーツは使えない。おれはバッグを盗難防止用のカバーで包んでから黒い流れに飛び込んだ。

すぐに背中にプリントされたジェット・ブースターがせり出して、時速三五ノット（約六五キロ）で水を貫きはじめた。ちなみに、米軍のバージニア型原潜の水中速度は三四ノット、映画「ジョーズ」でお馴染みのホオジロザメは時速一八ノット（約三五キロ）である。岩礁までは約二キロ——三〇秒たらずだ。

耳の中で、美女の声がこうささやいた。

「目的地の向こう——約五〇〇メートル下方から、生物と思しき物体が接近中。水中ドローンを発射しますか？」

「ああ、よろしく」

これも背中から、ジェット推進式の流線型ドローンが発射された。

ゴーグルの表面に黒い水とそこから浮き上がってくる人影が映った。かなりのスピードで近づいて来る。ふん、時速二〇ノット（約三七キロ）ってとこか。邪魔者どもめ、血祭りに上げてやるぜ。

岩礁への上陸は後廻しにして、おれは黒い岩の下から接近して来る人影——〈深きものども〉を迎えた。

どいつの顔にもインスマス面の面影が残っていた。

おれは思い切り身をねじりつつ、急角度で下降した。

「ジルガ〈水宮闘《すいぐうとう》〉の二、〝捻《ね》じれ水法〟」

特殊な上体のひねりと四肢の動きは、おれの航路に凄まじい渦を生じさせた。髪の毛一本でも巻き込まれたら水底まで持っていかれてしまう。渦は太かった。〈深きものども〉は次々におれの後を追った。本来は生身の人間を土座衛門《どざえもん》にするための技だが、四〇ノットでこしらえた渦は海魔たちをも溺れさせた。必死になって渦から離脱していく。

一〇〇メートルほど潜って上昇に移ろうとしたとき、ドローンのカメラが、おれの四方を取り囲む四匹の魚人を映した。両手に黒いものを掴んでいる。

反射的に、網か？　と頭を横切った。

四匹はそれを投げた。網だった。

四網《もう》は、おれの頭上で絡み合い、海月《くらげ》みたいに舞い降りて来るや、ふわりとおれの全身を押し包んだ。

「あれ？」

と口をついた。網の表面にうすい皮膜のようなものがかかっている。これは網じゃない。袋なのだ。

逃げるのは簡単だった。そうさせなかったのは、ある考えがピンと浮かんだからだ。考え自体はクトゥルー神話を知ってからずっと頭の中をうろうろしていたし、現実化したこともあるのだが、ここしばらく机上のアイディアだった。それがいま——。

ふふふ、いいぞ。

おれは手足をふり廻して抵抗のジェスチャーを示し、すぐに動かなくなった。

向こうは酸欠でひっくり返ったと考えたらしい。四人で網にくるんだおれを海の底へと引きずり込みはじめた。ヘルメットのディスプレイに表れる深度値がぐんぐん増えていく。

三〇〇——四〇〇——五〇〇。人間には絶対無理だが、船をもひしゃぐ水圧は少しも感じられなかった。皮膜のせいだろう。こいつらはたまに、こうやって人間を拉致しているに違いない。

進路が水平に変わった。おや、と思う暇もなく、黒い水闇の奥から、巨大な建造物らしい影が迫って来た。

近づくにつれて巨石を組み合わせたものだとわかった。ルルイエか、と思ったが、そんなはずはない。でかいが、単体だ。

愛想のかけらもない立方体の表面に、幾つもの光が見えた。眼を凝らすと人影らしいものが動いている。

おお、血が騒ぐ。八頭家の血が。簡単に手に入る宝なんざ意味もない。おれを含めて、あらゆるトレジャーハンターに未知の宝物を求めさせる原動力は、こういった刺激なのだ。宝物殿《ほうもつでん》を守る怪物ども、突如崩れ落ちる石段、落下する天井、降りかかる蛭《ひる》や酸の雨。通路の水溜まりから覗く巨大な眼、そして——水中の窓を曇らせる人影。おれは内心ほくそ笑んだ。

じきに石の壁に嵌め込まれた鉄扉《てっぴ》のひとつが、おれたちを迎えた。縦横五〇メートル超。これを必要とするサイズのものが、ここを出入りしていたってことだ。

鉄らしい扉にはおれの頭くらいのスケールが

ある鋲《びょう》が撃ち込まれ、あちこち錆《さび》を吹いている
が、海藻や苔は皆無だった。
怪物の歯みたいに真ん中から上下にスライド
し、おれは〈深きものども〉とそれをくぐった。
水に光が生じた。
上方から光がさし込んでいるのだ。水面が近
い。身体が引かれた。〈深きものども〉が上昇を
開始したのである。
たちまち水面に出た。おれはなおぐったりを
通した。
ドローンの映像は、ゴーグルだけではなく、
コンタクト・レンズ式のスクリーンにも映し出さ
れる。
浮上したすぐ眼の前に一メートルほどの岩壁
がそびえ、〈深きものども〉が雁首《がんくび》を並べていた。
おれはすぐ引き上げられ、担ぎ上げられて岩
壁の上を奥へと運ばれて行った。壁にも天井に
も斑《まだら》なかがやきが散りばめられ、それが光の源
になっているらしかった。苔だ。光を放つ苔を
照明代わりに利用しているのだ。
そそり立つ円柱の間を運ばれながら、おれは
この建物が途轍《とてつ》もなく古い時代の存在だという
ことがわかってきた。
円柱のふくらみ方も、どこか不規則なくせに
実に整然とした印象を与えるのだ。柱にも壁に
も、装飾めいたものは一切ない。単なる石の塊
だ。見たところ全て花崗岩だが、その表面処理
――というか、切り出し方が凄い。剣の達人が
バターを日本刀で――それもとびきり切れ味の
いいやつで一刀両断したように滑らかだ。岩の

つぎ目など、おれの眼だからかろうじて識別し得るので、常人には途方もなくでかい一枚岩としか映るまい。

　この素っ気のなさが、この建物が作られたときから現在に到るまでの途方もない時間を想像させた。ここは神殿ではないのだ。単なる生活の場――住居にしかすぎない。つまり住人がこの星へやって来て、はじめてこしらえた建造物なのだ。

　当然、この認識は新たな推理を招く。住人はクトゥルーではないのか。

　また血のたぎりを意識しはじめたとき　進行は止まった。

　ドローンはまだ〈深きものども〉の先頭――その上空を飛行中だ。そこからディスプレイに送られてきた現在地を読み取って、おれは眼を丸くした。

　深度二〇〇〇メートル!?　これじゃ海溝だ。港町の沖合二キロに、そんな場所があって堪《たま》るものか。おれと運搬中の連中だって真っすぐ進むばかりで、地下への階段どころかゆるい坂だって下りやしなかったのだ。

　しかし、おれはあわてなかった。これが現実だ。そして、もっと凄い現実におれは数限りなく遭遇済みだった。

　いきなり放り出された。スーツのおかげで痛みはなかったが、少し頭へ来た。

　あちこちで苔が放つ光が、闇を薄闇に変えている。

　来た。

何も見えない。何も聞こえない。何も匂わない。何も触れていない。勘だ。

苔の光も届かない闇の彼方から、何かが近づいてくる。それも——這いずって。

突然、ディスプレイが闇と同じ色を帯びた。ドローンが撃墜されたのだ。ペンシル・ミサイルを射つ暇もなく。撃墜者を映し出す暇もなく。

濡れたゴムを石に叩きつけるような音がやって来た。距離は約一〇〇メートル、〈深きものども〉は消えていた。

音の正体は一発目でわかった。鰭《ひれ》か水掻き——それも人間の一〇倍もありそうなサイズの奴が持つ代物だ。

ガリ、と聞こえた。硬く鋭い物体が石床をこすったのだ。爪だろう。水掻きのついた爪。

だが、おれを緊張させたのは、その正体でもサイズでもなかった。

音はひとつじゃなかった。二つだ。しかも、片方は倍もある。

はいはい。はじめまして。

おれは前方を見つめた。

まず、見覚えのある顔が現れた。

一昨日、キャビンの空中スクリーンで見たときは、大した美人だと思ったたし、造作も変わっていないが、前方一〇メートルとなると、凄い迫力だ。

おれを見つめる黄金の瞳、ジョーズさえひと呑みの巨大な口、おまけに、それがにんまり笑ったじゃねえか。

「こんばんは。ハイドラさん」

でっかい美貌の上から、その倍もある顔がのしかかるように現れ、おれをねめつけた。こちらは、インスマス面の究極ともいうべき半魚人面だ。

「ご主人ですか？」

こう胸の中で唱えてから、すぐにこう切り換えた。

「ダゴンさん」

3

ダゴンを見た奴はいる。例えば何年か前の原子力空母「カール・ビンソン」の乗組員だ。「ハイドラ」を目撃した奴もいる。おれだ。だが、夫婦揃ってとなると、これは世界初だろう。

恐怖よりも闘志よりも感動が全身を駆け巡った。

しかし、おれを捕えて、これからどうしようってんだ？　そもそも捕えた理由がわからない。おれがこの二匹なら、まず殺してるな。

そして、疑問はもうひとつ。おれが黙ってここへ来た理由は？

うつ伏せになった背中から、カメラ・アイがせり出し、前方の二つの顔にピントを合わせた。

後は秒速六〇〇〇枚の速度でデジタル・プリントが上がる。真贋《しんがん》を重視し、チェックを怠らないアメリカならともかく、日本ではどんな大新聞社でも大枚を懐《ふところ》に寄ってくる。

もうひとつ、真の目的があるのだが、今のところは無理だ。とりあえず、向こうの出方を見ることにしよう。

聞こえるものは、ぐえぐえゲロゲロ——巨大海魔二匹の呼吸音だけだった。

そこに別の音が生じた。足音だ。おお、靴音じゃねえか。面白い。

重なった身体の向かって右側から人間サイズの人影が見られた。スーツ姿の男だ。インスマス面ではない。普通のアングロサクソンだ。濡れてもいない。

おれの失神ぶりに騙されているらしく、注意される風もなくおれの頭のところまで来て身を屈め、肩に手を乗せた。

ゆすって来た。

おれは、息も絶え絶えの風に、ゆっくり苦しげに顔を上げた。

「臭い芝居はよしたまえ」

若い声である。顔も確かに若い。二〇歳《はたち》になったばかりだろう。

「この格好を見れば、普通の人間じゃないのはわかる。アメリカ政府の人間か？」

「そっちこそ。この城ん中で事務でも執ってい るのか？　服も肌もカラカラに乾いてるぜ」

「僕はロバート・ウィリアム・オルムステッド。地上から来てここにいる」

オルムステッド？　閃いた。

「おれは八頭大——日本のトレジャー・ハンターだ」

オルムステッドは少し驚いた——というより呆れたように、

「見たところ酸素ボンベも付けていない。正直、溺れたかと思ったが、そんな風でもない。一般人じゃあるまい。正直に言え。やはりどこかの政府の人間だろう」

「違う。個人業種だ」

と言ってみてもはじまらない。

「おれを連れて来た理由は何だ？　世間話か？」

「ああ。アメリカ政府とロシア政府に関する話さ」

「だから知らねーって」

「我が母なるハイドラは、君の抹殺に向かったが、二カ国の原潜による攻撃を受けた。彼らは君を守ろうとしたのだ。原潜一隻を動かすのに、幾らかかると思う？　それを二隻も。人間の中にも、我々の想像を超える者がいるのは承知の上だ。若い大物よ、アメリカとロシアは我々に何をしようと企んでいるのだ？」

「おれは宝捜しだ。言えるのは、それだけだ。ここんとこ、トランプともプーチンとも話してねえんでな――あ」

と口を押さえたが、遅かった。

「やはり、喋って貰わなくてはならないな」

「わかった」

おれは右手を上げてから立ち上がった。オルムステッドが、驚きの表情になった。

立ち上がったのは運動神経の成せる技だが、次の一瞬で皮膜を切り裂いたのは、二の腕の上下からせり出した刃の力だ。

両肩から小型のロケット・ランチャーが持ち上がる。

「どういう仕掛けだ？　その薄い服の内側に隠

れているとも思えないが」

「違うね。〝印刷《プリント》〟してあるのさ」

「〝印刷〟？」

おれはスーツの胸を叩いて、

「3Dプリンターって知ってるだろ？　これはあの進化形だ。表面に〝印刷〟してある品は、武器から医療品までみいんな本物さ。残念ながら、完全な二次元とはいかないから、厚味はあるけどな。アメリカもロシアも同じもん開発中だが、成功はしてねえぜ。このミサイルも本物だ」

オルムステッドは心から感服したように、

「君ならやるだろう。しかし、大したものだ」

彼はふり返り、頭上の巨大な顔たちに、何やらしゃべくりはじめた。

ケロケロともムニャムニャとも聞こえるが、発音もわからない。原インスマス語——つまり、クトゥルー語だろう。地球へ来る前に、こんな言葉が宇宙を駆け巡っていたのだ。

巨大な顔が眼の玉を剝いた。

ごお、と風が吹きつけた。ダゴンが返事をしたのだ。オルムステッドと同じ言語だが、大きさは一〇倍、エコーも一〇倍だから、お寺の鐘が一〇〇個も頭の中に鳴り響くようだ。

オルムステッドがふり返って、破顔《はがん》した。

「君の望みを叶えよう」

おれは、当然、え？　と返した。

「ただし条件がある。君を我々の陣営に加えたい。どうだね？」

「おれはどっちの陣営にもつかねえ。地上の政府にも海底の魔王にも、な」

「好きなだけ、宝を手に入れられるぞ。この星の生物が、いまだかつて眼にしたこともない、見たら感動のあまり、自殺しかねない宝物ばかりだ」

「濡れ手で粟《あわ》てのは大好きな条件だがな」

おれは肩をすくめた。

「これまでの経験からすると、あぶく銭はロクなことにならねえ。人間、地道に稼ぐのがいちばんだ」

「考え直したまえ」

「やーだね。それより、クトゥルーの宝は何処にある？　場所さえ教えてくれれば、後は勝手に頂戴するぜ」

オルムステッドは嘆息した。

「我々の仲間になれば――」

彼は頭上の顔――ダゴンを見上げた。

半魚人は身体をずらしゆっくりと後ろを向いた。

下のハイドラが重いわねぇ、という表情を作ったのが面白い。

「少し待て」

オルムステッドの言葉通りにはならず、たちまち海魔たちの左右から、コンテナを押すインスマス人たちが現れた。

企業の引っ越しなどに使われる大型コンテナが、これもでかい台車に乗って、次々におれの前に並べられた。

「開けろ」

とオルムステッドが命じた。若いが、海魔どもの間じゃいい顔らしい。

三、四匹がかりで蓋《ふた》が持ち上げられた。それくらいでかいのだ。
黄金のかがやきが、空間を圧した。光の音さえ聞こえるような気がした。

コンテナの奥の端が一斉に持ち上がった。インスマス人たちが上げたのだ。五メートルに二メートル、深さ二メートルの金属製の函《はこ》から滝のようにこぼれ落ちたのは、宝物の山だった。ニューベリー・ポートの歴史協会に飾られた宝冠なんざ、この中の最も小さなひとつに比べても、子供のこしらえた玩具だ。おれは眼の前まで押し寄せて止まった黄金の津波を見上げた。

ひと目で、違うとわかった。

黄金にかがやいてはいるが、これは金《ゴールド》じゃねえ。別の鉱物だ。多分、黄金より価値のある。

「同じ量の黄金の一〇〇万倍はする」

とオルムステッドも保証した。

「これだけあれば、国のひとつも建《た》てられる。しかも、おまけに不老不死もつけよう。どうかね？」

「フルコースだな」

おれは破顔した。

「おお、では——」

「悪いがやはり、ノシがついてちゃその気にならねえ。じき頂戴しに行くよ。それより、その二匹の親玉はクトゥルーだよな？　ヨグ＝ソトホースとは仲が悪いのか？」

ヨグ＝ソトホース——ラヴクラフトのもうひとつの傑作「ダンウィッチの怪」に登場し、人間の女に双子を産ませた好色な邪神だ。ヨグ＝ソトホースとも、ヨグ＝ソトトとも記される。

「気になるのかね？」

「ああ。おれの女友だちが、ヨグさまに取り憑かれたらしい。あいつは異次元の神だ。世界の何処へでも出張するだろう。日本の東北って知ってるか？」

「行ったこともあるよ」

「へえ」

感心したぜ。日本の近海や港にもクトゥルーや〈深きものども〉の足跡が残されているのは、知る人ぞ知るの話だし、山奥の遺跡には、明らかにヨグ＝ソトホースを祀《まつ》ったと思しい跡があるのも、研究家の間ではマル秘情報として扱われているのだ。

「君の愛人については知らないが、我が偉大なる神とヨグ＝ソトホースの関係については、残念ながら君の言う通りだ。二人は存在した途端に喧嘩をはじめたという」

「愛人じゃねえ、女友だちだ。しかし、宇宙開《かい》闢《びゃく》以来の敵対関係てのも長いな。いまだ決着はつかず、か」

オルムステッドは苦微笑を深くして、

「残念ながら」

「一説によると、クトゥルーはヨグ＝ソトホースの姿を見ることもできねえ矮小《わいしょう》な存在だそうだけど」

これは「ダンウィッチの怪」に出て来る。

「それは俗説だ。ラヴクラフトは偉大なる作家だったが、人間の限界は超えられなかった。文章中でも幾多のミスを侵している」

「ふむふむ」

おれはうなずきながら撤退の準備を整えはじめた。

オルムステッドは両手を打ち鳴らした。

「さて、これが最後だ。我々の仲間になるかね。それともここで死ぬか？」

「この世のものじゃねえのに、陳腐《ちんぷ》な脅し文句を吐くなよ」

おれは、オルムステッドに歯を剥いた。

「答えはノーだ。それより、その黄金もどきを少し頂戴して行くぜ」

「わからん男だな。ノーと答えた以上、帰れはしない。せめて君が狙っていた岩礁の中身を見てから死にたまえ」

巨大な顔とオルムステッドの隙間を黒いものが埋めた。

ゼリーみたいなぶよつく半透明が、ねっとりと押しかけて来たのだ。ザドック・アレンの台詞が甦った。

「――準備が整ったら――ショゴスって聞いたことあるか？」

見覚えがあった。ちょい前に、南極で見かけたぞ。また会ったな、ショゴス。

背後にも気配が生じた。見にいくまでもない。水中も奴らが埋めたのだ。

人海戦術てのは、現在《いま》でも最良の戦い方である。犠牲も多いが、何しろ不死身が売りの連中だ。そんなこと気にもしまい。

ひと暴れするか、と決心した瞬間、視界を鋭い光が埋めた。

ハイドラの眼光だ。いわゆる催眠攻撃に対して、おれの身体と精神は二重三重の防御を張り巡らせている。ジルガの精神鍛錬法は言うまでもなく、眼球にも光彩攻撃に対する防禦フィルターが付着させてあるのだ。普段のおれは、どんな天才催眠術師の技も、歯牙にもかけないだろう。

だが、今度の相手は人間じゃなかった。億年の海中を獲物を求めて巡航しながら磨き上げた技に違いない。

閃光一過でおれは身体の自由を失った。それでも思考の余地があったのは、日頃の鍛錬とフィルターの賜物《たまもの》だ。

だが、如何せん身体が動かない。

「殺せ」

オルムステッドの声と同時に、でかくて重い気配が近づいて来た。

こんなときの手も、実は考えてあるのだ。

おれは思念を、スーツのミサイル発射装置に集中した。

念力によるメカの作動は、世界中の軍隊や企業で研究開発中の一大プロジェクトだが、おれが資金を提供してるギリシャの町工場が数年前に成功し、おれの仕事に応用させたのだ。目下、軍や他企業からの特許利用の申し込みを検討中である。

ただし、現段階の思念投影には、あるイメージを必要とする。発射スイッチを思い浮かべる必要があるのだ。簡単な話だ。いつもなら。

くそ、まとまらない。赤い光が思念の集中を妨害しやがる。

ゼリーがおれを包んだ。

眼前のディスプレイに赤ライトが点いた。

「平方センチ一〇トンの圧がかかっています。三〇秒以内に排除しなければ危険です」

悩ましい美女の声だが、今回は状況と合わねえ。なにしろ億万年の化け物だ。このままじゃ危ない。

早いとこ逃げないと——と思っても、スイッチがまとまらない。

周囲を闇が包んだ。

世界が大きく揺れた。

動揺とゲロゲロのざわめきが湧き起こったところへ、もう一発——今度はぐらりではなく、大衝撃だった。すう、と圧力が離れた。


「攻撃だ！」

と叫ぶオルムステッドの声には怒りと驚きがこもっていた。

おれの味方——ではない。この建物の存在を知る何処かの国の政府か、民間の組織が攻撃を仕掛けて来たのだ。

三発目——天井から巨大な岩塊と水が降って来た。

床が吹っとんだ。おれは投げ出され、たちまち海水に呑み込まれた。あちこちでインスマス人の悲鳴が上がっては消えた。

この騒ぎが、どういうシステムで集中力を復活させたのかはわからない。ミサイルを射ち込もうと思っていたのだが、もう必要はなかった。

おれは素早く立ち上がり、岩壁の方へと急いだ。

　途中、巨大な塊が左右をすり抜けて奥へと後退していった。海底夫婦とショゴスだろう。ここだ！　おれはパネルを易々とイメージし、ひとつをプッシュした。ダゴンの身体の一部に小さな痙攣が走った。

　足下には瓦礫《がれき》と、下敷きになった〈深きものども〉が蠢いていたが、気にもせず、海中へとびこんだ。

　運び込まれたコースを猛スピードで逆に巡ると、一分もかけずに外海《がいかい》へ出た、〈深きものども〉が一斉に沈んでいく。

　その向こうに、おれはばかでかい原潜の影を見ることが出来た。

# PART5　田舎に広がる異次元

1

原潜の国籍が何処で何のために攻撃を仕掛けてきたのかはわからない。おれが助かったのは単なる偶然だ。何処かの国の政府が何かの目的で一発億単位の魚雷をぶち込んだのだ。

とにもかくにも、〈悪魔の岩礁〉の中身を捜す必要はなくなった。

ショゴスも出て来たし、もうこの港町には用がない。

夕闇が降りはじめた街を、おれは隠してあるフェラーリへ向かった。ゆきにスマホをかけても、

「うっふん、留守にしてんの。あたしのこと想像しながら、待っててね。留守電に吹きこんどいてくれてもいいわ。でも、エッチなことしゃべったら、すぐ消しちゃうからね、うふふ」

えーい。おれは留守電に、

「これから『アーカム』へ行く。勝手に追いかけて来い」

と喚いた。

フェラーリのそばに、ホームレスともチンピラともつかない格好の奴が二人、ぶっ倒れていた。どちらも白眼を剥いている。盗難防止装置が作動したのだ。おれ以外がドアを開けようとすると、三〇〇〇ボルトの電流が直撃する。死にゃしねえが、失神失禁は間違いない。

おれはトランクに装置を積み込んでフェラーリを発車させた。

インスマスより少しは気が楽だが、今度の目的地も安心はできない。ある意味、最も厄介な街だ。

マサチューセッツ州アーカム。――ラヴクラフトのクトゥルー神話及びその他の怪奇譚《たん》の中核を成す街である。

幸い、インスマスからは幹線道路を使って一時間ちょっとで到着する事が出来た。

ゆきのことが気になったが、何処に連れてかれたにせよ、こちらから手を打つのは容易じゃない。とりあえず、取り憑いているヨグ様を信じることにしよう。

着く前から、霧が出ていた。

ナビと3Dレーダー付きだから、ドライビングに問題はない。おれは街の中心部に入ってすぐ、ネオンもけばけばしいショー・パブの前にフェラーリを止めた。

別に一杯飲みたくなったわけじゃねぇ。知りたいことが出来ただけだ。

七時を廻ったばかりなので、店内は音楽と煙草とアルコールの匂いに占領されていた。

もうひとつ――右奥の狭い舞台の上で踊りまくる殆ど全裸のダンサーにも。

その美貌と肢体《したい》の豊かさから、売れっこなのは一目瞭然だった。乳房がゆれ、腰がくねり、ヒップが震える。そのたびに野卑な笑いが上がり、興奮した客たちが舞台に殺到して、彼女のパンティやブラにドル札を差しこんで行く。

おれは、ぼんやり、ラヴクラフトは何処にいる、とつぶやいた。

バーテンにトム・コリンズを注文して、チビチビ飲みながら舞台を眺めていると、女が急に動きを止めた。

客どもの視線が女に集中し、それから、その視線の先にいるものに移る。おれだ。

「中国人？」

と女に訊かれて、

「イエース」

と答えた。ＮＯと言うのが面倒だったからだが、女は、

「上がんなさいな。チャイニーズ」

と手招きした。

いつもなら喜んで、と飛び出すところだが、今はちとまずい。

ノーサンキューと返したら、女はふくれっ面をし、客どもが騒ぎ出した。

「おい、中国人――上がれ」

「でねえと、ジャッキーはもう脱がねえと言ってる。おれたちの愉しみを奪うな」

「上がれ」

無視していると、何人かが詰め寄ってきた。こりゃひと騒ぎだ。

屈強なひとりが片手でおれの後ろ襟を摑んだ。身体を半回転させて背筋をのばし、爪先立ちになったそいつを、軽く舞台の方へとばしてやった。投げるのに力は一切必要ないのがジルガのいいところだ。

そいつは顔から舞台に突っ込んで動かなくなったが、他の連中は逆に行動の血潮《ちしお》をたぎらせた。

「ぶっ殺してやる」

拳をふり上げる。そこへ、

「やめろ」

声としては、事態を収拾できる大きさじゃあなかった。むしろ低い。ただ迫力が違った。

一瞬、血相変えた男どもが停止し、それからふり向いた。

ドアの前に、彼らに負けない屈強な男が立っていた。三五、六だろうか。顔立ちは端正だが、只者ならぬオーラが店頭を圧した。

「よせ。店に迷惑だ。それに、その東洋人は強いぞ」

中国人と言わない。バレてるのかと思った。

男の言葉に客たちは口々に言い返した。

「やかましい。おれの会社は中国の闇僚のせいで、つぶれちまった」

「習近平《しゅうきんぺい》はアメリカの敵だ」

「中国人を殺せ」

「やめろ」

男はなおも止めた。客たちの怒りと憎悪はそっちへ方角を変えた。

四人が男めがけて突進した。

ひとりが殴りかかった瞬間――勝負はついた。打撃音はひと続きに聞こえた。休みないパンチの連打――おれ以外の目撃者には何が起きたかよくわからなかったろう。男の両手がかすんだと思うや、四人の男たちは全員仰向けに倒れていた。

「トラブっちまったな――ごめんよ、姐ちゃん」

おれはポケットに突っこんである百ドル札を

素早く折り畳んで飛行機を作り、舞台上で棒立ちの女の見事な乳房のふくらみの間に着陸させた。

　カウンターにも一枚置き、これも棒立ちのバーテンにウィンクしてからぶっ倒れた男たちのところへ行った。両手で襟首を二人ずつ摑んで、奴らのテーブルへ引きずって行き、椅子にかけさせた。

「しばらくは寝てるが、異常はない。気持ちよく眼が醒めるぜ」

　バーテンはうなずいた。

「ああ、よくわかるよ。おれも昔、プロのリングで同じようなパンチでＫＯされたことがある。気がついたらいい気分だった」

　おれはテーブルのバーボンの瓶を持ち上げ、

「空だ。一本入れてやってくれ」

　バーテンは破顔した。

「いいとも。任せときな」

「もう少し滞在してもいいかい？』

「幾らでもいてくれ」

　と応じたのは、別のテーブルにかけていた男たちのひとりだった。他の男たちも笑っている。

「きっぷがいいな。中国人——気に入ったぜ」

「一杯どうだ？」

　おれは奥の空きテーブルを指さし、突っ立ったままのＫＯキングに声をかけた。

　男は黙って移動した。

「ウィスキーでいいかい？」

「ジャック・ダニエルなら」

　一本とグラスを二つ受け取り、おれは男と対峙した。

　一杯ずつ空けてから、

「米軍さんか？」

「どうしてわかる？』

「インスマスから尾《つ》けて来てたろ。プラス今のパンチ――マーシャル・アーツの連打だ」

「さすがだな。ミスター八頭。ＤＩＡの〈国家危機調査局〉のベンジャミン・ルグラースだ」

「ルグラース？　孫か？」

　誰の孫かは言うまでもあるまい。ジョン・レイモンド・ルグラース――「クトゥルーの呼び声」に登場するニューオーリンズ警察の警部だ。深い森の奥で行われていた忌まわしい邪神崇拝の儀式、この手入れを行った彼のお陰で、クトゥルー信仰ともいうべきものと、邪教集団の存在が、はじめて衆目にさらされたといっていい。彼はその逮捕時に押収したクトゥルーの像を、ブラウン大学のあるプロヴィデンスへ持ち込み、碩学たちの意見を求めた。

　結論は出なかったが、中のひとりエインジェル教授が大いなる興味を示し、邪神とその信徒たちについて調査を開始した。〈クトゥルー神話〉は、このとき世に広まったといっていい。

　ルグラース警部についてはそれきりだが、まさか孫がＤＩＡにいて、今回の件に関わってくるとは――悪因縁とはこれか。

「いつから、おれを張っていたんだ？」

「おれは、あんたがインスマスへ入ったのと同じ日からだが、うちの調査局は一九二七年以降ずっとあの街を監視してる」

「この店でひと騒ぎ起こしたのは何故だ？　尾行は中断か？」

「とっくに気がついてたんだろ？　あんたのことはそれなりに知ってる。大したもんだ」

ベンジャミン・ルグラースは手酌で一杯注ぎ、一気に流し込んだ。おれなんかとは比べものにならないアルコール分解酵素の持ち主なのだろう。現役のＤＩＡ調査員が、これだけ無雑作に飲《や》るのがその証拠だ。

「表向きはただの日本の高校生——それが、歴代の大統領やＣＩＡ、ＤＩＡ、その他の調査機関のトップから、国の利益に反しない限り、その行動に対する妨害行為や個人情報調査を厳禁されている。コンピュータにも、個人情報はほとんどない。それどころか、各情報局のトップが、君に要求された情報を個人的に提供しているらしいとも聞く。一体、何者だ？」

情報局じゃなく政府のトップだが、おれは黙っていた。

「宝捜し屋さ」

とだけ言った。

「で、あんたはこれからどうするつもりなんだ？　尾いてくるのは勝手だし、足手まといになりそうもないが、ちとうざい」

「おれが受けている命令は、君を監視することだ。もうバレてしまった以上、気にせず進みたまえ。恐らく、祖父もそれを望んでいるだろう」

監視役にＧＯと肩を叩かれるのも変な気分だが、仕方がない。

瓶を丸ごと一本空けてから、おれたちは店を出た。

「では、頑張ってくれ。私はいつも君を見守っている」

「監視だ、監視、きれいごとを言うな」

ルグラースはにやりと笑って、片手を上げると、おれのフェラーリから数台横の車に乗り込んだ。おや、三菱のディアマンテだ。おれは昔のアストンマーチンを思わせるこの車のノーズ・ラインが気に入っていた。

しかし、日本人のおれがフェラーリで、アメリカのおっさんが三菱か。どうでもいいかな。

近くのモーテルに部屋を取り、翌日の昼近く、おれはご存知、〈ミスカトニック大学〉へ向かった。イラスト・スーツ着用、その他の装備は言うまでもない。


目的はもちろん――

「『死霊秘法《ネクロノミコン》』を見せて欲しい」

と受付の司書に申し込むと、司書はおれの閲覧希望カードも出さずに、

「『ネクロノミコン』は目下、閲覧が禁じられております」

仏頂面で告げた。

おれはそれ以上、問答を重ねず図書館を出た。予想通りの反応だ。ここでも予定通りにやるしかない。

狂気のアラブ人アヴドゥーラ・アルハズレッドが物した魔導書『ネクロノミコン』の写本は、パリ大学とプラハ大学に一部ずつ保管されている。どちらも、後世における落丁や筆記者のミスによる綴りや記入の間違いが多く、正直、役には

立たない代物なのだ。何の役かは内緒だ。この〈ミスカトニック大学〉図書館が所蔵している一冊こそが、正真正銘の原本とされている。

フェラーリのPCで調べてみると、昨日までは閲覧可能だった。それが今日急に――何かが起きたのだ。恐らく、昨日のインスマスでの大騒ぎで、政府の上の方から圧力がかかったに違いない。邪神やその信者どもの暗躍と各国政府の対策については大学の総長も承知の筈である。

その辺の動きはおれも承知の上だ。

見せないなら、見るしかない。

おれはフェラーリに戻り、積んであるドローンから、縦横五ミリの〝モスキート〟を選んで〈図書館〉へ送り込んだ。

大学施設の位置は全てわかっている。『ネクロノミコン』は、地下三階の特別保管庫内に鎮座しているはずだ。

特に盗難防禦システムは仕掛けられていない。

〝モスキート〟は堂々と正面から入り、曲がりくねった廊下を抜けて、階段を下り、難なく保管庫に到着した。あとは鉄扉だけだ。

〝モスキート〟には、ミニ・レーザーも装備してあるが、厚さ三〇センチの鉄板は無理だ。

ところが――前もって調べていたが――この鉄鋲《てつびょう》つき大扉《おおど》は、古風な鍵での開閉式なのだ。つまり、でっかい鍵を一本、扉の鍵穴に差し込んで廻し、がちゃんと外す。当然、鍵穴は向こうまですっぽ抜けだ。五ミリの蚊なら気易く侵入できる。目的は血じゃなく活字だが。

盗み出すつもりはなかったし、〝モスキート〟

では不可能だ。活躍するのは、機体に取り付けた透過デジタル・カメラである。

要するに、一冊の本の全ページを丸ごと写し取り、データ化して運び出す。後でアップデートすれば、『ネクロノミコン』の全ページが鮮明にスクリーンへ映し出されるという仕組みだ。

狭い特別保管室が広々と感じられた。収蔵品は『ネクロノミコン』一冊きりらしい。

そして——あった。部屋のど真ん中の大理石の台上に、分厚いガラスケースに収められて、うす闇の中に眠りについているのは、まぎれもない〈クトゥルー神話〉の運命を決める一冊、アヴドゥーラ・アルハズレッドの『死霊秘法《ネクロノミコン》』であった。

2

後は簡単だ。〝モスキート〟を『ネクロノミコン』の真上へ運び、ボタンをひと押し。

やった。

途端にスクリーンは闇に満たされた。画面上に赤ライトが点り、「機能停止」のサインが点滅。危《やば》い。方向転換《ターン》——をする暇もなく、スクリーンは暗黒に閉ざされてしまった。

「貫禄だなあ」

おれは嘆息する前に感嘆せざるを得なかった。

伊達に数千年を閲《けみ》していない。この世界で唯一、異世界の魔物を召喚し、或いは滅ぼすことの出来る知識を秘匿《ひとく》した魔書の妖気が〝モスキート〟を撃墜したのである。

「甘く見過ぎたな、凄えぞ、アルハズレッド」と褒めても何にもならない。駄目なら考えるのは次の手だ。

おれはその場でワシントンへ一本電話を入れ、返事を受けてから、五分ほど置いてまた大学へ戻った。

正門のところで、二人の黒人がウィスキーの瓶から中身をあおっていた。

キャンパスへ足を踏み入れかけた時、向かって右側のひとりが、げっぷをひとつして、ふらふらと歩き出した。極めて自然な動きである。

だが、おれは用心していた。「クトゥルーの呼び声」の中で、語り手の叔父＝エインジェル教授は、ニューポートの街路を歩いているとき、横合いから飛び出して来た黒人とぶつかって横《おう》死《し》を遂げた。一応、年齢による心臓麻痺と判断されたが、語り手はクトゥルー信徒の殺人ではないかとほのめかしている。

すれ違う寸前、黒人が左手の瓶をおれの方へ突き出した。瓶を握った人さし指と中指の間から、細くて短い鉄の筒先がのぞいていた。先端の穴から、低い空気の発射音とともに針が噴出した。九〇年近く前、エインジェル教授を斃《たお》したのはこれじゃあるまい。暗殺兵器も進歩しているのだ。

黒人が眼を剥いた。高圧の二酸化炭素が放った針は、おれの右手の指で、つまみ止められていたのだ。針はみるみるうちにガス化してしまった。最近、合成治療で使われることが多い

〝気化針〟である。用が終われば消えてしまうので、間違って同じものを使う怖れがない。

完全なガス化の前に、黒人はのけぞり、小路に大の字になった。おれの裏拳《バックハンド》を食らったのだ。サングラースには劣るが、黒人の眼には止まらなかったろう。鈍い打撃音だけが空中に残った。

もうひとりの黒人は、もとの場所で凍りついている。

おれは顎を指さし、神妙な表情で、首を横にふった。

顎を砕いた。二度と使えねえぞ。

という意味だ。もちろん、手え出したらおまえもこうなるぞという脅しも含んでいる。

おれはキャンパスを横切り、また図書館の受付に顔を出した。今度は反応が違った。

「お待ちしておりました。館長がお目にかかるそうです」

「館長はいいから、『ネクロノミコン』を見せてくれ」

そこへ奥のドアが開いて、白髪白髯《ぜん》、隻眼《せきがん》の大男が足早にこちらへ近づいてきた。おれに右手を差し出し、

「館長のサミュエル・グローマンです。ミスター八頭ですな」

ここで声をひそめて、

「大使館から連絡を受けました。こちらへどうぞ」

とドアの方を示した。

館長室だけあってかなり広い部屋は、南向きの窓の両脇を書架が固め、固い研究書に混じっ

て、日本語の『ラヴクラフト全集』の揃いや、

『クトゥルーの呼び声』

『インスマスの影』

等が並んでいた。

「日本人旅行者から寄贈されたものです」

と館長が微笑した。それから、しげしげと真正面からおれの顔を見つめ、

「しかし、驚きました。まだこんなにお若いのに、大統領直々に何でも望みを叶えろ、丁重に扱えとの連絡が入るとは」

「おれの祖父《じい》さんが友人《だち》でね」

「それにしても」

「ま、いいから。早いとこ見せてくれ」

「よろしい」

アメリカ政府のトップからの電話はよくよく効くらしく、館長はデスクから鍵束を取り出し、おれを廊下へと導いた。

ルートは〝モスキート〟でわかっている。

でかい真鍮の鍵で開く鉄扉の音を、おれは少し複雑な思いで聞いた。

その思いは館長に続いて保管室へ入った瞬間に吹っとんだ。

全身の血が降下し、あわてた心臓ががんがん鳴りはじめる。おれならではの反応だ。その証拠に館長は顔色ひとつ変えていない。平然たるものだ。おれもとぼけて平然を装い、館長が手招くより早く、台上のガラスケースに近づいた。

うお、悪寒が凄え。へたり込みそうだ。

「読みたいんだけど」

館長は沈黙した。『ネクロノミコン』の魔性が、

大統領命にも異を唱えているのだ。

「正直、了解致しかねます」

溜め息混じりに言った。おれの運命に対する意見だった。

「――ですが――許可致しましょう。これは大統領の指示ゆえではなく、それを出させたあなたの力《パワー》を信じるがためです」

「どーも」

「クトゥルー関係の書物の幾つかは、私も存じておりますし、実際、眼も通しました。いわく『無名祭祀書』『屍食教典儀』『エイボンの書』――最後のものは眼にしておりませんが、その名が御国の石鹸《せっけん》のCMに登場しているとか。ですが、それらは災をもたらします」

彼は憎しみを込めた手つきで眼帯に触れた。

もう片方の手がケースの鍵穴に鍵束の一束を差しこみ、がちゃりと開けた。

「忌むべき『アル・アジフ』こと『ネクロノミコン』よ。おまえが奪った眼は何処にある？　お陰で私は今も、ここから溢れ出そうとするものどもを食い止めるべく闘い続けておる」

「もう行きな」

おれは館長の腕を取って戸口へと引いた。彼は逆らわなかった。鉄扉の前まで歩き、

「御用が済み次第、このインターフォンで連絡を。後は一刻も早くここを出ることです。何も知らずに天寿を全うできる平和で平凡な世界へと」

「同感だ」

おれはこう言って頭を下げた。

ここにもクトゥルーの呪いを受けた者がいた。そして、脅え疲弊しながらも、戦おうとしている者が。おれは見た。眼帯を押さえた彼の指の間から、外界へこぼれ出ようと蠢く触手の群れを。

「ご幸運を」

館長の声を鉄扉の閉まる音が断ち切った。

おれはケースに手をかけて持ち上げた。

『ネクロノミコン』二〇四四ページにある一説——〈大いなるものの遺産〉。おれはこれを読むためにやって来たのだった。

今更だが、〈大いなる古きもの〉英語でGreat Old Ones——が地球へやって来たのが、〈クトゥルー神話〉のはじまりとされている。

ところが、この〈大いなる古きもの〉が何を指すのかが、実は何万人もの〈クトゥルー神話〉研究者が、何十年頭を捻《ひね》ってもはっきりしないのだ。

そもそも、〈大いなる古きもの〉が、いわゆる〝神〟なのか、単に古代の地球を訪れ、今もどこかでうろついている宇宙生物なのかも判然としない。彼らの語り部ともいうべきラヴクラフトの記述が、執筆年代とともに変化していくからだ。そもそも〈クトゥルー〉が〈大いなる古きもの〉に含まれるのか、単に〈古きもの《Old Ones》〉と呼ばれる連中は〈大いなる古きもの〉と同じなのか、では〈クトゥルー〉はどっちに属するのか、幾ら読んでもわからない。人によっては、〈クトゥルー〉は〈大いなる古きもの〉の親族だが、その姿を見ることも出来ないくらいの小者だと唱える奴もいる。そうなると、あらゆる邪神を統合する物語に〈クトゥルー神話〉の名が冠されるのは何故だ、と絡む連中が現れる。おれの考えでは、ラヴクラフトの頭脳をもってしても、現実の神々や事件の全貌を理解することが出来なかったのだ。

たとえば、ゆきをひっさらった邪神ヨグ＝ソトホース——邪神ではあるし、正直〈クトゥルー〉以上に作中に登場するのだが、出自がさっぱりわからない。異次元に生息する化け物らしい。だとしたら、〈大いなる古きもの〉の一派なのか。こいつを解説した文章を読んでも宇宙生物とは到底思えない。〝あらゆる門の守護者〟だったり〝一にして全なる存在〟だったり、もろ神様ではないか。しかし、あまりにも当人や名前が頻出するので、〈クトゥルー神話〉ではなく、〈ヨグ＝ソトホース神話〉と称するべきだと主張する連中も出るありさまなのだ。この辺をラヴクラフトに問い詰めた読者がいて、その日記によると、一九三五年、彼の故郷プロヴィデンスのカレッジ街《ストリート》66番街地を訪れて直接談判した結果、これらの矛盾に対してラヴクラフトは頭を掻《か》き、宙を仰いで、

「いやあ、困った」

とだけ答えたそうだ。

当人でもわからねえんじゃ仕様がない。とにかく〈クトゥルー神話〉の神々については今も精確なところは謎のままだが、〈大いなる古きもの〉が、その中枢に存在するのは間違いない。

そいつらがこの星に遺《のこ》したものが、眼前の

ページに記されているのだ。おれが五、六歳のとき、これを教えてくれた誰かに感謝するぜ。

ページは黄ばんでいたが、少しも破れていないし、汚れてもいなかった。開かれたこともないのかもしれない。

そこに記されたアルハズレッド時代の文字は、おれの知る古代アラブ語よりも大分古いものだったが、読むことは出来た。

「そこまでにしたまえ」

と声がかかったのは、一〇行ほど読み終えてからだった。

当然、おれは声の方――何もない北の壁の方へ身を捻った。

頭から黒い長衣を被った人影が立っていた。声からして若い男だ。どこから入って来た、なんて考えるのは野暮だろう。

「何か？」

と訊いてみた。

「その本には人間《ひと》が知ってはならぬことが記されている。君が読んでいるページも含めてな。しかし、二〇五五ページとは、あの夫婦をどうするつもりだね？」

「内緒だ。ひょっとして、あんた、ナイアルラトホテップか？」

「これは光栄だな。世界一のトレジャーハンター殿に名を知られているとは。しかも、私が一番気に入っている発音でな」

「ナイアルラトホテップ、ニャルラトホテップ――あんたも大変だな。人間に発音不可能な名前だと言ってるのに、どいつも手前勝手な屁理屈で発音したがるからな」

おれは前方一〇メートルほどに立つフードの奥の顔を探ることに務めた。

ナイアルラトホテップ――〈クトゥルー神話〉の邪神たちが地軸や星辰《せいしん》の変化、呪術によって次々に姿を消す中で、自由な身を維持した唯一の神とされる。長身痩躯《そうく》にして、浅黒い肌の男女の姿を取る場合が多く、おれの知る限り、エジプトから来た高貴なる〈預言者〉として、古都セレファイスを滅亡させ、ある呪教の神父として、バチカンの大聖堂を地上から一〇センチ持ち上げ、元に戻したのも、魔女たちを操る〈暗黒の男〉もこいつだ。

「あんたがこの星に存在する理由は、姿を消した邪神たちを復活させることだ、と聞いたことがある。それにしちゃ、カイロ博物館のラムセス二世のミイラの小指を盗んだり、アジトらしいエリー湖の水を吸い上げたり、何が復活だと言いたくなるような行動ばかりだ。おれの邪魔もこの伝か？　なら放っといてもらおう。とっとと失せろ」

ナイアルラトホテップが一歩前へ出たとたん、おれは右手からパラライザーを放った。

心臓に手を当て、彼は身を二つにした。現実の武器が効くのか!?

闇が部屋を包んだ。

おれは音もなく二メートルほど跳躍して、様子を窺《うかが》った。

暗黒のただ中に三つ――紅く燃える光点がおれを見つめていた。眼だ。

ナイアルラトホテップの別名——〈這い寄る混沌《こんとん》〉が頭をかすめた。

何かが床を叩いた。鞭の音に似ている。その鞭は近づいて来た。パラライザーは無効らしい。

手首から肘にかけて四枚の刃がせり出した。肘打ちの要領でふるや、床のものが躍りかかったところに命中した。

手応えは固い蛸の手足——触手だ。

別のものが突進して来た。顔前で受けた。衝撃がおれを二メートルも吹きとばした。何とか足から着地したものの、受けた両手は痺れっ放しだった。これは鉄の鉤爪だ。

だが、闇の向こうからも苦痛が感じられた。おれの刃も効果ありなのだ。鉤はほとんど落ちかかったはずだ。

光点がまたたいた。

「どうした、邪神唯一のフリーター？　それじゃ、その辺の化け物と同じだぜ」

挑発のつもりだった。

気配が消えた。光が戻った。うす闇の部屋で、おれは両膝をたわめて自由移動の姿勢を取ったまま、両手をクラウチング・スタイルに構えていた。見られたら、おかしな奴と思われるだけだ。

「意外と簡単」

とつぶやいたが、自分でもそれが正解とは思っていなかった。数億年前から存在している邪神が、そんなに甘いわけはない。

その通りだった。

おれは、『ネクロノミコン』の台に戻り、ページをめくろうとした。

素紙がかぶさっていた。

ページを開こうとしたが、めくれもしなかった。本自体を持ち上げようとしても、びくともしない。まるで台ごと石にでも化けたようだ。

この後どうなるかは不明だが、今のところ世紀の魔道書を読むのは不可能であった。

表紙を軽くこづいてみた。

石にでも――、ではなかった。『ネクロノミコン』は本物の石と化しているのだった。

### 3

その後、おれはインターフォンで館長を呼び出し、ドアを開けてもらった。

保管室には、ぶった切ったナイアルラトホテップの手足から出たはずの血の一滴も残っていなかったが、館長は事情を察したらしく、感嘆の色を隠さず、

「よく御無事で。さすが大統領のお声がかりだ。――念のためすぐ病院へ」

「いらんわい《ノー・サンキュー》」

とおれは答えて、

「世話になった。ほな、行くで」

何故か関西弁になっている。

「わかりました」

館長は答えた。英語にすりゃ同じだ。

図書館の出口まで送ってくれた館長と別れ、おれは駐車場へ向かった。

フェラーリの周囲に学生と警備員が何人か立って、何かくっちゃべっている。

通りすがりといった顔で、学生のひとりに、

「何かあったのかい？」

と訊いてみた。

数分前、彼が駐車場に入ったとき、おれのフェラーリに、インド系らしい学生たちが何人か近づくのを目撃した。次の瞬間、青白い光が走って、車体に手を触れた二人が倒れ、残りの連中が大あわてで抱き起こし、駐車場を出て行ったという。

〈クトゥルー教団〉の奴らめ、今度はフェラーリに何か仕掛けようと企んだらしいが、盗難防止装置の存在には気がつかなかったらしい。

いつまでも、何人か組んでこっそりやらかせばうまくいくと思ったら、大間違いだ。世の中、進歩してるんだぜ、クトゥルー。

警備員はフェラーリの持ち主を待っているに違いない。おれはさっさと大学を出て、ブラウン街の端からリモコンでフェラーリを呼んだ。警備員は驚いたろうが仕方がない。

ブラウン街を南下すると、前方に黒い水を湛えた〈ミスカトニック川《リバー》〉が横一文字に現れた。古い石の橋が架かっている。渡っている間、崩れやしないかと思ったが、無事だった。この流れを遡れば、あの呪われた小村へ通じる。

おれは内心、ほくそ笑んでいた。

用事は済んだ。しかも成功裡《り》に終わった。

遅かったぜ、ナイアルラトホテップさんよ。

おれは、ヒヒヒと笑った。しかし――

モーテルへ戻って備えつけのインスタント・コーヒーを飲みながら、TVをつけた。

いきなり緊急ニュース《エマージェンシー》と出た。

「何じゃ？」

画面にはスーツ姿のアナウンサーと、その背後に見覚えのある光景が流れ出した。ミスカトニック大学のキャンパスだ。画像は人物に変わった。

アナウンサーがしゃべりはじめた。

「本日一一時一五分、ミスカトニック大図書館長のサミュエル・グローマン氏が館長室で死体となって発見されました。死因は心臓麻痺と思われます。状況から事件性はなく、同氏は――」

死者の履歴を聞きながら、おれはどっちの仕業かと考えた。〈クトゥルー教団〉か？　いや事件性がないのなら、あいつだ。ナイアルラトホテップ――「這い寄る混沌」だ。おれに『ネクロノミコン』を読ませた報復だろう。おれはＮＹにある銀行へ連絡を取って、館長の遺族に一〇万ドルを匿名送金するように手を打った。こうなったのも何かの縁だ。

急に疲れが身体中に滲《にじ》みはじめた。

実は、もう目的は達してしまったのだ。後はそれを実現するだけだが、もうあわてる必要はなくなった。

問題《トラブル》はひとつ――ゆきだけだ。

ヨグ＝ソトホースがついているにしても、さすがに気にかかる。

あれこれ考えても結論はひとつだった。あそこへ行く。

　おれはモーテルを出て、高速道路を空港へと向かった。クトゥルー信者かルグラースでも尾けてくるかと思ったが、どちらも気配はなかった。

　しかし、上からの気配には気がつかなかった。

　時速一二〇キロで走るフェラーリのノーズの上に落ちて来たものは、それなりのショックを与え、どんと一回跳ね上がった。特殊合金製でなければ、つぶれてるほどの衝撃だ。

　おれはあわてずに少しずつスピードを落とし、路肩に寄せてからとび出した。

　ノーズに大の字になっているのは人間の女だった。とどめはその名前――〈新宿〉のマリアだった!?

　手伝う気なのか、前後でスピードを落とす乗用車とトラックに、行ってくれと手で合図してから、驚いた。

　マリアが頭をふりながら起き上がったのだ。

「おい、動くな」

「大丈夫だよ、大」

　ぴょこんと路上へ下りて、さらにおれを驚かせ、マリアは腰に手を当て、大きくそり返った。

　ふう、とひと息ついて、今度は前屈した。ぴったりと上体が両脚にくっつく柔軟度に、おれは感嘆した。いや、それよりも――

「どっから落ちて来たんだよ?」

「そうね、ざっと一〇〇〇メートルかな。あの景色では」

「イタカかよ?」

「イエス」

「無事なのか？　医者へ連れてくぜ」

「大丈夫。私を守ってるのは肉体だけじゃないのよ」

そう言えば、大魔道士だったな。

「解放されたのか？」

〝風の精・イタカ〞は風の神〝ハスター〞の下僕だが、気が向くと人間や物体を拉致して世界中を引き廻し、関心がなくなると放棄してしまう性癖がある。マリアも一〇〇〇メートル上空からそうされ、しかし、ぴんぴんしている。

おれの疑念に勘づいたらしく、

「解放されたんじゃない。伝言を頼まれたのさ」

「伝言？　イタカにか？」

「その親分――てか、クトゥルーさえ互角がやっとという大物だよ」

一発でわかった。今回の件でそんな奴はひとり――神様だから一柱《ひとはしら》か。

「ヨグ＝ソトホースか？」

マリアは言わずにいた。

「あの娘を返して欲しければ、あそこまで来い、とさ」

「あそこねえ」

おれはもう納得していた。

「しかし、ヨグ＝ソトホースは、ゆきをどうするつもりなんだ？」

「それはもう」

とマリアは口をへの字に曲げて、何となく照れ臭そうな表情をこしらえた。

「わかった」

とおれは、少しうんざりしながら言った。一九一三年の二月二日——そこの旧家のひとつ、ウェイトリー家にある赤ん坊が生まれたとき、現界と異界の触れ合わぬはずの国境がぶつかり、入り混じり、幻妖不可思議な事件を勃発《ぼっぱつ》させたのだ。

この山羊《やぎ》と人間と類人猿を混ぜ合わせたような幼子は、一五年後の八月はじめの深夜、二メートルを優に超す身体を、ミスカトニック大の図書館へ侵入させたが、番犬に襲われ、手にした拳銃も不発の不運が重なって食い殺されてしまう。彼が異次元の父の命によって、異世界の存在をこの世に召喚させるべく、『ネクロノミコン』の呪文を狙ったことは、その後、彼の見えざる弟を退治した三人の学者たちによって明らかにされている。

恐るべき双子——この二人を人間の女に孕《はら》ませた彼らの父が邪神ヨグ＝ソトホースなのだ。

おれの不安もそこに収斂《しゅうれん》する。

ゆきは大丈夫か。

おれは虚空をふり仰いだ。

ありとあらゆる時間と空間に同時に存在する邪神ヨグ＝ソトホース——おれがインスマスに向かったとき、ゆきを後廻しにすると見抜いたのだろう。

しかし、そうなると、奴の目的はおれってことになる。なぜ、ゆきを脅しに使うなんて面倒な手間を取って、おれを招くのか。

「何はともあれ、行ってみるしかないよ」

とマリアが腰を揉みながら言った。

「その前に、あたしを近くのマッサージ屋に送っておくれ。本当は〈新宿〉にいい店があるんだけど」

「オッケ。じゃあ、このまま空港へ行こう。待っててくれればNYから自家用ジェットを迎えにやる。話も通しておくよ」

「ありがたいねえ。助かるよ」

ところが、いざフェラーリが動き出すと、

「やっぱり同行するよ」

と言い出した。

「これから先は、何が起きるかわからん。正直、おれは少し慌てた。相手が相手だ。万が一ってこともある――じゃなくて、絶対にあるあるあるあるだ。〈歌舞伎町〉で待っててくれ」

そう説得しても、

「こう見えても、昔は世界一の魔道士って言われたこともあるんだよ。神様と喧嘩するにも少しは役立つさ。どうしたって、ついていくよ」

強硬に言いつのって、一歩も譲らない。おれは、

「ありがとう」

と言った。

これから乗り出すのは、生命を賭けた航海なのだ。銅鑼《どら》は船人《ふなびと》の死を告げ、女たちが投げるテープは血に染まっている。船が戻って来ることはあり得ない。マリアがそこへ乗り込もうというのだ。

イプスウィッチへ続くエイルズベリー街道につながる地点で高速を下りたときは、まだ陽が高かった。

もともと交通量が少ない街道らしく、山側の

光景は見ると気が塞ぎそうな荒涼たる岩山ばかりで、緑は一点も見えない。

十分足らずで、朽ちかかった立て札が、この先一〇〇メートルほど先にイプスウィッチと、おれたちの目的地の岐《わか》れ路があると告げていた。

イプスウィッチへ向かう旅人がここで道を間違えると、おれたちの目的地に着いてしまう。

蔓《つる》だらけの廃屋が軒をならべ、それまでの光景と代わって森の緑が眼にとび込んで来る。あまりに古い道で車や人の影が見えないため、土に残る車輪の跡が、何世紀も前のものに思える。

森は多いが、畑は少ない。耕した痕跡のある荒れ地が延々と続き、どこにも人の姿はなかった。

坂道が多くなって来た。


「近いね。感じるよ」

マリアが肩を揉みながら言った。同感だ。身体をチクチク刺すのは妖気なのだ。

前方に屋根付きの木の橋と川の流れが現れた。ミスカトニック川の支流でも、水量と水音は大したものだ。

間もなく、牧草地と畑と農家がまとめて視界に入った。黒い森の向こうにずんぐりと盛り上がっているのは、〈センチネル丘〉だろう。

あの事件から一〇〇年近い時間が経つのに、おれの眼には、はっきりと一〇〇年前の写真で見た石柱の列が灼きついた。じきに空には暗雲が立ちこめ、青白い稲妻が天と地をつなぐだろう。

何もかも古び、朽ちている。農家や家畜小屋など、軽く押しただけで倒壊しそうだ。道の端で立ち話しをしている連中がふり向くのはフェラーリのせいで、他の事だったら見向きもしない立像どもである。

前方に郵便局兼雑貨屋が見えて来た。

マリアを残して店に入った。

思ったよりずっと都会的な顔立ちの若者が、レジの向こうで、いらっしゃいと声をかけて来た。

「ホテルあるかい？　ＹＭＣＡでもいいんだが」

若者は眼を丸くした。

「そんなものが、ここにあるもんか。他所の人間が来たら、十中八九は道に迷ったんだ」

おれにもわかっていた。この荒廃の村へやってくる者などいない。名前を聞いただけですくみあがる奴ばかりだ。

ダンウィッチという名前を。

# PART6

# 古怪の里《ダンウィッチ》

## 1

おれはまず、フェラーリを〈センチネル丘〉へと向けた。

麓《ふもと》にフェラーリを置き、かなり急な傾斜を二人で登りはじめた。

マリアの息が切れてきたので、登り切ったところで休みを取った。

「どうだい？」

と訊いてみた。

「残ってるね」

「やっぱりな」

残留気の話だ。異次元の魔王ヨグ＝ソトホースは、この丘の頂《いただき》に召喚され、盲目の娘ラヴィニア・ウェイトリーに双子を授けた。双子の片方ウィルバーは醜悪な死を遂げたが、残された兄弟はダンウィッチ一帯を暴れ廻った挙句、三人の科学者が調合した薬品によって、丘の頂でおぞましい姿をさらした後、消滅した。科学者のひとりアーミティッジ博士は、丘上の環状列石を破壊するよう忠告を与えたが、それらはなお残り、恐怖の記憶をまざまざと留めている。

ヨグ＝ソトホースと双子の片方の怨念が今も残存するのは、そのせいだろう。

マリアは丸石に腰を下ろして呼吸を整えていたが、じきに立ち上がって列石を眺め、そのうちの一本に近づくと、左手の平を押しつけた。

両眼を閉じたその姿と表情は、この場所にひどく似つかわしい、或いは周囲を峻厳《しゅんげん》に拒否する聖なるものの具現のように見えた。

「ここにわだかまった思いは、次元の向こうとつながっているよ。いつ戻って来てもおかしくないね、ヨグ＝ソトホース」

「わお。じゃあ、これからみんな押し倒しちまおうか」

「もう無駄さ。思いは儀式による固定のレベルを超えちまっているよ。石柱はただの石の柱だね」

「すると――」

「出て来るのを待つ他はないね。ヨグ＝ソトホースの方から」

うーむと口に出したとき、マリアも手を離して、頂の縁に寄った。

「村の連中らしいのが来たわよ」


おれも寄ってみた。四人の男たちが急傾斜を慣れた足取りで上がってくる。
一二、三分で着いた。白髪の爺さんがひとり、五〇代がひとり、残る二人は屈強な若いのだ。頑丈な骨格から見て、どいつも先祖代々の農夫だ。
「やあ」

おれは四人と握手を交わした。上がって来たときの彼らの警戒心は、マリアの温顔《おんがん》を見た瞬間に消えていた。

「八頭大ってもんだ。こっちはガイドのマリア」

「わしは村長のナサニエル・ウェイトリー、こっちは倅のジョーダン、後の二人は近所のエドワード・コーリィとボイヤー・グスタンだ。下の車はあんたたちのだな？」

「イエース」

「村へ入ってから真っすぐこの丘へやって来たと聞いた。学者さん――でもなさそうだが」

「ただの観光客だよ。日本から来た。ラヴクラフトの大ファンだ」

「それならいいが、この丘にはあの事件以来、何事も起こってない。けど、どんな占い師や魔術師に見てもらっても、別世界のものの思念というか、執念みたいなものが留まっていると言う。見物くらいならいいが、それ以上余計なことはしないで、早く帰ってもらいたい」

「余計なこと？」

おれに見つめられても爺さんはビクともせず、きっぱりと、

「村中が眠っている深夜、おかしな儀式を行う連中がいるんだ。ある邪悪なものを喚び出そうとして、な」

ヨグ＝ソトホース――おれは胸の中でつぶやいた。

「幸いみんな失敗に終わったが、ここ三年で二〇回以上もチャレンジされている」

倅《せがれ》――ジョーダン・ウェイトリーが口をはさんだ。全部空振りに終わったにしては、表情が緊張しすぎている。

「――何かあったのかね」

マリアが訊いた。

その静かな眼差しに、ジョーダンはごつい顔を上下させて、

「一度だけ、去年の冬に丘が鳴動した」

「おや」

「あんな数の夜鷹《よたか》が鳴き叫んだのも、ほとんど一〇〇年ぶりだ」

「おれたち、丘へ急行して、儀式を行ってる奴らをボコ殴りにしてやったよ」

とエドワード・コーリィが怒りをこめて言った。

「あんたもおかしな真似したら許さんぜ」

ボイヤー・グスタンが力《りき》んだ。

おれは話題を変えた。

「――ところで、ベンスン・ウェイトリーってドクターはいるかい？」

「いいや」

とジョーダンが首をふった。

「え？」

「昨日、亡くなった。心臓病でな」

「ううう」


こうなりゃ、ゆきの治療はとっ憑いてる奴――ヨグ＝ソトホースに任せる他はない。

「とっとと出て行け」

グスタンがまた凄んだ。

「安心してくれ、もう帰る帰る」

平気で嘘をついた途端、マリアがあっ、と叫んだ。

ぐらりと大地が揺れた。

「マリア!?」

おれの叫びは、マリアの唱える言葉を消すためだったのかも知れない。

「シ・ガイ、シ・グハ、グハア、ブッグ・シッゴグ、イ・ハア――ヨグ・ソトホース……」

憑かれたな、と思った。おれなんかの百倍も鋭いマリアの霊的霊感受性は、この頂に残るヨグ＝ソトホースの「気」の波動と一致しちまったのだ。

「よせ！」

おれはとびかかった。ボイヤー・グスタンへ。こいつが腰の後ろから抜いたリボルバーを取り上げるには、手首の痛点を圧《お》せば済んだ。

マリアにはパラライザーを――意図はたちまち潰《つい》えた。

おれたちの周囲を取り巻くように、白い壁が生じたのだ。霧の壁が。頭上もカバーされ、おれはマリアに走り寄ると、その首すじに手刀を打ち込んだ。

倒れる身体を受けとめたとき、その身体が隠していた位置――霧の向こうから、ひとつの影が近づいて来た。

二歩ではっきりした輪郭を見て、おれは影の名を呼んだ。

「ゆき!?」

それから、こんな下着をつけてやがるのか、この罰当たり――と呆れた。

細いなんてものじゃない。乳首をぎりぎり隠した紫のブラと、紐《ひも》さえついていない同じ色のパンティ。それをこいつが着れば、風俗だって、イヤらしすぎると拒否されちまうだろう。誘拐犯はやはりヨグ＝ソトホースだと、おれは確信した。

駆け寄ろうとして、やめた。腕の中でマリアが目醒めたのだ。多分、霧と妖気に刺激されて。

躊躇《ちゅうちょ》した理由はもうひとつあった。

ゆきがここにいる理由がわからない。

今にも倒れそうな裸身に、

「おい、ゆき」

と呼びかけた。

半眼の瞳がおれを認めるまで数秒かかった。

「大……ちゃん……あたし……どうして……？」

声は本物だ。少し寝呆けているが、操られている風はない。

マリアを地面へ横たえてから、駆け寄って両肩を摑んだ。うお、と放した。血は何処へ行った？　これじゃ氷だ。

「あいつは……私を……解放……したんじゃ……ない……」

ぽつりぽつりと言葉が落ちて来た。

「あいつって――ヨグ＝ソトホースか？」

「……邪魔が……入って……また……来る……わ」

どういうことか尋ねる前に、ゆきはおれの腕の中に崩れ落ちた。

「大丈夫か？」

村人たちが駆けつけて来た。ゆきの裸身をたっぷりと見たらしく、若いのとオヤジはもちろん、ウェイトリー爺さんまで涎を垂らしかねない顔つきなのが、おれを呆れさせた。

「生命に別状はないけれど、すぐに病院へ運んで」

起き上がったマリアがゆきの額に手を当てた。その胸が空気を吸いこんでいるみたいに激しく上下している。

「ドクター・マッケランはアーカムへ出てる。うちに入れて帰りを待とう。今夜遅くに戻るはずだ」

との爺さんの提案に、村人どもは一斉にうなずいた。

少し異議はあったが、おれも同意した。


ウェイトリー家は、フェラーリですぐの大農家だった。あちこちに補修の痕があったが、築二〇〇年は間違いない。あの事件の一〇〇年前に建てられた家だ。

住人は爺さんと倅の他に、嫁のレスリーと、その娘のケイトの計四人。アメリカの田舎じゃ珍しい少人数だ。

「居間に寝かせて――あたしと大以外は近づかないでおくれ」


マリアの宣言に逆らう者はいなかった。この老女も、どちらかというと、〈向こう側〉に近い存在なのだ。

ソファにゆきを横たえ、家族が出て行くと、おれはすぐ、

「また来ると言ったな」

「必ずね」

「どういうわけだ?」

「ヨグ＝ソトホースの性癖で、ひとつだけわかっていることがあるわ」

「助平おやじ」

「あたしの考えじゃ、ヨグ＝ソトホースはこの娘にイカれちまったのよ。最初の意図はともかくね。でも、手離さざるを得ない理由が出来た」

「クトゥルーとその一派」

「たとえ、空間と時間を支配する神でも、人間の手で喚《よ》び出すことが出来るなら、追い返すことも、他のことも可能かも知れない。とにかく、ヨグ＝ソトホースは必ずやって来る。この娘《こ》を守りたければ、準備を整えることさ」

「おれをこの村へ誘ったのは、どう考えてもヨグ＝ソトホースだ。ゆきを虜《とりこ》にしてな。ゆきを返す返さないはともかくとして、奴の目的は何なんだ？」

マリアには、ここへ来る途中で、〈新宿〉以来の事情を逐一話してあった。

「神様のやることを人間がわかるはずがないのは、旧約聖書の〈創世記〉から確かなことさ。お待ち。そう長くはかからないよ」

こう言ってから、マリアは準備にかかりはじめた。

ここの女主人――レスリーを呼んで、白いチョークを貰い、五〇畳もある床いっぱいに三重の円を描《か》いた。屈めた腰を叩きながら、その四方――正確に東西南北上に、何か唱えながら、水差しの水をかけ、それぞれの地点で黙祷《もくとう》を捧げた。

オグトロド　アイ・フ
ゲブル――エエへ
ヨグ・ソホース

確か「巨竜の尾」と「隆勢《りゅうせい》の宮」のしるしを頂く第二の部分だ。

突然、居間の中を生あたたかい風が吹き抜け、電灯が点滅しはじめた。音もなく妖の気が広がっていくのをおれは感じた。

プリント・スーツが震えはじめた。おれの身体より早く、危険なものを感知したのだ。マリアよ、何をやるつもりだ。

左肩から光が老女へと飛んだ。五メートルを超す刃は、確かにマリアの首を断ったのである。おれには成す術もなかった。妖気はスーツさえ狂わせてしまったのだ。刃は戻っている。

マリアがこちらを向くと、左手の平を見せた。スーツが大きく痙攣し、鎮《しず》まった。

「しばらく眠っててもらうよ」

施術が終わったらしいマリアは、厳しい表情で宣言した。

「後は待つ——じたばたしないどき」

と肘かけ椅子に腰を下ろした。

おれもゆきの前の椅子に坐って四方に眼を走らせた。マリアの描いた防護円は、魔性を弾くが、人間に効果があるかはわからない。

時間《とき》が過ぎて行った。

ウェイトリー一家も何をしているのか。物音ひとつ聞こえない。家がでか過ぎるのだ。

不意にマリアが、

「狙いは何だね？」

と訊いた。暇つぶしの質問は、おれをドキリとさせた。

「この娘の救出さ、なんて言わないどくれよ」

「わかってる」

おれはスーツから取り出した薄い板状のカロリー・プレートを噛りながら、マリアを見つめた。

「実はな――」

聞き終えたときの、マリアの顔は見ものだった。

この峻厳な女が、眼ぱち口ぽかの状態で宙を仰いだのだ。何も見えてないし、何が見えても無反応だったろう。

「何てことを」

と呻いたのは、数秒を経てからだった。

「あんたの親父さんも途轍《とてつ》もないことを考えちゃ実行する人だったけど、その息子はそれに輪をかけて――はあ、正直、呆れたね。成程、ここへ来たくなかったわけだ」

ははは、と笑ってチャラにしようとしたとき、おれは窓の外に、おびただしい気配を感じた。

五〇人以上がこっちに向かって来る。

「村の連中だね」

マリアが言った。知ってたか。

程なく、ドアの向こうでチャイムが鳴り、松明《たいまつ》の炎が家の外を埋めた。

「恐らく、あたしたちを追い出せ、或いは――」

「或いは？」

と、おれ。

マリアと声を合わせて、

「その娘をヨグ＝ソトホースに返せ」

丘の上でしゃべったゆきの言葉を、二人の村人も聞いてたに違いない。

窓の外には狂気が漲《みなぎ》っていた。

2

プリント・スーツのヘルメット部分には、三六〇度カバーの聴音器が付属している。

戸口でのジョーダンと集団のリーダーとの会話によると、センチネル丘が鳴動したのは、また異変が起きる前兆だ。そうなる前にあの三人を引き渡せ――だった。

村長たるナサニエル爺さんも加わって、勝手な真似は許さん、即座に解散しろと命じたが、あの東洋娘の色気に骨抜きにされたな、と返され、押し問答を続けているうちに、急に静寂が落ちた。

大物が登場したのである。

靴音がひとつ、止める者もなく、こちらへ近づいて来た。

「ドアには？」

「鍵も術をかけてあるよ」

とマリアが答えた。

「ミサイルでも射ち込まれない限り、ビクとも――」

靴音がドアの前で止まると、待たずにドアが開いた。

「――するようだね」

「全くだ」

入って来たのは女だった。おれは呆っ気に取られた。この家の娘――ケイトではないか。一八、九と思しい黒髪の娘は、ドアを閉めてから、おれたちを見つめて、にんまりと笑った。

その笑顔でわかった。

「おまえ――」

「日本人にしてはいい男だと思ったのに、敵同士とはね」

「しみじみ言うな。怪猫《かいびょう》お玉ヶ池」

さすがに、ケイトばかりかマリアまで眉をひそめたので、

「日本人は怪　猫《イーブルキャット》と言ってな、猫が化ける映画があるんだ。猫はニャンニャンと鳴く。おまえの別名だ――ニャルラトホテップことナイアルラトホテップ」

「騙せるとは思っていなかったがね」

ケイトはまた笑った。

「村の連中を煽動《せんどう》して、何をさせる気だ？」

「その娘を貰っていく」

「なんでえ、ヨグちゃんの代理か？」

「そう思うか？」

「他に何て思うんだ？」

「まあ、良かろう。とにかく渡してもらおう」

「そうはいかねえな。そもそも、ヨグ＝ソトホースもおまえも、どうしてゆきにご執心だ？」

「ふーっふっふ」

意味あり気に笑いやがる。それが、それなりに可愛らしい娘だから、うす気味悪いっちゃあ悪い。

「大人しく渡せ。そうすれば村人も黙って帰るだろう」

「ちょっと待て。連中を煽動したのはいいが、なぜ彼らを巻き込む？　おまえなら、自力でさらえるだろう」

「無論だ。だが、この世界には我々の存在の痕跡は残したくないのだ。それは我々とお前たちとの関係の大前提なのだ」

「何もかもバラされると困るってわけか？」

「バラしても理解できなければ同じことだ。人間は永久に我々を理解など出来ん。不可避的に残存させてしまった現象を見て、あれこれ幼児どもが騒ぐ。これが我々とおまえたちの関係だ」

「理想的だな」

ケイト＝ナイアルラトホテップは、頭上に？マークを点した。おれは畳みかけた。

「人間はそうやって、不可思議な存在を理解しようとする。たとえ自分たちの分を超越していようともな。つまらんオカルトやスピリチュアルの形を取ってもだ。その彼方《かなた》にはおまえたちがいるのさ」

「悪あがきという言葉は、非常に含蓄《がんちく》があるが、無限のとつけ加えれば、月並みになる」

奴は入って来たドアの方を向いて、

「みんな、ここよ！」

ケイトの声で叫んだ。よくやるな、おめーも、と思ったら、村人たちがとび込んで来た。ウェイトリー家の家族はいない。押えられたのだろう。

「説得しても聞いてくれないの」

とケイト＝ホテップは、村人のリーダー――あのボイヤー・グスタンだった――をすがるように見た。涙が光っている。役者やのお。

グスタンはおれの方を見ず、

「連れて行け」

とゆきを指さした。

村人が横倒し――ばたばたと倒れた。パラライザーを食らったのだ。

「何をしやがる」

グスタンが腰の後ろに手を廻し、コルトらしいリボルバーを抜いたが、たちまち仲間の後を追った。

次はケイトだ。

だが、象や鯨さえダウンさせる神経波を浴びても、ビクともしなかった。逆にその眼が赤光を放つや、おれは全身の力を奪われ、だらしなく床に倒れ――かかった。膝を折った姿勢から、逆転映写みたいにふわりと立ち上がるや、ケイト目がけて飛翔刃《ひしょうじん》を放った。

顔の真ん中に半ばまで食いこんだ刃に手をのばしもせず、娘はケラケラと笑った。

焦りが麻痺に挑んでいた。立ち上がったのも、飛翔刃を放ったのも、おれの意志じゃない。プリント・スーツが勝手に動いているのだ。おれと――自分への危険を察知して。

やめろと念じた。スーツはおれの意志を探知するサイキック機能も備えている。テレパシーに近いが、細かい動きは難かしい。それをやってしまったのだ。

ＶＤ合金の円盤を顔面に食い込ませたまま、ケイトはにんまりと唇を歪め、刃に手をかけると引き抜いた。一滴の血も出ず傷痕も残らない。

「残酷なことをするわね。こんないたいけな娘に」

刃が飛んで来た。

スーツの腕がそれを弾き返すや、おれはケイト目がけて突進した。本当の腕づくで、というわけだ。スーツ野郎、なに考えてやがる。

娘の顔面に右のストレートを叩きこんだ。手は水のように肩まで入り、後頭部から抜けた。

腕を引き抜く前にスーツは宙を飛んで、窓際の床へ叩きつけられた。おれも一緒だ。防禦システムのお陰で衝撃はゼロに近いが、スーツは動かなくなった。機能は維持していると3Dが告げている。仕方がない。相手は神様だ。

「では、貰って行くぞ」

ケイトはゆきの方へ歩き出した。

「およし」

声をかけたのはマリアだった。

「邪魔をするな。短い老い先が、さらに短くなるぞ」

「おやおや、神様だっていうのに、まだわからないのかい?」

マリアは薄く笑った。

どういう意味だ? おれも引っくり返ったまま頭を巡らせた。

すぐにわかった。

突然、凄まじい風が室内に生じたのだ。窓は開いていない。二つあるドアは閉じられていた。

マリアが鼻口を押さえた。

「そうだ――旧支配者は、匂いによってその存在を明かす」

おれは眼を剥いて、声の主を逆さまに見上げた。

ソファの前にゆきが立っていた。

　ケイトが眼を閉じて言った。

「お久しぶりですな、シュブ＝ニグラス」

　まさか。おれは眼を剥いた。クトゥルー神話の中で最も謎めいた存在――人呼んで千匹の黒い山羊の母。その容貌も能力《ちから》もラヴクラフトは語っていない。

「この前会ったのは一〇〇万年前か、ナイアルラトホテップ」

「百と一万年と八日前でございますな」

「こんなところで何をしているのだ？　クトゥルーを救出するならば、場所を違えておるぞ」

「いえいえ、こちらで間違いございません。用があるのは、その娘で」

　当然、ケイトの眼はゆきに注がれた。しかし、その内部《なか》にいるのは、シュブ＝ニグラスなのだ。

「一〇〇万年前、おまえはわらわのために働いた。今はクトゥルーのためか、ツァトウグアか？　おお、混沌の魔王アブホースよ」

「さてさて」

　ケイトは微笑した。邪悪な笑みというのはこれだ。逆さまでもわかるぞ。

「おまえがわらわと夫《つま》さまのために働かずとも、我らは放っておく。だが、クトゥルーの傘下《さんか》に入ったとなれば別だ。いまここで引導を渡してやろう」

「これは恐ろしい」

　ケイトの笑みは深くなった。

「片や地球の支配、片や地球強奪――どちらにしても人類は一掃されてしまいます。いい面の皮ですな。ところで、その娘をどうするおつもりですか？　まさか、ヨグ＝ソトホース殿の下へお届けするつもりでは？」

「宇宙の果てに連れて行こう。そこで永遠に幽閉してくれる」

「やはり」

ケイトは眼を瞬《しばたた》いた。

「ご亭主の目移りは気に障りますかな。ならばご亭主を何とかしたらいかがで？」

「あちらが人間の女をどうしようと、知ったことではない。放っておくとも。だが、女は許さぬ」

なんてこった。おれとゆきは邪神の夫婦喧嘩の巻き添えか。

「お怒りの実践は、私の用が済んだ後で」

ケイト＝ナイアルラトホテップは言った。

「おまえはこの女を使って何を企んでおる？」

ゆき＝シュブ＝ニグラスが訊いた。

「さてさて」

ケイトはやや前のめり気味の姿勢を取って、

「とにかく、その娘は私が預ります」

「左様か。では、取ってみよ」

ゆきは両手を胸の上に当て、一気に前方へ伸ばした。それから真っすぐ両腰に当てた。

何をするつもりだ？

不意にゆきがのけぞった。顔は苦痛に歪んでいる。

「イアイアイア」

と喚いた。

「マズタンジ……、ゴファアアア……トゥチョ……トズ……イアイア……シュブ＝ニグラス……ジョイア……」

初めて耳にするシュブ＝ニグラスの呪文であった。

それが終わると同時に、ゆきの口から黒いものが流出した。泥とも煙とも思えるそれは、ゆきの胸から鳩尾、下腹側へと伝わり、その足下にわだかまった。

「おまえの力をわらわは知っておるが、おまえはわらわのそれを知らぬ」

その言葉に魅入られたかのように、ケイト＝ナイアルラトホテップは身動きも忘れて、床のものを凝視していた。

すでにゆきの口は閉ざされている。おれの胸は高鳴った。なんと、ナイアルラトホテップとシュブ＝ニグラスの対決を眼のあたりに出来るのだ。

床のものは、とぐろを巻いた蛇のような形を取っていたが、その先端が、いきなりナイアルラトホテップの足下へと走った。

邪神といえども、この世界で活動するからには、物理法則に従わねばならないのか、ホテップ君の足下にはくっきりとケイトの影が落ちていた。

その肩のあたりに、黒い縄《ロープ》状のものが触れた刹那、影はみるみる消えはじめた。

驚愕に眼を見開いたケイトは大きく後方へ跳んだ。背が壁に貼りついた。影もついていく。否、その端は動かずにいた。光源からしてあり得ない形で、それは床と壁とをつなぎ、床に残った分は——ゆき＝シュブ＝ニグラスの吐瀉《としゃ》したものに貪《むさぼ》り食われていくのだった！

「わらわの子じゃ。おお、父に敗けぬ力と姿の持ち主よ。本体が食い尽くされれば影も後を追う。影が食われれば、本体もそうなる。ナイアルラトホテップよ、今まで好き勝手にうろついていた罰を、そこで受けるがよい」

おれの眼の中で、ケイトの身体も足先から消えて行きつつあった。

邪神を食らう邪神の子供か。

ケイトがにやりと笑った。ナイアルラトホテップのトレードマークは、そのにやりらしかった。

「今日はひとまず引こう。このまま続ければ、この星も銀河も宇宙すら食い尽くされてしまう。正直、驚いた。だが、結着はこの後だ。またお目にかかりますぞ」

「おお、待っておる」

さして戦いたくもなさそうな答えであった。

これが神様のやり取りか。

ケイト——の身体が、どっと床に転がり落ちた。ナイアルラトホテップは去ったのだ。

同時に、おれは自由になったことを知った。

立ち上がるのに力はいらなかった。

ゆきがこちらを向いた。

「おまえも邪魔をするか、人間よ」

「ええ、まあ一応は」

おれは笑ってみせたが、表情はもちろん、こわばり切っていた。相手が相手だ。

「——では、おまえも消えて行け」

黒い子供は床に残っていた。

「行け」

母親の声——そして、おれの影に吸いついた。

右足が爪先から消えていく。痛みはない。だから、消えていく、だ。

致命的なことになる前に手を打たねばならなかった。

「ほほほ」

とゆきが笑った。

3

おれは総毛《そうけ》だった。顔つきも笑い方も笑い声も同じだ。それなのに、なんて不気味な。

「その娘の中から、とっととと出てけ。千の黒山羊の母」

「わらわの名を知っているのなら、その怖ろしさも知っておったろうに。消え失せい」

「そうもいかねえのさ」

おれは笑い返した。ゆき——シュブ＝ニグラスの表情が変わった。

おれは咳払いをひとつしてから、唱えはじめた。

「アグケラフ——ヴヴィヒヴド——ケヒコ——ゴ——タバサ」

ゆきが両眼を押えたのは、驚愕と苦痛の表情をこしらえる前だった。シュブ＝ニグラスの聴覚は、人間の視覚に当たるらしい。

「知ってるかい？　ヨグ＝ソトホースが人間に生ませた子供を滅ぼしたとき、三人の学者たちが使った呪文さ。『エイボンの書』に載ってた奴だ。やっぱり効いたな」

『ネクロノミコン』よりも古い出自を持つ魔道書『エイボンの書』——その名の魔導士が邪神ツァトウグアから下賜された禁断の知識を駆使して書き上げた一冊には、『ネクロノミコン』にも欠落している暗黒の記述が含まれている。

「ツァトウグアはもちろんだが、ヨグ＝ソトホースへの言及が多いというのは本当だったぜ。実は何年か前から、クトゥルー関係の書物には軒並み眼を通してたのさ。いやあ、集めるのにひと財産消費しちまったが、その甲斐はあったようだな」

得意満々でしゃべくってる間に、ゆきはよろめき、ナイス・バディをよじった。ブラの食いこんだ乳房が揺れ、のたうつ尻はパンティを破っちまいそうだ。指がブラの下から滑りこんで乳房を揉みはじめた。

危《やば》い——と思った刹那、ゆきは前のめりに倒れた。

駆け寄って抱き起こした。シュブ＝ニグラスが去ったのはわかっていた。部屋の空気が尋常に戻っている。

すぐに眼を開いた。

「あーあ」

欠伸《あくび》をして、全身をのばした。

「え——何？　なんであんたがいんのよ？　それと——ここ何処よ!?」

「アメリカのマサチューセッツ州。ダンウィッチって村だ。おまえは日本でヨグ＝ソトホースに取り憑かれ、それを救うためにここまでやって来た。運ばれた」

「訳のわかんないこと言わないでよ」

ゆきは露骨な敵意を示したがすぐ、虚ろな眼で前方を見つめた。

「そう言えば、夫婦が喧嘩してたわねえ」

おれは血がたぎりはじめるのを感じた。

いつの間にかそばに来たマリアも、鋭い視線をゆきに注いでいる。

「どんな夫婦だ？」

「なーんか、禿頭でステテコの親父と、ザンバラ髪でかん高い声のキツネ顔女房よ。また若い娘《こ》に手を出してと女房が喚いて、包丁を投げつけたわ」

邪神のいざこざが、ゆきにはそう見えたか。

おれは笑いを抑えるのに苦労した。

他人の見ている前で夫婦喧嘩なんかするもんじゃねえな。ヨグさんにシュブちゃんよ。

「他の記憶はないの？」

とマリアが訊いた。ゆきはびっくりして、

「あら、マリアさん、あなたもアメリカへ？何が起きたのよ」

「大したことじゃないわ。覚えてることを話して」

そう言ったとき、ドアから、ウェイトリーの家族がとび込んで来た。

ケイトを見て愕然となったが、ジョーダンが抱き起こすと、ゆき同様すぐ正気に戻った。

ジョーダンとレスリーが居間から連れ出し、ナサニエル爺さんが残った。

「村の連中はどうした？」

おれは窓の外に眼をやった。松明の火は消えていた。気配もない。

「ついさっき、みんな魔が取れたみたいに正気に戻ってな。平和に家へ帰ったよ」

「オッケーだ。おれたちも出てく。この娘に服を貸してやってくれ」

ゆきは半裸身を隠そうともせず、よろしくンと爺さんにウインクしてみせた。

「すぐ用意する」

爺さんは愉《たの》しげに出て行った。

ゆきがあれこれ訊いてきたが、おれは無視して、じきナサニエル爺さんが持って来てくれた女ものの服を着せた。ケイトの服だという。

「胸がきついわ」

とゆきは文句をつけたが、それも無視して、
おれは爺さんに礼を言い、金を払おうとしたが、爺さんはとんでもねえと手をふった。

「いいものを見せてもらったしな」

にやつく表情には、イヒヒという台詞が欠けていた。

おれたちは、爺さんに別れを告げて、フェラーリに乗った。

五分ほど走ると、マリアが、

「おかしいわね」

と言った。

「何がだい？」

「何処へ向かってるの？」

「エイルズベリーの街道だ。そこからアーカム街道へ出て高速に乗る」

「ナビを見てごらん？」

「今見たばかり——」

不吉なものが、おれの眼を小さなスクリーンへ走らせた。

「違う。これじゃあ、反対方向へ向かってるぞ」

方向転換するには道幅が狭すぎたが、おれは構わず鉄条網を破って草地へ乗り入れ、強引にターンさせた。

同じくらい走ったところで、マリアがまた、

「違うね」

と言った。

ナビもそう告げていた。ずっと確認していたのにだ。

前方に大き農家が迫ってきた。

「この位置は——」

表示された文字をおれは口にした。


「老ウェイトリーの家だ。つまり、ヨグ＝ソトホースがこの世に残した双子たち、ウィルバー・ウェイトリーと不可視の兄弟の生家だ」

おれは頭の中で、自分の声の残響を聞いた。理解し難い恐怖が全身を浸していた。おれの精神がそれに奮い立つ前に、別の声が力を貸してくれた。

「なーによ、それ？　何の生家だって？」

おれは発言者——ゆきを睨むようにして、

「ウィルバー・ウェイトリー——ヨグ＝ソトホースの双子の片割れだ。奴は父の命に従い、祖父と兄弟が組んで、この星を何処かへ奪い去ろうと企んだが、それを成し遂げるために必要な本を求めてミスカトニック大学の図書館に忍び込んだところを番犬に襲われて喰い殺されてし

まった。彼が養っていた兄弟——人間《ひと》の眼に映らない怪物は飢えに苦しみ、隠れていた納屋《なや》を脱出、この辺り一帯を襲って、学者たちに退治されたんだ。一九二八年の収穫祭から秋分にかけて起こった、いわゆる〝ダンウィッチ事件《アクシデント》〟さ」

ゆきは胸前で手を組み、

「すっごーい！　あたし、おっかない話だーい好き。コレクトして、本出すつもりなのよ。あたしの下着写真をつけたら一〇〇万部は固いわ」

一億部だって軽いさ、オールヌードならな、という言葉を、おれは呑みこんだ。聞いたらやりかねねえ。

「おかしな組み合わせ《コラボ》を考えてるな。とにかくこんなところに来るはずじゃなかった。引き返すぞ」

「無駄だよ、大。またここに着く。そうするように操られてるんだ」

マリアの発言におれは異議を唱えたことがない。オール正解だからだ。だが——

「しかし、このままじゃ」

全てのドアのロックが一斉に外れた。おれだけじゃない。ホイールを操った見えない手の主は、マリアとゆきにも外へ出ろと促しているのだ。

「仕様がない。招待に応じるか。クッキーの一枚くらい奢ってくれるだろう」

おれは後ろの二人を確認してから、朽《く》ち果てた農家の方へ歩き出した。

母屋《おもや》もでかいが、その隣の建て増し部分も負けていない。無惨な残骸からも精魂こめた造りは良くわかった。

残骸と言ったのは——

「でっかい穴ねえ」

とゆきが感嘆した。

二階分はある建物のど真ん中に、巨大な穴が口を開いているからだ。その両側の部分は、気持ちしか残っていない。地面に散らばった煉瓦《れんが》や石の破片からして、内側から何かが飛び出してきたのだ。

そして、見えないそれは、片っ端から村人の家を襲いはじめた。幸いウェイトリー家は、一番近い隣人とも二キロ以上は離れているから、被害は最小限に食い止められたが、あのまま放置すれば、マサチューセッツ州全域——どころか、NY、ロードアイランド州まで蹂躙《じゅうりん》されたのは間違いない。

おれは母屋の玄関から入った。

妖気は感じられなかった。安堵《あんど》より、疑惑が血を熱くさせた。

家の内部にはほとんど異常が見られなかった。石のストーブもごついテーブルや家具もそのままだ。後から来たゆきも、

「なーんだ、普通じゃないの」

でかい声を上げて、マリアに口を塞がれた。

おれたちは部屋を巡り、最後にいかにも立ち入り禁止といった鍵付きの鉄扉の前に来た。

「ウェイトリー爺さんとウィルバーは、ここで異世界の要注意存在を喚び出す算段をしてたんだな」

「間違いないね――でも」

マリアは前へ出て、ドアの把手《とって》を廻した。制止する暇もなかった。

蝶番《ちょうつがい》が幾つもきしんで、ドアは開かれた。鍵の部分は四角く焼き切られている。ウィルバーの兄弟が始末された後、学者や村人が侵入したのだった。

それを裏付けるように、ここだけは他の部屋と別の扱いを受けていた。

床の上の魔法陣らしいのは削り取られ、壁を埋め尽くす書架には一冊の本も実験器具もない。侵入者たちの仕打ちは徹底していた。二度と、奇怪な目的に使用されることがないように――これを合言葉に、危険な品々を、根こそぎ奪い去ったのだ。


いや、暖炉の前と内部《なか》には残った大量の灰が固まっているじゃあないか。

残っていた火掻き棒で灰をかき廻してみた。本だ。表紙や頁《ページ》の切れ端が出て来た。

「魔道書や呪文を焼いたんだ」

「勿体ないことをするねえ」

マリアが溜め息をついた。宝の残骸を前にした気分だったろう。おれも残念だ。古代の魔道書だって、宝には間違いない。

興味も関心もない風に立っていたゆきが、おれのそばへ来て、火掻き棒を摑んだ。渡してやると、何のつもりか、部屋の真ん中へ行って、ゴルフのスイングをはじめた。

びゅっ、とひと振りしたのが、きれいにすっぽ抜けて、暖炉に飛び込んだ。

「あーっ⁉」

「この阿呆娘」

罵《のの》ったとき、開け放った戸口の反対側から、何とも言えぬ匂いが風と一緒に流れ込んできた。

「――これは⁉」

「『ネクロノミコン』にあったね」

とマリアが重々しく口にした。

「〈旧支配者〉のどやかに、原初のものとして次元に捕われることなく振舞い、我等見ること能《あた》わず――人は臭《におい》によりて〈旧支配者〉気近《けづか》しとて悟ることとままあれど、〈旧支配者〉の姿につきては知ること能わず――」

急に口調を変えて、

「お下り――大。ここを出るんだ」

マリアの叫びは急速に遠去かった。

暖炉も灰も後退していく。いや、壁も天井もぐんぐん下がり、上昇し、五秒とたたないうちに、おれは巨大な空間に立ち尽くしていた。

照明も見えなくなった暗黒の天井で、稲妻が閃いた。

風が全身を叩いた。髪の毛が持って行かれる。ちょっとした暴風だ。

「ゆきを頼むぞ」

マリア――こっちも見えない――の方へ叫んで、おれはその場に立ち尽くした。自由移動《フリームーブ》の姿勢は、あらゆる武道で変わらない。勘所《かんどころ》は精神だった。緊張も不可、だらけるのも不可。自然に次を待つ。身体は後からついて来る。

周囲にはもう何も見えなかった。

風ばかりが鳴っている。

何が起こりつつあるのか。おれには想像がついた。

突然、頭上に何かが生じた。感じじゃあ拳ほどの塊だ。ただし、何処にあるかわからない。ほんの一〇センチ上とも、遥か虚空の高みとも感じられた。

それが巨大化してゆく。

単に物質が、物理的にかさを増していくんじゃない。「存在」が増してゆく——といえば少しは近いだろう。

ここは間違いなく現実の世界だ。マサチューセッツ州ダンウィッチ村の一角だ。同時に、異世界でもあった。当然だ。いま、おれの前に存在するものは、あらゆる時間と空間に同時に存在するのだから。


おれを小指の先とすれば、それは全宇宙のレベルに膨れ上がっていた。

これがあいつだ。

「あんたの女房に会ったぜ。別嬪《べっぴん》さんだな、ヨグ＝ソトホース」

おれの声は無辺際《むへんざい》の空間に空しく消えた。

# PART 7。空と海――なべて暗し

アノ娘ハ渡サヌ

声じゃない。思念でも、いわゆるテレパシーでもない。

「どうして？　たかが人間の小娘ひとりだ。あんたの世界にはもっとぴったりなのが幾らでもいるだろう」

人間ハ自ラノ価値ニ気ヅカヌラシイナ。アラユル時代ニオイテソウダッタ。アノ娘ハ余ノ妃トナル

「待てよ」

おれは少しあわてた。

1

応じる声はなかった。人間と神との間に、本来、会話は成り立たないのだ。

「ひとつだけ言っとく」

おれは出来るだけ凄味を利かせた。空しい気もした。

「おかしな縁で出食わしちまったが、おれはあんたにも女房にも、ナイアルラトホテップにも興味はない。友人《ダチ》を取り戻しに来たんだ。あんたの子供を産ませるわけにもいかねえんでな。あいつを渡してくれれば、大人しく帰るよ」

梨のつぶてだと思っていたが、チョー意外にも、〈返事〉はすぐあった。

「あんた、シュブ＝ニグラスってれっきとした女房がいるんじゃねーの。やめとけ。醜い争いが起きるだけだぞ。あんたもストレスから医者の世話になる。神様のくせに女の嫉妬の怖さを知らんのか？」

極メテ良ク承知シテオル。ダカラコソ、アノ娘ハ余ノ手元ニオクノガ正シイ。他所ノ誰ニ渡シテモ、人間ニハ想像モデキヌ苦シミヲ味ワワサレルダケダ

「確かにそうだが、あんたが幸せに出来るわけでもあるまい」

オマエト幸セニツイテ話シテモ、仕方ガアルマイ

それもそうだ。

「おれたちをわざわざここへ連れて来たのは、何故だ？　あんたの力を持ってすれば、ゆきだけひっさらうくらい造作もなかろう」

オマエハ役ニ立ツト告ゲタモノガイル

「どなた？」

つい丁寧語を使っちまった。理由はない。

余トくとぅるートノ確執ハ知ッテオルナ

「何となく、な」

デハ、我ガ方ノ一翼《いちよく》ヲ担エ
「え？」
眉間に冷たいものが貼りついた。一瞬で消えたが、何処へ行ったのかは感じられた。おれの脳の内部《なか》だ。
「何だ、今のは？」
と訊いてみた。少しも変化はない。体内に埋め込んだメタボライズ・チップも異常なしと告げている。
宇宙線ダ
「宇宙線？」

コノ星ニハ、今コノ瞬間ニモ数千万ノ宇宙線ガ降リ注イデイル。ソノヒトツヲオマエニ照射シタ。余ノ役ニ立ツヨウニナ
「おい、クトゥルーと何を揉めてるんだ？」
肝心な質問をした。返事が来るかなと思ったら、
奴ハコノ星ノ支配ヲ取リ戻ソウト画策シテイル。対シテ余ハ、丸ゴト別ノ世界ヘ持ッテ行クツモリナノダ。ソシテ、モウヒトリハ
ここでプツリと切れた。
もうひとり？　誰のこった？　いや、神様も

ひとり単位とは驚いた。

行クガ良イ

「待て、ゆきは返してもらうぞ。でなきゃ——」

詰まった。

ドウスル？

ヨグ＝ソトホースの伝達手段には、嘲りが含まれていた。

「こうさ」

何処かで無駄とはわかっていた。

プリント・スーツの肩からレーザーガンが持ち上がり、真紅の光条が前方の空間に吸いこまれた。

反応なし。

久しぶりに、しんどい溜め息が洩れた。打つ手は幾らもある。だが、無駄とわかってのトライは、精紳と金を消耗《しょうもう》するだけだ。

そのとき——何処かから足音が駆け寄って来た。

突然、おれは狭苦しい——五〇坪ほどの室内に立っているのに気がついた。

足音の方を向くと、見覚えのある顔が血相を変えていた。

「ようＣＩＡ」

「ＤＩＡだ」

ベンジャミン・ルグラースは気にした風もなく訂正して、

「外でご婦人とギャルにあった――いやぁ、色《セ》っ《ク》ぽ《シ》い《ー》。君がここで何かと対決してやられそうだと聞いたので、飛び込んで来たんだ」

「尾行してたのか？」

「そういうことだな。あんた相手に電子機器を一切使わない尾行となると、いや、骨が折れたよ」

外へ出ると、ゆきはフェラーリに寄りかかっていた。異常はなさそうだ。

おれを見た途端、

「なーんだ、無事だったのか」

「てめえ」

ゆきはほっとした表情になって、

「ごめん。でも、あんたが死んだらさ。六本木のマンションも陳列品も、みいんなあたしのもンでしょ。そう思うとつい出ちゃったのよ」

「断っとくが、おまえはおれの女房でも親戚でもねえんだ。おれが死んでもビタ一文入らねえぞ」

「やだあ」

ゆきは両手の指をからめて、身を揉みしだいた。

「そんなのないわ。長いこと一緒に暮らしてんだもの、夫婦と同じよ。あたし黙ってないからね」

「とにかく、こんな場所にゃいられねえ。早いとこ行くぞ」

フェラーリの後部ドアを開けても、ゆきは動かず、ある方向を見つめて、

「ねえ、彼――誰よ？」

ルグラースだ。

「凶悪後家《ごけ》殺しだ。全米で手配中の悪党さ」

「手配――後家殺しなんて、いーじゃない」

「何がいいんだ？」

おれを無視して、ゆきはルグラースに近づき、

「あたし、太宰ゆき。ジャパンの東京の高校生です。よろしくね」

とウィンクして見せた。

「これは素敵《スイート》なお嬢さんだ。ひとつよろしく」

ルグラースの方から差し出した手を、ゆきは両手で握ると激しく上下にふった。それから、おれをふり返って、

「ねえ、こちらの車にご一緒するからね」

と来た。

ここで揉めても始まらねえ。ヨグ＝ソトホースがまたちょっかいをかけてくるとしたら、すぐだ。

「勝手にしろ」

おれはゆきを任せて、マリアとフェラーリに乗り込んだ。

猛スピードで、エイルズベリー街道へ出たところで、携帯に電話が入った。

おれが持ってる不動産屋だ。フロリダの土地買収が上手くいったという。

すぐに取りかかれと命じて、おれは街道を一目散に高速の入り口へと向かった。

ＮＹのジョン・Ｆ・ケネディ空港までは四時間を要した。もう深夜だが、おれの専用ジェット

が待機中だ。乗っちまえば、三時間で日本へ帰れる。

ところが、駐車場へ入った途端、シャッターが落下し退路を塞いだ。

あわてはしなかった。こんなやり口は想定済みだ。出国記念にもうひと暴れと思ったら、携帯が鳴った。

「私だよ、大」

大統領だった。

「どういうご用件ですか？」

わざとらしく丁寧に訊いてやった。

「誠に相《あい》すまんが。君が関わっている事件のことで、聞きたいことが出て来た。はっきり言えば、国家機密だ。是非とも協力してもらいたい」

前方の車の列の間からこちらへやって来る黒コートの連中と、軍装の兵士たちが現れた。

「彼らと一緒にワシントンまで飛んでくれたまえ。迷惑はかけん」

「これが迷惑でなくて何だよ？」

おれは毒づいて、バックミラーを覗いた。

シャッターで切り離されちまったのだ。

ルグラースとゆきの車は見えなかった。

「悪いが、おれはワシントン行きだ。あんたは先に帰れるようにする」

いいや、とマリアは首を横にふった。

「ここまで連れて来て、今更帰れっていうのかい？　ごめんだね。あたしは、この一件が片づくまで付き合うよ」

おれは素敵な老女の肩を叩いてから、マイクを取って、外の連中に呼びかけた。

「これからどうする。車からは下りねえぞ」

「わかりました」

　とボスらしいコート姿が応じた。

「そちらの女性はどうします？　何なら即刻日本へお送りしますが」

「彼女も同道する。文句あるか？」

「いえ。ではそのまま、滑走路へお出で下さい。軍用機が待機しております」

「他人《ひと》のジェットで空を飛ぶなんて真っ平だ。おれので行く。おれの眼の届くところから失せろ」

「承知しました」

　こう素直だと、気が削がれる。

　一〇分後、自家用ジェットはケネディ空港から首都ワシントンへと離陸した。


　早朝のワシントンは、まだ眠りについていたが、ホワイトハウスの窓という窓には明かりが点っていた。

　おれたちが案内されたのは、大統領執務室だった。

　入るなり、巨体が歩み寄り、握手を交わしてから、おれを抱きしめた。立って待ってたらしい。この大統領一流のパフォーマンスかと思ったが、悪い気はしなかった。この問題が多いおっさんには、アメリカ合衆国大統領と大物実業家が同居しているのだ。そのどちらにもなり切れないのが、おっさんの悲劇だが、凄いのは当人が少しも気にしていないことだ。

　いまおれの前で、マリアを抱きしめているのも、どちらでもない。スーツも脱ぎ捨てネクタイも取った気の好《い》いおっさんだった。

「いやあ、良く来てくれた。事は急を要する。私も色々と辛いところでね。ま、勘弁してくれたまえ」

とソファをすすめた。

部屋にはあと五人いた。

マーク・エスパー現国防長官とロバート・P・アシュリー国防情報局長官《DIA》、及びマイク・ポンペオ国務長官、ジーナ・ハスペル中央情報局長官《CIA》まではともかく、ダン・コーツ国家情報局長官までいるのには少し感心した。全米一六の情報機関を統合する閣僚級《クラス》の大物だ。どうやら今回の件は、国を挙げての大プロジェクトらしい。

全員が腰を下ろすと、まずおれが、

「クトゥルーとの間に何が起こってる?」

と訊いた。

大統領は黙って、アシュリー国防情報局長官へ眼をやった。局長はうなずき、

「一九二七年末から二八年にかけてのインスマス捜索以来、政府があの港町を監視し続けていたのは、ご存知だね、ミスター八頭?」

「もちろん」

「ここ数年——正確には四年前の八月から、それまでとは異なる動きが町民たちの間に生じはじめた。具体的に言うと、〈悪魔の岩礁〉に深夜、数多くの物資が運び込まれ出したのだ。積んで来たボートも潜水艦も見当たらん。〈深きものたち〉が直で海の底から運び上げたのに違いない。そして、物資はボートに載せられ、インスマスの海岸近くの倉庫や空き家に収蔵されたのだ」

「何だい、それ？　わかってんだろ？」

「不明だ」

と口をはさんだのは、エスパー国防長官だった。

「ほう」

「衛星写真では箱のような品としかわからんし、町中に設置してある監視カメラにも鉄の箱しか映っていないのだ」

「CIAとDIAがいるんだろ？　そういう場合は、今でも人的資源を活用するしかないぜ」

「常駐しているエージェントは、全員行方不明だ」

とエスパー君は苦い声で言った。名前は〝超能力《エスパー》〟でもどうにもならねえか。

「また手入れでもしたらどうだい？　それだけのエージェントがいなくなってりゃ、理由は十分だろう」

「ひとつ正体のわかった品物があるのよ、ミスター八頭」

出ました。ハスペルCIA長官。史上初の女CIA長官は、いかにも切れそうな女傑チックな表情で、

「その物資はボートの後について海を渡り、自力で岩壁を這い上がって倉庫へ入ったのよ」

ある名前をおれはつぶやいた。

女局長はうなずいた。

「ショゴスよ」

2

ラヴクラフトの「狂気の山脈にて」によれば、南極の奥地に巨大都市を築いた〈古きものたち〉が、建造用に造り出したゼリー状の可塑物のことだ。

最初は知性のない奉仕生物に過ぎなかったが、やがて知性を備え、〈古きものたち〉を滅ぼしかけるほどの力を身につけたという。おれも一度、遭遇したことがあるが、中々手強い敵だった。今も氷の洞窟の地下をうろついているかと思っていたが、一部はアメリカ西海岸までやって来てたらしい。しかも、今の話だと泳いで――か。

「我々の知る限り、ショゴスの生態や弱点については未知のままよ」

とCIA長官。何となく腹が立ち、

「南極なら難しいだろうが、西の港町なら簡単に一匹くらい捕獲できるだろう。海兵隊でもネイビーシールズでも送りこんだらどうだい」

「もう試したわ。海兵隊の五チームが行方不明」

やっぱりな。億万年以上前にこの星へやって来た生物が生んだ化け物だ。そう簡単に人間《ひと》の手にゃ負えねえか。

「得意の空爆でも仕掛けて見たらどうだい？一〇〇年前とは違う。ベトナムやイラクみたいに何もかも焼き払えば、ショゴスも焼け死ぬぜ」

空気が固まった。想定通りの反応だ。おれは胸の中で舌を出した。

「インスマスでの行動は逐一報告されておる」

と大統領が重々しく言った。議長は場を収めなくてはならない。

「君の目的はクトゥルーの財宝か？」

「そ《イエス》」

「何処にあるか教えてもらえると助かるのだがね」

「何だい、それ？　ひょっとして、大統領権限で横取りするつもりか？」

「正直、そうしたい気分なのだ」

「へえ」

「ベトナム、イラク、そしてテロ対策。国家財政は非常に逼迫《ひっぱく》しておる。是非とも協力してもらいたい」

「アメリカ政府が一介の宝捜し屋と手を組むってか？　冗談コロッケ――本当のところは何が狙いだよ？」

おれは一同を睨みつけた。

「では、私から」

コーツ国家情報局長官が大統領を見た。彼がうなずくと、

「インスマスでの動きを見て、我々はある結論に達した。クトゥルーが動き出そうとしている。それを阻止して欲しいのだ」

反射的に、

「どうやって？」

と訊いちまった。

大統領がインターフォンのスイッチを入れた。兵隊が二人入って来た。黒い布をかけた彫像らしい品を二人で捧げ持っている。

テーブルの上に置いて出て行った。

大統領が眼で合図すると、ハスペルＣＩＡ長官が立って、布を取った。

幾何学的――と見えて、パースが狂った黒い箱をひと眼見て、おれには正体がわかった。

「中は見なくていい。〝輝くトラペゾヘドロン〟だな」

今まで沈黙を守っていたポンペオ国務長官が身を乗り出した。

「左様。大英博物館の特別室に安置してあったものを、借り出して来た。残念ながらこれは偽物《レプリカ》だ。本物を捜し出して、破壊してもらいたい。これは合衆国政府からの正式な依頼だ。契約書も作成してある」

「悪いが、他人の依頼で宝捜しはしねえ。それに、本物を見つけたからって、あれはナイアルラトホテップを喚び出す以外に能はねえはずだぜ。あいつにクトゥルーをどうにかさせるのか？」

国務長官は立ち上がり、内ポケットから数枚のタイプ用紙を取り出して、テーブルに乗せた。

「最近、在野の研究家が発見した、ラヴクラフトの未完成原稿だ。『コンゴ王国』の二九頁と三〇頁の間にはさんであった。恐らく、ラヴクラフト自身がそうして、忘れてしまったのだろう。それによれば――」

おれはすでに目を通していた。

――〝輝くトラペゾヘドロン〟のみが、クトゥルーをルルイエに留めおける。

「ここか」

おれは呻いた。

「しかし——」

「ラヴクラフトの作品はすべて現実だ。嘘は書いておらん」

大統領が呼吸困難みたいなダミ声で呻いた。念仏を聞いているみたいな気がした。

「ミスター八頭、アメリカ合衆国の最高責任者として依頼する。本物のトラペゾヘドロンを捜し出して、クトゥルーの侵略を阻止して欲しい」

「だから、インスマスにドローンでミサイルぶち込んだ方が早いって」

「それで済むと思うかね？」

「いいや」

おれは両手を上げた。

「トラペゾヘドロンは捜してやるさ」

「おお！　では!?」

全員が喜色を浮かべて立ち上がった。

「勘違いするな。個人的に手をつけたくなったのさ。あんたたちもアメリカも関係ないね。それでグッバイだ。そうだ、ルグラースと一緒にいるゆきって娘——この件が片づくまで保護しといてくれや。それと——これは借りてくぜ」

もうお偉方には何の関心もなかった。おれはラヴクラフトの未発表原稿を手に、マリアを促して、さっさと立ち上がった。

待機している兵士たちの中を玄関へ出ると、マリアが原稿に眼を止め、

「それを見せてごらん。本物の在《あ》り処《か》を読んでみる」

「おお！」

と手渡しかけた。

途端にマリアが息を呑んだ。

おれも眼を見張った。

マリアの身体がみるみる透きとおっていく。

背後の風景がはっきり見えた。瞬間、彼女は消滅した。

おれは夜空を仰いだ。

この何処かへマリアは再び連れさられてしまったのだ。

「どいつの仕業だ。クトゥルー一派じゃねえな。ヨグ＝ソトホースか、ナイアルラトホテップか!?」

返事はなく、おれは憤然とフェラーリに戻った。

ハンドルを握ろうとしたとき、左手の中にまだ持っていた原稿が蠢いた。

「――!?」

眼を凝らしたが、黄ばんでるものの普通のタイプ用紙だ。スーツレーザーをいつでも発射出来るように整えて、原稿を開いた。

最後の一行の次に、もう一行加えられていた。

――トラペゾヘドロンは――

確かに存在しなかった一行を読んで、おれは本当に眼を丸くした。

あの一行はマリアの力によるものに違いない。空港へと向かうフェラーリの運転席で、おれはそう推論した。

しかし、まさか――あんな場所にとんでもない品物が眠っているとは。

前方に赤い光が現れた。

警官がライトをふっている。その横の掲示板に、

**この先　事故　迂回せよ**

と記されて、通行止めがかかっていた。

仕様がねえ。おれは指示に従って、別の道路に乗った。

ダンウィッチで懲りていたのでカーナビは見ず、指示標識を確認しながら、闇の中を走った。

「そのフェラーリ、止まりなさい」

頭上から光とローター音に混じって、アナウンスが降って来た。

スクリーンに映るのはPOLICEマークの付いたヘリだ。

おれはすぐ大統領に携帯をかけ、何か用かと訊いた。ないと言うので、ヘリを出したか？

NOだった。すぐに救援を出せと言ったが、当てにはしなかった。頭上のへりも多分本物だ。乗っている奴も警官だろう。日常に蠢く異形の力が動いたのだ。

またライトをふる警官が見えた。今度はひとりじゃなかった。背後に一ダースほどの制服姿がライフルや拳銃やショットガンを構えている。

スクリーンに映った顔を見たら、ラヴクラフトが大喜びするだろう。警官は全員、黒人とインド系と東洋系だった。この世界もラヴクラフトに準拠《じゅんきょ》してやがる。

いったんフェラーリを止め、おれはマイクで、

「何の用だ？」

と呼びかけた。背後の車は見えない。

「下りたまえ」

「容疑は何だ？」

「殺人だ」

「そうかい。どきな、怪我するぞ」

「下りて来ないと、銃撃する」

下りても下りなくてもその気だろう。どの顔にも殺気が漲《みなぎ》っている。

おれは一気にフェラーリをスタートさせた。加速も容赦ない。

「射て！」

火線が集中しても、鉄板一〇〇センチと同じ硬度を持つ軽合金の車体はビクともしなかった。窓ガラスは象狩り用ライフル――エレファント・ガンを食らっても火薬のカスしか残らない。プラス反摩擦塗装を施してあるから、弾丸だろうが、隕石だろうが、命中した瞬間、直進エネルギーは窓ガラスの曲率に合わせて何処かへ吹っとんじまう。

車体は無傷で警官たちのど真ん中に突っ込んだ。

三人ばかりが逃げ遅れて、こっちも吹っとんだが、足か手を折るくらいですむはずだ。

背後の木製標識もぶち壊して、フェラーリは闇の中を突進した。

高速を下り、幹線道路にかかると、車の数もぐんと減った。ここから空港へ戻ってもいいが、どうもゲンが悪い。

おれはフェラーリを近くの空き地へ廻した。こういうときのアメリカはおれ好みだ。幾らでも土地余りって好きさ。

おれは高周波通信機器で空港のジェットから

運搬用のドローンを飛び立たせた。五分もすれば到着するだろう。

ルグラースに携帯を入れた。すぐに出た。

ゆきはどうしてる？　と訊くと、口をつぐんでしまった。ヤローと思ったとき、

「イエエイ」

と来た。当人だ。

「莫迦娘」

とぶつけてから、

「おれはこれから日本へ帰る。おまえはどうする？」

「こっちにいるわよ、もちろん」

「もちろんてな、どういう意味だ？」

「あたし、この役人さん、気に入っちゃった。しばらく一緒に暮らすわ」

またか、と思いながら、ルグラースと替われと言った。

耳の奥で小さく、ダーリン、はい、と聞こえるや、

「ルグラースだ」

焦り狂った声である。

「大統領からの命令でガードはしているが、あんたが無事なら、すぐに引き取って貰いたい」

声がでかいぞ、と注意しかけた途端、

「あたしをあんな奴に渡すつもり!?」

鬼女《きじょ》のような口調がとがめた。

「あんなに愛してるって言ったじゃないの」

「そ、それは君が言っただけだ。私は何も口にしていない」

「嘘《うっそ》。あなたの瞳がそう言ってたわよ、ダーリ

ン」

「ノー」

「もういい、おれはいま――」

ナビを見て場所を告げ、すぐに連れて来いと言って切った。

二〇分ちょっとで到着した。とっくに着いてるドローンは上空待機だ。

まずルグラースが下り、半ば強引に、抵抗するゆきを引っ張り出した。

ふうと深い息を吐いて、額の汗を拭く。見慣れた光景だ。

「――では、任せるよ」

「やーよ！　あんたと一緒がいいわ」

言い張るゆきへ、どうしてだと訊いてみた。

「キスが抜群に上手いのよ」

「ば、馬鹿な」

ルグラースは硬直した。ゆきは、同い歳の女子高生みたいに、大人の経験や威厳でどうなる女じゃない。惚れられたら百年目だ。

「それはそれは」

おれは揉み手をしながらルグラースに近づいた。

「あんたの経歴を調べさせてもらった。奥さんと子供が二人いるな。家庭では典型的なアットホームパパらしい。ドンパチは仕事だけにしたいタイプと見たが、どうかね？」

「その通りだ」

ルグラースはしつこく抱きついてくるゆきを押しのけながら認めた。

「何をしたか知らんが、こうなると、この娘《こ》はどこまでもあんたに尾いていくぜ」

「まさか」

「ところが本当だ。あんたもわかってるだろ?」

「そうよ」

　ゆきは国防情報局の腕利きエージェントの襟をいじりながら、唇を尖らせた。

「このまま、お宅まで行っちゃおうかしら」

「ちょっと待て——おい、あんたの恋人だろ。連れて行け」

「今はあんたのらしいぜ」

　おれは肩をすくめ、ルグラースの肩に手を置いた。

## 3

　女は現実を注視し、男は夢を追うなどというが、あれは嘘っぱちだ。現実の破局が実体化する前に男が見るものは、子供を連れて家を出て行く女房の姿だ。これを逆戻りさせられるなら、男はどんな崇高《すうこう》な夢でも隠れキリシタンの踏み絵のように、踏みにじるだろう。

「あんたも男だ。こういう場合、どんな手段を取るべきか、わかるよな」

　疑惑の眼をおれに向けるルグラースへ、

「一万ドルでどうだ。小切手もOKだぞ」

「おい」

「お子さんの歳を考えろ。小さい方はまだ五つ

――あと最低七五年は生きてかなきゃならん。自分で稼げるようになるまで一五年。意外と長い。一万ドルで永劫の平和が買えるなら安いもんだろうが」

「おまえたちは人間の屑《くず》だ」

「口に気をつけろよ、DIA」

おれは凄味《すごみ》を利かせた。

「人生か一万ドルか――どっちを取る?」

「おまえはTUTUMOTASEか?」

おかしな日本語を知ってやがる。

ルグラースは拳を唇に当てて眼を閉じた。すぐにゆきを押しのけ、

「わかった――払おう」

怒気と声を叩きつけて来た。

GOOD《グー》 GOOD《グー》と二回繰り返し、後で振り込み先を教えるからと言って、おれは握手を求めたが、拒否された。

地獄耳という言葉がある。人より聴覚が敏感という意味だ。おれの耳は正にそれに当たる。

だから、おれとルグラースのやって来た方角から入りこんで来た数台のパトカーが、まだライトの光しか見えないうちに、そちらを向いていた。

キーッ、バタン、ぞろぞろ――この順序で響き渡ると、一ダース以上の人影がおれたちを取り囲んだ。面白い。全員素手だ。

「やだー大ちゃん、助けて」

ゆきが左腕にすがりついた。こういうときだけ来るな。

「何だ、そいつら?」

見当はついていたが、専門家の意見は大切だ。ルグラースは周囲を見廻して、

「ワシントンの分署の連中だ。クトゥルー教団の資料で見た顔ばかりだな」

とクトゥルーと知ってて勤務につかせる政府も凄い。

「もう逃がさんぞ」

ひときわ貫禄のある制服姿が、運命を決める死神みたいな声で宣言した。

「逃亡犯とその仲間、抵抗した挙句に射殺される――新聞の見出しはこうだ」

「おい、おれはDIAだぞ」

とルグラースが前へ出た。その背にゆきがすがりついた。なんてスピーディな女だ。

「ベンジャミン・ルグラースだ。ジョン・ルグラースの孫だ。クトゥルー信者なら、名前ぐらいは知ってるだろう」

男たちの間を、音もないざわめきが渡った。前に出た男が、眉を寄せて、小さく、ベンジャミン・ルグラースとつぶやいた。表情に疑惑と驚きの翳《かげ》が広がった。

「そうか。おまえがあのルグラースの」

全員の意識が二人に集中した――と見た刹那、おれは一気に後方へ跳んで、着地と同時に左右のクトゥルー警官の喉笛へ手刀を叩きこんだ。暗殺は火気厳禁の決まりでもあるのか、他の連中もバトンで殴りかかって来た。だが、飛び道具がなければ、千人万人だって同じことだ。

おれはジルガの「八方転《はっぽうてん》」を駆使して、奴らの攻撃をすべて躱《かわ》し、姿勢を崩したところへ急所

への突きで決めた。

たちまち一〇人KOの記録を打ち立てた眼の前へ、ひょろりと長身の制服姿が現れた。

膝頭へ蹴りを——驚愕が背筋を突っ走った。躱された⁉ 無意識に顔面をカバーした左腕に凄まじい衝撃が走った。奴の廻し蹴りだ。頭まで痺れた。恐怖が心臓にキスをした。おれには奴の蹴りが見えなかったのだ。

すっと下がった。同時にぐんと腰を下ろして地面を踏みしめる。

地面からの反撥《はんぱつ》波がおれだけを吹きとばす前に、おれは自分から宙に跳び、引き抜いた雑草を一本、手裏剣みたいに投げた。

奴は握り止めるつもりだったらしいが、おれの攻撃の方が早かった。細い茎は奴の右手の平から甲を貫き、短い呻きを洩らさせた。

着地したおれを見る細長い顔に、はじめての苦痛と驚愕の表情が浮かんだ。おれの技が自分と同じものと知ったのだ。ジルガ、と。

向こうが「二足長《にそくちょう》」の蹴りを放って来たのをブロックし、飛び後ろ廻し蹴りに似た「飛猿《ひえん》」を放ったが、これは空を切り、再び対峙したとき、両足が膝まで沈んだ。地面が泥沼に化けたのだ。潮の匂いが鼻を衝く。ジルガ・プラス・クトゥルーか。

そいつが跳躍するのを見ても、おれには打つ手がなかった。危《やば》い。

だが、百分の一秒でそいつは身をひねり、二メートルほど向こうの地面に着地するや、仲間たちの方をふり返って、

「邪魔するな！」

　と叫んだ。怒りの声である。「正々堂々」という死語が、脳内に閃いた。

　おれは素早く跳躍して固い土の上に立った。

　そいつを、来い《カモン》と手招いた。

「もういい、下がれ」

　と最初の警官が命じると、腰のベレッタを抜いた。

　引金を引く前に、別の銃声が上がり、警官は脳漿《のうしょう》をこめかみから飛ばしつつ、横倒しになった。

「伏せろ」

　こちらにグロックを向けたルグラースの周りには六、七人の警官がぶっ倒れていた。彼のパンチは、おれのストレートといい勝負だ。その辺のポリスじゃ歯が立つまい。

　警官たちが身を屈めた。自分を抱きしめている。グロックが怖いわけじゃあるまい。その身体が急にぼやけた。何か半透明な塊が奴らを呑みこんだのだ。潮の匂いがした。

　恐らくは、奴らの全身から分泌した海水だったろう。人間が水中で潜水服をまとうように、こいつらは地上で母なる海の救命スーツを着てのけたのだ。

　あるまいことか――凄まじいスピードでおれとルグラースに突進して来たではないか。

　レーザーとミサイルでの迎撃を、おれはストップした。奴らの新手を知りたかったからだ。

　直径二メートルほどの水の球の中に、奴らは入っていた。その顔はもはや人間のものではなかった。インスマス面をも超えた魚――半漁人に近い。水球の中でそいつらが水を搔き水を蹴るたびに、球は時速一〇〇キロもの早さで空中を渡ってくるのだった。

最近読んだ架空戦記ものに、似たようなシーンがあるのを思い出した。戦車兵の話だったか。

真紅の光条が闇を裂いた。先頭の水球が一瞬のうちに蒸発し、中身は地面に衝突して、ゲロと鳴いた。

おれの仕事じゃない。空中のドローンに出番を作ったのだ。

続けざまに五体を射ち落とす。落っこちた奴らは猛スピードでパトカーに乗り込み、排気ガスの匂いを残して走り去って行った。

静寂が空き地を占めた。


「無事か？」

おれはルグラースに訊いた。

「何とかな。ミスゆきも大丈夫だ」

「はーい」

ルグラースの背中から、色っぽい顔と手が突き出し、Vサインを作った。

溜め息をついて、おれは頭上を見上げた。

巨大な影が月と星を遮って地に落ちた。

空港からリモコンで呼んだプライベート・ジェット「ガルフストリームG650」。日本の企業家にも何人か愛用者がいるPJの定番だ。全長三〇メートルの機体は、改良を加えた垂直イオン・エンジンの炎を下部から放出しながら、おれたちの前方に着陸した。こんなのが平気で降りられる空き地が、幾らもあるのだから、アメリカはでかい。

「それじゃあな」

おれは二人に片手を上げた。

「あーん、待ってえ」

ゆきが駆けつけた。

「何だ、おまえ――ＤＩＡと行け」

「ううん、やっぱりこっちがいいわ。二人で日本へ帰ろ」

「ひとりで帰るよ、この淫乱娘」

「あーら、随分じゃない。そーいう一面があるのは認めるけどさ、やっぱり一心同体なのは大ちゃんよ」

何も言う気になれなかった。

おれは突っ立ってるルグラースに、もう一度片手を上げた。向こうも返して来た。

「達者でな」

「また会おう」

とルグラースはディアマンテの方へ歩き出した。遠くから、パトカーのサイレンが聴こえて来た。

ドローンもフェラーリもすでに機体に収納されている。

今度は何のトラブルもなく、六本木のマンションに下り立ったのは、四時間後だった。

新宿にあるマリアの店に電話を入れてみたが、やはり留守電だった。

鼻歌混じりで自分の部屋へ入る前に、ゆきは怪訝そうにおれを見つめた。

「何だよ？」

「体調悪くない？」

「全然。お前がいなくなりゃ、もっと良くなるだろうよ」

「この偏屈男！」

ばちんと浴びせて、ドアを閉めた。

気にならないでもなかった。ダンウィッチのウェイトリー家の廃屋《はいおく》で、ヨグ＝ソトホースと遭遇したときのことが、ずっと引っかかっていた。

奴はおれに何をしたのか？

すぐに検査室へ行って、医療ポッドに入ったが、異常は無しだった。

多少のおかしなことがあっても、気にしちゃいられない。次の目的地は決まっているのだ。

ひと寝入りして起きると、昼近かった。

ゆきは先にテーブルについていた。髪を上げたバスタオル・スタイルだ。タオルの上からは乳房が半分はみ出ているし、下からは、太腿ばっちり。もう少しでヒップが丸見えだ。

自動調理器がこしらえたステーキサンドを頬張りながら、スマホに集中している。

「また変態どもからのラブレターか」

フレッシュ・オレンジ・ジュースを飲んでから訊いた。

「何よ、その言い草――三日間連絡取らないでいたら、メールがもうパンクしそう」

「神様と結婚しますと言っとけ」

「うるさいわねえ！　あ、ドナルドから来てるわ」

「ドナルド？――大統領か!?」

仰天してから、また仰天した。

「今回、おまえはホワイトハウスへ行ってねえ。するとと、以前からのメル友か？」

「ううん」

ゆきは濃厚なミルクをごくんと飲《や》ってから、

「こないだ来日したときの晩よ。ガード付きであたしがバイトしてる赤坂のお店へ来たのよ」

「そんなバイトしてたのか!?」

初耳だ。ま、少しもおかしかないが。

「ひと目見て気に入ったって、個室へ誘われちゃったの。もともと実業家だからさ、もうしつこくて」

「いい加減にしろよ、この先天性淫婦《いんぷ》。何をさせたんだ？」

ゆきは、なに怒ってんのよ、という表情で、胸と腰に手を当てた。

「タッチだけよ。ただしかなり濃厚だったけど」

「代償は何だ？」

こいつが、ただでそんな真似させるわけがねえ。

「ふっふっふ――わかる？」

「当たり前だ。さっさと白状しろ」

「フロリダの別荘と青森の港町にある土地と、裏の山ひとつ」

何かがおれの眼を鋭くさせた。

「フロリダの別荘はわかるが、青森の海と山はどういうこった？」

「そこって、一九二〇年代からアメリカ政府が買収してたんだってさ」

「――そんなところをおまえにプレゼントだって？」

「そよ」

ゆきは当然という顔でうなずいた。

「だって大統領だもん、アメリカの土地なら幾らでも自由になるでしょ?」

こいつの世間的認識はどうでもいい。だが、なぜ大統領が政府の土地を? いや、それ以前にアメリカ政府が東北の土地を購入したのは?

しかも、恐らく極秘でだ。

「その港町の名前と土地の住所はわかるか? おっと山の名前もだ」

ゆきはちょっと眼を宙にさまよわせて、質問に答えた。ただの男好きじゃないから助かる。

「青森県中摂津《なかせっつ》市須磨院町九の六の×——山は中央山《なかお》」

なんてこった。なるべく大人しく、

「ここ——おまえがこの前遊びに行ったとこだよな?」

と訊いた。

「そよ。すっごーく陰気な町だったわ」

「山の中に何かなかったか? 石柱みたいなもんが」

「うぐぐ」

ゆきはステーキを喉に詰まらせ、ミルクをがぶ飲みしてやり過ごした。

「あったわよ」

と言った。

「小さな村の端っこに、太いのが何本も」

# PART 8　現し世は夢か

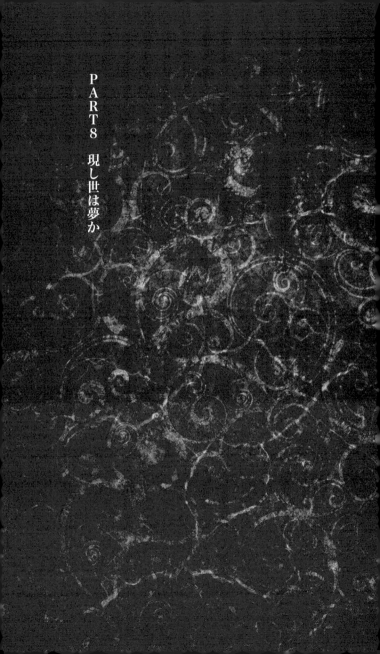

## 1

朝から雨だった。フェラーリが中摂津市へ入ったのは、夕刻だった。

「おまえはこの前、クトゥルーとヨグ＝ソトホースに取り憑かれた状態で戻って来た。何処で取り憑かれた？」

「なにそれ？」

「ああ、いい、いい。忘れてくれ」

「なら最初《はな》からおかしな言いがかりつけないでよ、フンだ」

こん畜生、と思ったが仕方がない。後は海沿いの道を北へ行くだけだ。

だけでは済まなかった。

市内のイタリアン・レストランで夕食を済ませた後で、駐車場に入れておいたフェラーリが動かなくなってしまったのだ。何をしてもウンともスンとも言わない。ＪＲ駅近くのレンタカー会社へ行っても、一〇分前に最後の一台がさばけてしまったという。

「こんなに出がいいのは、この店始まって以来ですよ」

と係員が眼を丸くしていたから、珍事なのだろう。つまり、何者かの手が加わったのだ。タクシー会社もみな出払っているときた。文句を言うと、

「いやあ、うちでもさっぱりわかりません」

と電話の相手は応じた。

やむを得ず、レンタカーの係員に須磨院町ま

で行きたいと伝えると、はあ？　という顔をしたが、それだけで、

「駅のロータリーから、須磨院行きのバスが出てますよ。日に三本で、最後のは、おお、あと三分ですよ。行くなら急ぎなさい」

雨の中を駅まで来ると、ゆきが早速ぶつくさ言いはじめた。

「ここ来てからロクなことないじゃん。大体、あたしは来るのヤだって言ったのに」

「ひとりにしとくと危ないんだ。おまえは神様に目えつけられてる。それもろくでもない神様にな」

「うるさい」

ホテル近くのコンビニで買って来たビニール傘の下で言い争ってると、ロータリーに入って来たバスが、おれたちの前で止まった。正面の標識に「須磨院行き」とあり、ステップの隣の表示板には、途中の駅名が記されていた。

「『難破《なんぱ》』『漂着《ひょうちゃく》』――気持ち悪い町ばっかりねえ。気が滅入ってくるわ」

ゆきのぶつくさが終わる前に、ドアが開いて、二人の客が下りて来た。普通の小母《おば》さんたちだ。

車内の空気は湿って潮の香りがしたが、これは怪しむところじゃない。

スマホで料金を払うときに見た運転手も、普通の顔をした男だった。

無人の車内で席につくや、バスは発車した。

ひょっとしたら、運転手は陰気で顔が――とも思ったが、ごく普通の田舎のおっさんだった。

陽気に話しかけて来た。

「何処まで行くのかね?」

「終点」

と、おれ。

「へえ、須磨院へねえ? 法事かい?」

「いや、観光だよ、カンコー」

運転手はバックミラーを見上げて呆れ顔になった。

「あそこは何もないぜ。平凡でまともな漁村だよ」

「温泉か何かないの?」

ゆきが訊いた。

運転手は少し考えて、パンと手を打ち合わせた。ハンドルを放すな、おっさん。

「そう言や、中央山の中腹の村に隠し湯があるって聞いたぜ。行ったこともねえがな」

初耳だ。

「その村は何てえの?」

「壇市宇《だんいちう》」

とうとう出て来たか。

「どんな人が住んでるの? 凄く閉鎖的で、古くからいる一族が威張ってて、そこのお爺さんが魔法を使うとか?」

「とんでもねえ。ただの村さ。みんな真面目に百姓やったり、木樵《きこり》もいたな。バスも通ってて、みなしょっ中、須磨院へおりてくるよ」

「でもさ、古い石の柱なんかあるじゃん」

にこにこと、ゆきは核心を衝いた。

「ああ、あれが観光の目玉っていや目玉だな。えらく古い時代のものだそうで、時々、青森はもちろん、岩手、北海道、東京や大阪の大学からも調査団みてぇのが来てるよ。ただ、まあ、みんなガックリして帰ってくそうだ」

「へえ。大したもンじゃないんだ」

ゆきはあっさり引いた。

おれは二人のやり取りを聞きながら、右側の窓の外を眺めていた。

何もかも墨絵みたいな色に曖昧に溶け合い、波だけが白く砕けて別の色彩をつけていた。風が強くなりつつある。

一時間ほどで、家屋や小屋の間に入った。

「着いたぜ」

運転手が宣言し、エンジンを止めたのは、商工会議所みたいなコンクリートの建物の前だった。

「次はいつだい？」

「明日の朝七時発だ。寝坊しないで来な」

バスが出るまで、おれは待たなかった。

ビニール傘を頼りに海岸の方へ向かう。土砂降りとはいかないが、月さま雨が、の気分でもねえ。何となく水族館の水槽に浸ったような気分だった。

アスファルトの道もあちこちにヒビが入り、草が隙間を埋めていた。住宅にもその間の店にも生気も人影もなかった。

幸い、救いを求めるように明かりをつけているコンビニを見つけて入った。日本で「セブンイレブン」と並ぶ大規模なチェーン店――「ファイル」だ。

四人ほどの客と、カウンターにひとり若いのが立っていた。

辛気臭い顔が、ゆきを見た途端、青春真っ盛りに化けた。

マリアが消える寸前、教えてくれた住所を訊くと、しげしげとゆきを見て、

「そこ——更地だよ」

とぬかした。それでもゆきのお陰か、そこの坂を下りて、と丁寧に道順を教えてくれた。

すぐコンビニを出て、坂道を下ると、海岸だった。岩が波を砕いている。ここへ来る前にチェックした地図によると、一二〇〜三〇メートルの海岸線が弧を描いているはずだが、雨のせいか、ほぼ一直線で左右はわからない。

コンビニで教えてもらった場所はすぐに見つかった。

だが、

「あいつ、嘘つきね——」

ゆきが憤然と背すじをのばした。

石壁に囲まれた建物は、確かに「須磨院水族館」の板看板を飾っていた。

「ここにいろ」

おれは上衣のポケットからフェラーリ用の防禦装置と小型レーザーガンを取り出して、ゆきに手渡した。

「一〇分で戻って来なかったら、あのコンビニへ逃げろ。駐車場に車が止まってた。これで脅して運転させるか、車をかっぱらっちまえ」

「やーよ。逃げたってすぐ捕まっちゃうわよ。神様相手でしょ。一緒に行くぅ」

言い争ってもはじまらない。坂道を下りて来た漁師らしい夫婦が、こっちを眺めている。お

れたちは水族館へと向かった。

門を入ってすぐチケット売り場があったが、人はいなかった。

ペンキも剥げかかった木のドアを押そうとしたら、向こうから開いた。

銀髪の小柄な人影は、開くドアに合わせて膨れ上がるように見えた。

腰の曲がった七〇年配の老人は、白いシャツの上によれよれの背広を着て、笑顔を見せた。手に角燈《ランプ》をぶら下げて、

「ようこそ、館長の団藤《だんとう》です」

と頭を下げた。

「いやあ、久しぶりに町民以外のお客さまとは嬉しいですな。チケットは不要です。サービスもつけましょう」

「サービス？」

老人――団藤は横へのけて、おれたちに入れと合図をした。

「館長直々の解説です」

「そんなもん――」

と言いかけたゆきの肘をこずいて黙らせ、おれはよろしくと言った。

老人はうす暗い館内へ角燈を上げて、

「発電機が壊れておりましてね。これで我慢願います」

とおれたちに笑いかけた。

でっかい水槽に魚どもが堂々と泳ぎ廻っている。幾つもの石段が通路をつなぎ、水平垂直も構わずのびている風に見える。おれはエッシャーの迷路絵を連想した。

吹き込まれる酸素の泡の中を泳ぎ廻る普通の魚は一切無視して、老人は奥へと地下へと進んだ。

「解説はどうした？」

とゆきがつぶやいた。それが聞こえたわけでもあるまいが、

「〝ディープ・ワン〟」

と老人は足を止め、左方の水槽を示した。

何も見えなかった。

いや。奥の方から小さな黒点が幾つも近づいてくる。

泳ぎ寄る半魚人だと確認したのは、角燈の光に浮かび上がったガラスに貼りつく数秒前だから、さして驚きはしなかった。

「変わった水族館だな」

「左様。この世に二つとありません」

団藤は角燈を下ろした。水槽のものは闇に消えた。角燈を持ち上げたとき、光と影が爺さんの顔をひどくグロテスクなものに見せた。

階段を下りるに従い、闇は濃さを増し、空気は濡れはじめた。おれたちの身体は闇に溶け、石の壁と階段とそれに映る爺さんの影だけが浮かんでいた。

広い廊下へ下りた。

左右はガラスだ。ただし内容物の姿はない。この水槽は多分何キロもの長さを誇っているのだ。

爺さんはまた角燈を上げ、右手の水槽を照らし出した。

ゆきが悲鳴を上げた。

　突然、巨大な女の顔がガラスにくっついたのだ。四トン積みトラック三台分もある美女の顔が。

「〝ハイドラ〟」

　眼が合った。ガラスの向こうの顔は、にんまりと唇を歪めた。これ以上退廃的な女の笑みは見た覚えがない。

　旧交を温めようかと思ったが、海底の女魔王は、大きく身を翻すと、まばたきする間に水の向こうに消えてしまった。

「何よ、あの女？」

　ゆきがおれの腕を掴んだ。声に恐怖より怒りを感じて、おれは眉を吊り上げた色っぽい顔を見つめた。爺さんも眉を寄せている。

「何を怒ってるんだ？」

「とぼけるな。あの女——あんたに色目を使ってたじゃないの！」

「……」

　さすがに度肝を抜かれた。爺さんもぽかんと口を開けている。

「キャバクラや風俗の姐ちゃんたちならともかく、あんたあんな化け物にまで手を出しているの？　女ならゴジラでもいいわけ？」

「……」

　ゆきはおれの胸ぐらを掴んでゆさぶった。

「何とか言いなさいよ、え？」

「阿呆」

「このオ」

　殴りかかろうとしたゆきの手を押さえたのは爺さんだった。

「まあまあ、こんなところで痴話喧嘩はよしなさい」

「他人が口はさまないでよ！　このトンチキ爺い」

「な、なにを言うか」

爺さんも気色《けしき》ばんだ。おお、まだ人間だな。おれは嬉しくなった。

まあまあと割って入ったとき、おかしなところに危ない雰囲気を感じた。

くるぶしあたりがゾクゾクする。見下ろしても何もない。

通路の反対側の奥から固いものがすり合うような音が近づいて来る。

眼を凝らした。

二〇メートルほど向こうに黒い塊の群れが見えた。アンコウみたいな受け口の深海魚だ。だが、鰓の横で、蟹そっくりのハサミがガシャガシャ噛み合っている。

ゆきの膝蹴りを食らって呻いている爺さんを捕え、おれはこいつらを指さした。

「何だ、あれは！」

爺さんの表情に恐怖がぺたりと貼りついた。

ゼクラミブだ。何でも食らうハイドラ様の従者兼護衛だ。だが、どうやって外へ出た？

ハイドラ、おれを怨んでるな。

「逃げろ。食われるぞ」

「先に行け」

と命じて、おれはプリント・スーツの両肩からミニ・ミサイルを発射した。

火球が膨張した。全滅の確信があった。異様な響きが聞こえてきた。後から後から押し寄せてくるのだ。そして、後の連中が焼け死んだ仲間の死骸を貪っている。共食いだ。

もう二発ミサイルを射ちこんで、おれは二人を追って廊下の奥へと走り出した。

## 2

爺さんもゆきもいない。石の通路におれの足音が響くばかりだ。真っ暗闇だが、ジルガの視力増強法と鍛えた眼にはよく見えた。

「助けてぇ」

遠くでゆきの声がした。

こう来なくっちゃ。全身が熱くなっていくぜ。

周囲は奇怪な様相を呈してきた。

通路はいつの間にか左右が見えないほど拡張され、石壁は汚穢《おわい》な彫刻を施した石柱に変わった。角度と距離からして見えるはずがない。それなのにわかるのだ。

あちこちに燐光が燃えていた。地上の誰もが知らぬ海棲《かいせい》の苔や黴が放つ光だった。

それらがこびりついた石壁や円柱は、一見スケールの大きなばかりの建造物だったが、眼をこらせば幾何学を無視した奇怪な組み合わせの連続なのがよくわかった。嶄然《ざんぜん》と並んだ列は、たちまち不規則に乱れ、上のものが下へと移り、一台の移動機と思われる物体が、ある地点で同時に上昇と下降とを行った。

得体の知れない巨像の足下には、ゼクラミブどもが、鉄のハサミを鳴らしながら蠢き、その奥の闇には、もっと巨大で危険なものが潜んでいた。

左方にひしゃげた塊が並んでいた。

「へえ」

と声が出た。潰れてはいても、その前の姿は容易に想像できた。船だ。マリン・スノーを被ったそれらは、沈没船なのだ。鉄の塊を完膚《かんぷ》なきまでに押しつぶす水圧とは――ここは一〇万メートルの水中か。

「ん？」

驚きが胸を衝いた。

破壊船の後部に、ただ一隻、まともな輪郭が見えたのだ。さして大きくはない。素姓はたちまち割れた。ナチス・ドイツのUボートだ。船体にU29とふってある。

錆に蝕《むしば》まれているが、船橋の窓ガラスも割れていないし、船首の八八ミリ砲だってちょっと磨けば使えそうだ。

足を止めて眺めていると、艦の前部がガタンと鳴った。おお、前部ハッチが持ち上がっていく。そこから軍帽を被った顔が見えた瞬間、おれは走り出した。怖かったわけじゃねえ。だが、ゆきが心配だ。

二分としないうちに、急に凄まじい広さの空間へ出た。五、六メートル先にゆきが立っていた。爺さんはいなかった。

駆け寄って、爺さんはどうした？　と訊くのも実は上の空だった。意識は前方の水の広がりに注がれていた。ガラスはない。本物の水が、見えない部分も含めて四方を取り巻いているのだ。いや、この潮の香り――海原《うなばら》だ。

「お爺さん、ここまで来たらいきなり壁の中へ」

ドボンと、とび込む格好をしたゆきを、おれはもと来た方角へ押しやった。

「早く行け。ここはルルイエの内部《なか》だ。とうとうやって来るぞ」

「え？　何がよ？」

「〈大いなる旧きもの《グレート・オールド・ワンズ》〉だ。別名〈旧支配者〉」

おれは前方の水面に眼を凝らした。ここが終末点か？

数メートル先の壁を突き破って、巨大な顔が現れた。二つもだ。

向かって右がダゴン。

左がハイドラ。

「す、凄いわ」

背後でゆきが呻いた。化け物どものことかと思ったら――

「あの冠《かんむり》――幾らする？」

ダゴンが被っている品だ。多分ゼロだ。人間の手じゃ値段がつけられない。本物の宝とはそういうものだ。背中が押された。

「ねえ――取って来てよ」

「莫迦娘」

「なら、あたしが交渉するわ」

「やめろ」

と小さく喚いてから、おれは呼吸を整え――

「訊きたいことがある」

と声を張り上げた。

返事はない。見下ろす巨大な顔はびくりとも動かない。

「ひとつ、交渉をしたい。〈輝くトラペゾヘドロン〉は何処にある?」

返事があるとは思っていなかった。

ない。

次の質問をした。

「なぜ答えぬ。クトゥルーの眷属《けんぞく》ども?」

ゆきだ。声だけは。おれはふり向かなかった。

また憑かれちまっているのだ。おお、シュブ゠ニグラスよ。

「わらわも知りたい。答えよ」

ゆきはいつの間にか、おれの前にいた。右手の指は、ダゴンを差していた。

初めて、おれは海神の顔が震えているのに気がついた。苦痛か苦悩かはわからない。猛烈なマイナス反応が、この海の支配者を脅えさせているのは確かだった。

「答えよ」

ゆきがまた言った。

〈千匹の黒い仔山羊の母〉の呪力は、海魔の王を圧倒しようとしていた。

ダゴンの口が開いた。その端から海水がしたたった。小さな滝はゆきの足下で跳ねとび、肢体を濡らした。

異形の音が短く漏れた。

巨大な美女がひとつ身をねじくるや、水掻きのついた手で、ゆきをひっ摑んだ。

「愚かな魚よ」

ハイドラの全身を青い光の網が押し包んだ。

声もなく海魔の女王は身をよじり、ゆきを落とした。おお、黒い仔山羊の母よ。

突然、起きかかっていたゆきが左胸を押さえて片膝をついた。その足下に黒い水が広がっていた。

水しぶきが二つ上がった。海の巨神たちが沈んだのだ。気にもならなかった。おれの全神経は、地底の海の奥に集中していた。

ゆきが立ち上がり――つぶれた。おれも身動きひとつ出来なかった。スーツも他のメカも動かない。人間の知恵が生んだものなど、歯牙にもかけぬ存在が、そこにいた。

「ついに会えたな、クトゥルー」

おれは闇の奥に声をかけた。

神というものはこういうものなのか。姿は見えず、どんな気配も感じられないのに、いるとわかる。そして、風ひとつ起こさないのに圧倒的な存在感を叩きつけてくる。

数十億年前に地球へやって来たものは、単なる宇宙生物《エイリアン》なのか――神と呼んでいいものか？

「さすが、クトゥルー――たかが大司祭風情かと思うておったが、中々にやりよる」

この台辞《だいじ》が復活の呪文でもあったかのように、ゆきはすっくと立ち上がった。その瞳が血光《けっこう》を放っておれを見た。

どっとゆきが倒れ、おれはよろめいた。身体が燃えるように熱い。

途方もない妖気がおれたちを包んだ。奥にいるものには、おれたちをねじ伏せようとする意図などなかったに違いない。多分、一瞥《いちべつ》しただけだ。それだけで、これだ。

「何処行った、シュブ＝ニグラス」

と呻きつつ、おれはゆきを抱え上げて、闇の奥を睨みつけた。

その一瞬——わかった！

「あばよ、クトゥルー」

おれは身を翻して、もと来た方角へと走り出した。

一〇〇メートルほどでゆきが眼を開いた。正気の眼差しだ。

「ちょっと——どうしたのよ!?」

「宝捜しに決まってるだろう。下りろ」

ゆきを放り出して走り続けた。

「待ってえ」

すぐおれと並んだ。身体能力は抜群の娘だ。

「何処行くのよ？」

「〈輝くトラペゾヘドロン〉の在り処だ」

「どうして、わかったの？　クトゥルーの口を割らせたわけ？」

「そうなるかな」

答えて、おれは足を止めた。

巨大な石の廊下のてっぺんに出たのだ。

一〇〇メートルほど下に、また広い石の廊下があり、その下にも蜿々《えんえん》と闇の下へと降りている。

覗きこんだゆきは、すぐに身を震わせて引っ込み、

「何よ、これ？」

「階段だ」

「階段？」

「この館の主人《あるじ》のだ——つまりクトゥルー様ご専用階段さ。サイズを考えりゃこれくらいだろ」

「はあ〜」

ゆきはその場へへたり込んでしまった。シュブ＝ニグラスに乗り移られていた違和感もあったろう。そこにとんでもない光景がとび込んで来た。ま、当然の反応だ。これが異世界の道具なら何てこたないだろうが、身近の品物となると、彼我《ひが》のスケールの差がリアルに迫りすぎるのだ。

プリント・スーツは役立たずのままだ。

おれはもう一度ゆきを抱き上げた。

「ちょっと――とび下りようってんじゃないでしょうね？」

「他に手はあるか？」

「ないけど――きゃっ⁉」

おれたちは空中にいた。

一〇メートル下の石の床へ落ちれば、鍛え抜いた武道家でもダメージを受ける。おれは着地と同時に跳躍し、もう一段下りた。それを三〇段も続けたから、単純計算で三〇〇メートルは下りたことになる。

平然とゆきを下ろし、周囲を眺めていると、

「どうやったのよ、あんた。少しも衝撃がなかったし、音もしなかった。あんたも何かに取っ憑かれたんじゃないの？」

「こっちだ」

果てしない空間が広がっていた。下りて来た石段も見えない。おれは右斜め前方へと走り出した。

どれくらい走ったのかわからない。ここの闇は距離感さえ失わせてしまうのだ。疲労感からすると約一〇キロだが、当てにはならない。

だが――

「あった!?」

とおれは指さした。

何とかついて来たゆきがヒイヒイ言いながら、

「――どうして……ここだと……わかったのよ?」

そんな質問に答えてる場合じゃねえ。おれはまた走り出し、一〇〇メートルほどで止まった。放り出されてるとしか思えない、床の上に無雑作に置かれた金属製の函は、ダンウィッチで見た模造品と瓜ふたつだった。

「これがそう?」

ゆきが横から覗きこんだ。

「間違いねえ」

「けどさ、あんまり簡単に手に入らない? 仕掛けがあるんじゃないの?」

「相手は神様だ。人間ごときがここまで来るとは想像もしてなかったんだろう。防禦手段以前に、防禦の意味もわからなかったんだ」

「へえ〜」

ゆきははじめて、感嘆の眼でおれを見た。

「ね、中身を確かめなくっちゃ」

ゆきがせっついた。胸もとから手を差し込んで乳房を揉んでいる。宝物だと勘づいた瞬間、持病の金銭妄想欲情症状が発症したのである。

おれも興味をそそられた。

函の蓋はわけなく開いた。何と蝶番だ。中身はさしわたし一二、三センチの卵型の黒い塊だった。よく見ると、表面はサイズの異る多面体で、何本かの赤い筋が入っている。鉱物か結晶を磨き込んだものらしいが、どんな物質かは見当もつかなかった。面白いことに、函の中に置かれてはおらず、中心を取り巻く金属製のベルトと函の内壁の上部から水平にのびる七本の支柱とによって宙に浮いているのだった。

「これが〈輝くトラペゾヘドロン〉？」

「そうだ。クトゥルーの地球侵攻を防ぐ唯一の武器だ」

おれは蓋を閉じ、函を小脇に抱えて、行くぞ、とゆきに告げた。

道はわかっていた。

そのとき、石床《いしどこ》が震えた。どおんと響いた。

「これって」

硬直するゆきに、

「クトゥルーの足音だ。トラペゾヘドロンを盗まれたと気づいたな」

「え？　どうすんのよ？　出られる？」

「ああ」

ゆきは驚いたようにおれを見た。

「自信たっぷりね」

「後ろを見るな」

こう言って走り出した。

右眼の隅を黒いものがかすめた。天井が落ちて来たのだ。音だの衝撃だのを表現しても始まらない。おれたちは旅行でも行くみたいに数百メートル宙をとび、石壁に衝突した。間一髪ゆきを前へ廻して、ジルガの瞬間膠着《こうちゃく》法を取ったが、今度は左側の石壁が倒れてきた。恐らくは縦も横も厚味も数キロ単位だろう。

スーツは機能停止、こいつにつぶされたら、ジルガでも防ぎようがない。

ゆきが悲鳴を上げた。

声は途中で止まった。石壁も止まっていた。

別の石壁が倒れ、ぶつかった双方は支え合う形で停止したのである。

「ラッキー！」

ゆきは全身から♥マークを撒き散らしながらVサインを作った。

「行くわよお」

と走り出す。その頭上に真紅の光が点った。

「見るな！」

おれは叫んだ。クトゥルーの眼だ。

巨大な鈎爪の手がゆきを包んだ。

次の瞬間——

おれたちは灰色の空の下で雨に打たれていた。

手にはビニ傘をさしている。

あの更地だった。水族館は跡形《あとかた》もなかった。

3

ゆきもいる。こっちを向いて、

「どうなったの？　ルルイエにいたんじゃないの？」

おれは嘆息をついただけで、答えなかった。

「行くぞ」

と坂道の方へ向かう。「須磨院水族館」へ入る前に見かけた漁師の夫婦が、同じ位置でこちらを眺めている。

前を通るとき、女房の方が、

「ちょっとあんたたち——消えなかった？」

と話しかけて来た。

「いえ、別に」

「嘘よ。あたしはずっと見てたんだ。更地なんかで何してるんだろうとね。そしたら、ぱっと消えて――ぱっと出てきたんだわ――ねえ？」

隣の亭主もうなずいた。

「気のせいですよ」

おれは笑いかけてから坂道を上りはじめた。

ゆきが後ろを見て、

「まだ見てるわよ。ねえ――夢じゃないわよね？」

「ああ。消えた一瞬の出来事だったんだ」

「あれが？」

ゆきが頭をふって、自分を抱きしめた。

「でも、どうして脱出できたのよ？　あたし、クトゥルーに捕まったと思ったわ。今でも触れられた感触が残ってる――やだ、身体が腐りそう」

その場にへたり込んだ。全身が激しく震えている。このままじゃ、腐る云々の前に発狂しかねない。

おれはその肩に触れた。氷のようだ。

急に震えは止まった。正常な体温が戻っていた。

「あら？　治ったわ――ちょっと、また〈ジルガ〉？」

「そうだ」

と嘘をついた。いちいち応じてたら面倒臭い。

ゆきは体調万全になったらしく、

「これから、どうする？」

金属函を食い入るように見つめた。

「それ、売りとばして山分けしない？　いい故《こ》買《ばい》屋知ってるんだ」

「阿呆、おれたちも故買屋も消されるぞ」

「ぶー」

「これはヨグ＝ソトホースに渡す」

「え？」

「地球征服に動き出したクトゥルーを封じるためだ」

「しっかりしてよ。そんなもの別の化け物なんかに渡したら、クトゥルーは黙らせられるけど、悪用されるだけじゃない。やっぱり故買屋よ」

　おれは灰色の世界の彼方にそびえる黒い山の連なりを見つめた。

　その向こうに真の目的地、壇市宇の村がある。

「おれは壇市宇村へ行く。おまえはここに残れ」

　ゆきは唇を突き出した。

「べー。宝を化け物なんかに渡さないわよ。あたしも一緒に行って、邪魔してやるからね」

「勝手にしろ」

　おれはあのコンビニへ行き、例の店長に、壇市宇村への道を訊いた。店長は店内にいた客のひとりに、

「月田さん、これから壇市宇へ行くって言ってたよね。乗せてってやってくれませんか？」

と声をかけてくれた。

　ごつい中年のおっさんが、ちらとおれの方を見て顔を背けた。他所者なんぞ、というわけだ。

　そのかたわらへ、すうと悩ましいボディラインが近づいた。

ゆきは月田の腰にすがりついた。

「連れてって下さーい。お願い――」

大の男がそれだけでも垂直に落ちるのを、おれは何度も見てきた。

「あらーん、しっかりして～」

おれは苦笑しながら近づいて、おっさんを立たせた。顔中がとろけている。

「――で、どうですか？」

と耳もとでささやくと、

「いいとも、任しとけ～～」

情けない声で、しかし、うっとりＯＫしやがった。

一〇分後、おれは博物館が引き取りに来そうな年代もののオート三輪の荷台で、細い山道を揺られていた。

ゆきは勝手に助手席に潜りこんでいる。

車のスピードにおれは驚いた。ガタガタ道をロードレースみたいな勢いで突き進んで行く。あのおっさんの選択とは思えない。ゆきが腿に手を乗せ、耳もとで、

「急いでン」

とでも吹き込んだのだろう。

左右は鬱蒼《うっそう》たる山林だが、平穏なものだ。

最初月田は二時間と言ったが、一時間で着いた。

緑より岩肌が目立つ、山脈の畑の間に十数件の家が点在する平凡な集落としか見えなかった。

「石柱のあるところへ頼みます」

と要求すると、月田は、二つ返事でＯＫした。ゆきにやられたらしい。

村へ入ったときから見えていた、西の端の丘とも言えない小さな土塁の上に石柱が五本立って雨に打たれている。

「何て丘だい？」

と訊いてみた。

「村の者は、〝見張りが丘〟って呼んでるよ」

見張り――センチネル。合うもんだ。

畑に村人は見えなかったが、家の窓には人影が寄って、こちらを眺めていた。

おっさんに礼を言ってオート三輪を下り、おれは丘に上がった。

エンジン音がしないのでふり返ると、月田のおっさんは、車の外でぼんやりとこっちを眺めている。口の端から涎が垂れてるのを見て、おれはゆきに、

「またゆきさま信者が増えたぞ、引導を渡してやれ」

ゆきはふり向いて、はあい、と手をふった。向こうもふり返す。

「んーぶちゅ」

投げキッスがどこにぶつかったのか、月田はまた尻餅をついた。おれたちが石柱に辿り着いてから、ようやく走り去るエンジン音が聞こえた。

石柱は直径二〇センチ――さして太くはない。表面にも図形や文字は刻まれていない。傷や欠けた部分は、子供たちの悪戯《いたずら》だろう。位置も出《で》鱈目《たらめ》ひどく傾いてる奴もある。

さして年代ものとも思えなかった。

「いつ頃建てたの？　新しいんじゃない？」

「六九年前だ」

「あら、よくご存知で」

「この先に良円寺という寺がある。もう廃寺《はいじ》だが、七〇年前、ある旅人が一夜の宿を借りた翌日から、別の宗派の寺となった」

「ヨグ＝ソトホース大明神《だいみょうじん》？」

「そうだ」

おれは、にやりと笑った。石柱の一本に手を置き、

「一年かけて、住職はこれを建てた。そして、ヨグ＝ソトホースを喚び出そうとしたんだ。『ネクロノミコン』や『無名祭祀書』も取り寄せようとしたらしいが、それは力及ばず、やがて住職も死んだ。それ以来、ここは不浄の地だ」

「そうも見えないけどね」

ゆきは四方を見廻した。石柱の間で雨に打たれている石の台を指さし、

「コーラの缶だよ。観光客か誰かが残してったのよ。それを片づける人もいないって、大したところじゃない証拠よ」

「だといいがな」

「え？」

ゆきがふり返った。

おれは台の上に函を置き、内部から黒い多面体――〈輝くトラペゾヘドロン〉を取り出した。

空が鳴った。上にいる何かが放った怒号のようだ。風がビニ傘を吹きとばした。雨が待ってましたと全身を打つ。

「やーん」

ゆきがハンカチを取り出して頭に乗せた。光は残っていた。村の家々も見える。女たちが洗濯ものを取り込もうととび出して来た。

凄まじい光が虚空からトラペゾヘドロンを貫いた。

「さあ、出て来い、クトゥルー。あと一分でこれはヨグ=ソトホースのものとなる。邪魔するなら、今だ」

「あんた、何言ってんの?」

ゆきが眼を剥いた。

その耳に聞こえたはずだ。彼方から押し寄せる音が。

「見ろ」

おれは村の方へ顎をしゃくった。

ゆきはふり向いて、眼をしばたたいた。灰色の空と海との境界線が識別できなかったのだ。数秒で区別がついたとき、海は村まで迫っていた。

「海が——」

ゆきはここまで口にして石像と化した。声は出た。

「あれは——あの大きな——」

波の向こうに垣間見えた。途方もなく巨大な、ヤリイカの頭と翼と触手を備えたものが。

「クトゥルー」

ゆきの呻き声に応じたように、背後から別の声がした。

「逃げよう」

月田が雨に打たれていた。ゆきを見つめて、

「あんたのことが忘れられなくて戻って来たんだ」

「あら、ありがと」

ゆきが唇を突き出した。

「早く車に乗れ」

とオート三輪の方へ身をねじる月田へ、

「何処へ連れてく気だ？」

とおれは訊いた。

「安全な所だよ」

「そんなものはありゃしない。ここ以外は」

おれは首だけねじ曲げて、前方にそびえる水の壁を見上げた。

落ちてくる。不可思議な色の内側に、無数の影が見えた。〈深きものたち〉よ。そして、おれたちはその身と爪で掻き毟《むし》られ、骨までかじられてしまう。

突然、おれの心臓が灼熱した。右心房の一点に生じた熱点が一気にふくれ上がり、動脈内を突っ走って、食道から口腔へ突入した。勝手に開いた口から、見えない〝力〟が迸《ほとばし》るのをおれは見ることが出来た。〝力〟は全てを呑み込む水の山の中心に吸い込まれた。

この世のものではあり得ない叫びがおれのどこかで聞こえた。聴覚では捉えられないそれは、クトゥルーの苦鳴だった。これだ。この一撃のために、ヨグ＝ソトホースはおれに宇宙線を照射してのけたのだ。

視界が水に覆われた。

突然　おれは別の場所にいた。

雨の丘だった。

〝見張りが丘〟からの俯瞰《ふかん》とは比べものにならない広大で不気味な光景が眼下に広がっていた。

「何処よ、ここ？」

隣でゆきが叫んだ。

「センチネル丘だ。下の土地はダンウィッチ」

自分の声がひどく遠くで聞こえた。誰かが腹話術でも使っている感じだ。

「クトゥルーもここまでは来れん。そうだろ？」

問いの相手は、ゆきのそばに立つ月田だった。

おれはその顔を指さした。

「トラペゾヘドロンは、おれが貰う。本来はヨグ＝ソトホースの物だがな」

「おまえは、ヨグ＝ソトホースから力を与えられた」

と月田は言った。人の好い田舎のおっさんの声ではなかった。彼は奇妙な納得顔でうなずいた。

「気が変わったのか、成程な」

「変身も大変だな、〈這い寄る混沌〉さん」

「あらあ⁉」

ゆきが金切り声を上げた。

「あんたが、ヨグ＝ソトホースの力の一部を植えつけられたのはわかってる。ルルイエから脱出できたのも、青森の田舎からここへ移動したのもそのお陰だ。だが、トラペゾヘドロンの所有は許されていないはずだ。どうしてそんなことが出来る？」

「おれにもわからねえ。多分、おれを見くびっちまったんだろ」

「君に力を与えたら、本来の資質がプラスに働いて、それ以上の力を得てしまったというわけか」

何となく感動している風な月田＝ナイアルラトホテップに、おれは肩をすくめて、

「一応、これが結末だ。トラペゾヘドロンはこの石台で効果を発揮した。クトゥルーの侵攻は防げたわけだ。あんたはどうする？」

月田は、おれに右手を上げた。

「よせよ、今のおれは」

眼の中で炎が閃いた瞬間、おれは右肩に衝撃の熱塊《ねっかい》を感じてよろめいた。プロテクトスーツは着けて来たのだが、神様の念力には通用しないと見える。

「ヨグ＝ソトホースの成り損いよ、おまえがトラペゾヘドロンを自分の所有にしようと思い立ったのは、ヨグ＝ソトホースの〝力〟が失われたからだ。おれは一応、神様でな」

右手の指が、おれの眉間をポイントした。

「あんたの目的は何だ？」

とおれは訊いてみた。

ナイアルラトホテップ――クトゥルー神話の中でも、最も謎に包まれた神話だ。様々な時間と空間に幽閉された〝旧き神〟たちの中で、唯一自由を与えられた。それはいいが、何を読んでもその行動原理がわからない。仲間を救出するのが第一かと思うと、そうでもなく、取るに足らない人間に祟ったり、片手間仕事に時間を費やしているのだ。

「今回はクトゥルーに肩入れした。彼の救出と地球征服を同時に成し遂げるつもりだったのだ

が。やむを得ん。トラペゾヘドロンを使って、私自身が試してみることにしよう。おまえ――覚悟しろ」

「ヨグ＝ソトホースは、もうひとりの神が、自分とクトゥルー以外の目的で動いていると言った。あんたか？」

月田＝ナイアルラトホテップは驚いたような表情を作り、すぐに、何とも邪悪な笑顔になった。

「それは、アザトホースのことだ」

おれは絶句した。邪悪中の邪神――宇宙の中心で夢を見ながら毒づいているという真の魔王。

「あいつが何を――？」

おれの問いに、月田は侮蔑の笑いを見せた。

「説明しても人間には理解できまい。あの世とやらで考えろ」

「そうはいかないわね」

おれは頭をふった。体内に広がる念力のパワーで眼がかすんできたのだ。ぼんやりと考えた。この声は？　おれが発しているこの声は？

「いま、私が彼の中にいるのよ、ナイアルラトホテップ」

月田はうんざりしたような声で、シュブ＝ニグラス、とつぶやいた。

「ヨグ＝ソトホースが与えた宇宙線の力はまだ残っているわ。それに私が加われば――覚悟するのはあなたの方よ」

「やれやれ」

月田は右手を向けたまま、後じさった。

「また、会おうってことだな。次は味方になるかも知れんと、ヨグ＝ソトホースに伝えてくれ」

「いいですとも」

と、おれは答えた。月田は苦笑して——念力を放った。おれは前歯を噛み合わせた。はさんだものは熱い塊だった。おれは九ミリ弾頭を吐き捨てた。神様とはいえ、訳のわからない真似をしやがる。

「こらあかんわ」

苦笑を深くして月田は消えた。

ゆきがきょとんとして、

「なに、今の？」

と訊いた。

「まだヨグ＝ソトホースの〝力〟が残ってたらしいな。プラス〝ジルガ〟だ」

「なに、それ？」

おれはもう答えず、肩の傷口に〈ジルガ〉の血止法を施しながら、ゆきに近づいた。

「片づいた。六本木へ帰るぞ」

「大丈夫？」

肩の傷を心配しているらしい。

「何とかなるよ。フェラーリのところに」

と言いかけて、おれは腹筋に軽く力を入れた。

プロテクトスーツの内側を、必要な薬を積んだ〝メディシン・キャリアー〟が傷口へと向かって行く。機能が戻ったのだ。一〇秒足らずで痛みは消えた。筋肉や神経の修復も一分以内に片付く。

周囲は壇市宇村——青森の平凡な山脈の村に戻っていた。

石柱が雨にしぶいている。須磨院市を俯瞰《ふかん》しても、荒れ狂う海の痕跡など何処にも見えなかった。

「とりあえず、近くで雨宿りさせてもらおう」

「異議なし」

とゆきが返した。おれはトラペゾヘドロンを函に戻して、雨の中を歩き出した。

ゆきが身を寄せて来た。こういうところは、媚《こび》でも楽しい。

「預けただけじゃ」

おれが聞いたのは、ゆきの声じゃなかった。

「ヨグ＝ソトホースも、わらわも、なぜかお前が気に入った。これを使って何かするのも勝手だが、いずれ取り返しに行く。そのとき――おまえはどうする？」

おれはうなずいて、すぐにささやき返した。

「どんな形で手に入れた宝だろうと、八頭大がそれを他人に渡したことも返したことも一度もねえ。神様だろうと何だろうと、そのつもりで来な」

時間は沈黙を選んだ。

雨の音ばかりが耳朶《じだ》を打ち、やがて、

「――さすがはヨグ＝ソトホースが黙って〈輝くトラペゾヘドロン〉を託した男よ。わらわも嬉しいぞ。いつかおまえをわらわ流のやり方で苛《さいな》む日が来る――お互い楽しみに待とうではないか」

言い終えて、ゆきは口元を押さえ、あれ？と洩らした。シュブ＝ニグラスは去ったのだ。

おれは早足で歩きながら、眼だけを空に向けていた。

そこから何かが地上とそこに蠢く人々を見つめている。指一本で人類を一掃し得る何ものかが。

そして、人類は手の打ちようがない。

最初に訪れた農家で濡れた服を乾かし、車で須磨院市まで送ってもらった。何もかも異常はなかった。

東京へ戻ると、マリアから歌舞伎町の店に戻ったと連絡が入っていた。神様の気まぐれか。まあ、良しとしよう。


ふた月ほどして、ボーイフレンドどもと一杯やって帰って来たゆきが、

「あのさ、結局、トラペゾなんとかの他に、お宝は手に入らなかったのお？　ダメ男ちゃんじゃん」

と絡んだが、おれはにんまり笑い返しただけだった。

翌朝、居間へ行くと、ＴＶを観ていたゆきが血相変えて、

「フフフロリダに新しく出来た水族館の目玉って——ダ、ダゴン〜⁉」

空中に描き出された３Ｄの光景は、巨大な会場を埋め尽くした人々と、世界に例がない二キロ四方の大プールで泳ぎ廻る巨大な魚怪を映し出していた。

インスマスの地下で自分と遭遇した人間が、自分を見世物にすることを思いついたなどとは

海の魔王にも想像出来なかったろう。そのために、おれはインスマス沖の海底神殿での別れ際、ダゴンの胴体に特殊な針状探査子《トレーサー》を射ち込んでおいたのだ。内部にシロナガスクジラ一〇〇〇頭をまとめて眠らせ得る麻酔薬をつめた探査子を。

後はアメリカ海軍の原子力潜水艦に大型の麻痺砲《パラライザー》を積み込んで、ダゴンが海底近く——といっても深度一〇〇〇メートル以上だが——まで来たとき、リモコンで探査子の麻酔薬を体内に注入すれば良かった。救出しようとする〈深きものども〉は原潜が追い散らし、捕獲するまでひと月、巨大ダイオウイカ用の曳航船《えいこうせん》で運び入れるまで一週間——手間はかかったが上手く行った。

政府名義の水族館はもちろん、名義借用代だけ払えば、入場料はすべておれの懐に入る。入れ替え制で一日の入場者一〇〇万人——ひとり一〇〇ドルぼったくるとして一億ドルががっぽりだ。

——と思っていたら、初日の深夜に局地的な津波が水族館を襲って、ダゴンは逃亡しちまいやがった。

その晩、湾岸警備隊の定期巡回船《ボート》が、洋上を沖へと泳ぐ、巨大な魚を目撃した——うち一匹は、人間そっくりの美女だったという。

あの夫婦——いつか別れさせてやる。

（完）

## あとがき

久しぶりの増刷が出たせいで、「あとがき」も新しく書き下ろした。お目出度いことである。

私が「クトゥルー神話」に触れたのは、多分十歳の頃、当時の月刊誌「ぼくら」に掲載された児童向けの「インスマスの影」である。

勿論、小学生対象の本に、このタイトルで載るはずはない。

「半魚人の街」。これは「ぼくら」が突如開始した世界のホラー怪奇小紹介の一本で、何よりもまず、主人公を追い詰めるインスマスの住人たちのイラストに度肝を抜かれた。今でもよおく覚えている。松明を持つ背広姿の住人は、映画「アマゾンの半魚人」(54)の顔をつけていたのである。

分かってる奴がいる⁉

奴とは編集か監修者のことである。後に企画者がＳＦホラー関係の映像分野で名高い大伴昌司氏だと聞いたが、確認はしていない。

他の作品も含めて内容はきれいさっぱり忘却の彼方だが、このイラストだけは、死んでも忘れないだろう。

ラヴクラフトの名も知らず終い。外国人作家に興味などなかったのである。

やがて、年齢を重ね、本篇「インスマスの影」や「ダンウィッチの怪」「クトゥルーの呼び声」等に親しむうちに、クトゥルー神話は私のものとなっていった。

原典を読み通したのは、「ダンウィッチの怪」が最初で、早川書房から出版されたアンソロジー「怪奇と幻想」の第二巻に週録されていたものである。

現代アメリカの草深い僻村で展開するクトゥルーならぬヨグ＝ソトホースの落とし子の怪奇談、子供が「ネクロノミコン」を求めてミスカトニック大学に侵入、番犬に食い殺されるシーンで、私に決定的な印象を与えた。

犬の爪と牙でズタズタにされたヨグ＝ソトホースの息子――人間名ウィルバー・ウェイトリーの死骸のありさまは、ここまでやってもいいんだと、私の作家的脳に叩きこんだのである。

さらに、太古に遠い宇宙に彼方からやって来た邪悪な神々の設定を、他の作家たちも使って作品を物していると知った。

なら、私だって――

既に、高木彬光家や山田正紀家らの先駆的作品があるのは知っていたが、なに私の方が絶対に面白いという妙な自信があった。こうして生まれたのが『妖神グルメ』である。

当時、新宿紀伊國屋書店のウィンドウには、四六判、新書、文庫のベストテン展示されており、その中(順位不詳)に『妖神グルメ』を発見したときの感動は、その場で「やったぜ!」と叫ばせたものである。

お蔭で色々な作品でクトゥルー神話を扱うことが出来たが、『妖神グルメ』ほどの結果は出せず、神話作品を手がける作家たちもすぐには出てこなかった。

日本人による神話作品が前例がないほど連打されたのは、創土社の「クトゥルー・ミュトス・ファイル」を待たなければならなかったのである。

それ以降はまたいつか。

二〇二二年三月末

『THE CALL OF CTHULHU』(2005)を

観ながら

菊地秀行

《和製クトゥルー神話の金字塔・復刊》

妖神グルメ

菊地　秀行

本体価格・九〇〇円／ノベルズ

カバーイラスト・小島　文美

《あらすじ》

海底都市ルルイエで復活の時を待つ妖神クトゥルー。その狂気の飢えを満たすべく選ばれた、若き天才イカモノ料理人にして高校生、内原富手夫。ダゴン対空母カールビンソン！触手対F-15! 神、邪教徒と復活を阻止しようとする人類の三つ巴の果てには驚愕のラストが待つ！

《作品紹介》

「和製クトゥルー神話の金字塔」と言われた「妖神グルメ」。若干の加筆修正に、巻末に世界地図、年表、メニューと付録もついております。

クトゥルー・ミュトス・ファイルズ
The Cthulhu Mythos Files

# エイリアン邪神宝宮
## トレジャー・ハンター八頭大

2019年12月1日　第1刷
2022年4月20日　第2刷

著　者
**菊地 秀行**

発行人
**酒井 武史**

カバーイラストおよび挿絵　中村 龍徳
帯デザイン　山田 剛毅

発行所　株式会社　創土社
〒189-0012　東京都東村山市5-6-25-101
（編集・販売）電話 03-5737-0091　FAX 03-6313-5454
http://www.soudosha.jp

印刷　株式会社シナノ

ISBN978-4-7988-3051-3　C0293
定価はカバーに印刷してあります。

クトゥルー・ミュトス・ファイルズ
The Cthulhu Mythos Files
近刊予告

## 『エイリアン邪神戦線』

菊地　秀行

世界一有名なピラミッド、ツタンカーメンの墓で、世界一のトレジャー・ハンター八頭大は奇妙な生き物に遭遇する。上下、真っ白の服に白いターバン……。ぎょっとこちらを向いた顔は、ぎょろ眼はともあく、鼻から下あたりから、髭とも触手ともつかない、太くて長いタラコみたいなものが三本ぶら下がっているじゃあないか。声をかけると、「クトル君って呼んで」と七歳ほどの背丈のその生き物は渋い声で答えた。

偉大なるクトゥルーの宿敵ヨグ＝ソトホースを封じる像を手に入れるため、大、ゆき、クトル君、三人はニューオリンズに向かう。

H・P・ラヴクラフト「クトウルー神話」VS 菊地秀行「エイリアン」シリーズ第2弾！

2022年5月末刊行予定